朱星文集

朱星／著　尹凯／编

燕赵学脉文库

郑振峰　胡景敏　主编

社会科学文献出版社

SOCIAL SCIENCES ACADEMIC PRESS (CHINA)

"燕赵学脉文库"出版说明

　　"燕赵学脉文库"由河北师范大学文学院策划、编辑，主要编选院史上著名学者的著述。河北师范大学的前身是1902年创办的顺天府高等学堂和1906年创办的北洋女师范学堂，至今已有110多年的历史；文学院的前身是1929年由李何林先生等创建的河北省国立女子师范学院国文系，至今已有80余年的历史。燕赵之士，人称悲歌慷慨；燕赵故地，自古文采焕然。燕赵的风土物理、文化品格、人文精神，以及长期作为畿辅重镇的地缘环境为其培育了独具气质的学风、学派和学术。燕赵学术，源远流长。近年来，河北师范大学中国语言文学博士一级学科秉承燕赵学术传统，锐意创新，取得了无愧于先贤，不逊于左右的成绩。文库的编辑既是向有功于学科建设的前辈致敬，也是对在学术园地上孜孜耕耘的后继者的激励，所谓不忘过去，继往开来。

　　文库的出版得到了"河北师范大学中国语言文学博士一级学科"的资助，也得到了诸多友好人士与出版方的支持和帮助，在此一并致谢。

"燕赵学脉文库"编委会

2017年4月

代序：朱星先生学术小传

朱星（1911~1982）先生是我国著名的语言学家。生于江苏宜兴大浦镇，父亲是一名中医。朱星先生少时在当地传统文人的教导下读书作对，甚有才名。后在当地天主教修道院预备班学习拉丁文、法文以及中学课程。十五岁时，入无锡国学专修馆，与唐兰先生同学，常为校长唐文治代笔写文章。十九岁毕业后，即入天主教会所办学校教书。其间又习得英文、德文，并从马相伯先生学习《马氏文通》。1934 年，出版《战国纵横家研究》《中国文学史通论》二书。1935 年赴天津工商学院任教，并拜辅仁大学校长陈垣先生为师。1939 年出版《星元诗集》。1945 年入北洋大学任教。1947 年始，受毛主席著作影响，思想发生转变，创作《五四》《决斗》等独幕剧本。1948 年完成《周易经文考释》，翌年出版。新中国成立后，朱星先生长期执教于河北天津师范学院、河北北京师范学院、河北师范学院（宣化），历任河北天津师范学院中文系主任、历史系主任、副院长，河北北京师范学院副院长，河北师范学院副院长，中国大百科全书出版社编审，天津师范学院副院长等职。1950 年 6 月 1 日加入中国共产党。

朱星先生兴趣广泛，博览群书。他的研究领域，涉及汉语语法、词汇、修辞、文字、音韵、训诂及普通语言学、语言学史，乃至通俗语文教育等诸方面，对《金瓶梅》《文心雕龙》等文学作品也有考证研究。兹将朱星先生的研究著作列举于下。

【专著】

中国文学史通论，1934 年，上海书报社。

战国纵横家研究，1934 年，上海书报社。

道德新论，1934 年，上海书报社。

星元诗集，1939 年，天津工商学院。

公教文学论集，1940 年，天津工商学院。

文学理论总编，1940 年，天津大东书局。

大学应用文教程，1940 年，天津工商学院。

决斗（独幕剧，百种选集之一），1947 年，北大出版社。

五四（独幕剧，百种选集之一），1948 年，北大出版社。

周易经文考释（又名《周易解放》），1949 年，中国文学院。

识字教学的基本知识，1950 年，天津大众书店。

新文体概论，1954 年，五十年代出版社。

怎样学习普通话，1956 年，河北人民出版社。

语言学概论，1957 年，天津人民出版社。

古代汉语概论，1959 年，天津人民出版社。

河北方言概述（主编），1960 年，河北人民出版社。

汉语普通话小史，1966 年，中国文字改革委员会（油印）。

汉语语法学的若干问题，1978 年，河北人民出版社。

古代汉语（上下二册，主编），1980 年，天津人民出版社。

金瓶梅考证，1980 年，百花文艺出版社。

中外语法比较，1980 年，北京语言学院（油印）。

汉语词义简析，1981 年，湖北人民出版社。

古代文化基本知识，1981 年，天津人民出版社。

古代汉语音韵学入门，《河北师范大学学报》自 1982 年第 3 期起连载。

篇章结构与教学，1983 年，甘肃人民出版社。

中国文学语言发展史略，1988 年，新华出版社。

中国皇帝评论，1990 年，中国国际广播出版社。

中国语言学史，1995 年，洪叶文化。

朱星古汉语论文选集，1996 年，洪叶文化。

注释研究和作法（未刊）。

古汉语概论续编（未刊）。

古代汉语资料汇编（主编，未刊）。

汉语难句简释（全书未完稿）。

古代外语文法比较（拉丁文、希腊文、梵文、希伯来文四种语言比较，未完）。

汉语语义学（刚动笔，计划写30万字，存目）。

【译著】

切韵研究，〔法〕马伯乐著，原名《唐代长安方言考》，1975年译出（未刊）。

中国音学，〔荷兰〕商克（未刊）。

【论文】

一九五○年

汉字的改造路线，天津进步日报8月4日。

一九五一年

怎样注解课文中的语词，《语文教学》（天津）第1期。

斯大林语言论给我们语文教学工作者的启发，《天津教育》第9期。

语法教学问题，《天津教育》第11期。

一九五六年

方音符号的比较研究，《河北师范学院学报》（人文版）第1期。

一九五八年

古音上的几个问题（提出一个汉语语音史观问题），《河北天津师范学院学报》第3期。

一九五九年

对《汉语拼音词汇》的三点小意见，《语文建设》第24期。

一九六○年

论言语的阶级性（与高名凯先生商榷），《中国语文》第3期，后收入《语言和言语问题讨论集》。

从《古汉语概论》谈到大学开设古汉语课的目的要求（与山东大学中文系语言教研组同志商榷），《中国语文》第11期。

一九六一年

汉语史的分期问题（与李行健同志商榷），《天津日报》8月2日。

一九六二年

汉语通语的历史发展，《天津日报》4月4日。

一九六四年

形声简字还可提倡，《文字改革》第12期。

一九七七年

篇章结构研究，《语文教学》（烟台）第4期（78年第1、2期续登）。

一九七八年

评《说文通训定声》，《北京师范大学学报》第5期。

汉语词义分析和教学，《山东师院分院学报》第3期。

一九七九年

怎样学习古音韵，《陕西语言学会刊》（创刊号）。

《文心雕龙》声律篇诠解，《天津师院学报》第1期。

汉语普通话的来历，《语言教学与研究》（试刊）第4集。

《金瓶梅》的作者究竟是谁，《社会科学战线》第3期。

《金瓶梅》被窜伪的经过，《社会科学战线》第4期。

注释学刍议，《河北师院学报》（哲社版）第1期。

语言和意义的关系，《河北师院学报》（哲社版）第3期。

中学语文教学的语言问题，陕西语言学会《语言教学与研究》创刊号。

一九八〇年

汉语的简说法（1），《语言教学与研究》第2期。

《马氏文通》的作者究竟是谁，《社会科学战线》第3期。

试谈汉语语义学，《文史哲》第4期。

学习古代汉语必须重视古音韵，《天津师院学报》第5期。

语文工作中的一些理论问题（在唐山师专中文系学术报告会上的学术报告），《唐山师专学报》第3期。

《史记》文法分析，《河北师院学报》第2期。

《金瓶梅》的故事梗概和主要人物评介，《河北大学学报》第1期。

《金瓶梅》的评价以及对《红楼梦》的影响，《河北大学学报》第2期。

《金瓶梅》所反映的阶级斗争，《河北师范大学学报》第 3 期。

名文评注之一：《左传·曹刿论战》，《天津师院学报》第 3 期。

一九八一年

试谈新训诂学，《河北师范大学学报》第 1 期。

语文教学要注意语义学，《唐山师专学报》第 3 期。

广韵编纂旨趣与音切条例，《河北师院学报》第 2 期。

三十六字母略说，《内蒙师院学报》第 1 期。

汉语简说法（2），《语言教学与研究》第 4 期。

怎样迅速提高中学生语文水平，《语文教学之友》第 1 期。

治学经验谈（二），《群众论丛》第 5 期。

一九八二年

汉语古音研究的过程和方向，《天津师院学报》第 1 期。

《金瓶梅》的词汇、语汇札记，《河北大学学报》第 1 期。

关于语言教学和语言研究问题的通信（与郑州大学教授张静先生的通信），《郑州大学学报》（哲学社会科学版）第 1 期。

《史记》的语言研究，《河北师院学报》第 2 期。

文言虚词考源和教学，《唐山师专学报》第 1 期。

语法和文章学问题的讨论（与北京师院张寿康教授的通信），《天津师院学报》第 3 期。

古代汉语音韵学入门，《河北大学学报》第 3、4 期。

一九八三年

论转语与词源学，《河北师范大学学报》第 4 期。

关于古代汉语的教和学的问题，《河北教育学院学报》第 3 期。

对修辞学研究说几句门外闲谈，《天津师范大学学报》（自然科学版）第 6 期。

一九八四年

诗词曲律概述，《唐山师专学报》第 3 期。

建立读书学（合作稿），《北京师范大学学报》第 6 期。

一九八五年

宋元等韵述评，《河北师院学报》第 2 期。

一九八六年

秦始皇沙丘疑案，中国社会科学院研究生院学报 12 月。

《说文解字》部首浅说

《尔雅·释诂》三篇体例

论古书通假

喻母古读考辩证

上古无撮唇呼

《论语》文法分析

说所（以上论文均收入《朱星古汉语论文选集》1996 年，洪叶文化）

尹　凯

2017 年 2 月 11 日

• 目 录

第一辑 语言学研究

第一辑

语言学研究

方音符号的比较研究

我国方言研究著为专书的当首推汉扬雄《方言》，但那时并没有方言符号，只用汉字来记音。后来的反切也算不得方音符号，也不能称注音符号。直到明末西洋传教士利玛窦（Matteo Ricci）、金尼阁（Nicolas Trigault）等用拉丁字母来注读汉字，利著《西字奇迹》（一六〇五年，明万历三十三年），金著《西儒耳目资》（一六二五年，明天启五年）。用一种拼音符号来拼注汉字，确比反切进步，金著中有"万国音韵活图"好似有国际音标的意思。到一八四二年鸦片战争后，帝国主义势力侵入，海禁大开，通商传教，交涉日密。凡税关邮局公牍报章所用的人名地名必经西译，而来华教士为传教方便学习汉语，并学习各地方言，都研究拼切法式，不下数十百种。其中较习用者有威妥玛式（T. F. Wade's System）、邮政式（Postal System）。但其目的只是为学话，拼人名地名，并不是为调查方言之用。同时国人也发明了许多种拼音符号拼写方言，如力捷三《闽腔快字》（一八九六年），所用符号是属于速记系的。王炳耀《拼音字谱》（一八九七年）也是速记系的，该书以声韵统十八省的语言，包括粤东字母五十四，他省加减之，减外又加的，北音二十字，福潮与客家音各十字，十八省的语言约之为九十四个韵母字，三十个声母字，共一百二十四字，这很有全国方音符号的意思。此后，还有劳乃宣的《简字全谱》（一九〇七年）除北京音外，还兼拼宁音吴音闽广音等全国方言，是属于假名系的（详见罗常培先生《国音字母演进史》）。到一九一八年"教育部"公布了一套注音字母，以注汉字音为主，但群众的意见却以废弃汉字改用拼音文字为目的。在创造各种符号形式中，终以罗马拉丁字母占优势（卢赣章在一八九二年著《中国第一快切音新字》就是用的罗马字母），因此当时的"教育部"又在一九二六年公布《国语罗马拼音法式》（赵元任先生所拟）。因为都是拼注国音，所以都称"国音字母"，把注音字母列为第一式，国语罗马字列为第二式。那时虽提倡国语国音，但也已注意调查方言方音，于是又在一九一九年后，在注音字母外，另加制一些闰音字母（赵元任先生所拟），以便拼写各地方言。一九三二年国语统一筹备会才制订出一套方音调查符号，名"注音符号总表"（赵元任先生所拟），简称"方符"，注音字母称"注符"，国语罗马字称"译符"（详见黎锦熙《国语运动史纲》）。我国之有方音符号由此始。这一套符号基本上是注音字母，再加上许多变体符号，共四十八个声母，三十五个韵母，八十四个结合韵母，共一百六十七个符号。一九四七年黎锦熙先生又拟订《全国方音注音符号总表》，不用结合韵母，也没有复合韵母，是全按国际音标的精神搞出的，共一百六十一个符号，比前者又细密了。国语罗马字后，又有拉丁新文字，这是瞿秋白同志等在苏联拟制的，初叫中国字拉丁化，一九三二年后才传入中国，当时跟拥护国语罗马字一派人曾引起论战，二者虽都用的罗马拉丁字母，但拉丁新文字不限于拼注国语，而还要拼写各地方言，因此搞出许多套方言拼音方案，且要创造新的拼音文字（详见倪海曙《中国语文的新生》）。也正因为这样，那些套方案也不能看作方音符号，尤其它不讲究方音的声调，所以它不能作为方音符号。一九二一年赵元任先生出席国际语音协会，制订国语的"万国语音学字母"宽严二式，见《国语正音字典》（一九二六年）。又译补国际音标（一九三二年）（详见罗常培先生《国际音标小史》一文）作为调查方音之用。当时一些学术性的方音调查，如赵元任《现代吴语的研究》《湖北方言调查报告》，罗常培《临川音系》《厦门音系》，白涤洲等《关中方音调查报告》，王力《台山方音》等都是用的国际音标。到一九五四年中国文字改革研究委员会出版《全国主要方言区方音对照表》，据说是汇合江淮、江南、浙江、温州、闽北、闽南、广州、客家、四川等九种注音农民速成识字课本的符号而成，都是用的注音字母，再个别加以补充的，合起来一共用了三十六个声母，三十八个韵母（包括结合韵母），可见群众还习惯于注音字母式的方音符号。

总之，过去我们所用的方音符号共分为三系：

一、注音字母系。

二、罗马拉丁字母系。

三、国际音标系。

这三个系以第三个系国际音标系最通行，也最好。注音字母在推行速成识字法时已占有些群众，但加以补充的一套方音符号使用起来既不方便，也不国际化，只能作为一种初级的方言调查之用。罗马拉丁字母系只限于这几个字，还不如一九五六年公布的《汉语拼音方案草案》，如果加以补充，符号的变化还可多些。

但国际音标系的方音符号也不一致，除了赵元任的《现代吴语的研究》所用的国际音标外，还有一九三〇年北大语音乐律实验室刘复搞的一套《标音符号表》，据他说是根据国内七十多种方音制成。（还有一九二五年北大方言调查会林语堂拟的一套方音字母草案，还有一九四四年厦大周辨明拟的《中国古今方音注音记调实用字母调符》。这二种是属于罗马拉丁字母系的。）外国人调查研究中国方音的符号最著名的有瑞典高本汉（Bernhard Karlgren）的一套，他这一套又是根据瑞典隆德尔字母（Lundell's Alphabets）。据他自称："差不多没有哪一国的方音研究能像瑞典这样进深的，在前一世纪的最后二十年就曾经有过一番很有效果的工作，是用最新的方法来分析瑞典各种语言，并且曾经有很美满的结果。我现在就提议用我们瑞典的方法来研究直到现在还未经十分垦植的中国音韵学"（见《中国音韵学研究》，赵元任、罗常培、李方桂译）。此外，还有 C. U. Mateer, Couvreur, Visiére, Gabelentz, C. Arendt, F. Lessing 等等，就不在这里提了。到一九五五年七月中国科学院语言研究所编辑"方言调查字表，末附音标表：辅音一百〇二个，元音二十四个，作为调查方音之用"。

为了把这些主要的符号作一比较，特列表于下。上栏列国际音标系，中栏列罗马拉丁字母系，下栏列注音字母系。上栏中又分列赵元任现代吴语的研究中所用符号，刘复所拟的符号，高本汉所拟的符号（高本汉的符号是用经赵元任等对译过来的，因为原来的瑞典式的斜体符号很特别，不易印刷），语言研究所拟的，以上四种简称赵式、刘式、高式、语研所式，中栏又分列林语堂所拟的符号和周辨明所拟的符号，简称林式、周式。下栏又分列赵元任所拟的符号，黎锦熙所拟的符号，和文改会的符号，简称赵又式、黎式、文改会式。下栏外又有一栏，是把以上八式的符号合并为一套"总符号"，其中以赵式为主，使我们看到一个最详细的符号。

　　以上各表所载（表列文后），可见各有自己一套符号系统，正未易区别优劣，而语研所的一套是比较标准的。总之，方音符号可分严式宽式或详式简式二种。符号体式也可分为国际音标，罗马拉丁字母，注音字母三个派系。究竟我们采用哪种，就要看调查的目的而定，有两种目的：一种是单为了跟标准音对照以便找对应规律，学标准音，这是简单的实用的做法。一种是要跟古音作比较研究，其历史发展演变，求出它的规律，说明其原因，这是较复杂的学术性的做法，这不单要有较好的发音学的知识和训练，还要懂古音，这当然要掌握最详细严格的一套国际音标系的记音符号；而且记音字表也不是用标准音排列的三千五百字表，而是按切韵广韵系统排列的字表。根据我国目前的情况，方音这样的复杂，方音调查的科学工作人员和技术人员又那样的缺少，要求全面展开科学的精细的调查是不可能的，且为了推广普通话，因此初级的一般的简单的调查还是可以先做。例如此次河北省举办的北京语音训练班（一九五六年三月一日——四月五日）发动二百多个学员把河北省一百多个县分成二十个方音区（调查点），初步的比较全面的搞一下，这是很好的。汉语的方言如海，里面有无尽的宝藏，要想一下子一网打尽是不可能的，有计划有重点的逐步加深的搞是完全必要的。我们有这样的丰富的材料，只要付出劳动，发挥创造力，那么我国将可搞出最丰富的方言学，而方音调查也不会低于瑞典的成就（据高本汉所说专美于前）。因此我们不妨暂定下两套方音符号：一套是宽式的简式的，可用注音字母略加以补充就行。或用汉语拼音方案草案上的字母再略加补充（我试拟一个见后附表一）。一套是严式的繁式的可用语研所的一套，如果再求严些，不妨试用前表下面的总符号，这是归纳积累各家的符号而成：声母共二百四十个，韵母共一百十四个，辅助符号共七十五个，合共四百三十个符号。当然这些符号有时还不一定全够用，可能在实际调查中还会发现新的音，那么就可根据同部位同方法，或前后部位相近方法的符号适当地制订。在"表一"发音部位与方法说明有△为记音，都是缺乏成对的，或是有清无浊，或是有不送气而无送气，以及元音六格七点十二分中所有语音上的空白点，可能将来在某些方音中能找到。所以我们要求有一套全国一致的方音符号，但又须允许有必要的灵活创造的自由。当然前表总符号中所归纳的可能还有很多不恰当处，但都是用的国际音标，且以赵元任式的为主，还须大家来研究。这套符号可称语音的记音符号，如果限用于本国方音调查，当然可称方音的记音符号，简称方音符号（至于各国文字字母或汉语拼音字母是拼音符号或表音符号，不是记音符号）。

有人会说方音总符号声母（辅音）韵母（元音）就搞了三百五十六个，是否太多？其实这三百多个符号实际上只有三十六个。我们把它归纳一下就可证明（附表二）。因此这总符号是混合体的，由辅音元音符号和辅助符号混合而成，例如送气辅音只在不送气辅音右上角加一四分之一的小破圈，这是很经济的。浊音是用略变形的办法，如 h 和 ɦ。又如同"音"异味的符号也这样，如 t ȶ ɕ ȶ……因此，如果强调主体符号，不用辅助符号或尽量压缩主体符号，多用辅助符号，都不妥当。如果不用辅助符号，则三百五十六个符号必须个个面目不同，太不易学了。如果再扩大辅助符号，那么也同样不易学习，而且不便记写，势必把每个主体符号的上下左右四方以及四角全缀上了符号，好似一只只滚屎蜣螂，全身都沾满了符号。所以还是采用适当的混合体好。

调查方音当然要注意许多技术上的问题，但有几点是一般需注意的：一、要记词音土话音，不可单记字音读书音。二、要注意该方音的全部语音现象，不可只描记个人的语音特点，因此只记一个人的发音还不够。三、记音时要注意听、看（看发音人的口唇舌形）、问、学（学念）四种方法。四、符号必须一致，用法也须一致。先用严式的符号记一些代表字，然后再整理出一个音位系统来。其他字就可用音位符号作音位标音。音位的变体（如多音词的变调以及音素音缀）可另搞一词表记音。五、记音后还要用文字说明或写……

以上所谈，只是一隅之见，若有错误，还希专家指正。

表一：辅音符号

符号编号 / 各种语音的发音方法 符号各式 / 符号各系	1. 双唇清塞不送气软音	2. "硬音	3. 浊塞不送气	4. 清塞送气	5. 浊塞送气	6. 清鼻不送气	7. 浊鼻不送气	8. 加塞不送气	9. 清鼻送气	10. 浊鼻送气	11. 清擦不送气	12. 浊擦不送气	13.	14.	15.	16.	17.	18. 清半元音 / 浊塞擦不送气
国际音标系 赵式	b̥	p	b	p'	b'		m		φ	β								X
刘式	p		b			m			F	v (Ph)					(bv)	M		
高式	p		b	m̥ m mb				Φ	'B	PS PX PS							hu	
所语研式	p		b	p' b'		m			Φ	B								
字母罗马拉丁系 林式	p		b	p'		m			th	vh							wh	
周式	p		b	p' b'		m			Ph	bh								
注音字母系 赵受式	ㄅ		ㄅ	ㄆ		ㄇ												
黎式	ㄅ		ㄅ	ㄆ ㄇ	ㄇ		ㄇ		ㄇ	ㄇ							ㄋ	
文改金式	ㄅ		ㄅ	ㄆ		ㄇ												
总符号	b̥	p	b	p'	b'	m̥	m mb	m̥	m'		B	Pf	PS	PX	PS	bv	X	

符号编号 / 各种语音的发音方法 符号各式 / 符号各系	19. 双唇浊半元音	20.	21.	22. 唇齿清塞不送气	23.	24. 浊塞不送气	25. 清鼻擦不送气	26. 清塞擦送气	27. 浊鼻不送气	28. 清鼻不送气	29. 浊鼻不送气	30.	31.	32. 清擦不送气	33.	34.	35. 浊擦送气	36. 清擦送气
国际音标系 赵式	w								m̰			f			v	f'		
刘式	w	y	ƥ	b	Pf	bv			m̰	ɣ	f		f		v		v	
高式	w	ɥ			Pf		Pf'		m̰		f				v			
所语研式	w	ɥ			Pf	bv	Pf'	bv'	m̰		f				v			
字母罗马拉丁系 林式	w	ü									f				v			
周式	w				Pf	bv			m̰		f				v			
注音字母系 高式				ㄅ		ㄜ						ㄈ			万			
黎式	ㄨ	ㄩ		ㄅ	ㄅ	ㄅ	ㄅ	ㄇ	ㄇ			ㄈ			万	ㄈ 万		
文改金式	ㄨ	ㄩ				ㄜ						ㄈ			万			
总符号	w	ɥ	ƥ	b	Pf	bv	Pf'	bv'	m̰	m̰	ɥ	f	f	v	ʌ	v	f'	v'

37.	38.	39.	40.	41.	42.	43.	44.	45.	46.	47.	48.	49.	50.	51.	52.	53.	54.	55.	56.	57.
U																				
	t	△	tθ	tθ:	△t		θ	ᵭ	ᵭ	ᶑ	Ꝟ	Ꝟẓ	ᶑꝟ:	ᶑʐ	t	ᶁ	ᶁ	ᶁ		
6							θ	ᵭ												
U			tθ		dʒ	tθ'	dʒ	θ	ᶁ												
			tth		ddh			th	dh												
ꝟ			ㄐ		ㄓ	ㄙ	ㄙ	△	ᶁ												
U	t	△	tθ	tθ:	△t	tθ'	△t	θ	ᵭ	ᵭ	ᵭ	Ꝟ	ᶑ	ᶑʐ	t	ᶁ	ᶁ	ᶁ		

58.	59.	60.	61.	62.	63.	64.	65.	66.	67.	68.	69.	70.	71.	72.	73.	74.	75.	76.	77.	78.
		dʐ	ts											ts'	dz'	s	z			
ㄒ	ᵹ	ts	ts:		dz	Tɕ	Tɕ:	ẟẟ	tɕs	tɕs:	dʑ				ʃ	z			6	ᵹ	ʃ
		ts		tsx	dz										s	z				
		tɕ			dz									ts'	dz	s	z			
		ts			dz										s	z	sz			
		tz			dz									ts	ds	s	z			
		ꝑ			ꝑ									ㄘ		ㄙ	ㄙ			
		ꝑ			ꝑ									ㄘ	ㄎ	ㄙ	ㄙ			
		ꝑ			ꝑ̈									ㄘ		ㄙ	ㄙ			
ㄒ	ᵹ	dʐ	ts	ts:	tsx	dz	Tɕ	Tɕ:	ẟẟ	tɕs	tɕs:	dʑ	ts	ts'	dz'	s	z	sz	6	ᵹ	ʃ

79.	80.	81.	82.	83.	84.	85.	86.	87.	88.	89.	90.	91.	92.	93.	94.	95.	96.	97.	98.	99.
浊擦不送气△	清擦送气	浊擦送气	舌尖（齿背）浊擦	半元音	舌尖前齿龈清塞不送气软音	硬音	浊塞不送气	清塞送气	浊塞送气	清塞擦不送气	清塞擦不送气又	浊塞擦不送气	清塞擦送气	浊塞擦送气	浊塞边不送气△	清鼻不送气△	浊鼻不送气△	浊鼻边不送气△	浊鼻塞不送气△	翻舌浊鼻塞不送气△
					d̥	t′	d	t′	d′								n			
ʒ			ɹ（不接）		t		d										n	n′	nd	ɳd
					t		d			tχ	tç					n̥	n		nd	
					t		d	t′	d′								n			
					t		d	t′	d′								n			
					t		d	t′	d′	th		dh			dl		n			
					ㄉ		ㄉ	ㄊ									ㄋ			
	ㄙ′	ㄙ	(ㄓ̥)	′ㄓ̥	ㄉ		ㄉ	ㄊ	ㄊ	ㄗ		ㄗ	ㄘ′	ㄗ		ㄋ̥	ㄋ			
					ㄉ		ㄉ″	ㄊ									ㄋ			
ʒ	s′	z′	ɹ	ɹ	d̥	t	d	t′	d′	th	tç	dɳ	th′	dh	dl	n̥	n	n	nd	ɳd

100.	101.	102.	103.	104.	105.	106.	107.	108	109.	110.	111.	112.	113.	114.	115.	116.	117.	118.	119.	120.
舌尖齿龈擦舌浊鼻不送气△	浊鼻塞不送气△	清鼻送气△	浊鼻送气	浊颤不送气△	清边不送气△	浊边不送气△	又舌台部高起△	兼鼻△	浊边擦舌不送气△	清边擦不送气	浊边擦不送气△	清边擦送气	舌尖齿龈清塞不送气△	浊塞不送气△	浊鼻不送气△	浊边不送气△	浊颤不送气△	浊闪不送气△	清擦不送气△	浊擦不送气△
						l														
ɲ	ɲd					l			b											
					ɬ	l	木	ㄒ					t̩	d̩	ɳ̩	ɭ̩	ɾ	ɾ	ʂ̩	ʐ̩
						l				ɬ	lʒ						ɾ	ɾ		
						l														
						l				lh										
					[illegible]	ㄌ														
		ㄋ̥′	ㄋ′	ㄦ		ㄌ				ㄌ̥	ㄌ	ㄌ̥′								
						ㄌ														
ɲ	ɲd	n̥′	n′	[illegible]	ɬ	l	十	ㄒ	b	lh	lɦ	lh′	t̩	d̩	ɳ̩	ɭ̩	ɾ	ɾ	ʂ̩	ʐ̩

121、 122、 123 124、 125 126、 127、 128 129、 130、 131、 132、 133 134、 135、 136、 137、 138、 139、 140、 141、

142、 143、 144、 145、 146、 147、 148、 149、 150、 151、 152、 153、 154、 155、 156、 157、 158、 159、 160、 161、 162、

163.	164.	165.	166.	167.	168.	169.	170.	171.	172.	173.	174.	175.	176.	177.	178.	179.	180.	181.	182.	183.
清擦不送气	浊鼻擦	清擦送气	浊塞擦	清擦不送气	清擦送气	古边浊塞擦	古边清擦不送气	舌硬腭前部清塞	浊塞	清送气	送气	浊塞	浊边清擦	浊鼻浊塞音	浊鼻音	浊不气	送气	浊塞	清不气	浊边
							t̥	d̥	t̥ʹ	d̥ʹ	dʑ	t̥ɕ		t̥ɕʹ	dʑʹ	Ⴌ			Ⴌ	
						5ʒ	3	ĸ	2							Ⴌ					ᄉ
dᴢ̥2	t̥ɕ̥2		Ⴌ2	Ᵹ̌	š	ž	C	ɟ								Ⴌ				
						t̥	d̥	t̥ʹ	d̥ʹ	t̥ɕ		dʑ	t̥ɕʹ	dʑʹ		ᄁᴌ				
						ty		tyʹ		chy		jɣ	chyʹ							
								tj		dj		tc	dc							
	ɛ̌	ᄅ	ᄅ					4		y	<									
ᄯ	ɛ̌	ᄎ̌	ᄆ	口			4	4	ᄀ̌	<	4		4	<	ᄀ	t̥	t̥ʹ	d̥ʹ	d̥	
								4		4ʹ	<									
dʒ	t̥ɕ̌	dǯ	š	ʒ	š	ž	ᄯ	de	t̥ʹ	d̥ʹ	dᴢ̥	t̥ɕ	dᴢ	t̥ɕʹ	dᴢ̌	Ⴑ̥	Ⴌ	Ⴑ̌	Ⴌʹ	ᄉ

184.	185.	186.	187.	188.	189.	190.	191.	192.	193.	194.	195.	196.	197.	198.	199.	200.	201.	202.	203.	204.
清擦	浊擦	舌高硬腭后部清塞	清不气	半元音浊	浊鼻塞	清不气	清擦	送气	浊清塞擦	清不气	浊鼻擦	浊不气	清擦	浊鼻	清不气	浊边	浊不气	清擦	浊擦	半元音
Ɓ	Ⴑ̥			C		Cʹ	ɟ					ᄁᄔ				Ɓ̧		j		
Ɓ̧	ɛ̌	ᄁᄀ	J	C	ɟ							ᄎ				X	X	ᄁᄌ		
Ɓ	j		j	K	8	Kʹ				KX		ɣ̌	ᄁ	ɣ̃		X	ɣ			
Ɓ	Ⴑ̥			C	ɟ	Cʹ	ɟʹ					Ⴌ				Ɓ̧		j		j
Shy		ny	ɣ	KY		Kyʹ						nɡɡ		ly		hy				
			K	G	Kʹ	Gʹ	Kj	8j	KC	8c		N		L	LH	C	j			
T	J																			t̥
T	t̥			ᄝ	ᄝ̌	ᐅ	ᐅ	ᄝ	ᄝʹ	ᐵ	ᐵ	ᄃ		ᄉ̌		F	t̥			L
T												ᄃ							ɟʹ	
Ɓ	Ⴑ̥	ᄁᄔ	J	C	ɟ	Cʹ	ɟʹ	ch	ᄁᄉ	Cʹ	ᄁᄎ	ɣ̌ʹ	ᄁ	ɣ̃	L	LH	Ɓ̧	Ⴑ̌	ᄁᄌ	J

205. 206. 207. 208. 209. 210. 211. 212. 213. 214. 215. 216. 217. 218. 219. 220. 221. 222. 223. 224. 225.

| | | | | | | | | | | | | | | | 小舌舌根 | | | | | |

226. 227. 228. 229. 230. 231. 232. 233. 234. 235. 236. 237. 238. 239. 240. 241.

| | | | | | | 喉壁 | | 喉门 | | | | | 气管 | | |

表二：元音和复音符号

符号各系 \ 符号编号	1.	2.	3.	4.	5.	6.	7.	8.	9.	10.	11.	12.	13.	14.	15.	16.	17.	18.
国际音标系 起式	i	y	I	Y	e	ø	ɜ	ɜ	œ	œ	æ	a	A	ɑ				
刬式	I	Y	i	ʏ		y	e	ø		ɜ		œ	æ	a	A	ɑ		
高式	i	y	I		Y	ə	ɜ	ɜ		œ	æ	a		ɑ				
语所式	i	y				e	ø		ɜ		œ	æ	a					
周式	i	y	I	ι	Y	e	oe		E	ɛ	ɜ	æ	a	A	ɑ			
罗马字系 林式	iɪ	üɪ	iↄ		üↄ	eↄ	oeↄ	eↄə	æↄ		oeↄ	æↄə	a	aↄ				
注音字母系 赵式	ー	ㄩ				ㄝ	ㄜ	ㄝ		ㄝ	ㄟ			ㄚ	八			
黎式	ー	ㄩ	7			ㄝ	ㄜ	ㄝ		ㄝ	ㄟ	ㄚ	ㄚ	ㄚ	ㄚ			
文改式	i	ㄩ					ㄝ	ㄜ		ㄚ			ㄚ	八				
总符号	ǐ	ў	i	y	I	ι	Y	e	ə	ø	ɜ	ɜ	ɜ	œ	æ	a	A	ɑ ă

符号各系 \ 符号编号	19.	20.	21.	22.	23.	24.	25.	26.	27.	28.	29.	30.	31.	32.	33.	34.	35.	36.
国际音标系 起式	ɒ	ɔ	ɔ̌	ʌ	ɤ	o	ɣ	ʊ	ɯ	ɯ	ɘ	ɜ	ɞ					ə
刬式	ɒ	ɔ		ʌ		ɔ̀	ɤ	ʊ	ɯ	ɯ	ɜ		ɘ̌	ɛ̌				ë
高式	ɒ	ɔ		ʌ	ɷ	o	ɤ		ɯ	ɯ		ɜ		ə				
语研式	ɒ	ɔ		ʌ		o	ɣ		ɯ	ɯ	ə							ə
周式	ɒ	ɔ		ʌ		o	ʊ	ɯ	ɯ	ɣ	ɛ	ɛ	ɛ	ɤ	ɤ			ə
罗马字系 林式	aoↄ ao' aoↄ			ʊ	oↄ	oↄ oↄ	êↄ	ɯↄ ɯ	ɯↄ	ʉ	aↄ	ê̌ↄ		ê̌ↄ				ëↄ
注音字母系 赘式		ㄛ	ㄛ				ㄐ		×						(ノ)			
黎式	ㄨ	ㄛ	ㄛ	ㄛ	ㄐㄐ	×	××	×ー	ㄚ				ㄛ	ㄛ	(ㄛ)			ㄐ
文改式		ㄅ		ㄛ	ㄛ	×									(ㄜ)			
总符号	ɒ	ɔ	ɔ̌	ɛ	ɜ	ɤ	ɣ	o	ɷ	o	ɣ	ʊ	ɯ	ɯ	ɘ	ɜ	ɞ	ɘ

37.	38.	39.	40.	41.	42.	43.	44.	45.	46.	47.	48.	49.	50.	51.	52.	53.	54.	55.	56.	57.
高中央半闭圆	次高央次闭圆	高央闭特圆	〃〃〃中性	特高后闭特圆	〃央次低混或后扁	〃〃半中混或后扁	〃〃前高闭扁	〃〃混或后高闭扁	〃〃前高闭圆	〃〃混或后高闭略圆	〃〃〃〃〃〃圆	（附纯音）	入声	〃〃	〃〃	〃〃	〃〃	〃〃	〃〃	〃〃
ɵ	ʉ	ɯ̵	ɨ		ɘr	ər	ɿ	ʅ	ʮ	ʯ	ʯ									
ö	ɘ	ɯ̈	ï	ʊ																
		ɯ̵					ɿ	ʅ	ʮ			[illegible]								
		ɯ̵	ɨ			ər	ɿ	ʅ	ʮ		ʯ									
θ		ɯ	i				ɿ		ʮ											
ê′		y′	y																	
		凵							ш											
ㄜ		ㄨ	ㄛ		ㄦ	ㄦ(ㄜ)	帀	帀												
													ㄚ。	ㄛ。	ㄝ。	ㄜ。	ㄧ。	ㄞ。	ㄠ。	ㄡ。
ɵ	ʉ	ɯ̵	ɨ	ʊ̆	ɘr	ər	ɿ	ʅ	ʮ	ʯ	ʯ	⊙	aʔ	oʔ	eʔ	ɤʔ	iʔ	aiʔ	auʔ	ouʔ

58.	59.	60.	61.	62	63.	64.	65.	66.	67.	68.	69.	70.	71.	72.	73.	74.	75.	76.	77.	78.
〃〃	〃〃	鼻化	〃〃	〃〃	〃〃	〃〃（以上单元音）														
							aɪ. ai. æɛ.	ei. ɛi. əi.	au. aɯ	ou: ou: əu: ɛu: əm,	an. an: æ̃. ɛ̃.	ən. en.	ən. ɔn. øn. œn. õ.ɔ̃. ø.œ̃.	aŋ. aŋ. ã. ɑ̃.	ɒŋ. ɔŋ. ã. ɒ̃.	êŋ. eŋ. əŋ. ẽ.			am, am,	əɭ
							ㄞ(ㄚ一)	ㄟ(ㄝ一)	ㄠ(ㄚㄨ)	ㄡ(ㄛㄨ)	ㄢ(ㄚㄋ)	ㄣ(ㄜㄋ)	[illegible]	ㄤ(ㄚ兀)	[illegible]	[illegible]			ㄇ(ㄚㄇ)	ㄦ
							ㄞ	ㄟ	ㄠ	ㄡ	ㄢ	ㄣ		ㄤ						
ㄨ。	ㄩ。	ㄚ:	ㄞ:	ㄠ:	ㄧ(ㄨ):	ㄛ:											oŋ	ɯŋ		
uʔ	yʔ	ã	ãi	ãu	ĩ	ɔ̃	ai	ei	au	ou	an	ən	on	aŋ	ɒŋ	əŋ	oŋ	ɯŋ	am	əɭ

79、80、81、82、83、84、85	再加上起式以65—77中的複元音二十九个再以85+29实得119个符号
（以上複元音）	
$\underset{\prime}{l}$ $\underset{\prime}{m}$ $\underset{\prime}{n}$ $\underset{\prime}{ŋ}$ $□^p$ $□^t$ $□^k$	
ㄌ̩ ㄇ ㄋ ㄫ ㄆ ㄊ ㄎ	
$\underset{\prime}{l}$ $\underset{\prime}{m}$ $\underset{\prime}{n}$ $\underset{\prime}{ŋ}$ $□^p$ $□^t$ $□^k$	

表二：辅助符号

符号编号 符号类别 各式符号 符号名称	1.	2.	3.	4.	5.	6.	7.	8.	9.	10.	11.	12.	13.	14.	15.	16.	17.	18.	19.
声调符号	高调	低调	高平	中平	低平	半高平	半低平	高升	中升	低升	全升	高降	中降	低降	全降	低升升	低降升	全升降	全降升
赵式			˥	˧				˦		˧	Ч		ʋ						
刘式	—						ʃ升				V降								
林式	⌐	⌐						∕				\						∧	∨
周式								ʊx 作升				作低(降) 作(降)						作升 作低	
黎式		˥	˦	˧	˧	˧	˥	˥	Λ	Υ	Υ	Υ	Υ	Ν	Ν	Ν	Ν	Ν	Ν
语研 式		˥	˦	˧	˧	˧	˥	˥	Λ	Υ	Υ	Υ	Υ	Ν	Ν	Ν	Ν	Ν	Ν
总符号	Λ 高集	˅ 低集	˥	˦	˧	˧	˧	˥	˥	Λ	∨	Υ	Υ	Ν	Ν	Ν	Ν	Ν	Ν
符号用法	用在符号 等字以同																		

符号编号 符号类别 各式符号	20.	21.	22.	23.	24.	25.	26.	27.	28.	29.	30.	31.	32.	33.	34.	35.	36.	37
							音长符号				音强符号							
	全升高降	全升低降	全降升	低降全升	高升全降	高降升	高升降	中升降	中净升	长音	半长音	短音	极强音	强音(重音)	中强音	弱音(轻音)	增强音	诚弱
起式										⎕:	⎕·	⎕̆	⎕́					
刘式										⎕:		⎕	⎕	⎕	⎕	⎕	⎕	⎕
林式										⎕:		⎕·	⎕		⎕			
周式										⎕:	⎕		x\x(⌐) 昌明作曲					
黎式		Λ	Λ	Ν	Ν	∨	∨	∨	Ν									
语研 式	Ν	Λ	Λ	Ν	Ν	∨	∨	∨	Ν	⎕:		⎕̆	如研 轻音	⎕́	⎕̂	⎕		
总符号	Ν	Ν	Λ	Ν	Ν	∨	∨	∨	Ν	⎕:	⎕	⎕̆	⎕	⎕	⎕	⎕	⎕	⎕
符号用法										用在符号左方			用在符号右角	用在符号右角	用在符号右角 下方	用在符号左上角 下方 中方	用在符号下角 左上角 正上角 下方 中方	

38.	39.	40.	41.	42.	43.	44.	45.	46.	47.	48.	49.	50.	51.	52.	53.	54.	55.	56.
舌位符号						唇形符号						口状符号						
舌升	舌降	舌前	舌后	舌央	捲舌	唇圆	略圆	特圆	中性	扁	特扁	建状	圆唇化	口开	次开	口闭	次闭	特闭

(手写音标符号)

以下同用在符号右方					用在符号下方	全上	全上	全上	全上	全上	全上	全上	用在符号上方	全上	全上	全上		

57.	58.	59.	60.	61.	62.	63.	64.	65.	66.	67.	68.	69.	70.	71.	72.	73.	74.	75.
清浊符号			送气符号		鼻音符号		其他符号											
清音化	浊音化	清浊混	送气	轻度送气	鼻化	或鼻音韵化	元音化	辅音化	颚化	齿化	舌根作用	挤喉	滚擦	吸气	闭而不裂	塞擦联读	二词联读	面可

(手写音标符号)

用在符号下方	全上	全上	用在符号右角	全上	用在符号上方	全上	全上	用在符号下方	全上	用在符号右上角	全上	全上	用在符号右角	全上	全上	用在符号下方	用在符号右方	用在符号之间

附表一：补充汉语拼音方案字母的方音符号

舌高低	口腔开闭	舌尖元音·前元音·扁	舌尖元音·前元音·圆	舌尖元音·后元音·扁	舌尖元音·后元音·圆	舌面元音·前元音·扁	前元音·中性	前元音·略圆	前元音·圆	前元音·特圆	央元音·扁	央元音·中性	央元音·略圆	央元音·圆	央元音·特圆	后元音·扁	后元音·中性	后元音·略圆	后元音·圆	后元音·特圆
高	闭	ɿ	ʮ	ʅ	ʯ	i				y		ɨ			ʉ		ɯ			u
次高	次闭																			
高中	半闭					e			ø			ɘ		o+			ɤ			ɔ
正中	正常	er				E						e								oᴛ
低中	半开					ɛ		œ				ɜ+	ɔ+				ʌ			ɔ
次低	次开	ar				æ														
低	开					a					a+						ɑ			

发音符号 \ 辅音符号 \ 发音部位			双唇	唇齿	舌尖前	舌尖中	舌尖后	混合舌叶	舌面前	舌面中	舌根	喉
塞声	不送气	清	b			d			dr	g+	g	ʔ
		浊	b̥			d̥			d̥r	g̥+	g̥	?̥
	送气	清	p			t			tr	k+	k	
		浊	p̥			t̥			t̥r	k̥+	k̥	
塞擦声	不送气	清		bf	z		ʐ	ʑ	ч			
		浊		bv	ẓ		ʐ̥	ʑ̥	ч̥			
	送气	清		pf	c		ɕ	ɕ	q			
		浊		pv	ç		ɕ̥	ɕ̥	q̥			
鼻声			m	m̌		n			ɲ	ŋ+	ŋ	
边声						l						
颤声						r						
擦声		清		f	s		ʂ	S	X	h+	h	h+
		浊		v	ş		ʂ̥	S̥	X̥	h̥+	h̥	h̥+
半元音			wɥ	ʋ						j		

附表二：方音总符号「母符」表

A	B	C	D	E	F	G	H	i	J	K	L	M	N	O	P	Q	R
ЬБB	ҫҫç	ᴅᴅᴄG	∂∂δᴅde	EEℇ℈϶	ƒƒƒ	PؚؚؚЯᴘᴘG	ҺҺН		ȷȷȷ	ᴋ	ᴸᴸᴛᴛᴸᴸ	ᴍᴍ	ᴨᴨᴨᴨᴨN		PΡ	ᑫᑫ	ᴙᴙᴙᴙᴙᴙᴙᴙ
ᴀᴀᴀᴧᴧᴦ			EℇᴄℇϽϽ					ᴵᴵᴸᴸᴛᴛᴸᴸ					ᴓᴄᴐᴓᴓ				
从A变出的共七个符号Ⅴ	是倒Ⅴ之变。 从B变出三个。	从C变出三个，实在只两个。	从D变出七个。	从E变出七个。	f，不計在內。 从F变出三个，「チ」似反	从G变出四个。	从H变出三个。	从i变出七个。	只一个。	从J变出一个。	从L变出六个。	从M变出二个。	从N变出七个。	从O变出五个，ℊ可称作 变出	从P变出二个。	从Q变出二个。	从R变出十个。
1.	2.	3.	4.	5.	6.	7.	8.	9.	10.	11.	12.	13.	14.	15.	16.	17.	18.

S	T	U	V	W	X	Y	Z	ᴢ	ᴠ	ᴕ	ᴝ	ᴜ	ʔ	ᴢ
Ƨ Ƨ Ƨ Ƨ	ᵵᵵᵵᵵ	ᴜ	Ⅴ ⱴ ⱴ	ᴡ	ⅩⱵⱵ	⅄λⱴ	ᴢᴢᴣᴣᴢ							
ᴜᴜᴜᴜⱵⱵ		ᴜᴜᴜⱵⱵ				ⱴⱴ							ᴗᴗᴗ	
从S变出四个。	从T变出七个。	从U变出七个。	从V变出三个。	只一个。	从X变出三个。	从Y变出六个。	从Z变出六个。			一百三十个。母符只有二十六个，或号三百五十二个，它的，但不計在內。方音总符以下三个符号好似Y变来				
19.	20.	21.	22.	23.	24.	25.	26.	27.	28.	29.	30.	31.	32.	33. 34. 35. 36.

原载《河北师范学院学报（人文社会科学版）》1956年第1期

古音上的几个问题

——提出一个汉语语音史观问题

　　古音（这里指上古音和中古音）上的问题很多，研究的材料和研究的方法起决定作用。材料还有待收集研讨，如古藏语缅语泰语以及各地方言都还没有搞清。已有的材料主要的如诗经韵字，古谐声字等等也是问题一大堆。对材料的估价、材料的真伪先后完阙……都没进一步作科学的考订。至于方法必须是辩证唯物的。韵部声调声纽考定后，拟音工作也极重要。拟音是一种新学问。例如段玉裁考上古音"之""支""脂"三部不同，但不知三部字音究该怎样区别，实是遗憾，因此考出三部有别还不解决问题。这里因为篇幅有限，不能全面的讨论，只限于上古音的韵部，且只能略示私意臆说，不能详引。其中难免谬误，还希专家指正。

一　黄氏二十八部批判

　　过去一般人提到上古韵部的总以黄季刚氏的二十八部为最后的定论。不知黄氏此说所用材料与方法很成问题。黄氏在古音学上的造诣和地位很高，这是不能否定的。但科学研究日进不已，决不许抱残守缺；而且他对材料的看法和所用的研究方法有很大的主观唯心的偏差，不可不辨。兹采时贤批判黄氏之说并参以己意，约有八点，以证黄氏之误。

　　1. 广韵中虽包古音，然广韵编纂目的在把各韵字"剖析毫厘，分别黍累。"小韵分别声纽，大韵分别韵部，力求其分，分中求合，主要还在分，剖析分别的意义在此。但它并没准备把南北古今各自的整套音系分列出来，只是把一切音，就是古今南北的总和音加以分析。例如戴震看到广韵东冬钟后别立江韵，不入阳唐者，正所以示古今音不同，但最后又说："惜不能尽从斯例"（《声韵考》），可见广韵对于古韵在分部上并没有系统的分出，只是反映了这方面的事实。但江部虽是上古时从东部分出，到中古时也并不同阳唐，戴氏也不明确这点（说见第三段）。

2. 广韵反切包有魏晋南北朝的切语，不足以作为考定上古韵部的根据。章太炎氏虽然举五支韵中的妳亏奇皮与规窥歧陴八字的切下字有分别，正是证明前四字在歌部，后四字古在支部，其切语还保存古音的分别（见音理论）；但实际上广韵对于古音在反切下字也并没有系统的分出，它并没注明哪些切语是汉人的，哪些是魏晋人的，哪些是南北朝人的？如江永"四声切韵表"支、先、麻、庚四韵重出，以为古今有别。但支部见纽三等开口"宜"鱼羁切，重出三等开口"涯"鱼羁切。切语相同。所以在切语上并不分明。

3. 黄氏只知道广韵韵部与反切的古今异同，不知道还有南北异同。又只知道音同韵异（黄氏承袭章太炎之说），不知韵异的，它的音必异。他以为江附于东冬钟后，因江古同东等；但不并合在冬韵中，是因江今音已不同东而同阳唐；但又不并入阳唐，是由于江古不同阳唐；所以江与东冬钟是古同今异，江与阳唐是今同古异，为了保存这古今同异的真相，所以独立为一部。他不知道陆法言等编切韵的宗旨在求分，在把古今南北的总和音分别清楚，因此各韵部的音必不同。二百〇六韵就有二百〇六个不同的韵值。当然这决不是某一时代某一地区能读出这许多不同的音，而是集合了古今南北的不同读法。因此，如果两个或三个韵部读音不管是古异今同或今异古同，只要是全同的决不分开为二部；分开的，读音就决不同。江独立为一部，可知江既不与东同，也不与阳同。这不同可能是古音并不同，或今音并不同，或南北方音并不同。陆氏当时必有一个既不同东又不同阳的读法，尽管古今南北在哪一方面读起来与东或与阳同。这才是"部析毫厘，分别黍累"，否则江如果与东或与阳同读，则陆氏决不使独立为一部。陆氏说："欲广文路自可清浊皆通；若赏知音，即须轻重有异"（切韵序）。这话很明显。二百〇六韵的韵值读法都不同，即使为了广文路可通的，还是清浊有别。按黄氏把今变韵分为五类（见音略略例），对韵异的音值下他分两种情况：一是本是古甲韵，后变为今乙韵，这是今变音之一，当然独立一部，如模韵变为鱼韵，覃韵变为侵韵，这是韵异而音异；一是本是古甲韵，后变为古乙韵，这也是今变音，但不把它合并到古乙韵中去，也把它独立为一部，如江从东变出，而变入阳唐韵，这是韵异而音同。这个韵异音同，即音同韵异，最有问题。我们上面已经分析过了，如果江真的与阳唐韵读同，陆氏必把它与阳唐合起来；如果江与冬钟韵读同，陆氏必把它与东冬钟合并。各家古韵分部，东冬钟江合为一部，如顾炎武、江永、段玉裁；或钟江东合为一部，如江有诰（可能是分析未细）。江与阳唐据今音确是同部，然陆氏必是根据古今南北之音认定江与东或阳不同。他必然对江与东或阳在韵值上有一细致的区别。今所传广韵在韵目下还保留同用独用之例，据唐封演闻见记说是"国初许敬宗等详议，以其韵窄，奏合而用之"。据玉篇所记，认为这是宋邱雍所定，但我们明明看到江韵下注独用，可见唐宋时还能读出江与东或阳不同韵读，所以不与东或阳同用。又按宋人等韵并韵为摄，东江如果古本同部，到中古时音仍相同，则应当并为一摄，然十六摄的通摄中只有东冬钟而无江；如果江变同阳唐，应当并为一摄，然十六摄的宕摄中有阳唐而无江，而十六摄另有一江摄。这是从韵摄上证明江既与阳唐不同，也与东冬钟不同。再在等呼上也看出它们的不同来。按广韵反切下字，东冬钟均是合口，东分二类，即一三等；冬分一类，即一等；钟分一类，即三等。等韵分析略加细，东合口分四个等，即一二三四等；冬合口分一个等，即一等；钟合口分两个等，即三四等。而江部则按反切下字只有开口分一类即二等，等韵分开口合口各一个等即开二合二。我们再看看阳唐。阳部反切下字分开口合口各一类，即开三合三等。等韵开口分三个等，即二三四等；合口分一个等，即三等。唐部反切下字分开口合口各一类，即开一合一；等韵同此。这是在等呼上证明江与东冬钟以及阳唐在中古音上根本就无关系。黄侃不信宋元等韵，认为破碎之学。不知等韵有功于广韵，它以广韵反切为基础，而广韵的反切规律以及二百〇六韵分析的实际理由也因等韵而明确。我们也可以说：不通等韵，也就通不了广韵。黄氏不信等韵，正如章太炎先生治文字学而不信甲骨文，都是保守思想，我们正不必为贤者讳。总之，音同韵异说不能成立，那么古本韵今变韵之说也动摇了。

4. 黄氏的今变韵中有一例是：变韵之音全同本韵，以韵中切语杂有今变声，就别立为变韵。如寒桓为本韵，山为变韵；青为本韵，清为变韵。这也是音同韵异说的又一例。又因杂有今声，就把它降为变韵。同时他所定的本韵中也杂有今变声的，如先韵有狗字（床组）锡韵有歡字（彻组），东一类去声有讽字（非组）赗字（敷组）风字（奉组）。他却说："凡此变音杂在本音中，大抵后人增加缀于部末，非陆君之旧，不可执是以讥鄙言之不验也。"又泰韵不杂存今变声，为什么不认为古本韵？又古帮非声同，广韵中多用非切帮，帮非混用，又何得把非作为今变声？这正是黄氏的主观作法。

5. 黄氏的今变韵中还有一例，说是"合数本韵为一变韵者，又别于一本韵之变韵，如微为灰痕魂之变韵，别于脂为灰之变韵"。这也是凭主观意见而歪曲陆氏，这也是因为音同韵异说窒碍了他。他不知脂微二部音不同，他以为音同所以勉强想出了这个极勉强的解释。如果肯定脂微不同音，就很干脆不必再说为了别于一本韵之变韵了。

6. 黄氏还有今变韵一例，是古无上去只有平入之分。因此凡是上声去声诸韵部都是变韵。上古的声调问题还不能肯定只平入二声（见第二节末后），所以黄氏这个说法未免武断。

7. 黄氏从古本声十九组求得古本韵二十八部，又从二十八部回来求古本声，这是乞贷论证，也叫循环论证。但还有一个大漏洞，就是有今变声的韵当然不是古本韵，但只有古本声不杂有今变声的韵不一定都是古本韵，因为古本声与今变声不是对立的，如今声组与古声组各成一套，毫无相同之处；也不是交叉的，如一部分二者相同，一部分二者相异；而是增补的，就是古本声十九组完全保存在今音的体系中，因此只有十九组的韵部也可能有今变韵。

8. 黄氏又自称"此二十八部之立皆本昔人，未曾以臆见加入"（音略）。这两句话很迷惑人。其实顾、江、段、戴、孔、王、江（晋三）章（太炎）倒是一线下来，大家是根据同一材料（诗经押韵字），用同一方法（系联分部）。由顾氏十部愈分愈细，分到章太炎的二十三部。清夏炘集顾江段戴孔王江的分析合为二十二部，王国维先生已经叹为"作者不过七人，然古音二十二之目遂令后世无可增损。"（《周代金石文韵读表》）至于黄侃是另辟蹊径，根本与他们不是一回事。他的二十八部既和章氏的二十三部不同，不仅部数不同，部目不同，更是体系不同。在阴声韵部中戴震分出了"祭"，王念孙分出了"至"，章太炎分出了"队"，黄氏均未分出。又黄氏"萧"部即"幽"，说是江永所立；"侯"部又说段玉裁所立。其实江永从顾炎武的第三部鱼虞模侯中分出侯，但江氏第十一部又幽侯不分，把幽从侯中分出是段玉裁。黄氏正颠倒了，又既承认侯部是江氏从顾氏中分出，而他分出时又与幽合一部；但又承认段玉裁从江氏幽侯一部中分出幽，可见侯部实际已不是江氏的本来面目了。那么，黄氏的所谓郑庠所立、顾炎武所立、江永所立、戴震所立、段玉裁所立、王念孙所立，只是形式上取得一根据而已，实质上对六家的体系谁都不是。但为什么他的二十八部有十九部跟章太炎的二十三部相同呢？这问题也很简单。因为单把广韵平声五十七部分出阴阳二大类，阳类中分 mnŋ 三类，再把元音相近者合并，这样不管你用什么方法分部，总可以在名称上有很多可以辗转相同的。但在实际的韵部字音系统上是不同的，因为上古音的某韵字不等于完全整套的广韵某韵部字。如顾炎武的第六部歌戈实包广韵麻半支半字。因此黄氏凡遇到只有古本声的韵部就认为全部是上古古音某部，也不妥当。

总之，黄氏把广韵反切看作考订上古音的唯一的或主要的材料，这是第一误（当然广韵反切可作为旁证）。又把广韵看作音同韵异，这是第二误。又对反切上字与反切下字只看到它统一的方面，没有看到它的矛盾方面（声组的分等跟韵部的分等在等数等类上也不一致），这是第三误。又用了循环论证，这是第四误。因此他的二十八部终还是站不住的。

二　从入声相配问题谈到上古入声阴声的韵尾以及上古声调问题

入声字的相配问题确是研究上古韵部一个缺口。我们对于上古韵部的分部虽不如王国维先生所说"然古音二十二部之目，遂令后世无可增损"。

但阴阳各韵部问题确是较少，只有入声字问题不好解决。各家的意见很纷歧，大约可分四派。

1. 入声全与阳声相配　如郑庠分部，以屋沃觉药陌锡德配第一部东冬等，质物月曷黠屑配第四部真文等，缉合叶洽配第六部侵覃等。

2. 入声分与阴声阳声相配　如顾炎武十部：质术栉昔（半）职物迄屑薛锡（半）月没曷末黠鎋麦（半）德屋（牛）配第二支脂等，屋（半）沃（半）烛觉（半）药（半）铎（半）陌麦（半）昔（半）配第三部鱼模等，屋（半）沃（半）觉（半）药（半）铎（半）锡（半）配第五部萧宵等，缉合盍叶帖洽狎业乏配十部侵覃等。入分配四部。除侵覃部是阳声外，其余三部都是阴声。江永十三部：麦昔锡职德配第二部支脂等，药铎沃觉陌麦昔锡配第三部鱼模等，质术栉物迄没屑薛配第四部真文等，月曷末黠鎋屑薛配第五部元寒等，屋沃烛觉配第十一部尤侯等，缉合叶洽配第二部侵覃等，合盍叶帖业洽狎乏配第十三部添严等。入配七部，三部配阴声四部配阳声。他又倡异平同入同平异入之说。异平同入如麦昔锡配第二部与第三部，同平异入如第二部中列麦昔锡，又列职德。入声自己又分为八部，麦昔锡排在入声第五部，职德排在入声第六部。这是他已看到入声与平上去三声相配不是很自然的了。又如段玉裁分十部：职德配第一部之咍等，屋沃烛觉配第三部尤幽等，药铎配第五部鱼模等，缉叶帖配第七部侵盐等，合盍洽狎业乏配第八部覃谈等，质栉屑配第十二部真先等，术物迄月没曷末黠鎋薛配第十五部脂微等，陌麦昔锡配第十六部支佳等。入配八部，五部配阴声，三部配阳声。他也同意异平同入，以第二部第六部与第一部共一入声，第四第九部与第三部同一入声，第十部与第五部同一入声，第十二部与第十一部同一入声，第十五部与第十三十四部同一入声，第十七部与第十六部同一入声。

3. 入声全与阴声相配　如江有诰分二十一部：职德屋（三分之一）配第一部之咍，沃（半）屋（三分之一）觉（三分之一）锡（三分之一）配第二部幽尤，沃（半）药（半）铎（半）觉（三分之一）锡（三分之一）配第三部宵，烛屋（三分之一）觉（三分之一）配第四部侯，陌药（半）铎（半）麦（半）昔（半）配第五部鱼模，麦（半）昔（半）锡（三分之一）配第七部支佳，质（半）术（半）栉（半）物（半）迄

（半）没（半）屑（半）黠（半）配第八部支微等，月（半）曷（半）末（半）鎋（半）薛（半）黠（半）配第九部祭。还有第二十部只有入声叶帖业狎乏盍（半）洽（半），二十一部也只有入声缉合盍（半）洽（半）。他把入声全配阴声，又把缉合叶洽等独立了，不与侵覃配。可说到他手里才把广韵的韵部排列次序（实际是李舟切韵的次序）彻底打破了，入声全配阴声，只有歌戈麻无入。王念孙二十二部都根据他，只是把江有诰的第八部脂微部中的去声至霁，入声质栉分出为至部。夏炘的古韵表集说分二十二部，就是江王的分部。

4. 入声全与阴声阳声相配　如戴东原分二十五部，都以入配阴阳声，这阴阳入相配为一类共七类，还有侵覃二类只有阳声入声，没有阴声。他以入声铎配阴声歌戈麻，但他假定它为阳声，因为 OA 近于阳声；又以阴声鱼虞相配，这是第一类的三部，又以入声职德配阳声蒸登，阴声之咍，这是第二类的三部。入声屋沃烛觉配阳声东冬钟江，阴声尤侯幽，这是第三类的三部。入声药配阳声阳唐，阴声萧宵肴豪，这是第四类的三部。入声陌麦昔锡配阳声庚耕清青，阴声支佳。这是第五类的三部。入声质术栉物迄没配阳声真谆臻文欣魂痕，阴声脂微齐皆灰，这是第六类的三部。入声月曷末鎋屑配阳声元寒桓删山仙先，阴声祭泰夬废，这是第七类的三部。入声缉配侵盐添，这是第八类的二部。入声合盍叶帖业洽狎乏配阳声覃谈咸衔严凡，这是第九类的二部。他在第八类第九类入声只配阳声，第一类入声又只配阴声，所以还不算全部的入配阴阳。到他的学生孔广森分十八部才进一步把阴声九部阳声九部对起来，发明阴阳对转的音变规律。他把入声都列在阴声后。阴声第一部歌戈麻没有入声，阴声第九部中又只有入声没有平声，这都是他牵强的地方。他以入配阴阳，虽是调和入声配阳或配阴之说，但也暗认入声自有体系。

我们看到过去入声配阴或配阳的分歧，可证明入声是一个特殊的东西，必须想法解决。我不同意入全配阳声，诗经既非如此，这是受广韵的影响，这是李舟切韵的排列。陆法言切韵并不是这样。据巴黎图书馆所藏切韵残卷，"平声下"二十八韵：一先二仙三萧四宵五肴六豪七歌八麻九覃十谈十一阳十二唐十三庚十四耕十五清十六青十七尤十八侯十九幽二十侵二十一盐二十二添二十三蒸二十四登二十五咸二十六衔二十七严二十八凡。他把覃谈列歌麻后，咸衔列蒸登前。入声三十二部跟今广韵次序也不同，也不全与阳声相对。可见陆法言当初并没有认为入声只与阳声相配。因此戴震说："阳声字为有入声之韵，阴声字为无入声之韵"，只是根据李舟切韵韵部排列的精神而言，并非陆法言的原意。又后人把阳声分为三类mnŋ，侵覃以下九韵为收声 m，也不是陆法言的原意。陆法言时还只说清浊轻重，没有说阴阳的。元周德清中原音韵才有阴阳之称，他是以声之清浊分阴阳，又说高声从阳，低声从阴。这是把清音低音当作阴声，浊音高音当作阳声。到戴震就以阴阳当作有无鼻音韵尾的分别。又以侵覃以下九韵为收 m 鼻音。这种说法，也不是清以前人提出的，在元刊本玉篇卷首附有广韵指南只分开口合口，合口下举菴甘堪谙四字属覃谈二韵字，但开口只举歌韵三个字，这开合虽与宋人等韵图的开合不同，但也并未明确指出收 m 之闭口韵是合口，或收 mnŋ 的都是合口。中原音韵"正语作词起例"中有"切不可开合同押"一条，但所举白雪集水仙子六句词的押韵字：名清印今英村六字，名清英属鱼青韵，印今属侵寻，村属真文。又说"开合同押用了三韵"，三韵是否指名清英，或指庚青、侵寻、真文三部。如果指名清英三字，只此三字是开，则以其余三字为合了。如果指庚青、侵寻、真文，则此三韵果哪韵是开是合，都不明确。可见元人还没有阳声韵分收 mnŋ 的认识。到清毛先舒《声韵丛说》才明确的指出分平上去的阳声有穿鼻抵颚闭口三种，正是 ŋnm 三个收声。但入声他以为只有闭口，没有穿鼻抵颚，这与顾亭林古韵十部的入声分法正合。因此，那时也还没有入声分收 ptk 三类，且全与平上去阳声三个收韵相配。戴震以入配阴阳（可能受切韵指掌图的启发），但以铎配阴声，这也是一个证明，直到章太炎氏才明确了这种体系，虽然在李舟切韵后有宋人韵图，（切韵指掌图是例外，它是以入配阴阳声的。）直到清代的音韵阐微都是这样排列，但都没有明说入配阳声。韵镜序例中只说："韵中或只列三声者，是元无入声，如欲呼吸，当借音可也。"入全配阴声是江有诰、王念孙所创，虽然还不是定论，但确有根据。江有诰说："缉合九韵之配侵覃，历来举无异说，有诰则谓平入分配必以诗骚平入合用之章为据。支部古人用者甚少，诗易左传楚辞仅三十九见，而四声互用者十之三。今考侵覃九韵，诗易左传楚辞共五十七见，缉合九韵诗易楚辞大戴共二十二见，并无一字合用者，即遍检先秦两汉之文亦无之，检唐韵之偏旁又复殊异，盖几于此疆彼界，绝不相蒙，乌能强不类者而合之也？则当以缉合为一部，盍叶以下为一部，其类无平上去。盖四声之说起于周沈，本不可言古韵；又况冬无上，祭泰夬废无平上，原非每部凿定四声也。"（《寄段茂堂先生书》）王念孙也说："今按缉合以下九部当分二部，遍考三百篇及群经楚辞所用之韵皆在入声中，而无与去声同用者；而平声侵覃以下九部亦但与上去同用，而入不与焉，然则缉合以下九部本无平上去明矣。"（《与李方伯书》）江永也这样说："入声与去声最近，诗多通为韵，与上声韵者间有之，与平声韵者少，以其远而不谐。韵虽通而入声自如其本音，顾氏于入声皆转为平上去大谬。"（《四声切韵表凡例》）我们根据三家的研究，可知入声实际上与阳声无涉。王国维先生说："阳声之无上去入，虽视为定论可也。"（《五声论》）更没有入声 ptk 与阳声 mnŋ 相配的整齐说法。偶而入声与去声或上声或平声相押，这在诗歌中是可以的（这是一字二调或合韵的根据）。为了唱或诵读起来顺嘴，也可能把入声字调变为上去平调，但入声字还是入声字（当然这里面可能也有古今二音并存或方言二音歧出的现象，如某些入声字可能某方言中就本不读作入声，或更古音本不作入声）。入声与阴声押韵的多，是因为阴声字没有鼻音的韵尾在阻梗。入声又与去声押韵的多，又是因为去声调较短而下降与短促收藏的入声调容易押。这是很自然的事。但这样说，就是肯定上古没有三个韵尾 ptk 了。是的，如果我们看到广韵入全配阳声且配阳声又果然是 ptk 与 mnŋ 相配，那么对上古音也以为入声有 ptk，且与阳声韵尾 mnŋ 相配，是受广韵的影响，在上古音的诗经楚辞等韵文中没有充分的事实根据。而广韵这一系统，又是采用了闽广方音（而宋人等韵如七音略韵镜四声等又是根据广韵的。切韵指掌图，据莫友芝韵学源流考为南宋杨中修所作，因此他的入配阴阳声的系统是一种革新），这正是兼包古今南北之音。因此，认为上古音也是入配阳声，入有 ptk 三韵尾，甚而还把阴声也搞出了三个韵尾（根据形声字），以迁就诗经入配阴声的事实，倒不如否定上古时入声有三个韵尾，反觉自然。在太古时阴声字是否有韵尾，缺乏材料，不能考定；今各方言中也毫无痕迹可寻。入声三个韵尾今广州方言还有，但上古音未必全同今广州音。

总之，上古音有入声是毫无问题的，而入与平距离很远，入声多数自相押韵，且多数与阴声字押韵，这都是事实。这证明入声的调值是很短的，比去声还短；又没韵尾 ptk（如果它有，它一定要全与阳声押，至少要在闭口韵上即收 m 收 p 要完全一致）；又有音素上的不同，与平上去三者各自间只是调的不同不一样，所以多数自相押。因此，入声在韵部中是一种特殊的，当有其自己的韵部，不当为四声之说所囿，且为了整齐观念而硬把入声全与阳声相配。或全与阴声相配，或全与阴阳相配，或各凭己意（当然也有些根据）分与阴声阳声相配，但是为了押韵（凡押韵的字并不等于它们的韵素主元音半元音以及辅音尾—完全严格的相同。诗歌的押韵字在音理上说是比较宽泛的），入声就可与阴声阳声相押。不仅押韵要求音素上的分析并不太严格（例如今天民间曲艺中的十三辙或五方元音一日厶儿等韵都可混合押），且可用变读的方法把入声短元音读成长元音，或反过来把长元音读成短元音，例如入声职德有短元音 i，而拉长读就可与有长元音 i 的阴声之咍、阳声蒸登同押。入声屋沃有短元音 u，拉长些读，就可与有长元音 u 的阳声东冬 uŋ 或阴声尤幽 ou 鱼模 u 押，这正是入配阴阳的根据。如果诗中多数韵是入声字，偶尔用了一个平声或上声去声字，就可把长元音读短。这种改变本音的人为的读音（合韵可能就采取这种读法），全是为了口耳顺适的原因，在诗歌中可能有这种要求。

阴声字的收声问题是西门华德（Walter Simon）和高本汉等提出的。中国过去的古音学家从没有说过。这种说法很新奇，当然也有一些藏语泰语的证据，但不可靠。而且这种问题以及复辅音问题实在不是上古音的问题，而是汉语语源推测问题，科学性不大。罗常培先生说："故探讨古音，宜断自周初，未可侈言荒古也。"（汉语音韵学导论）因此，这些问题——事涉荒古，言近玄虚——本可不提。但置而不辨，徒乱耳目，也不妥当。西门华德坚持阴声字也有三个收声 γ-δ-β 或-g-d-b，高本汉则除叫 gdb 外，还以为上古音有些阴声字是开音缀，他又给一些鱼部字拟了一个喉塞音韵尾；给一些脂微部与歌部字拟了一个"r"尾（见高氏《上古中国音当中的几个问题》，赵元任译）。照他们的意见，是中国汉语最初的语音收声共有三套：阳声一套，入声一套、阴声又一套，正是：阳声 mnŋ 入声 ptk 阴声 bdg。这显然也是填空当的唯心做法。他们又提出了一个汉语韵尾收声的衰退说法，就是当初是三套收声，到上古时阴声的一套收声已衰退而失去，到隋唐后入声一套收声又失去，到宋元后连入声也根本失去了，同时阳声的 m 收声也失去，大部分混入 n 收声中。表面好似言之有理，但实际上是不合事实，而是一种人为的主观捏造的历史发展规律（指阴声一套收声失去，入声一套收声失去）。且把时间与空间二观念割裂开了，也就是把不同空间的事实当作同一空间的事实互相拼凑，造成了一个韵尾收声逐渐失去的历史发展说。照他的说法，广州方言是很古的，因为它保存两套收声，北方方言是从它变出，只保存了一套收声，而阳声中又失去了个 m 收声：而吴语又是从北方方言中变出，在阳声字收声中又失去了一个 n 收声，只剩下了一个 ŋ 收声。但吴语还保存了入声与浊声，又比北方方言古了。这样讲来讲去，永远也说不清历史发展的所以然来。其实，这些都是方言各自的音系，他们现在各自的音系现象可能是很古（在上古前）就是这样了。（详见下一节）

又上古前汉语有三套收声，也就是说每个字都有收声，而且收声很整齐，这确难令人相信。因为世界上决不会有这样的语言。语言是在复杂的实践中被多数人民创造出来的，决不是少数人凭空理想编造出来的，因此决不会这样整齐单纯。正如陆志韦先生说："上古汉语没有开音缀的结论，有的人一定以为怪诞不经，世界上哪里会有这样的语言呢？姑不论说话，随意翻一句古书来念，例如：'井灶门户箕帚臼杵' -ŋ，-g，-n，-g，-g，-g，-g，-g 何等的聱牙！"（《古音说略》）但陆先生最后还是承认了这一结论，又说："我们断不能从诗韵谐声划出一部分来把他们跟入声割裂，绝对证明他们是上古的开音缀。我们的结论尽管是不近情的，然而这样的材料只可以教人得到这样的结论。"（同上）他说出苦衷是由于入声字在作怪，因为推测上古前阴声字有收声 bdg 而没有开音缀是由于入声字有收声 ptk，而在诗经押韵字是入声多于阴声押，在说文谐声字中声首与得声字通转的关系也是入声与阴声字多，因此入声有收声，阴声就不得不有收声。其实古韵通押声首通转主要在元音（但分长短）的相同，并不在乎收声相同。所以开音缀的阴声字可与入声字通押通转。又入声与阳声通押通转的很少，这主要正是因为入声没有收声 ptk，而阳声有收声，有了收声，那么元音虽同（也指长短不同的元音）却为收声所碍，所以通押通转者少；阴声字没有这阻碍，所以通押通转者多。这样说来，入声字既没有收声 ptk，即阴声字收声的大前提就被打破了，阴声字也有收声这一结论就不能成立。当然藏缅语中有长元音总附有 p、t、k、s，r 如同英法德语，但这方面的证据材料还很不足，尤其我们本身的最古的最可靠材料——各地方言不能看到一丝痕迹。所以阴声三个收声，至多也只能作为与入声在诗经韵字中相押的关系符号而已。

对于上古音的声调问题，各家对调数多少，意见也很不一致。约有下列几种：

1. 有平上去入四声　　如夏燮（见《述韵》，因篇幅所限，不再详引。以下同）

2. 有平上入三声　　如段玉裁（见《六书音韵表古四声说》）

3. 有平上去三声　　如孔广森（见《诗声类序》）

4. 有平入二声　　如黄侃（见《音略》）

5. 有阳平阴平阴上阴去阴入五声　　如王国维（见《观堂集林·五声说》）

6. 有阴阳入三声　　如魏建功（见《古阴阳入三声考》）

7. 有平、上、长去、短去、入五声　　如陆志韦（见《古音说略》）

8. 有平、上、长入、短入四声　　如王力（《汉语史稿》）

9. 有平、上、去、入，而入又分三声共六声　　如高本汉（见《上古中国音当中的几个问题》）

我的意见是上古周秦时方言比现在还复杂，声调当然很纷歧，不可能有标准音，因此要断定那时的声调一定只有几种，这很难说。四声的调值究竟如何，更难说。我们只能根据主要以黄河流域一带语言为基础的诗经，归纳它的同韵字，那么得出的结论上古周秦那时语言中已有四声—平上去入，决不是到隋唐时才产生的。只是到隋唐时才把方言中很古很复杂的声调明确为四种基本声调数（齐梁时已明确）。首先我同意夏燮的看法，是最平实近情理。他说："三百篇群经有韵之文，四声具备，分用画然，如部分之有条而不紊；第古无韵书，遂以此为周顒沈约独得之秘耳。然有韵之文，未尝不可考而知也。古无四声，何以小雅楚茨之二章鲁颂閟宫之三章连用至十一韵十二韵皆平声；小雅六月之六章甫田之三章连用至七韵九韵，大雅烝民之五章六章鲁颂閟宫之二章合用至十韵十一韵皆上声；邶柏舟之二章魏汾沮洳之一章卫氓之六章连用至四韵五韵七韵，以至楚辞之惜往日连用至十韵皆去声；魏伐檀之二章商颂之那鲁颂閟宫之八章连用至六韵八韵九韵以尚书鸿范之六三德以下连用十五韵，尔雅释训穰穰福也以下连用至十七韵皆入声。此其可证者一也。关雎为诗之首篇，而四声具备：鸠洲逑求、平也，得服侧、入也，采友、上也，芼乐、去也。……若古无四声，何以分章异用如此疆尔界，不相侵越？……大抵后人多以唐韵之四声求古人，故多不合，因其不合，而遂疑古无四声，非通论也。古四声有独用，有通用。通用者若十七部之合韵，又广韵之两收三收者是也。平与上去多通用，以上去之音近而入远也。上与去多通用，去与入多通用，而上之与入叶者不过十中之一，以上之转入较去远也。……"（《述韵》）

因此我们首先可以这样说，作诗者本非一人，对语音的掌握程度也不同；如果严谨些的，则四声分押，否则就四声通押。其次，我们再从方言上去观察。方言是极古的东西，同一原始汉语分化为各地方言，不是几百年或几千年的事。方言又各有自己的一套音系，它的稳固性很强，尤其在声调上。自从阶级社会产生，语言统一趋势占优势，方言间开始受影响，但不会改变太快太大。因此等于还未经全部开采的方言矿藏，既可用来考证中古音（高本汉等曾这样做），也可用来考证上古音（周武王即位距今约三千一百年，诗经作品的时代多数还要后四五百年。春秋开始是鲁隐公元年，公元前七七二年），只看我们怎样来运用这种材料。我们试看一般方言的声调虽极复杂，但基本调数还是四声。东汉何休公羊传注只能辨出二声长言短言，并非那时的语言实际还只有二声。到魏晋后音学发达，齐梁时才确定汉语的基本声调为四声，也并非韵学家如隋陆法言等不知道南北方言中声调不止四种的复杂现象。不过由李舟切韵和广韵所反映的四声调值和从诗经押韵字中所反映的不同；广韵是兼采了闽粤音系，所以入声有 ptk 三韵尾；而诗经是黄河流域一带的音，入声就没有 ptk 韵尾。

三　一个汉语语音史观问题

从上面这许多事实，我提出一个新的语音史观。可能是很片面的不正确的，但在没讨论到这儿有定论以前，也可作为一种探索的看法。我们研究汉语语音史的，都发觉了这样一种现象：

从上古音发展到中古音又发展为现代音，无论声或韵方面，都是两头小、中间大。因此，上古音到中古音只是分化现象，中古音到现代音又只是合并现象。这确是一个大疑问。这个问题与汉语语音科学的历史研究有极大关系。过去也有人看到这个问题。但不能得到圆满的答解。我以为这问题很复杂，也很简单。我在前面也已经说过。这问题主要在我们对大家所根据的材料的说明上。我的不成熟的意见是上古音诗经的韵部和中古音广韵的韵部实际上差不多，不过广韵加了精细的分析（分四声分阴阳分开合分四等）。据罗常培先生分析，广韵二百〇六部按主要元音分实只十三部（见《汉语音韵学导论》三十八页）。上古音的韵部二十多部，如果不分四声阴阳，也只有十多部。又诗经是既有周代普通话又有黄河流域的方言的混合音，是未经加工整理的韵书（实际是韵文，非韵书）。广韵也是既有隋唐时普通话（又加上古音）又加黄河流域、长江流域、珠江流域方言的混合音，是已经加工整理过的正式韵书。因此，所谓分化，实际有些并未真分化，而是因广韵分的更细而已。诗经的作诗用韵人对于韵的分析，绝比不上广韵的专门编韵书者精细。研究上古音的，也只能根据诗经押韵字作一大致的分部，不能如研究切韵那样分析得细。因此从表面看起来，好似上古音大批分化为中古音。其实上古音与中古音不会变得太多。或者说从诗经韵字分部上与广韵分部上这个书面形式上看好似变动很大，但实际语音上或各方言在这一千五六百年的岁月中（周武王即位——公元前一一三四年至隋开国——公元后五八九年），它们的音系没有什么大变动。又因为广韵所收的方言面积较诗经加广了，它把吴音闽粤音也收入了。例如闭口韵以及入声字三个韵尾 ptk 与 mnŋ 相配就是粤音。广韵是尽量求分的韵书，因此尽管当时“北方”方言中已没有入声，而广韵是采用闽粤音以求其分，连当时吴音的入声他也不要（因不如闽粤音分析细），北方方言中绝大多数没有入声即分不出入声他更不考虑了。因此广韵的分韵较多较细，只是由于所收方言较广较多，并不是全从同一地域的上古音分化出来的。因此广韵的韵部比上古音多的原因，一方面是因为编韵书者分析得细，一方面是反映更多种方言的现象，并不全是反映历史音变的现象。在这一千五六百年中，任何方言都不会有这样大的变化。大量新词的增加，不等于大量音素音位的增加。又况切韵广韵是混合古今南北之音，试问以北方方音为主的诗经韵，究竟是怎样的分化成为切韵广韵中的古今南北之音的？但上古的北方音，并不同于现在的北方音，而实是同于现在的闽粤音或吴音，但又不完全等于闽粤音或吴音，而是兼有二方言的一种北方方言，因为有闭口韵又有入声，但入声无 ptk 收声。但新问题又被提出了：上古时黄河流域用的兼具吴音或闽粤的北方方言后来怎么变为后期的北方音（我们称上古时的北方音为先期的北方音）？我们在找到历史上确实的证据以前，先只能假设是由于当时北方人逐步南迁（当时也有从极南的人北迁到闽粤的），而另有一批人从西北各方面追踪而迁到北方，他们都带着自己的方言。迁入的大批人的方言由于军事政治经济的优势把原在当地的一部分人的方言吃掉了。先期的北方话被后期的北方话排挤出去一部分（即南迁的部分），又被闽粤音或吴音吃掉（所谓吃掉，等于同化，但与同化不同。同化是强迫命令的消灭，甲语言对乙语言历史上有这种做法。至于同一种语言中甲方言对乙方言，至多只有轻视歧视，而从没有过强迫命令消灭它的事实。原因是方言本是一种语言，大家基本上都能懂），从此在北方以及在南方都再也找不到一种有闭口韵如闽粤方言，看无 ptk 韵尾的入声如吴音这样的方言，这就是先期的北方音或周秦时的北方普通话音系。我们认定这种方言的被吃掉，而并不是留在北方的人的先期北方话跟迁来的方言混合了，产生了后期北方话。这种混合做法，是要消灭双方甲乙的音系，另建立一种新的丙音系，这不经过几万年是做不到的（方言是成系统的，因此它有极强的稳固性。至于词汇及语法，各方言不能有自己的词汇体系语法体系；如果这样，就不是方言了，而是另一种语言了）。至于方言被排挤成为次要语，甚或根本消灭了，倒比较容易。如出外经商的或读书的人他们的方言就被排挤成为次要语，只在遇到同乡时说说。他操的南腔北调的蓝青官话，绝不会自成一体系而产生新方言，因为蓝青官话有无数种，有四川人的，有山西人的，有上海人的，有福州人的，有广州人的……像是广州人说的蓝青官话，也因学话的程度高低而不同，所以蓝青官话是绝不会自成一体系的。如果迁来的人多，留下的人少，只要传下几代，它的方言就被消灭了，除非由于阶级或宗教的敌视隔绝，可能还能稍久的保存本方言。当然，方言间个别的少量的语音影响是肯定的，至于音系的大变动是不容易的（数万年造成的方言音系不会在短短的二三千年中变了另一音系），而方言的整个被消灭反倒比较容易。但没有由于战争疾病等大变化，一种方言是不容易被消灭的。到人民掌握政权以后，也就是到社会主义社会，由于政治经济文化高度的交流与统一，由于普及教育，由于推广普通括，各地方言也可能提早些被消灭或降为次要语而集中为普通话，但我们决不下令消灭方言，方言将自己自然地消灭。而且普通话或民族统一语的形成与方言消灭并非因果关系，二者是可以并存的。方言的词汇将不断补充普通话，因此方言在新社会将有一种新的活动，不可和旧社会的方言活动用同样看法了。

由中古音到现代音，尤其是说由切韵广韵的古今南北的混合音系到现代的北京音系，也不能说是大合并的趋势。因为广韵中所反映的广州音，至今基本上还是那样。可知它里面反映的北方话（后期北方话）至今也还是这样。中原音韵的保存闭口韵是书面的东西，是它因袭的方面；至于支思不分 ɿ、ʅ，鱼模不分 y、u，这是它分析未细，并不是实际语言中不分。甚至清末樊腾凤五方元音韵母十二字，地部中混收 i、y、e、i、ɿ、ʅ 五个韵；声母二十字中金桥火三字混收 k、k'、x 与 tɕ、tɕ'、ɕ，这都是分析未细处。这些材料，我们必须活用，不可泥古，为书本所囿。因此，研究汉语语音史，必须对方言的情况有正确的估计。也可说研究汉语语音史与方言问题绝不可分开。可能汉语语音史的基础是汉语方言史。汉语方言史没有整理清楚前，恐怕汉语语音史不容易正确地建立起来。因此，我认为要搞汉语史先要建立一个新的汉语语音史观。

个人臆说，可能是错误的，还望大家来讨论。

原载《河北天津师范学院学报》1958 年第 3 期

对《汉语拼音词汇》的三点小意见

我翻阅了一下《汉语拼音词汇》，很满意。凡例说："希望这一本词汇能够适合汉语规范化的要求。"这个原则很对，我完全同意。《词汇》又注意到同音词、轻声等问题，这都很好。下面略提些意见供参考。

（1）词汇里还有些只在文言中或文言成语中用到的词，如"刚愎（gāngbì）""无边"等。"他性情很刚愎"，还勉强可以说，但"这真宽大得无边了"，就嫌文了，一般说"没有边儿了"。我们很少说"你的要求真太无边了"，"你对他的让步真太无边了"。可见"无边"一词只适用于"宽大无边"这一成语，"这真宽大得无边了"已很勉强，至于把它看作现代汉语普通话一般通用的词就不合适了。

（2）"我的""我们的""渐渐地"都有，但没有"红的"。如遇到"这是绿的，那是红的"，这"红"与"的"是否分为两个词？文言中"红者""智者""大者""小者"都当作一个词，因此"红的"也应收录进去当作一个词。当然"这是王先生的"这个"的"还须分开。

（3）建议在每本《汉语拼音词汇》的后面夹上一张征求补充词汇表（当然对《词汇》中某词有意见的也可写上）。补充的词汇注明出处及意见，读者填入可寄回文改会。这样走群众路线，可使这本词汇初稿逐渐修订成为一本切合实用的汉语拼音词汇。

原载《语文建设》1959年第 24 期

形声简字还可提倡

在文字改革还没进入完全改用拼音文字的阶段之前，较好的办法只有简化老汉字。从大篆到小篆而隶书楷书……汉字的历史发展过程，也就是不断简化的过程。表面上是字体的变革，但实质上是简化的继续深化，也可以说简化是老汉字（即象形文字体系的，非拼音文字体系的）的内部发展规律。

但简化有两个意义：一是形式的，即笔画的简化，一是内在的简化。理想的简化当是二者的统一。从商周大篆（甲骨文也包括在内）到小篆这一简化过程就是自发地这样做的。小篆不单在一个字的笔画数上减少了（笔画是隶书分出来的，篆文一般不说笔画。这儿是泛指横直线条的意思），而且在结构上也简化了，如大篆"劓""灨"二字，到小篆改作了"则""渔"。尤其是大量的假借字改写形声字，据汉末许慎创编的一部《说文解字》，共九千多字中有七千多字是形声字（甲骨文中仅有极少几个字可认作形声字，周金文中的形声字还不是太多），这个事实须特别注意，从表面上看不是简化，加了形旁反而增加了笔数，但在造字上识字上都大大减轻了负担，因为识了少数象形字，再学形声字就容易了，见其形旁就可知其义，至少知其义类（如见"水"旁，就知这字义属于水类），读其声旁就可知其音。这样，形旁声旁互相对证，就容易掌握该字的音义了。文字最重要的部分就是音、义，老汉字用少数象形字来标义标音，虽分开而实可统一（拼音文字是用更少数的字来标音，音义合一，所以是最好的一种文字体系，可称单一化。形声字分开标义标音，是复合化的，所以不如拼音文字），所以形声字是表面并不简化，而实质上是简化了，可称内在的简化。（小篆中有省声一法，如"莹"是"从玉、荧省声"，即省写火字，这样增加形旁，却并没有增笔。）从小篆以后，历代创造的简化字也多数采用形声字。如"蝦"作"虾"，"感"作"忞"，这些简字是最理想的。这些字可称形声简字。我们应该尽多造新的形声简字。简化的目的既是为了减轻学生学习负担，把老汉字改的易认、易读、易写、易记，而他们的脑子中是空白的，并没有老的篆文、隶书、正楷繁体以及名家草书的包袱，所以不必太多考虑新简字有没有老字体的根据。提倡多造新的形声简字，最好先把汉语四百多个音节的代表字，即《声旁代表字简化表》搞出来，与《形旁简化表》作对照，然后逐一把其余非形声的字都适当改作形声简字。我相信在学习效果上一定可以提高不少。其实，剩下要补改形声简字的数量并不多，所以不是太困难的事。

原载《文字改革》1964 年第 12 期

评《说文通训定声》

为了适应查阅古代文史资料的需要，出版界拟再版《说文通训定声》一书，这很有必要。

《说文通训定声》是清代四大文字学家之一朱骏声所著，是一部训诂书。主要是讲转注假借字，尤其是假借字，所以成为一般查考古书中假借字的一部最有名的工具书。过去研究古代文史的人都查用这部书，但对这部书的内容体例和得失不一定都清楚，因此在使用时不一定都能收到更好的效果。

一

首先说它的特点，书名叫：《说文通训定声》，而重点是通训。据他自己说：

> 读书贵先识字。……不明六书，则字无由识；不知古韵，则六书亦无由通。专辑此书，以苴说文转注假借之隐略，以稽群经子史用字之通融。题曰说文，表所宗也；曰通训，发明转注假借之例也；曰定声，证广韵今韵之非古而导其源也。

因此说文、通训、定声三部分以通训为重点。读古书必先通其训诂，而训诂的核心又是转注和假借。而二者又以假借为主。说假借必须通古声韵，因为假借主要讲"同声相训、声近义通"的声音通假道理，朱氏说"训诂之旨与声音同条共贯""不知假借者不可与读古书；不明古音者，不足以识假借"，这是正确的。但朱氏又把转注说成引申，这也是他的特点，也最遭人反对。我也不同意。但他自以为持之有故，言之成理，所以坚持到死，这点精神是可贵的。他宗说文，但又敢于批判说文，不怕违许，还要正许。这也是可取的。这比抱残守缺拘守一家之说，不正视历史发展，不学习新的学术，不敢有所创造，有所前进，只知抱着死偶像吓唬活人这种泥古保守的学人要好。同时在虚心听取别人的意见之下，又能坚持己见，在没有充分理由证据驳倒他之前，他决不屈服，这比伪装谦虚，又怕生事，不管所提意见是否，一切无条件接受，挂出免战牌的胆小虚伪的学人要好，因这种态度最妨碍学术问题的深入讨论。没有争论的讨论，决不会深入。而且争论还允许反复论辩，那怕一百回合。但话还得说回来，朱氏把转注说成引申的创说是不合适的。从许慎以来给转注作新说者不下五六家，如孙愐、徐锴、郑樵、戴仲达、周伯琦、江叔澐等。许慎对转注假借的解说，正符合词汇发展规律的两个方面：同义词（转注）和同音词（假借）。当然同音词在古书中不一定都成假借字，但假借字必是同音字，所以同音字中还须分出这两种情况。又假借在许慎的概念中又分引申与通假二种。义的引申与声的通假，也是词汇发展的规律。在甲骨文字中已产生了。许慎也在文字发展中看到了，并非朱骏声发明的。朱氏突出地标出引申（他说转注）与通假（他说假借）作为训诂的核心，今说词汇发展的二大规律（世界各国语言也是这样，试一查其词典就明白）。确是朱氏的卓见。《康熙字典》的编者还不懂这点。许慎已看到，但他误认为都是假借。因为引申仍是该字形，但字义变了，如"令"本是"命令"，后引申变一新义为"县令"。"其"本是箕，象形，后借其音记写语言中的代词"他"、"他的"，义也变了，而字形仍不变，所以许慎都认为假借。但实际情况并不一样，许慎也看到了。但他未另立专名，只在说解假借一名中合说在一起了。如"假借者、本无其字，依声托事，令长是也"。上二句解说"通假"，后一句举例是说"引申"。朱氏把许慎的转注、假借二解说都改了，真是多此一举。转注实不宜改，只须在假借中再分开引申与通假二者。引申是"字形不改，引申其义，令长是也"。通假是"本无其字，依声托事，于其是也"。于象乌鸟飞形，见说文"于"古文。古音同乌，即乌字，所谓一字歧出。借其音记语言中的虚词、介词：於、于，再借为叹词"於"（即呜呼）。

二

《说文通训定声》有自己的一套体系。他虽宗许氏说文，但打破了五百四十个的部首，而用古韵十八部列字。这全是为假借字服务的。据他说："前哲江、戴、段、孔分部递益，各有专书。今复参互加覈，不妄立异，亦不敢苟同。"孔广森也分十八部，但东冬分开，朱氏不分。他接受了段玉裁的之、支、脂三部分开。分部多少问题不大，但他不用传统的广韵韵目，这对与上古韵作比较对照时很有用。而朱氏却故意立异，改用周易六十四卦卦名，如一、丰部（即东部），二、升部（即蒸部），三、临部（即侵部），四、谦部（即盐部），五、颐部（即之部），六、孚部（即幽部），七、小部（即宵部），八、需部（即侯部），九、豫部（即鱼部），十、随部（即歌部），十一、解部（即支部），十二、履部（即脂部），十三、泰部（即祭部），十四、乾部（即元部），十五、屯部（即文部），十六、坤部（即真部），十七、艮部（即耕部），十八、壮部（即阳部），既不方便，又失掉与广韵的联系。他又把《说文解字》对每字的说解作为初文、初义、本义，这很好，因为不确定初文、初义，本义就无法确定何者是引申变义。但他那时还没注意金文，更没看到甲骨文来订正不少许氏说解的错误。接着他引尔雅、广雅等古义作为补充。这很好。因为这些雅书保存许多古义是训诂中最可宝贵的。有了这些根据，接着就列引申的（他说转注）各种用法，再接着列通假的各种用法，分别注上：同声通写字、托名标识字、单辞形况字、重言形况字、叠韵连语、双声连语、助语词、发声词等八种假借之用。宋郑樵"六书略"分析假借字为十二种，到朱骏声又加详，细分为三类十五种（一、假借之原，又分：1. 先无正字，后造正字的，如"吉羊"，后才造"祥"字。2. 本有正字而不用而用别字的，如云气、空气、本作气，但借写从米的气［同饩］。3. 先无正字借写别字而后也未另造正字的，如虚词、其、所、而、之……都是。末一条是我略据原文从新整理的。二、假借之例，又分 1. 同音的；2. 迭韵的；3. 双声的；4. 合音的，如茺蔚为萑，蒺藜为茨。三、假借之用，又分：1. 同声通写字；2. 托名标识字，如干支名、山水国邑名；3. 单辞形况字，如殷其雷，奏刀騞然，即象声词；4. 重言形况字，如灼灼其华，鸟鸣嘤嘤；5. 迭韵连语，如窈窕、蒙戎等连绵词；6. 双声连语，如次且、丛脞等连绵词；7. 助语词，即虚词；8. 发声词，如盖、夫、于、粤等），这是进步的。但今天看来，还不够细密，如助语词与发声词可合并为虚词。单辞形况字中如殷其雷，象雷声，是假借字，但莞尔、沛然以及愀然悠哉都有义，不全是借音字。又假借之例第一条同音中混包声、韵调全同和声、韵同，而调不同者。此外，还未分析到通假字有定型的和不定型的，前者如大部分虚字，都是假借字，但已定型，不足为奇了。后者是偶然性的最易使人上当，如"论语""归孔子豚"的归，原来是馈、餽、遗等字的通假字。

引申（转注）通假（假借）列出后，训诂的中心已过，后面是一种附录性质的。先是"别义"，是既非引申又非通假的义，又不是古义、本义，需要待考的。接着是"声训"，是从《说文》《释名》等书上摘录的同声兼义的训释字。转音是转韵字，清人一般叫"合韵"。声训和古韵单是为识别通假字作参考的，他放在最后，而把初文初义本义以及古义放在前面，又先列引申，后列通假，这样的体系安排，说明他对训诂还是以义训为主，以声训为辅，这是正确的。但是他自己努力却在声训上，希望能给前人补上这个缺点，他花数十年心血搜集古书中的通假字（他并非毫无凭藉，在他前面已有段玉裁《说文解字注》、王念孙《广雅疏证》、阮元《经籍籑诂》、张玉书《康熙字典》等书供他参考），其功很大。但同时给我们留下了一个最大的遗憾，就是他没有充分发挥他老师钱竹汀先生在古双声上的发明：古无轻唇音（轻唇读重唇），古无舌上音（舌上读舌头），古无正齿音（正齿读舌头，这实际限于照组三等字）。在说明古通假字时，朱氏并未利用这些钱氏的发明，它对我们识别通假字帮助很大。通假主要在双声，即声纽。朱氏自己也说："假借之理，叠韵易知，双声难晓。"意即古通假字多用双声，而古今读音变了，就辨认不出是双声了，所以说"双声难知"。朱氏既在本书大说假借，却在实际中既未据钱氏之说，立出假借之声三例；又未借用三十六字母，注明各字声纽，如伏羲和庖羲为通假，当注明伏（奉母），庖（並母），上古伏读庖，正是上古无轻唇音，轻唇读重唇，这不能不说是遗憾。

朱氏还有一个偏向，是太相信形声字。他以为形声字的字数比先秦群经诸子中的韵语字多。他又相信段玉裁一句名言："凡同声者必同部"，于是他努力扩大形声字（其实形声字问题很多，如某省声、兼声……），不单把会意兼声的都算形声字，连会意不兼声的也往往拉入形声字，甚至把部分指事、象形字也硬说成形声字了。据他自己的统计，形声字得八千零五十七字，是历来统计最多的。其中兼会意者三百三十七字，兼象形指事者二十三字。声首共一千一百三十七母。即使我们承认它，但单靠形声字也搞不出上古韵分部，也搞不出上古声纽系统来。形声字只能作为古韵分部的参考。段玉裁《六书音韵表》早就试验过了。

此外，朱氏不用当时已流行的《康熙字典》部首作检字表，而用平水韵一百零七韵来归列全书一万零三百二十四字，造成使用者很大困难。但这个困难，今天可给改编一个新检字表去解决。

三

末了，我还要在通假字的使用方法和其流弊方面简单说几句。

通假是读古书讲训诂中的一种方法，但不是训诂的全部方法，也不是训诂中最好的一法，最可靠的是义训，即《尔雅》、《广雅》等所录的古义。用不好通假还会出问题，因此，应用通假一法时，要注意以下各点。

1. 古书中有不少难懂的字词，情况很复杂。有的是古字古义，或是关于典章制度名物上的专门词汇或者是传写讹文，还要考虑古代文法等等，不要一遇难解的词，就认为有通假字。如《周易》："天且劓"，天，金文作𠀑，正象受髡刑的奴隶，这是初文初义。引申为上天，因头上指天，许氏说："一大为天"，非形训而实成为错误的会意义训了。《诗经》："七月流火"，火是星名。幸而传笺保存古义，实是天文学专名。《荀子·劝学》："艸木畴生，禽兽群焉。"焉是"居"的讹文。《大戴礼记》正作"群居"。以上三例，如果误认为有通假字，把"天"硬通为："田"、"恭"，把

"火"通为"户"、"虎",把"焉"乱通为"衍"、"延",就错了。

2. 如果确认是通假字,但一字不止通假一字,如同一"时"字,可通假为:是、莳、埘、伺,又借为地名、水名。必须根据内容上下文,要对口,不可乱套。如《尚书》:"播时百谷","时"可通"是"、"莳",决不可通"伺"、"埘"。《论语》:"时其亡也","时"通"伺",决不可通"是"、"莳"。也不可借此来反驳:"《论语》:时其亡也,你说通'伺',怎么,《论语》:时哉时哉,能说伺哉伺哉么?"这也是乱套的一例。

3. 又须力求通假字是同音(当然凡同音字未必都是通假字)。当初提出"同声相训,音近义通",但到后来扩大放宽,建立了三条通假律:音同、音近、音转。王念孙《广雅疏证》就提出了。其中以音转一条最危险。本来音转是用今音读二字不同音,是音转变了,但按古音读仍是同音。这就根本无所谓音转了。古人用通假字(其实就是写同音别字)时决不会写不同音的别字,至多是同音而不太纯,即同声母而不同韵母,或同韵母而不同声母,或者是清浊音混用了,或者是由于方音误读了,但这都是偶然的,无意的。但到章太炎写《古双声说》和《成均图》二文,就侈谈音转,几乎搞成无声不可转,无韵不可通了。反而破坏了通假的规律,流弊甚大。因此,今天说通假必须严格遵守"同声相训"这一条。而这一条又以同声旁字为最可靠,也最易认识。如说通悦,知通智,反通返,遗通馈……在古书中几乎俯拾即是。同声旁的字在上古基本是同音的,不同声旁的通假字,如归通馈,时通伺,那就要根据上古声纽和上古韵部,切不可凭今音和方音来判断。

4. 虽是同声相训,还须有旁证。如《论语》"归孔子豚",归通馈,还有《孟子·滕文公》也记这一故事,作"馈孔子蒸豚"。又有《左传·隐公元年》:"请以遗之。"《韩非子·五蠹》:"相遗以水"……可作旁证。

5. 还要根据上下文和全文内容事实,切不可孤立地为通假而说通假。如《尚书》:"播时百谷","时"作时令讲,也可以,正不违农时之意,但文法上不妥,埘也可通,但与播义重复。所以不如通"是"(这)。《左传·隐公元年》:"庄公寤生","寤"也可作寤寐中生,但不合情理,所以说通"牾"最好。牾生是倒生难产,所以惊了姜氏。又《论语》:"阳货"注:"阳货名虎"。好似货是小字。但货与虎,名与字,义不相连,不合当时取名字的常例，所以当说货是虎的通假字。当时因同音又写为阳货。因此，不知通假而望文生义固不好，如上文的"时"、"瘗"都可照字面而望文生义讲，连"归孔子豚"也可讲成送归、归还，当然太不顺了。但还比主观武断，只求自圆其说，全不根据上古声韵系统，用今音方音一读，就定为通假字要好些。这些人所以十分大胆，也是由于音转一例在支持他。因此，今天要批判音转说，和章太炎的《古双声说》《成均图》，他这一套好似方音的转变和古今音的转变规律，但这二者也须结合各地方音和历代字音变化重搞，决不是他所用的杂凑的材料所能济事。还有一种不好的现象是过于求巧，好似新奇，但并不合实际。如王念孙《广雅疏证》："医，爱也。"下引《诗经·邶风·静女》："静女其姝，俟我于城隅，爱而不见，搔首踟蹰。"以为爱就医爱的爱，当作薆。这很新奇。但细加查究，很不合实际。因为二人已约好在城隅相会，但由于城墙挡住看不到，所以搔头扒脑只在那里徘徊不前，太不合理。是否女的故意开一个玩笑，躲藏在城脚下丛林草莽中，……倒不如说预先约好了，临时男方有事，为父母所阻，此情此景，实最难堪。如果改为因城墙挡住看不到而着急，就索然无味了。尤其是《经典释文》《十三经校勘记》都没有记作薆的。毛传郑笺也未训薆。《毛传》："言志往而行止。"《郑笺》："志往谓踟蹰，行止谓爱之而不往见。""孔疏爱之而不得见。"可证这爱决不可作薆。

总之，《说文通训定声》是一部著名的训诂工具书，尽管它有不少缺点，但是只要我们善于使用它，对于阅读古书还是有帮助的。以上所说是否正确，还请读者专家指正。

原载《北京师范大学学报》1978 年第 5 期

《古汉语言语入门》序

　　一九七八年十二月，赵步杰同志从延安大学邮寄给我所著《古汉语言语入门》油印本三册，请我提意见。我从头到底读了一遍，写了以下几条读后感。

　　一、首先是步杰简志根据毛主席的哲学理论来教学古汉语，这是正确的。毛主席关于语言学习方面提了不少看法，我们必须重视。他并不想在语言的各个具体科学问题上提出个人的解释，只在人民群众的要求，革命的利益和方向，辩证的历史的唯物主义的观点方法以及世界的潮流等方面指出应注意之点。这都是很重要的。但有些人并不重视，以为毛主席在语言方面并没有说过什么，我们搞语言学不需要研究毛泽东思想。这种想法是十分错误的。赵步杰同志所以能编写出这部新著，就是根据正确的毛泽东思想的。

　　二、该书实际是"古汉语教学新编"，它包括古代汉语的语言和言语，理论与实践，知与行相结合。又沟通古今，出入往返于古代汉语与现代汉语，做到既通而精，真正做到古为今用，全面认识，彻底掌握。又可称"古汉语教学集成"。

　　三、吸取一般的古汉语教学经验，要教学扎实，对号入座，不能满足于字词简注法和逐句串讲法，全文翻译法。这些做法是一种形式主义偷懒做法，最易造成囫囵吞枣、望文生义、混说大意、一知半解之弊。因此，他采取全套方法：从字原（初文、初义、本义和假借、引申的变义）以及词性、文法位次、最后用图解分析。这确是对古汉语教学的高的要求。古人只有"读书必先识字"一法，也讲文法上下文，但缺乏今天新的文法所说的词类词性（前者是常，后者是变）位次（也有常与变），更无图解。不过古人还有熟读与练笔一法很重要。今天学外国语与古汉语二大工具，必须重视。旧时代提倡死啃，即不懂文义的背诵，当然要反对。若果文义都讲通了，再加熟读成诵，是可进一步体味文意以及修辞上许多妙用，且在记忆上扎了根，好处甚多。须知熟读并非浪费时间，而恰恰是节省了时间。学外文更见其效。今人往往自命为杜甫专家、李白专家，但与人讨论李杜时，还须临时翻书找例句，有时还匆遽找不到，满头是汗，十分可笑。学古汉语者也要注意这点，还须练笔。如讲毛主席诗词，自己没有练写过，不知其中甘苦，也决讲不好诗词。旧诗词都有各自一套的特殊语言。古体诗与近体诗不同，近体诗与词不同，词与曲又不同。教学诗词只能讲些内容思想大意，不能讲语言，未免美中不足。所以我今天提出教学古汉语的教师还须下这个苦工。不单背诵一定的名文名诗词，还须练习写作。不求鸿文绝唱，至少要像个样子。例如练写文言文若干篇后，通过这个实践，就会感到在字词造句的认识上有极大提高。这种提高是片面阅读中所做不到的。所谓由懂而精，就要做到这点。

四、阅读古汉语粗讲易而细讲难。如《左传·曹刿论战》一文，初中语文课本上就选入。但要细讲就难了，不单生字词文法修辞上，而且涉及各种知识。如古历法（孔颖达正义说"春不出征"。原来周历春正月正是夏历的十一月），古车乘结构（"登轼而望之"，轼不是今扶手板），古战法……

五、讲解古汉语固当力戒望文生义，失之笼统；又须力避一意创新，失之穿凿。要求有充分根据，实事求是。如讲通假字，必须说明该字的上古音的韵部和声纽。讲古字的初文初义，必须查对甲骨文、金文，不可拘守许慎《说文解字》。总之，古汉语注解中的问题很多，所谓古注、名注、善注也不可太迷信。现在的新注，由于缺乏旧根底，因此错误很多，我曾写"注释学研究"一稿，提出要请大家注意注释这一专业，并非无的放矢。

赵步杰同志的锲而不舍的苦干和谦虚认真精神感动了我。我们根据党的双百方针，无理由不予以支持鼓励。而且他坚持毛泽东思想，敢于提出不同的新见解。事实上他搞出的这一套，果然是过去语言学界没有见过的。尽管其中有一些还待讨论商榷之处，但基本上是言之成理、持之有故的，是值得我们赞扬学习的。是语言教学中的一朵花，就该让它放，让它试验。这有助于文苑之繁荣，有益于教学质量之提高，确是好事，何乐不为？

延安是我党的革命圣地，全国人民都热烈地盼望延安大学在科学文化上也发挥革命精神，做出优异成绩。赵步杰同志坚持数年的努力，写出了这部教材，正说明了延安地区和延安大学的领导勇于贯彻了党中央的正确路线与政策。前途光明，企予望之！

朱　星

1979.4.24. 于北京

原载《延安大学学报（社会科学版）》1983 年第 3 期

《语言文字理论新探》代序

这是一部讨论（汉语）语言文字理论的新著。我连读了两遍，感觉作者很多新解，确可供语言学界学习讨论，提高语文的理论水平，以免编写语法者教学语文者因袭陈说，不求甚解，盲目编写和教学之时弊。今日要实现四个现代化，提高语文教学质量，必须在语文理论上要求突进一步。此稿正可在突进上起一先探作用。

我国从《马氏文通》以来八十年，编写语法者不下二百种，但对理论之阐发很不够。"文通"后只有金兆梓《国文法之研究》、刘复《中国文法通论》、王力《汉语语法理论》、高名凯《语法理论》《语言论》数书。但真正之语言论，只高名凯先生一书。此书是一九六三年出版，至今国内还无第二部语言理论著作。各大学所编《语言学概论》质量不高，算不得专著。理论始终是指导实践的，当然理论从实践中出，又反过来指导、影响于实践。我国以十亿人口之泱泱大国，汉语又是世界上最古最发达之大语言之一，但语言科学的研究很不够，而语言论只有一部，实是耻辱。因语言论不易写，必须有马克思主义为指导。而编写语法书或语文常识书者往往溺于琐碎材料之中，恒钉补缀以成书，拘守陈说俗解而不察其非。如此，科学的语言学何能求其进步？我以为出版界宁少出版一些重复因陈之语法书，当先选印此类用马克思主义写的语言理论，才可求突进突破。高名凯先生的《语言论》固是努力用马克思主义讨论语言学，但纯驳参半，仍多可议处。高先生写《语言论》时，常来与我商榷。可惜我的马克思主义理论亦甚不足。一九六三年出版后，高先生首先送我一册，嘱我细看一遍提出意见。我细看后，果然提出不少意见。可见马克思主义的语言论编写之不易。但高先生努力用马克思主义为指导，批判欧洲资产阶级语言学家之种种谬说，此点实可钦佩，且当受尊重。（因为我国语言学界确有少数人只善于抄袭欧洲资产阶级的形式主义学派而不用马克思主义从语言理论上加以深入讨论批判。）因此徐同志此稿实可重视。

徐德江同志努力学习马克思主义毛泽东思想，用以钻研语言理论。十数年来，广泛地读了很多书，集中了语言学理论上数十个大小的疑难问题，试加探讨解答。他敢于提出问题，敢立新说，作新解。他的大胆，完全是有马克思主义为依据，为凭藉，不是故作高论以惊世骇俗。他又是接着高名凯先生的语言论而进一步阐述。高先生在语言理论上提出了很多问题，其中有不少都给徐同志批驳或补充了，可说是高名凯语言论的发展。但他讨论的态度很好，完全符合党的双百方针，实事求是地摆事实，讲道理，有理论根据，是企图共同学习马克思主义一起前进，毫无扣帽子打棍子等粗暴恶劣作风。

我很尊重高名凯先生所写的数本理论书——《汉语语法论》《语法理论》《语言论》。他病逝于一九六四年。他还有遗稿《语义论》等还未出版。他在解放后，努力于语法语言理论方面的建设，是值得尊重的。在这方面，还未见到有人超过他的水平。今天我们必须大力培养努力学习马克思主义、爱好钻研语言学理论的青年如徐德江同志这样的人。我相信我国各地也会有这样的同志。

一九七九年六月二十九日

原载《汉字文化》1991 年第 2 期

试谈汉语语义学

一　什么叫语义学

语义学（Semantics）是语言学中一个部门。语言学作为一门科学产生较晚，一般说在十九世纪；而语义学产生更晚，在二十世纪初。如语义学的名著奥金格登、瑞恰兹合著的《意义的意义》，出版于一九二三年。卡尔纳普《语义学导论》出版于一九四二年。我国汉朝有字义、训诂和章句的研究，也就是语义学研究的内容之一。但范围较窄，只是对先秦古书的古字义、古词义加以注释的一种学问，远不如语义学所包的广。

但什么叫语义学，说法不一。如马罗左说：

> 语义学这一术语是指意义的要素而言。例如犬吠，有犬的意义和吠的意义。在一个词的各部分如 donner，donnation，donateur，donataire，都是赠与之义 don。在印欧语言，意义 Sémantime 是一般被看作表达的词根。在法国这个术语"语义学"被 M. Breat 提出，是解释意义的科学。也说 sémasiologie，它研究词的意义，关于其他竞争应用的词，或在时间中随着词的变化。有时人们区分为静力学的描写的语义学，或动力学的变化的语义学。[①]

杭沛说：

语义学是研究说话行为的特点对于意义特点的关系。一般分为二部分：文法和词典。[②]

韦勃司脱说：

语义学是历史学的和心理学的意义的研究。变换的分类，在形式的词记的定义中被看作在语言发展中的因素。它包括一些现象，如分化和扩张，改进和退化趋势，暗喻和修正。……是词的含义和含混义的研究；和在交际上或宣传上的功能研究。[③]

《英国大百科全书》语义学条说：

语义学是哲学的和科学的研究。要为每一个这些术语定出一个清楚的定义是很难的。因为它们的用法极为复杂，不管个人的偏爱。语义学是比较地一个新的研究园地。许多创始者常从一个别的园地独立工作，感到需要，立一新名称为一种新的纪律，从此，术语的变化为了表示同一的主题，于是语义学这个词最后就流行了。一个作为意义的原则的名称，语言学的意义的特别项目 semiotic 也一直被使用着，表示同一的场合。一般说是使用记号行为的研究。[④]

卡兹说：

语义学是语言学的意义的研究。它被连系于句子和别的语言学对象的表达，不涉及它们句法部分的安排和它们的读音。这几乎是每人同意的。一般也同意语义学的基本问题是：什么是意义？[⑤]

我们参看了以上所说，意见不太一致。但语义学是研究语言的意义的一门科学，这是基本上一致的。但意义又是什么呢？我为了统一思想认识，试作一定义说明，希望大家讨论。

语义学是研究语言意义的一门科学，作为语言学中一个重要部门。具体说，它是以语言中的词义、句意作为研究对象。一方面正确地研究词义、句意的历史变化，当然要结合词音、词形和句型、句法，总结其发展规律；一方面如实地分析描写词义句意的表达方法，总结正反两面的经验，紧密结合教学，为更好地交际交流思想，为建设社会（我们说为建设社会主义社会新中国，搞四化）服务。

首先是，一门科学必须为人类社会服务（直接的或间接的），而语言学语义学更要为教学服务。毛泽东同志以及鲁迅先生，郭沫若先生所谈语文问题都有这种精神。因此，要紧密结合实际，解决实际问题。少作玄虚空谈。但基本的理论问题还须重视。对不正确而有害的倾向和思想还须批判。汉语语义学当然更要结合汉语实际来进行研究，共同努力来建立这一门新的学科。

二　语义学曾受到损害

这主要是指美国的语义哲学和苏联的马尔语义学。语义哲学的代表人卡尔纳普著《语义学导论》，把语义学分为描写语义学和纯粹语义学两种。前者是一种经验的研究，所用的是实用研究法。它包括各种在历史上形成的语言的词汇和语法。纯粹语义学是关于语义学系统的构造和分析的一般理论。纯粹语义学只是一种纯粹的逻辑理论，所关心的都只在制定运用某些规则所必须采用的一般形式。他在另一本著作《科学的统一》中，更制造了一套所谓形式的说话方式和实质的说话方式的理论。认为科学上的语言是对象语言，即关于事物的陈述；而哲学上的语言，即只是关于名词字眼的陈述，而不是关于事物的肯定。一切实质的说话方式容易引起混乱，都是要不得的，应该摈弃而代之以形式的说话。因此，不仅哲学被剥夺它的客观内容，就连科学的客观内容也被剥夺了。这样，语义学就被变为为帝国主义服务的极端反动的东西。[⑥]这种语义学，过去已受到世界科学界的谴责。如苏联Ⅱ.С.特洛菲莫夫著《语义派思想批判》[⑦]就是代表的著作。

马尔是苏联的一个有名的语言学家，著作很多。他研究语义学成了一个学派。他主张语言可与思维完全分开，又搞原始语言发音成分不外四个要素等，实是唯心主义的。后来受到斯大林同志最严厉的批评。[⑧]

这样，把语义学搞得名誉很坏，受到很大的损害。以至一般人不敢提语义学，怕搞语义学，以为语义学研究是有危险性的。这显然是一种不幸的错觉，不知道斯大林同志一面批判马尔的语义学，一面还肯定语义学的重要地位。他说：

> 语义学是语言学底重要部分之一。词和语底涵义方面在研究语言上有着重大的意义，因此应当保证语义学在语言学中应有的地位。[9]

事实确是如此。在语言学研究中，语义研究和语音研究、语法研究都是不可缺少的方面。而语义恰恰还是极为重要的一个方面。过去把它包在词汇研究中，是词汇研究的一部分。还有词音词形的研究。其实语义的研究远远超出了词汇，甚至语法。因为它在词义外还研究句意（词称义，句称意，积词义而成句意）。它还超出句法，因为它还研究单句复句外的上下文以及段意。它还研究修辞学的意义。所以语义学的研究范围很广，它研究语言中的一切意义，它结合语音、语言的记录符号文字、语法，还有修辞、表达法（expression）、说话法（locution），以及逻辑学。我国古代的字义学、训诂学当然是语义学的一部分，甚至注释、词典的释义和翻译（包今译古，中译外）都包在其中。因此语义学还是语言学中一个大部门。

由于语义学中出了偏向受到批判，产生错觉，而被歧视轻视，是错误的。语言本是表达思维思想的社会交际工具，是音义结合的符号系统。这符号是音的，也是义的。用手势作符号表意义是没有音的符号。语言是有声的音符号。用字母记录下来才是文字符号（有单记音的，有记形和意的），一般人都片面地理解符号系统只指语音，不知它是表语义的语音，不表义的音就不算语音。不表音义的符号系统，也不能算语言了。这个问题必须辨清。因为有些人又会误听美国结构主义语言学家的话，又引起新的错觉。他们强调研究语言的形式结构，尤其研究句法时，把语义压到次要的地位，以免用语义来分析句法，无视了语法本身的结构规律，无形中等于取消了语法。这是对的。但因此而全不要意义是不可能的。如美国描写语言学的代表人（也属于结构主义的）布龙菲尔德，在其代表作《语言论》一书中也承认意义。他说：

语音研究不注意意义是空想的。……由于给一种语言的每一形式以一个科学的精密定义，我们将不得不对每一事物有一科学的精密知识。……我们能确定矿物的名字，例如英文名词盐的一般意义是氯化钠。我们能确定植物和动物的名字是由于动物学植物学的科技术语的定义，但我们没有精确的方法来确定一些词，如爱和恨。这些词连系于一种情况不曾有精密的分类。……所以意义的说明是语言研究中一个薄弱点。⑩

还有美国结构主义语言学代表人卡姆斯基也说：

但是形式结构与语意分析之间有相合处，这个事实不可忽视。……这种要求对语法作形式上的研究与要求语法和语义间有重要的连系关系，并无不合之处。……要了解一个句子仅从如何在每个语言层次上来分析是不够的。我们还得知道这个句所包的词或词位的意义。

我们要求一个代表语言构造的语法作为语义叙述的基础。一个语法越是能符合这个要求就越合乎我们的理想。⑪

布龙菲尔德所说很有偏见。在实际说话中并不要求文化程度不同的对话者对每个词都有植物学动物学化学等科学的精密定义。又如爱和恨等词属心理学政治哲学的词，在他们也说不清。他们大谈什么叫好（good），什么叫真（truth），越说越糊涂。但在我们用无产阶级立场、辩证唯物主义的观点方法，都可说清楚。他们是故意神秘化，以掩盖其真义，所以说不清。卡姆斯基提出讲语法就要强调分析结构形式，这是语法的特点，这本没有错。但决不可排斥语义，把语义压为基层深层结构（deep structure 或 underlying structure）这样，语义又是语法的基础，今又说语法当为语义叙述的基础。当然我们不能不顾语法而凭主观来解释语义，但我们决不可按语法的形式，不问词义来讲句。如"饭疏食"一句，按语法的形式结构是饭，名词，主语。疏，形容词作谓语。食，动词，作宾语。这就不可理解了。如果先讲通词义，饭，在古代汉语作动词食（吃），疏即蔬，是蔬菜；食是名词，食物，作宾语，蔬食即素饭，这就讲通了。又语法就在句中，在词组成的句中，并非先有语法，应当说先有词，到词扩大为句时，语法就产生了。其实词的构成时已有语法胚胎，称构词法。在认识论上，我们懂明一句的意，是词义与语法辩证地反复地调查分析的结果。从词义到语法，再从语法到词义，纠正了词义的误认，也同时纠正了对语法的误认。再不解决，还须扩大检查面，扩大检查上下文（上下句）。这是一般人的经验，并没有什么神秘。早在两千多年前的《孟子》已提出来。说：

> 说诗者，不以文害辞，不以辞害志，以意逆志，是为得之。[⑫]

文即文字，辞即词，志即词义、句意。逆即迎，主动地迎上去。这说语言作为交际工具，要达到交际目的，必须是说者和听者（读者和写者）都争取主动。欧洲的语言学家德·索胥尔也这样说过。[⑬]《孟子》只在读者方面说，教我们不要单依靠文字。因为一个字可以组成若干词，一个词可以讲若干义，我们要决定该字该词在这儿讲什么义，只有靠上下文来抽绎其大义，再借此来迎合字句，才可得到较可信的内容句意。我们决不可说"以意逆志"是唯心的，而恰恰是辩证唯物的，是来回调整反映圈度以纠正误差。

三 今天要重视语义学

目前在教学上较重视语音和语法教学，不太重视词汇教学。教学词汇也不太重视词义。至于语义，既不认识，又没有一套教学方法，也没有一套必要的工具参考书。当然语音语法也重要，但不能只搞这些，而放松了更重要的语义，这就是形式主义的教学法。因为语音语法都是语言的形式，而且比较容易学。汉语语法的基本规律只有几十条。有些讲语法的搞语法改错，往往混进了逻辑学、修辞学或词汇学中去了。语言本身的内容是词义，句义（词汇还不能说是内容。而是思维概念通过物质外壳声音所结成的形式）。语言所表达的有阶级性的思想，是政治思想的内容，是语言所表达的内容，与语言本身的内容不是一回事。思维与思想不同，有时可混说："语言是表达思维思想的交际工具"；有时就须分开。如果混同了，就会误会语言无阶级性，而词汇词义有阶级性，这是自相矛盾的。因为思维无阶级性，思想有阶级性。

由于不重视词义，就影响了教学水平的提高。讲一篇语文，只能就字论字，只讲字面义，不讲实质义和相关义，更不会讲本义变义。正是知其一不知其二，知其然不知其所以然，且知新而不温故。如果讲文言文在词义上更会出错。如讲《左传·曹刿论战》一篇，只二百多字，也有一些课文注释，但注释者水平并不高，教师也没有参考《左传》杜注和孔颖达正义，又没有《中华大字典》或《康熙字典》，只有《新华字典》，以至有不少地方讲错了。如"齐师伐我"的伐，同犯，不能作征伐，读入声。"请见"的见是使动词，不读见。"牺牲玉帛，弗敢加也，必以信"。为什么不敢加旧？为什么祝史必信？旧注也未说清，其实字面背后都有义。所以不敢任意加量以媚神，这是因那时祭献多少都按爵位制度，不可乱加。有什么就在祝辞上说什么，不能虚报。可见那时已流行虚报，如后世祭灶神爷还写黄金万两，其实一个铜钱也无。"小信未孚"，孚古音同溥（普），不可讲"信也"。"一战"的一，不是数词一次二次，是副词，即"决战"。"公与之乘"的乘字讲不好，就变歧义句了。晋杜预注"与之共乘"，乘是动词，同坐一车。不妥。按当时车制，鲁庄公还要掌握击鼓，前面又有三甲士，再挤不下曹刿了，所以当是作名词，"公与之乘"即公另给他一车，紧跟着当参谋。按中古韵书，动词乘，食陵切，平声，今读阳平。名词乘，车乘，实证切，去声。"公将鼓之"，鼓今说名词作动词用，也通。但《说文》上，鼓，动词，读嘱，古音笃，即取击鼓声。名词鼓，才读鼓。又为何齐人三鼓而失败，一般也不能讲透。《左传》杜注早有说明。说曹刿用诈术，违反春秋战例，虽胜不贵。所以春秋经上只说"败齐师于长勺"，等于不待对方列阵而进攻，是不义之师，也须加贬辞。但兵不厌诈，《孙子兵法》上已肯定了，所以我们也不可加以非难。"下视其辙"的下字也有二义：下车，下，动词；下视即俯视，下是副词、因战场情况不容许下车又上车；又下，古义不可作下车，上车下车是后世用语，古说升降。轼也非车前放手横板，古兵车前无横板。凡车前壁称轼。"吾视其辙乱，望其旗靡"。下视，俯视，仰望，远望，视、望二词义有区别。又战败逃奔时，也是旗帜领前，因跑远，所以须登高而望。如果把词义句义讲清楚了，就会引起学生的阅读兴趣，提高阅读能力。虽说教师讲不透，学生不是不会欣赏，但欣而赏之的程度必然受到影响。今天上面强调要提高语文教学质量，如果不提高教师的教学质量，再具体地说，不提高语义的教学质量，只教语音，讲语法，能真正提高学生的语文水平么？语文教师有当然的责任，要结合语文课兼讲政治思想和文学欣赏以提高学生的政治水平和文学水平，但主要是提高学生的语文水平。在语音（文字）语法教学的同时，要抓词汇语义的教学。但语义教学是比较复杂的：既要教学生掌握多少个常用字、常用词的常用义，以及必要的古字、古词、古义（学习文言文），又要结合各类如哲学、政治、经济、法律，……学习专业的常用词，特别是文学作品，在古汉语中，韵文还分诗、词、曲等，都有不少特别词汇词义，且有词外义、言外意，……可称高级语义。因此语义的教学（如何教，如何学）目前真应该当作一个新课题提出来共同研究。

四 汉语语义学的内容讲些什么？

内容很广，这里我只提些狭义的语义学大纲以供参考，可分：

1. 字义（与文字学有关）。

2. 词义。分：义位（即词位，与词汇分开），义素（有些词素如前缀阿，不一定是义素），义组（即词组），义群（句以上）。还分：本义（初义），变义（又分引申义和通借义）；实词义，虚词义；常用义，不常用义（僻义）；主义，次义；一般义，特殊义；古义，今义；逻辑义，语法义，修辞义（色彩义）；单义，多义；单一词义，加缀词义，复合词义；同义，近义，反义，对义，类义；固定义，活用义；方言词义，译词义；……（与词汇学，语音学，逻辑学，词源学有关。）

3. 句意。又分单句意，复句意（又分单关系复句，复关系复句）；上下文意（上下词，上下句）；散句，对句（骈句），排句意；正句，反句意；双关句，歇后句，含蓄句意；态句，半句意；直陈句，假设句，疑问句，命令句，祈请句意；强语气，弱语气句意；同意异形句（变形句）意，同意异体（文白、韵散、详简、曲直）句意；译文句意（古今译，中外译；直译，意译，直意兼译）；模糊句，歧义句，错误句，诡辩论句意。……（这与语法学、修辞学、逻辑学、文体学、风格学有关系。）

4. 段意。（一个长复句或若干单句复句组成。一段中不许有一句跳出段意，或相反）。又分：自然段，逻辑段（一般二者相一致。但也有二三个自然段组成一个逻辑段）；中心段，推论段（这是论说文，有时再分各论据，论证）；总叙段，分叙段（这是记叙文）；高峰段，陪衬段；衔接段，重起段；插入段，补充段；开头段，结束段；大段，小段；……教学生分段、写段落大意，写出后互相比较，最能训练提高学生的逻辑思维。（这与逻辑学，篇章结构学有关系。）

5. 篇意（一篇中不许有一段跳出全篇中心意或违反中心意。但全篇组织不全与分段一致。如伏应这一组织，往往一伏可用数段）。又分：主、宾，重、轻，对照，伏、应，顺、逆（如顺叙，倒叙），收、放，抑、扬，推、转，断、续，起、讫，单线、双线，大篇、小篇（大篇中还分章，节，段）。

我准备按这大纲先试写出来，详列例证。最要注意的是词外义，句外意。文学诗词的语言最讲究。所以文学作品特别是旧诗词不好讲，但值得我们学习。如唐贾岛诗："鸟宿池边树，僧敲月下门。"当初用"推"字，他自己不能决定，走在路上还是用手不住作推敲状，不料撞在大文豪韩愈的马车上。韩给他决定了用"敲"字。因为这个词词义很丰富，除了它是平声字符合平仄律外，还符合历史事实，因寺庙山门很早就关上，决没有到深夜还虚掩着一推就开；又都是动词，符合文法。但（1）它的形象性比"推"为强烈，因为推是轻轻一推而进，无声，敲是打击数下，或连敲几阵，才把守门老僧惊醒，引起两个和尚的动作。可起对照抑扬作用。（2）鸟宿池边树是静景，僧敲月下门是动景，动静相配。（3）起联想作用，深山敲门必然使山谷响应，宿鸟惊飞，产生了一个新的环境，使词意发出颤音，在人的心弦上扩大效果。如果不能这样说明词义，就不能引起欣赏的兴趣。又如李商隐诗"夕阳无限好，只是近黄昏"。上一句全是形象，一种美丽景色的形象思维；下一句无形象，只是诗人主观的心理反应，使境中加入意，使形象思维提到高度，点明了由夕阳而产生了悲感。因此，诗中的境决无纯粹客观的境，而必然有主观的意。好的风景摄影也有作者的意，否则就是低劣的复现。艺术的形象思维，必然也是意与境的巧妙结合。又如杜牧诗"停车坐爱枫林晚，霜叶红于二月花"。下句是境，上句是意。为何停车，正因爱看枫林在夕阳返照中。夕阳照上红枫，使枫叶更红，夕阳更艳。意是快乐的，积极的。美景与快意是加重的形象思维，可称阳性的。"夕阳无限好"二句是正反的形象思维，是阴阳性的。像张继诗"姑苏城外寒山寺，夜半钟声到客船"。可称阴性的意境。因此比较之下，李商隐诗最使人感动，富有哲理，也是辩证的写法。其次杜牧所写。张继所写最劣。意境二者往往是境浅意深。也有意全深藏，与境化合，意在言外，最不好懂。如李白《下江陵》李商隐《夜雨寄北》二绝句。在唐诗中称"绝唱"，但一般人不懂，认为并不太好，怀疑历代诗家乱捧，无道理。其实确是不坏。李商隐诗是只道相思之苦。他家在河南，远到四川做官，不能回家看望爱妻。但相思之苦说得很深，很缠绵。开头一句："君问归期未有期"，意已说尽。下面三句全是抒情，但有境。"巴山夜雨涨秋池"，意是独居异乡巴山，遇上夜雨，淅淅沥沥，滴到天明，使秋池涨满了水，点出了秋夜相思夜不能眠，"何当共剪西窗烛"，暗写梦中回家了与爱人共剪西窗烛，情话绵绵，十分欣慰。但第四句不作"情话绵绵无已时"，而是说"却话巴山夜雨时"，只是相对诉说在异乡四川巴山相思之苦，并无一点欣慰，若能共剪西窗烛，也是团聚，但又是"何当"，全是假想。全诗没有一字说相思苦，而把相思苦情表现得这样深刻。如果不懂境中深意，当然就不能欣赏了。李白诗更不可捉摸，不能欣赏，由于不懂其意。实际上这首诗是抒写快乐情绪。他被囚数年，几乎处死，一旦被释，不觉狂喜。但又不敢明说，因从永王璘叛国，虽然被释，并不光荣。如果像杜甫《闻官军收河北》那样明说、明写，"却看妻子愁何在，漫卷诗书喜欲狂！"就没有味道了。李白把狂喜尽力控制住，四句全写境，把意深藏在句中，不说一个喜字。因此四句单看一句两句还不行。"朝辞白帝彩云间"，写从高而下，如从天上下降的神仙，写高。"千里江陵一日还"，写快。"轻舟已过万重山"，写轻，过万重山暗喻脱险。可知第三句"两岸猿声啼不住"，不是使游子断肠，而是一夜喜不成寐。全诗写轻松的快乐情绪，但未说出一个喜乐字，是高度运用诗歌语言的艺术手法。在过去旧诗中是很少见的。且没有一个生僻古字，也没有一个典故，每一句的词义句意都很明白，但全诗意就一时不懂。过去只能说是写景抒情，风格高远，其实也是语义学问题。因为诗的深度不在字面上，而在句意中，在句外意中。

五　要在汉语语义学方面多做些建设工作

我提出了汉语语义学，粗浅地说了一些它的重要性和研究范围。但目前条件很不足，要勉力创造。主要有三方面。

1. 要作理论建设。一门科学没有理论是建立不起来的。如过去搞的训诂，雅书以及字书，材料一大堆，但没有科学的系统的理论，所以只是技术资料，不成为科学。到清王氏父子才可勉强说训诂学。今天我们要结合汉语写语义学，有一些基本的理论问题，必须提出讨论，可作汉语语义学的理论部分。如：

> 我们的语义学的研究对象和方法，以显示其特点。
>
> 我们的语义学的目的任务。
>
> 语言学当以语义学研究为重点即语义学在语言学中的地位。
>
> 汉语语义的历史发展规律。
>
> 汉语语义的应用规范、规则。
>
> 汉语语义为什么也无阶级性？
>
> 语言形式（词句）与意义形式有否矛盾？
>
> 语外义，句外意有什么根据？范围？
>
> 上下文的运用有否规律？
>
> 词义不直接反映客观事物，而是通过思维，其差别性能否作科学的分析？
>
> 说者与听者，作者与读者的矛盾统一，以及其主要方面，究竟怎样？
>
> 意义是什么？定义的一般法则是什么？
>
> 词分实词概念与虚词义，其区别究如何？
>
> 语言与思维是否同时产生？能否分开存在？
>
> 近义词最须辨析，是否有规律以便掌握？

词典义跟语义学所讲有何异同、矛盾？怎样改造词典？

注解有否规律？能否制定一些新的注例，注律？

翻译学是语义学的特殊分支，要做到信、达、雅很难。有理论问题，有技术问题，也须总结。

其他。

2. 加速编写必要的工具参考书，如：同义词表，反义词表，近义词表三种，可附印在《新华字典》后，以便查用。还有虚字表（文言的与白话的对照），常用字表（一千五百字，三千字分列），也可附《新华字典》后。基本字、词表，汉语词汇发展孳生规律表，现代汉语中的外来词表，欧化句法分析例表，上下文（上下词、上下句）语义制约表，……表是简单易写可以应急。将来有些还须扩大编为词典或手册，以供随时查用。

3. 适当选印外国语义学代表著作译本，这方面的书很缺。新中国成立后三十年，汉语语法书编写了一二百种，但有些语文教师讲语法还不懂形态学究竟是什么。展开语法论战，有不少人说汉语也有形态学。并批判叶斯丕孙三品说，但并未看到他的《语法哲学》。且大谈结构主义，但结构主义的代表作乔姆斯基《句法结构》也没见过（此书去年才由南开大学邢公畹教授等四人译出出版了）。毛主席早就指出要眼观世界，要向外国人学习语言作为借鉴。其实叶斯丕孙《语法哲学》、布龙菲尔德《语言论》、德·索胥尔《普通语言学教程》早就有人译出来了，还没有出版。我特在此呼吁一下。

以上试谈，可能有不少错误，还望读者和专家批评指教。

一九八〇年六月六日

注：

①马罗佐（J. Marouzeau）：《语言学术语词典》

②杭沛（P. Hamp）：《美国科技词汇》

③韦勃司脱（Webster）：《世界大学词典》

④《英国大百科全书》一九七四年版

⑤卡兹（Jerrold J. Katz）：《语义学原理》第一章

⑥见岑麒祥《语言学史概要》第十三章

⑦孙经灏译，科学出版社，1956 年

⑧《马克思主义与语言学问题》

⑨同上

⑩《语言论》第九章"意义"

⑪《句法结构》第九章"句法与语义学"

⑫《孟子·万章篇》

⑬《普通语言学教程》第三章

原载《文史哲》1980 年第 4 期

汉语的简说法

要学好汉语，方面很多，有语音、词汇、语法、修辞，还有逻辑（旧有词章学，实包修辞、篇章结构和文体等）。所以要学好汉语，并不简单。学外国语也是这样。语法讲造句规则，较严格死板，是一种法律，不许个人自由违犯，违犯了就是语法不通，句子有病。但语法外，还有一种说法、说话法（Locution），或称表达、表达法（Expression），它是在语法的基础上怎样进一步把句子表达好，把话说得更好。这属于修辞。语法又属于语言（Language），而说话法属于言语（parole），因此学了语法，还须学些修辞。吕叔湘、朱德熙两位先生的《语法修辞讲话》，讲了语法还讲修辞，这是很好的。

我这里只谈汉语的简说法，是属于修辞学中比较基本的。说话要简单、明了以至精炼。精炼，就要少而精，这也很不容易。再由此而进一步为鲜明生动，雄健有力。这是修辞中的最高境界。一般说学习语言要求三点：正确、鲜明、生动。正确是指语法上不能有错误。至于鲜明生动是修辞上要好，要美。但基本又必须简要简明。如果说话、写文章噜嗦含糊，晦涩重沓，也就说不上鲜明生动了。关于简要简明这一要求，古今中外的文学家、历史家、哲学家都很重视。毛主席就曾嘲笑过文章又臭又长，真是懒婆娘的裹脚布。鲁迅先生也说过，文章写完后至少看两遍，竭力将可有可无的字、句、段、删去，毫不可惜。法国的大百科全书派领袖狄德罗说："作品必须简单而明了。"苏联文学家契诃夫说："简洁是才能的姊妹。"但我们又不可搞成"唯简论"，说话写文章像电报文越简越好，这又走到反面去了。必须是辩证的，当简则简，当详则详。而详中仍有简的精神，也就是少而精，决没有说"详而精"的（过去作文批语也有用"文章十分精详"之语。但既说精，可知详中必寓简要之义，只是话说的较全较透，决不是繁杂的详），更不说"繁而精"。如果黄沙都变了黄金，黄金就不值钱了。

说话、写文章怎样才能做到简单而又明了呢？平常人们很不重视。一般语法书上也根本不讲。修辞书上略提一下，但只简单地说：造句不要太长，少说些废话。这并不解决问题。有些中小学语文教学也不注意说话教学，作文也不常做。我们往往看到社会上有一些集会，讲话人的说话技术很差，语无伦次，还带了不少口头禅、乡土调、无用的习惯语以及喉鼻杂音。既耽误时间，又没有说清。一般拿出讲稿朗读，这办法很好。当然这样的讲话就不可能生动了。因此中小学语文教学，大学中的汉语教学也不例外，要重视说话训练。要研究怎样使说话写文章既简要简明，又鲜明生动。简括地说，只一句话就是简明生动。

下面我提出一些汉语的简说法，很不完备，作为抛砖引玉。还希望搞修辞学的专为这个问题写一专书。要把汉语（我限于现代汉语）说得简要（我还限于简要上，至于简明简炼还另有一套办法，我在这里先不提）有各种方面和方法，不只是修辞一方面。在修辞外，还涉及内容提炼、语法、词汇等方面。在修辞上也有许多新手法，今分述于下。

一　在内容方面

宋魏庆之"诗人玉屑"上说过一句话："炼字不如炼意。"做一首诗，像炼钢，必须把铁的杂质铁渣都挤出去，这才叫精炼。语言精炼也如此。诗是最精美的艺术语言，更要精炼，要精炼到每个字上。但要炼一首诗的每一个字或某一个字，或某一句的每一个字以及某一个字，而基本还在炼全诗或全句的意上。这个意决不是一个字意。而这个意也可用到一篇文章上，就是全文的内容。全文内容首先考虑它的中心思想、论点、命题是什么？是否正确、明确、站得住？再在此基础上，精选论据，加以论证。无力的论据、论证都须勇于削删，毫不可惜。再由此而分成各段，或在前、或在后，或相连接，或相对照，都须精细安排。这是全篇炼意。至于炼全句的意，也须考虑这句的全句意是什么？重点何在？中心词是什么？上下词怎样配搭？上下句怎样配搭？这一句在上下句中的地位怎样？然后才可决定全句中各词的重要等级，而删换某些词，锤炼哪个字。……

二　在语法方面

语法书本身就有许多简说法措施。如：

1. 代词。语法上立了代词，就省用了许多人名和事物名。

2. 省略号。是最大的简说法，可省词、句、段……

3. 冒号。省用"说"或"是""有"等词。

4. 问号。省用"么"、"呢"等词。

5. 叹号。省用"呀啊"等。（以上四条是书面上的简说法。）

6. 少用连词。如"（因为）我今天不舒服，（所以）没有去上班"。"因为""所以"可省。

7. 少用语气助词。"你为什么不去（呢）"。（既用"为什么"，"呢"就可省。）

8. 少用结构助词"的"。如"中国（的）人民"；"中国（的）人民（的）解放军"；"这是美丽（的）聪明的小姑娘"。但"老师对我的热心教导，我是不能忘怀的"。两个"的"字不可省。

9. 省句。如"因为我对运动有兴趣，虽然我在物理系学习，（但我还爱好运动），所以还常去参加足球比赛"。（因为——所以，虽然——但，是两个关系的复句，但有一句意重复，可以省去）

10. 省词。如"我想（要）帮助你，但力不从心"。"要"可省。

三　在词汇方面

用省字词。不是为了朗读，可以用省字词，也属简说法。如"你（应）该吸取教训"，"到时（候）再说"，可省"应""候"二字。省了很自然。又如"因为"可省"为"，"可以"可省"以"。开会听讲笔记更可省写，各人有一套。但这只作个人阅看，不作书面交际语文。至于口语说话，当然都须用全词，不许用省字的词。书面语文，我们反对写文言文，要写白话文。也反对半文半白。但不能反对用文言成分，如用文言成语，引古人语。所以"纯语体"不可太强调。一般书面文章也可为节省时间而写省字词。等于简体字，省笔字。也不必太强调写纯语体、口语体。要朗读的文章当然用口语体，不能用省字词。因此，白话文，语体文，纯语体文，口语体文，都须有区别。白话文又分古白话（商周诗文）、老白话（元明清小说）、新白话（五四后）、地方白话。

四　在修辞方面

1. 用成语。如："我刚才说的只算'抛砖引玉'，还请大家发言。"一句成语四个字，顶两三句话。汉语语文中成语最多，正是简说法。汉语中的成语几乎都用四字句。它是属于固定词组。有数千上万条。这是汉语的特点，也是汉语的丰富财产。要学好汉语，首先要学会四五千个汉字，还要学会数万个词汇（汉语的基本词汇较少，但至今还没有查清楚。一般词汇据《现代汉语词典》有五万六千余条，因此能掌握一半就很好了）以及数千条成语。至于现代汉语的语法句型究竟要掌握多少，不好说。因为目前还没有人把它分析统计出来。所以教学语法的只是摸黑着教，只凭经验，并不科学化。今天搞四个现代化必须把这些数字搞清楚，才有利于教学、编教科书。成语中又分故事性的、格言性的（哲学性的）、文学性的。尤其是故事性的往往把一个大故事压缩在一个成语四个字中，因此其中有些语法就形成一种压缩形式。我曾有专题"成语中的语法压缩形式"讨论此事。约分以下几种情况。

（1）故事性的成语。四个字只能标出是某一历史故事，但无法说明。如"塞翁失马""逼上梁山""草木皆兵""三顾茅庐"……虽讲清字面，不详说其故事，还是不懂用法。

（2）古语的成语。本是古人诗句文句，压成四字，就须加进一些原有的词，才能理解。如"翻云覆雨"，本是杜甫诗句"翻手作云覆作雨"。所以当加"手作"二字成翻手作云。覆下加"作"，才不致误会原意。如果照字面讲，只能讲成"云在翻腾，雨在倾覆而下"。又如"鞭长莫及"，语出《左传》："虽鞭之长，不及马腹"。当加马腹二字。否则就是语法不通，动词"及"后缺宾语"马腹"。或者会误会原意，讲成鞭子很长，世上没有更长的鞭子与它比。又如"筑室道谋"，文法也不通，当加词为"筑室而与过道的人商量"。

（3）古字古义的成语。容易引起误会，引起语法变化。如"箪食壶浆"，"食"古义是名词，指饭。一箪之食，一壶之浆（酒）。而不是主语箪来吃壶浆。又如"罪不容诛"，容是"止"，意即罪大而不止加死刑。容不可讲容许。容许是及物动词。止、不止于诛的容是不及物动词。

（4）古语省略如歇后语的成语。如"强弩之末"，语出《汉书·韩安国传》。后面还有一句是"力不能穿鲁缟"。省略这句，前一句就讲不通。又如"为渊驱鱼"，语见《孟子》。后面还有一句"獭也"。重点是揭出獭的罪恶。因此，不连系后一句，前一成语就不好懂。"为"字也可能误会成动词。驱字也可误会成驱出，不是驱进。

（5）省略语法词的成语。这类成语最容易误会。如"杀一儆百"，当加"以"。"杀一以儆百"是主从词组，不是并列词组。又如"不学无术"是主从词组，因果关系，当加"故"（所以）。由于不学，故无法术。不是并列词组："既不学，又无术"。又如"惊弓之鸟"，当作"被弓所射而受惊之鸟"。如果改作"被射惊鸟"文法清楚，但不如惊弓之鸟显得警辟。可知成语自有一种特殊的文法结构，不可用一般文法来修改。

成语的结构既有自己的一种特殊文法，可称文法的压缩形式。又很警辟，有艺术性，当专门研究。过去也编了一些成语词典，但专作语法研究者不多。今有内蒙师范学院中文系马国凡教授写出成语、谚语、歇后语、熟语四巨册。已出版，大家可以参考。

2. 用歇后语。如"我真是小葱拌豆腐"。省说"一清二白，与这事无关"等。

3. 用文言成分。如"意即"（意思就是），"略谓"（大略说），"如下"（如同下面）。但这不可扩大，少用为妙。

4. 用广义词。广义不是多义，广义指这个词义含义很广。如"弄得我十分狼狈"。狼狈一词实包：十分为难，无法应付，窘迫之极等义。比

"为难"或"窘迫"等词义广。

5. 简语。如"等等"一短语包许多事。还有"公前""公后"也是简语，即公元前，公元后。"公元"的原义是"世界公用的历史纪元"。

6. 简词。如"国联"，"左翼"，"三反"……但切忌乱造。

7. 简言。如"简言之"，"总结几句"这些简言后的言语都要很简要。

8. 简句。如问答中答句，问"你今晚去图书阅览室吗？"答："去。"问句也有简说，如："你去不去呀？""你去不去？""你去吗？"可简说为三个字。如"火！""救火啊？"（即大家快来救火啊。）

9. 代语。如"我有两个同学，一个叫李三，个儿很高；一个叫王二，个儿很矮。前者是山西人，后者是广东人"。"前者""后者"，是代语。

10. 简括句。如"我和弟弟住在一个房间，我每天早上起床，先叠被，再上厕所，然后洗脸刷牙，完了出去散步。我弟弟也是这样"。弟弟的同样动作就不重复了。

11. 调整语序。如"我们用击鼓来比喻旧的四声：平、上、去、入读法。用鼓槌轻击鼓中心东——平声。再用左手按住鼓面一半，斜击掠过成董，上声。再不按鼓面，只重击成栋，去声。再全按鼓心，竖糙下击成笃，入声"。如果平声后就接去声，再说上声，就可省掉"不按鼓面"一句。这也是一种说话的技术。

12. 力删冗句。最后，我提出这一条。旧修辞学词章学上说："删繁求简"。说话要尽量说短话，写文章也要力求要言不烦，义正辞约。《左传》写齐鲁长勺之战，从头到尾，只二百二十字。范仲淹《岳阳楼记》只三百六十字。这些都是千古传诵，脍炙人口的好文章，只用二三百字，真值得我们学习。目前有些文章，造句还是很噜嗦，因此还须提倡删繁求简，反对语言浪费。

原载《语言教学与研究》1980 年第 2 期

关于《汉语的简说法》的通信

来　信

章锡良

　　说话、写文章要求做到简要明了，不罗嗦含糊、晦涩重沓，这是最基本的要求。于是朱星同志指出要研究汉语简说法，并提出了自己的初步研究成果，谈了自己的看法。这是很有创见的，是值得赞扬的。但由于这项研究工作究属初创，有待于进一步的深入探讨。所以我想就自己学习《汉语的简说法》（载《语言教学与研究》1980 年第 2 期）一文后的一些疑问，就教于朱星同志和广大语言教学工作者。

　　首先，我们对有关语言的论文的要求是：概念界线明确、清楚。而在《汉语的简说法》（以下简称《简说法》）一文中，概念不清，术语混乱之处较多。如文中说："白话文，语体文，纯语体文，口语体文，都须有区别。"至于如何区别，作者没有说。我由于学识有限，至今没有弄清楚这四个专门名词的内涵、外延，以及它们各自的特点和应该区别的地方。据《现代汉语词典》解释："白话文，用白话写成的文章，也叫语体文。"在解释"语体文"时，又说："语体文，白话文。"这样，我的理解是：白话文即语体文，语体文即白话文，概念全等。不知其区别何在？

　　再如有些近义词作为术语，在学术性的论文中不宜采用，尤其是作为有区别的概念更是如此。《简说法》一文说："要把汉语（我限于现代汉语）说得简要（我还限于简要上，至于简明简炼还另有一套办法，我在这里先不提）有各种方面和方法。"其中的"简要""简明""简炼"三点要求，在修辞上究竟有什么不同的具体要求和方法，实在也不容易理解和说清楚，中国人如此，如讲给外国人听，则更难以弄清楚。

又如，文中一会儿用"语法"一词，一会儿又用"文法"一词。据上下文推测，此文的"文法"一词就是指的"语法"。显然在术语使用上，前后不一致。在讲到修辞方面的简说法时，用了"简语、简词、简言、简句、代语、简括句、力删冗句"等术语来分类，这也很难使人领会其区别点，不易具体了解这些术语的具体含义是什么。

其次，朱星同志说："语法书本身就有许多简说法措施。"这句话本身就有毛病，这是指语法书的编写者写这本书时，使用的语言有"许多简说法措施"呢，还是指语法书总结了语言的实际情况而提出的"许多简说法措施"？

又如文中说："语法上立了代词，就省用了许多人名和事物名。"这给人的印象是：似乎"代词"这类词不是语言中早就存在的，而是因为"语法上立了代词"才省用了许多人名和事物名。

语法上有"代词"这一类词，并不是为了简说才采取的措施。同样，标点符号也并不是为了"简说"而采取的措施。朱星同志说："问号。省用'么'、'呢'等词。"问号的使用，难道是为了省用"么"和"呢"吗？其实用不用"么"、"呢"，完全决定于当时的语言环境的需要，决不能笼统地说用了问号就可以省用"么"、"呢"。或者说不用"么"、"呢"，用了问号，就一定是省用"么"、"呢"。像"真的?"和"真的么?"、"走了?"和"走了么?"在语气的表达和感情色彩等方面，有着一定的区别。又如，"我的帽子呢?"（等于"我的帽子在哪儿?"）"他不肯呢?"（等于"要是他不肯，该怎么办?"）这两句问话里的"呢"怎可省掉?"他不肯呢?"有了一个"呢"字，就是特指句，要回答"怎么办"。"他不肯吗?"是是非问，只须回答"是"或"不是"。由此可见，标点符号的使用并不是为了"简说"。

再如，朱星同志说："少用语气助词。'你为什么不去（呢）'。（既用'为什么'，'呢'就可省。）"其实，"你为什么不去?"与"你为什么不过去呢"是有区别的。前者带有一般询问口气；后者具有责问或深究的意味。可见，该用"呢"的地方还得用，不可省略。

第三，有些专门名词的构成，是按照汉语本身的习惯构造的，不能说成是省略了结构助词"的"。如文中所说的"中国（的）人民（的）解放军"，并不是两个"的"字的省略。正如说"北京语言学院"并不是"北京的语言的学院"的省略同样道理。

第四，成语是一个固定词组，一般都是四字格，尽管它们的构成方式多种多样，但常常作为完整的意义单位来运用。一般说来，因其结构紧密，不能任意更换其中的成分，也不能拆开来插进一些成分。更重要的是，大部分成语，要了解其意义，不是仅靠分析其语法结构，补充其成分就可以理解的。实际上，还须查阅词典和有关资料，推究其来源及其意义的变化，才能真正懂得其意义和用法。例如"鞭长莫及"，朱星同志说："语出《左传》'虽鞭之一长，不及马腹。'当加'马腹'二字。否则就是语法不通，动词'及'后缺宾语'马腹'。"其实，这样的语法分析一点也无助于读者的理解。因为即使加了宾语，仍会有多种理解，如理解为"鞭子虽长，但够不到马腹"。因此，要使读者正确理解，就应当说明出处为《左传·宣公十五年》："古人有言曰：'虽鞭之长，不及马腹'。"杜预注："言非所击。"谓马腹非鞭击之处。这样还不够，还须说今天使用"鞭长莫及"这一成语，意义有了变化，是用来比喻力所不及。要把比喻义点明，才能使今天的读者正确地理解这个成语的意义和用法。那种语法分析实在无济于事。

第五，有时使用"代语"："前者"、"后者"，并不显得有省略。如文中举例说："我有两个同学，一个叫李三，个儿很高；一个叫王二，个儿很矮。前者是山西人，后者是广东人。"其实，文中的"前者"和"后者"完全可以省略，可以写成："我有两个同学，一个叫李三，山西人，个儿很高；一个叫王二，广东人，个儿很矮。"何必再去用什么"前者"、"后者"呢？

第六，在"简括句"这条中举例说："我和弟弟住在一个房间，我每天早上起床，先叠被，再上厕所，然后洗脸刷牙，完了出去散步。我弟弟也是这样。"从写作的角度来说，这是典型的废话，如果有人写这样的文章来报流水账的话，就要一笔勾去。研究语言的文章，特别要注意所举例子在语言使用上的示范性。

第七，说话、做文章固然要求简炼，但如走到另一极端，任意"简说"，那就会使人无法理解。如文中在"简语"这一条中说："还有'公前''公后'也是简语，即公元前，公元后。"我们说，"公前""公后"这类简说实在不值得提倡，因为这样简说，非但无助于人们的理解，而且会造成语言混乱，带来不良影响。

另外，有些地方可能是误排。如在"简句"这条中有一例句："'救火啊?'（即大家快来救火啊）"这句中的问号，疑似感叹号之误。又如"诗人玉屑"最好用书名号《》，不要用引号。

总之，在汉语简说法方面还没有看到有关专著，朱星同志首创此说，实是大好事。我在学习《汉语的简说法》一文后，提出上述一些不成熟的看法，错误之处一定很多，请予指正。

复 信
朱 星

章锡良同志对拙文《汉语的简说法》的质疑，我读了感到很高兴。一部书一篇文刊出后，最怕只有捧场而无批评质疑，或者寂然无声，没有任何反应。可能是文章尽善尽美，无懈可击，或者是人云亦云，所以没有大问题。我们提倡争鸣，活跃学术空气。通过争鸣，可使学术进步，互相学习，也有利于培养人。

首先，我要说一说语言理论上的一个问题。一篇文章引起争鸣有许多原因：一是有人提出了一个新问题；二是有些问题由于行文简单化未加必要的说明；也有对一个问题虽加说明，但读者的认识可有多方面，你说明了甲方面，读者可以提出乙方面、丙方面来责备；也可以被误会了，你本说东，读者可能误会了是西。还有……这是语言实践的效果问题。普通语言学上也讲这个问题，说语言交际要靠双方合作：说者要照顾听者，听者也要照顾说者。这个道理战国时代的孟子就看到了。但他只从听者读者方面提出应注意之点，还没有从说者作者方面提出要求。他指导读《诗经》者：

故说诗者，不以文害辞，不以辞害志，以意逆志，是为得之……。(《孟子·万章》)

这里，文指文字，辞指词句，志指词义句意。说读诗者不可因死抠字面，而不顾词句；又不可死讲词句的形式而忘了其内容意义。还须以意逆志，即用读者的意迎上去探索作者之意。逆讲迎。志是作者在词句后面的义，今说深层义。两千多年前孟子就提出这个今天语言学上讲的理论问题，是十分难得的。

章锡良同志肯定"简说法"是一个"首创之说"，其实"文章贵简"或"文以简约为主"，这是古人早就提出的。但究竟怎样简？古人只有省字省句等方法，没有全面说。我的文章从各方面尝试地说说，既不全面，也并不都恰当。现在章锡良同志给我提出质疑了，对我很有帮助。今分条作答如下。

一、"白话文、语体文、纯语体文、口语体文"，我只是引一些不同名称而义基本相同的，但解释要有些区别。如白话文是最早提出的。在戏曲中称"道白"，话是说话。广东人今还说"白话"，指说话。所以白话文即语体文。不过语体加一"体"，就指一种语言的体制，与文言体对立，但不说白话体。纯语体指不准有一个文言词句。口语口头语与书面语对立。书面语也可用语体，但写下来总比口语要提高一些。但书面上的语体与口语体文分别就很少了。此外，清末白话报往往用方言。"五四"后提出的语体指"国语"，就专指北方话、普通话。还有"古白话"指唐语录(最古的白话)、宋平话小说。到明清小说可称"老白话"。这只是加以历史的区别，要一一加以正确定义，还须大家讨论。《现代汉语词典》所释仍嫌笼统，当加历史说明。因为什么叫白话，什么叫白？都须说明，白话可包各地方言。语指"言语"(旧说"直言口语"，不足据)，即说话，不是"语言"(Language)。我们在"五四"后提出的语体实指"国语"。

二、近义词即近而并不同。其实一般说同义词也并不全同。逻辑概念同而语法义并不同。如教室、课堂，父亲、爸，是同义词，但不能全替代用。说课堂上秩序不好，不可说教室上秩序不好。当面叫爸，叙述时称父亲。一个"简"字后结合另一形容性词素，词义就有区别。如简单、简明、简要、简捷、简炼，是近义词，须辨析其小异处。简单明了，这个简单有简明义。说话简单粗暴，头脑太简单，这些简单与简明、简要、简炼都不是近义词。在这些词中，"简"是同一性的义，下面加上的明、单、炼是特殊性、区别性的义。这些是在语言学、词汇学、词义学中最基本的分析，万不可笼统说之。

三、语法与文法本不分。初用文法，如"国语文法"。后文法指"文言文法"，语法指"语体文法"。我受了旧影响，有时就用文法一词来混指语法，当改正。

四、简语、简词、简言、简句、代语等，这是我临时造的，并不妥当。有时字面有区别，内容并无大区别。因为分析不少条条，都须冠以不同的小题名，就容易犯这毛病。

五、语法本身就有许多简说法，当说"人的语言本来就有……"语法与语法书一般常混用。如"我在中学就学了语法"，实指语法书。"各种不同的语言，都有自己不同的语法"，这不指语法书，指自然语中的法。

六、问号的使用，并不是为了省用"么"，但有时用了问号可以省用"么"，有的仍不能省"么""呢"。这点承章锡良同志提出，很好。有时在一句或一词后打了问号，加上括弧，可代替一句话，这也是简省作法。标点符号中的省略号就是简说法。

七、有些成语和专门名词的特殊结构本无所谓省略"的"。这点提得很好。但有些例子往往可省而不省的，就不合简说法了。"中国人民解放军"中的"中国"、"人民"是定语，本可加"的"，但已形成一个专有名称，必须省去"的"字。如果在一般叙述句中，就可加"的"，如"外国的军队……至于中国的人民解放军……"

八、简括句中，我本引《孟子》"河东凶亦然"，我嫌古老，就另外新造一句，且故意使上句加繁，衬出来一句简括句更简炼。不想到作者的用意，单看上句，当然会感到太啰嗦，在说废话。

九、简说不可过分而形成"唯简论"，我已在文中说了。至于"公前""公后"，不如用"公元前"、"公元后"。但事实就有这样用了。英文用BC和AC实是一种简字简称，好似公前、公后。

章锡良同志的质疑，确实提出了一些语言学上的问题。作者方面动笔时要注意规范化，不写不规范的句子，也不举不规范的例子。又要逻辑性强，要尽量照顾读者，不使产生一点儿误会。歧义句固然不能用，非歧义句但可能产生其他误解的也必须加一句补注。又自己提出一些新词，或一般不了解的，必须加注。……这些都可立为规范条例。但语言这一工具使用不易，有时自以为很清楚，很概括，但读者还会有误会。这说明客观事物的复杂性，和语言工具的有限性。多么高明的语法书，总留下些出规、例外。多么正确通俗的文章，总会有一些读者对某些句不同意，不理解，或有误解，如《诗经·云汉之诗》："周余黎民，靡有孑遗。"就有读者提出反对意见，说言过其实。因为他不懂得这是夸张说法。等于说李白诗"白发三千丈"，全不合事实，不合科学。又《论语》"有朋自远方来，不亦说乎？"就怀疑有朋自远方来，不问来意好坏，就乐起来，行么？这说明作者与读者，说者与听者，因种种不同的原因，意义的交际输受会发生不全对口的情况。十个同班同学同读一篇文章，各人的理解程度决不会毫无些微出入的。只要基本上大体相同就可以了。

　　讨论这些语言学上的理论问题是很有趣的。但理论对分析或处理具体事实很有关系。以上不当处还请章锡良同志再提出批评意见。

原载《语言教学与研究》1981 年第 4 期

三十六字母略说

　　唐守温三十六字母是汉语语音史上一个大发明。研究古代汉语的音韵学时必须把它学好学透。汉末发明反切也是一个大发明。因为无反切即无韵书。但反切还不是字母，切上字也不是声母。三十六字母虽称字母，也并非拼音文字的字母或声母、辅音，可称汉化的字母，准声母。因为它还用重复的汉字，并非音素的或音节的最基本的符号。切下字当然也不是韵母或元音。作为韵母的字母基本未造出。而韵目也不是韵母，更不是元音。到民国初制定颁布的注音字母才算字母，但又不是拼音文字的字母，所以后来又改名为注音符号。

　　过去对三十六字母讨论考证的文章写了不少篇，但还有一些问题并没有解决。三十六字母的问题共有这几个：

　　1. 三十六字母是何代产生的？

　　2. 作者是谁？

　　3. 来源是什么？

　　4. 代表南方音或北方音？

　　5. 具体怎样读，即音值是什么？

　　三十六字母产生的时代是唐末，这问题不大。三十六字母产生后才产生了等韵图，也可说：宋等韵图是唐三十六字母的产物，无三十六字母即无宋等韵图。

　　作者是中国和尚守温，但有人说守温创三十字母，了义增为三十六（罗常培说）。也有人说沙门瓶创三十字母，守温增为三十六（马伯乐《唐长安方言考》），守温是南梁人或梁山人。或说是北方人或南方人（赵荫棠《等韵源流》考为湖南宝庆人，是南派。唐兰先生告我，南梁是陕西兴元县，代表北派）。这问题也不大。

它是受到梵文拼音字母的影响启发而发明的一套汉字化的字母，是由反切上字归纳而成的。今所传唐智广所写《悉昙字记》一书就是梵文字母。张世禄先生以为三十六字母是据藏文，并参对梵文而造成的。这也不是一个大问题，问题却是它究竟根据或代表北方音或南方音？

这问题也好解决，它决不是凭空根据南方方音或北方方音造出的。它是根据广韵切上字造出的。韵有韵部、韵目可依据；而切上字都散在各韵中，它也需要有人归纳出一套"声部""声目"（旧称声纽）来，因学梵文拼音字母而称字母（字即子，后称子音、辅音，母后称元音。今又混称声母、韵母，都称母。那时只造声纽而未另造韵母，因有韵部韵目就不必再造了）。这样，切韵音书的全部体系都具备了。一般人因三十六字母中有全套浊声字（口浊声），今只有吴方音中保存古浊声字，因此连切韵广韵也被骂为吴音（其实吴方音在三十六字母中有些鼻浊声母如泥、明、疑、娘，还可分清独，如乃、难、敏、明、拟、疑、酿、娘），实在冤枉。这些浊声字不是南方吴音，而实是上古遗音。

三十六字母的读法因为是中古切韵（广韵）音，所以用今天的北方语音读，当然有些就不能区别了。如知与澄、照与床、端与定以及影、喻、晓、匣都读成清声。后又经宋等韵图把照组分出二等三等来，是据切上字分出来的。这样，又给三十六字母补充为四十一个。今天由于瑞典汉学家高本汉的拟音，把这四十一个字母的音值都拟注出来了（见后附表）。但较成问题的是"日"母，至今还没拟定。章太炎先生最早定上古日读泥，见《娘日归泥说》一文。泥三等变为娘，日母也只有三等字，所以娘日二母都是从泥母变出。但在三十六字母中泥、娘、日分列，可见音值读法不同。泥、娘好读，日不好读。高本汉拟为 ŋź，马伯乐拟为 ń，李荣拟为ńź，他以为六世纪时北方已有ńź音。那时正是南北朝拓跋魏统一北中国时代，但也不像今北方话的日，今注音为 r，非鼻音。可知非高、马、李三人所拟的音。

按广韵用日母为切上字的字分散在十九个韵中，约九十七个字。如：

马韵：惹。

支韵：儿。纸韵：尔、迩、蕊。

之韵：而、胹、輀、鲕、栭。止韵：耳、洱。志韵：饵、珥、佴、刵。

脂韵：蕤。旨韵：蕊。至韵：二、贰。

鱼韵：如、茹。语韵：汝。

虞韵：儒、濡、懦。麌韵：乳、擩。遇韵：孺。

祭韵：芮、枘、蜹。

宵韵：饶、桡、蛲、荛。小韵：扰。笑韵：绕。

尤韵：柔、揉、鞣、蹂。

仙韵：然、燃、肰、悁。狝韵：软、蝡、礝。薛韵：热。

阳韵：瓤、攘（禳）、穰、穰、瀼。养韵：壤、攘（扰）。漾韵：让。药韵：若、弱、箬。

真韵：人、仁。轸韵：忍。质韵：日、馹。

钟韵：茸。肿韵：宂、氄。烛韵：辱、褥、缛、蓐。

缉韵：入。

东韵：戎、狨、绒。屋韵：肉。

盐韵：髯。琰韵：染。

侵韵：壬、任（姓）。寝韵：稔、荏、饪。沁韵：饪、刃、认、韧、轫、仞、䏐、任、纴、衽。

谆韵：闰、润。

蒸韵：仍、礽、陾。

今支韵中的儿，纸韵：尔、迩，之韵：而、胹，止韵：耳、洱，志韵：饵、珥，至韵：二、贰等字，已不再读日母，韵也跟着变了。中古支部读 i 或 ie。今注音字母独立为儿韵，其声韵混写当作 ɚ，是 ər 上的合音。因此，不当再列支部。因中古支部读 i 或 ie，无法读出儿、尔、而、耳、二等字。这些字在中古所以列支部，正因这些字不读今儿韵，如蜺、倪、霓，从儿声，今仍读 ni；不读儿。耳二在今天方音中仍读 ni，（实读娘母）。因此可证儿、尔、耳、二、而等，今读儿母是切韵后新兴的音。可能是东北方音系，即燕代方音。在三十六字母中日母可能读 j，后又变为今北方话的日（r）。而支韵的儿、而、尔、二、耳等字到元《中原音韵》虽分支思与齐微二韵，仍沿袭广韵的支微，但二韵列字已按近代北方方音加以整理，把广韵中支、脂、之、微、齐五韵中杂列的字压分为二韵：支思韵中包 ɿ ʅ ɚ，齐微韵中包 i、ei。儿、尔、而、二、耳等字列支思韵中。赵荫棠《中原音韵研究》在支思韵附记中说："韵中儿尔二而等字与齐微韵日字本系一音，四声相承，今既分离，在本韵者显系 ɚ 音。"这个判断是正确的。《中原音韵》把儿、尔、二、而、耳等列支思韵中，是因为这类字太少，所以未再分开，另立一儿韵。我们决不可以为元代儿、尔、二、而、耳等字仍读 ɿ（支）ʅ（思），到明代才变为 ɚ，因明金尼阁《西儒耳目资》才标音为 uɭ。这又未免太形式主义了。（唐虞《儿音的演变》一文说儿从 nʐ 变来，不对。当说从 ʐʅ 变来。）

我把三十六字母中的日母定为 j，有轻微的鼻音。到今北方话的日（r）才没有鼻音。我的理由是：（1）参考今东北方言说日、人、肉等字都读 j，是前舌面硬腭浊擦音。东北人多数是从山东在明清二代迁去的，而山东齐鲁方言也属上古音系，所以到中古还保留此音。（2）据马伯乐《唐代长安方言考》，汉语日母字在佛经译写中，对译为 j。如缚日啰，梵文作 vajra；揭哩入嚩，梵文作 karijvā；佩杀尔曳，梵文作 bhaisajya；尾惹野，梵文作 vijaya，……可证日母古读 j。（3）日拟为 j，可与其他近似音分开。唐三十六字母创于沙门僧人，他们精于梵文拼音文字，每个辅音声母不可相混。因此日母既不同泥母，又不同娘母（据敦煌石室写本守温韵学残卷有三十字母图"知彻澄日是舌上音"，可知当初是日，后改加娘字，把日母挤出独立。娘日二母音近而不同），又不同来母（娘从良声，可见娘、来二母音近）；又不同禅母（照组二等禅母作 ʐ，是注音字母的"尸"母的浊声，但非日母，因注音字母的日母不读尸浊而读 r）。所以三十六字母的日只能作 j。这 j 又不同于喻母，喻母是喉浊擦音。（4）j 又带轻微鼻音。鼻音声母主要是 m n ŋ（明、泥、疑），还有 n 娘。j 是前舌面硬腭浊擦声，而日母又是三等字，口腔阻势较大，所以口气侵鼻。又不同于匣 z。高本汉拟作 ȵz。ȵ 是前舌面硬腭前部的音，这个拟音已很接近 j 了。高本汉调查了三十种方言日字的读音，极为分歧。主要有以下几种：

西安　z

上海　ȵ、z

温州　ŋ

汕头　ȵ、l

客家　ȵ、s

闽北　y

广州　n、ø

高氏参酌这些音拟出日母音值，保留其鼻音，又似半齿，独未调查东北方言的 j。因 ŋ 疑母，n 泥母，ȵ 娘母，l 来母，z 禅母，都犯重复，于是采用了 ŋ，再加一个 z 表半齿，是照组禅三浊，似有根据，只是无实例可证，又不易读出。但我提出的拟音也只是拟测，并不作定论（最近王力先生以为上古泥日归娘，也不能作定论。文见 1980 年《社会科学战线》上）。

还有非组，是从帮组变出，由双唇变为唇齿。当初可能是双唇非，如湖南方言。后再变为唇齿非。非组中的敷为送气，今只在吴方音中还保存。如读废、沸等字，较用力，是送气音。又微字当读唇齿浊辅音，既非 W（双唇音、半元音）也不是 M（双唇合口辅音），所以微母当标音作 ɱ，它与明相对。

三十六字母除日、来二母外，都是清浊对举的。如见与群、帮与并、非与奉、端与定、知与澄，照与床，精与从、晓与匣、影与喻，这都是不送气的。至于送气的只有清、无浊。章太炎提出一浊承二清之说（见《国故论衡》上卷音理论）。高本汉据梵文对音定为有浊送气。但马伯乐不同意。李荣《切韵音系》也不同意。汉语只有清送气，没有浊送气，这正是汉语音系的特征，不可硬套梵文音系。如果唐时真有两种浊声：送气的，与不送气的，守温也必会增加一个字母，决不会用一个浊声字母来顶两个声。

还有知彻澄本从上古端透定三等变出。但今音又混入照、穿、床。

而照组二等如果拟为 tʂ，则与知组混。可知中古知组不同照组。今拟音为 ȶ。今广东人说"我母（不）知"，知音近端母，又似照三，在 t 与 tɕ 之间。

又照组按切上字系联，还可分为二组：照二等、照三等。今另立新名，全废旧名。照二等是：庄、初、崇、生、俟；照三等是章、昌、船、书、常。照二等今拟音作 tʂ，如今北方话卷舌音。今吴方音中无照组，只有精组，所以说照组是精组变出，一般就以为上古无卷舌声。但方言中有卷舌声，如怀庆、大同照二合口读 tʂ，西安、兰州、文水、照三开口读 tʂ，怀庆大同合口也读 tʂ。今吴方言无锡仍有卷舌音。无锡梅里是周吴太伯（周文王伯父）的根据地。可能周秦上古音已有卷舌音。越南语照二等字仍读 tʂ，可见卷舌音古已有之。照三等今拟作 tɕ，今浙江宁波方音张先生读姜先生，张姜不分。这样又与见母三等混。但见母三四等开合口。在闽粤方言，甚至越南朝鲜以及日本译音中都读 K，没有作 tɕ 的。因此，见母三等在三十六字母中并未分出另立字母，与帮三变非，端三变知等齐步走。这样，见三仍读 ki，与照三并不混，而照二与知母不混。

影、喻、晓、匣在上古是混用不分（钱大昕说），有人就以为上古只有影母，没有喻、晓、匣。上古无喻母是曾运乾先生提出的，见《喻母古读考》一文。以为中古喻三从上古的匣母字变来，喻四从上古的定母字变来，上古无喻母。钱大昕只说上古影喻晓匣混，还未说无喻母。从清江永戴震喜说音变以来，治音学者也爱谈音变。其实一种方音的系统，生命很顽强。个别字音容易变，整个音系消失就较难。上古至今只二三千年，在人类史上这是很短暂的，可能有些方音系上古已有至今未变，如清浊声今全保存在吴语中，闭口韵保存在粤语中。我曾写《喻母古读考质疑》一文，证明上古已有喻母。喻母部分字上古读定匣二母，但还有不少字本读喻母。曾氏偏用经传异文的例证，其中有方言方音。又喻母是零声母，往往可加声母，如定母匣母。如今河北省爱加 n 成耐，或加 ŋ。又既说上古只有影母，则何有匣母变成喻母？到了中古三十六字母影喻晓匣都分清了。喻是影之浊，匣是晓之浊。在声阻上也不同位，影喻是喉塞音，晓匣是舌根擦音。而高本汉又把影作喉塞，如德文 ecke；

喻是喉擦音，如英文的 air。影喻晓匣分清浊，今北方话已分不清，但吴
方言仍很清楚，如衣—姨，乌—吴。瞎—狭，须—徐。清浊分开，是辨
义的。

今参考高本汉马伯乐以及李荣《切韵音系》所作三十六字母的标音，
我又略加补充如下：

帮组	帮 p	滂 p'	並 b	明 m			
非组	非 f	敷 f'	奉 v	微 ɱ			
端组	端 t	透 t'	定 d	泥 n	来 l		
知组	知 ʈ	彻 ʈ'	澄 ɖ	娘 ɳ	日 ȵ		
精组	精 ts	清 ts'	从 dz			心 s	邪 z
庄组（照二）	庄 tʂ	初 tʂ'	崇 dʐ			生 ʂ	俟 ʐ
章组（照三）	章 tɕ	昌 tɕ'	船 dʑ			书 ɕ	常 ʑ
见组	见 k	溪 k'	群 g	疑 ŋ（三等加 i）			
晓组	晓 x	匣 ɣ					
影组	影 ʔ	喻 O					

三十六字母既根据切韵而切上字，而切韵音系与上古音基本上同一音
系。如声分清浊，韵分阴阳，而阳声分 mnŋ 三个鼻声尾。但上古声简，中
古声繁。也可能由于材料限制，上古分韵靠韵文韵字，配合形声字，只是
一些粗材料，所以只能分出二十多个韵部。中古有反切才编出了二百零六
部的韵书（切韵只一百九十三部）。又因隋唐时发展了齐梁的声律论（本
是从印度梵文的拼音文字发音学中学来的），对声音有精密的分析，所以
用各种方法，如四声、阴阳、开合、洪细四等来分析，所以分出了二百零
六韵（反切材料较细，但还不及分析音素的拼音文字）。从上古到中古，
韵部和声母有多少之别。而字的声、韵、调、也有变化，如某字在上古属
某韵，到中古变入另一某韵，调也跟着变，声母也在变，都很复杂，这需
要编一字典，注上上古、中古的声、韵、调，以备查用。其中以声母较简
单，如果在《康熙字典》上查到该字的反切上字，在三十六字母中属何字
母，就可转译为上古读什么声母。今根据中古的声母表转译为上古声母表
作一对照表如下：

中古声母与上古声母对照表

中古声母		上古声母
帮滂並明		
非敷奉微		帮滂並明
端透定泥来		
知彻澄娘		端透定泥来
日		
精清从心邪		精清从心（邪）中古邪，上古并入从， 中古俟，上古并入从。 中古常，上古并入定端（？）
庄初崇生俟（照二）		
章昌船书常（照三）		
见溪群疑		
见三溪三群三疑三		见溪（群）疑群并入溪（？）
晓匣		
影喻		影（喻晓匣）

　　中古韵部就不能与上古韵部对照转译，因为中古韵部分的太多，上古韵部少；又韵部虽同而归字并不同。如中古萧宵肴豪四韵可与上古宵部对译，但实际归字上，中古一部分萧宵肴豪字在上古列幽部中。中古歌戈麻为一摄，但麻韵字一部分还在上古鱼部或侯部。

原载《内蒙师院学报》1981 年第 1 期

试谈新训诂学

一　前言

　　我国从殷商甲骨文起到清末，共三千多年的文字记录都用文言文。今天全国掀起了科学研究的高潮，为了批判地继承古代文化遗产，各门科学都要追溯其历史，研究其发展规律，就不能不翻阅古代文献。但古代的文字典籍古老艰深，不好懂，尤其是先秦古书。一般大学生阅读古书的能力较差，尤其是过去历次运动中，反对"厚古薄今""崇洋轻中"是对的，但忽视了批判地继承文化遗产，结果人们都不敢读古书，也不愿学文言文了。外文也不敢学了，以致学生应有的古汉语关和外语关都没有过，这是造成今天文化科学水平落后的原因之一。目前各大学文科师生都重视古代汉语课的教学，但古代汉语所包很广，内容有文字、音韵、词汇、文法、修辞等。但为了提高阅读古书的能力，解决实际问题，还必须决定一重点。这点一般人不清楚，因此有人抓文法虚词，有人抓古文字，有人抓古音韵，这是比较高明的。有人抓训诂词义，这是对头的。但抓训诂词义而轻视文字音韵，这又错了，这会使训诂研究落了空。同样，只抓古文字古音韵而不与训诂结合，等于不与古书实际结合，只为研究古文字而研究古文字，孤立地空谈字形；只为研究古音韵而研究古音韵的，孤立地空谈古韵分部、广韵反切以及开合洪细，并不解决实际问题。只有训诂（不限于词义，还讲句义、章义，所谓章句之学）本是为古书作注释，助人读古书，但训诂不可单讲义训，还要讲形训和声训，这就不能离开古文字和古音韵的研究了。

今年十一月我到武昌参加中国音韵学研究会，与北京师大陆宗达教授、山东大学殷孟伦教授、南京师院徐复教授、武汉大学周大璞教授相遇。他们都是国内著名的训诂学专家。大家感到目前一般学子阅读古书的能力太差，而出版社所编历代文学作品评选，古代汉语选注以及中学语文课本文言文注释，有很多错误，贻误青年。这是由于不学训诂、不重视训诂所致。今既在全国语言学会成立大会之后，又召开音韵研究会（古文字研究会先已成立），亦当召开训诂学研究会。我极表赞同。但我建议当改名为"新训诂学研究会"，此名可以纠正过去训诂只为读经的旧认识，使人害怕。其实今日所讲训诂即注释学。要注释一切古书，既不限经学，兼及史学、文学、哲学、医学、农学等各种古代文化遗产；也不限于先秦，凡五四以前用文言文写的须作注释的书，都是其服务对象。老实说，训诂学实是我中国所独有的一门科学（当承认是一门科学。我们切不可妄自菲薄。它有很长的历史，著作很多。从事者也有极多的雄厚基础）。今天我们当一方面给以很好的总结，一方面要在前人基础上予以发扬光大（扩大和提高）。其实，这一点以及改名为新训诂学都是王力先生在一九四七年就提出了，并不是我发明的。但我准备再补充几点，因此我就写此文作为拾遗补阙。

二　先从王力"新训诂学" 谈起

王力先生的《新训诂学》一文，初发表于一九四七年开明书店二十周年纪念文集上。内容只分两章：一、旧训诂学的总清算，二、新训诂学。

在旧训诂学的总清算中，只限于清代，且只作横的分析，分为三派：第一派是纂集派，其代表是阮元和他的《经籍籑诂》一书；第二派是注释派，其代表是段玉裁和他的《说文解字注》；第三派是发明派，代表人是章炳麟（太炎）。

我的意见是：

1. 总清算当从汉代说起，清代只是训诂极盛期。西汉时代的《尔雅》一书（相传是周公所作，仲尼或门弟子子夏等所增，都不足信，实是西汉经生有些还是秦博士搜集其师说对诗书礼等经书所作字词义的训释，分类编成，并非一人所编，也非一代所编成，乃托名周公），历来看作训诂之祖。如果此书不传，则后人要读通先秦古书，困难就大了。它虽无理论，但有一套体系方法，很值得我们研究。到东汉末，有郑笺，许慎《说文解字》、刘熙《释名》，都是两汉训诂中各成一派的著作。笺即注（郑笺根据毛传、毛亨的传就是注），《说文解字》称"说解"即注解。《释名》即注释名词、《汉书·艺文志》上已明提训诂，如《毛诗故训传》三十卷，《鲁故》二十五卷。颜师古注："故者通其指义也。今流俗毛诗改故训传为诂字，失真耳。"可知"故"通"古"，"古训传"即古的注释，传即注释，"故""古"后改作诂，从言从古，正是古言，"古"义还存。今作诂者，以今言释古言，以雅言释方言。虽是后人所阐发，但并未失真，确是本义。《说文》："诂，故言也。"训从言从川。顺训二字通假，即顺其句义以释之。《说文》："训，说教也。"徐曰："训者顺其意以训之也。"孔颖达《毛诗正义》说："训者，道也，道物之貌以告人也。"《尔雅》有释诂、释言、释训三篇，但内容并无明显区别。章太炎先生因此分开说：释诂是以今言释古言，释言是以雅言释方言，释训是释二字以上的词（见《訄书·方言》）。这还不如郑樵所释（见《尔雅注》自序）。但用今天的分析，"古言""方言"实不可分。所以今天只能说诂是释字词用同义字代替法，训是用句释词或释句。总之，训诂起源于汉，称创始期。到唐孔颖达《五经正义》在古注之后又作疏，扩大了训诂的范围。如毛诗注疏既释"毛诗"，又释"诂训传"，又释"国风"，又释"关雎"，详加考订，多立条例，已超出了释字（词）释句的范围，内容极为丰富，自成一家之言，可称训诂壮盛期。到清代古音学兴起，训诂学注入了新的血液，不再限于义训、形训而扩大到了声训，代表人是高邮王念孙，著《广雅疏证》，创"同声相训，音近义通"，立声同、声近、声转之法。既符合语言词义以声为主的原理，又符合古人用字不规范多写通假字（即同音别字）的历史事实，使古书难明之义都豁然而通。郑玄虽已立读若读曰（即通假）之法，然自觉地立为条例实始于王氏。他也是清代七大古音学家之一。一般说王氏父子是清代训诂学代表。今王力先生独未提到他，不知何故？到清末民初，章太炎先生著《文始》，不再走注释老路，而是运用前人训诂的大量材料，掌握了音义相通的规律，以求词汇的发展变化，或称词源学，这是为旧训诂学开辟了一条新途，突破旧规，进入了科学的境界，这可称为训诂学的革新期。

2. 清代未提到训诂学的最有名的代表人王念孙和他的继承人郝懿行（著《尔雅义疏》）却提到了段玉裁，未免千虑一失。

3. 又三派命名还须考虑。如章太炎先生为发明派，太笼统。因为各注释派中人均有所发明，发明有大小，决不可以发明成派，又纂集派如阮元只是为训诂作些编集资料工作，对训诂本身并无所作为。换言之，与训诂本身无关。此种工作，非专业训诂者亦能作。如吴楚材编《古文观止》，即称之为古文家；又编《纲鉴易知录》，即称之为历史家，未免过誉。

4. 批评章氏《文始》，一方面认为他的"字族研究很有意思"；一方面又说"这是颇危险的一条路"。理由是"因为声音尽管相近，甚至于相同，也不一定是同源。这一种方法可以引导后人作种种狂妄的研究"。在事实上确有如王力先生所说的一些人并不懂古音韵学，也乱说"一声之转"来迁就己说，随心所欲，这是唯心的不科学的行径。其实他所说的音同、音近、一声之转，只是根据今音，甚至是他自己的乡音，好似同音，但上古或中古二字并不同音；而上古或中古同音的他并不知道，因为在今音或在他乡音中全不同音了。但王力先生的话有消极性，缺乏积极意义。因为事实上先秦经史百家书中确多通假字。到秦统一天下，才由李斯作《仓颉篇》来推行文字规范化。在字体写法（用小篆）读音（用周秦音）定义上（周秦古义正义）都须统一规范化，也不许再任意写别字。到汉代扬雄作《训纂篇》……又进一步加强规范化，从此文章中就不再写新通假字，就容易懂了。这是事实。到清训诂学家发明通假和音训规律后，确又解决了不少问题，这也是事实。至于狂妄的研究即乱说通假，这是后人浅学之徒不通古音韵学所致。如果不说明这点而强调其危险，也会造成错觉，以为训诂中讲通假太危险，因此训诂不要用通假一法，这又从一个极端走到另一个极端。今天讲训诂只讲形训、义训而不讲声训，是不可想象的。积极的办法是提出一些要求条件，才可避免危险（条件见下题）。

三　怎样建立新训诂学

我同意王力先生要扩大旧训诂学的研究内容和范围，不限于为经书服务，也不限于先秦古书，当扩大为一切用古代汉语文言文写的、需要注释的、帮助今人易于阅读不致误解的古书，都是新训诂学的研究对象。但我不同意就把新训诂学改为语义学，因语义学范围太广。因此，我对新训诂学提出几条意见。

1. 新训诂学是为保存中国的传统特点，所以可保留旧名"训诂学"；为了扩大革新，又加一新字为新训诂学。如果要换新名，可改为"注释学"。意人克罗采说："翻译即创造。"其实翻译并未创造，只是把外国语言译为本国语言。但翻译并非易事，不可轻视。好的翻译真等于创作。今我可移用他这句话来说注释。注释并非易事，好的注释也是创作，并非依人篱下不能自立的工作。它有一套自己的注律注例和各种派别方法，且写有古注、名注、善注，如王逸《楚辞章句》，郦道元《水经注》。它当独立为语言学中一个部门，与翻译学同工而异趣。当然也可降作语义学（Semantics）中一个部门（语义学是语言学中一个部门），但不可取消它的独立性。我曾写有《注释研究》一稿初步加以总结。

2. 必须批判地继承中国旧的训诂学。它有一套训诂"用语"，如：似、若、如，"狒狒如人"，"咒似牛"。曰，"牛曰齝"。者，"白者栋"。者为，"凡曲者为罶"。也，"需，须也"。之为言，"鬼之为言归也"。谓之，"宫谓之室"。为，"父为考"。犹，"诩犹普也"。亦，"则亦法也"。之称，"嫔，妇人之美称"。言，"古言久也"。貌，"汛汛流貌"。辞也，"於，叹辞也"，"思，辞也"（辞也即虚字）。或为"苴或为姐"……还有一套"格式"，如《毛诗正义》《国风·周南·关雎》："关关雎鸠，在河之洲"二句下："兴也，关关和声也。……"这是毛传。"笺云"是郑笺。……"〇雎七胥反"，……这是唐陆德明《经典释文》。"疏"是唐孔颖达作。疏下"关关至好逑〇正义曰……"正义是《毛诗正义》，也是孔颖达作，"关关至好逑"即指正义所释是限于关关至好逑中四句。"〇郑唯下二句为异言……"（郑指郑笺中"唯下"二句），"〇传关关至王化成〇正义曰……"（传指毛传，关关至王化成数句）。《尔雅》、《说文》以及《经籍籑诂》《说文通训定声》《康熙字典》都有自己的一套格式，都需有老师指导，才可顺利查用。至于经传分合（《左传》初与《春秋》经分写，至晋杜预《春秋左氏传注》才把经传合写），先是经文，后列传文。注文列行中，称夹注、脚注，小字分二行。至明朱升撰《尚书旁注》，注列行右旁小字。又有注全列文后，不加数目字。清初浦起龙《史通通释》即如此。戴震《屈原赋注》也如此。明清人又在书眉上加注加评，文后还加总评。把注全列文后且加数目字，并在文中句下加数目字以便查阅注文，这更是近代的事。还有一套"体例"。最早提出传注体例的是晋杜预《春秋左氏传序》。他分析左传有五体。自己作注又可分八条体例。今人张舜徽先生《毛诗故训传释例》分析为六十三条。吴承仕先生给《经典释文》列出条例十二条。还有朱熹、江藩等都曾有讨论注释条例的言论，可供参考。

训诂主要的方法不外三种：一是义训，如《尔雅》。二是形训，如《说文解字》。三是声训，如汉刘熙《释名》，以声同义近字为训。其实《说文解字》中已多用之。如马、武也，山、宣也。本是假借之一（假借又包引申。"令长是也"，实是引申之例。所以假借实分三类）。假借今说同音字，又分同音而义不通，即"读若读如"；或同音而义相通，即"读为读曰"。今又称通假、通借。声训即属通假，声同而义通，本是语言造词一法，与先秦人写同音别字、训诂家因之说通假实非一事，当加分别。在训诂中用通假一法，实为妙法。清人凭藉古音学始造其极。但流弊甚大。今为立条件数则以为制约。

（1）说通假必须根据古音学，不可按今音或方音乱说。

（2）又须对口：读上古书须按上古音系，中古书须按中古音系，即切韵音系。中古反切也须照中古字音读，不可照今音读。

（3）同音必须声母韵母以及调（上古的字调难定）相同。三者中不全同的是音近。尤其是声同，最重要。声同更是同声首者，如同一声首"青"，有清、精、晴、睛、倩、情、请、静……都有好义，义相近。上古同声首者必同音。音转要慎重，俗说音转指今读二字音不同，若照古音读须转变其音而相同，这是音转。不对。音转实指二字音实不同，也不相近（音近者指同一韵摄之字，如东、冬、钟、江四部字；或同一声组，如：

帮、滂、並（并）、明四母字，同是重唇音字。甚至非、敷、奉、微四母字轻唇音也可同属唇音为音近），而因音变律是阴阳对转，弇侈对转，也可义相通。上古同一字、词，因方言音变确有此现象。当然也有义相同而音全不同者，如扬雄《方言》："党、晓、哲、知也。"只有"哲"与"知"声母同，而"党"、"晓"与"知"音全不同。因此音训不可专用，必须附加其他条件。

（4）还必须附加条件，即《尔雅》义训、转注、说文形训、异文、重文等作旁证。

提出这些具体条件以防乱说通假的危险，警戒运用通假要十分慎重，这是必要的。但我提出的几条要求条件又不可掌握太死。如王力先生在《新训诂学》一文中批评章氏《新方言》一书中有一个例子说："《孟子·滕文公篇》：'舍皆取诸其宫中而用之'，犹言何物皆取诸其宫中而用之。"又说："余，语之舒也。余亦训何，通借作舍。今通言甚么，舍之切音也。川楚之间曰舍子。江南曰舍，俗作啥，本余字也。"《孟子》上的舍是方言啥，是山东方言。今东北方言仍说啥，因东北人是山东人移民去的。江南吴方言说啥，可知是古方言。吴方言是周文王伯父吴太伯迁去的周秦古方言。啥初作余，《说文》解为"语之馀"，今说疑问代词。因为它是虚词（古代虚字所包较广），所以下加口作舍，今又加一口作啥，余加草头作荼，古即茶字，与舍同韵。何古音韩，今上海崇明岛人仍保存古音，读韩。韩信被诛，子孙改姓何，可证何、韩同音。因此，章氏这一发明千真万确，十分可珍。但今为人轻易批倒，但理由又并不充分，造成了错觉。我曾遇到一位青年教师与我驳辩，他对章氏许多证据都不理睬，只是根据王力先生的话。但学术真理是非自有公论，决不可凭人一言而定。而且王力先生所言并非定论。如："第一何物皆取诸其宫中而用之一类句子不合于上古的语法；'什么都……'只是最近代语法的产品，唐宋以前是没有的，何况先秦？第二舍字变为'甚么'很奇怪。'舍'是清音字，'么'是浊音字，不能成为切音，而且中间有个 m，为什么消失了，也很难解。"我以为"舍"即"何"，何是通语，舍是方言。在辩论语急时往往说出方音。舍在句首，等于《孟子》在同一章中"何许子之不惮烦！"今作"为啥"、"为何"，上古不用"为舍"或"因何"。又舍字是清音，"么"是浊音（当说"甚"字是浊音，"甚"是闭口韵，今广韵寝韵，所以甚字韵尾有 m，后发展为"甚么"、"什么"）。舍、何在上古都不是清音。舍从余、荼（即茶）从余，是浊声，后代方言变作清声啥，这是方言音变。甚么、什么二字合音为啥，即变清音（什也是浊音字，闭口韵）。总之，方言音变现象十分复杂，前人所立各种音律并非一成不变的金科玉律，还必须根据各种具体情况作具体分析，才能解决问题。

3. 《新训诂学》既要扩大训诂的对象，即不限于先秦的经书，还有周秦后直至清末所有用文言文写的经书以及史书、文学、哲学、天文、医学、农工等书；还要提高质量，不是摘出难句古词，依靠一部字典词典注释字句就以为尽其能事，还需广泛地参读群书；下大功夫、大力量，考订真伪，评论是非（不许作空洞教条式的批判），比较优劣，增补阙文，……这才是有创造性的注释，才是训诂专家的工作。

对于一般中学语文课本的注释也须提高注释水平，才可提高学生的语文水平。但过去有些地方的编选工作很不重视注释，往往临时抽调一些中学语文教师，专业基础很不整齐，只是靠几部字典词典，参照一些旧时的文章选注，往往不查善本原集，且不细读全文，只就字论字，以致错误百出。也无高明之人检查，真是贻误青年。

四 对《尔雅》一书的新认识

《尔雅》一书是训诂学的代表著作，更确切地说是最早的渊源。它又是雅书的权舆，它创造了雅书体，按事类编列各词。它虽非字典（最早字典当始于《说文解字》，但正式字典当推晋吕忱《字林》，它有形有义，还有反切注音，可惜亡佚了），但它在书本中或口语中搜集了许多同义字以供作字典的补给，功劳极大。因此，历代雅书不绝，如魏张揖《广雅》，梁刘杳《要雅》，唐李商隐有《蜀尔雅》，宋陆佃有《埤雅》，明朱谋㙔《骈雅》、方以智《通雅》，清吴玉搢《别雅》、朱骏声《说雅》。……刘熙《释名》又称《逸雅》，也是雅书。《蜀尔雅》实是蜀方言，可称方雅，今当正名为四川方言词汇汇编。今又有天文辞典、音乐辞典、地理辞典……也是雅书的余流。

《尔雅》不是一时一人之作，这是肯定的。它成书于前汉初。班固《艺文志》："古文读应《尔雅》，故解古今语而可知也。"又刘熙《释名》也释《尔雅》说："《尔雅》，尔，昵也，昵，近也，雅，义也，义，正也，五方之言不同，皆从近正为主也。"刘氏是后汉人，他已明释《尔雅》。尔、尼古双声。尔、泥母，尔，后作迩，训近。雅、义古双声，雅从牙声，义从我声。《尔雅》正是以同义字、近义字为释，以救五方之言不同之病。雅也训夏，二字通假。雅言是夏言，华夏之言，是正言。《论语》："子所雅言，诗书执礼。"《尔雅》所记正多诗、书、礼上的词（按历来说《尔雅》众说纷纭，如雅即夏言说，见黄侃《尔雅略说》。附近雅言说，见刘台拱《论语骈枝》。近于王都之雅言官话说，见阮元《与郝兰皋论尔雅书》。依托雅记说，见顾实《尔雅释例序》。……都不如刘熙所说，刘是后汉人，所说可能有师说，较可信）。这也没有问题。问题在于《尔雅》是杂凑的，但又有条理可循。我们必须披沙拣金，不可轻心掉之。所说杂凑，如《尔雅》十九篇前三篇是虚词（古代所说的虚词），后十六篇是实词。但第三篇中有些字当列"释器"中，第二篇有些字当列"释草"中……都是杂凑的痕迹。又前三篇释诂、释言、释训，分为三题，但所收内容混杂，实在无法区别。孔颖达、邢昺、郑樵等都试作解说，但都未说清。这也是杂凑之迹。可能先有"释诂"一篇，后来材料多了，就分立释言和释训。释诂体例较纯，主要只用一字释一字，后二篇就有二字释一字，一字释二字，还有被释字中单音词与复音词混杂。如"黄发、齯齿、鲐背、耇、老，寿也"。又每组是同一义，也有一组包数义的。如"台、朕、赉、畀、卜、阳，予也"。赉、畀、卜是赐予，台、朕、阳是我予。应当分开，以免误会。这都是杂凑之迹。今再分析尔雅释词条例于下。

1. 尔雅主要讲转注（同义字）假借（引申、通借还有纯假借）正是六书的后二书。但不明初文本义无以定假借，所以许慎《说文解字》继之以弥补其缺。西汉经生多受师说，传义训。到东汉古文经学家才注意讲形训、声训，所以《尔雅》的训诂得《说文解字》而大明。《尔雅》与《说文解字》二书当相辅而行。治训诂学者不知道这点就不能深造字义训诂之学。

2. 《尔雅》体例分释词与被释词，二者相辅，而尤以释词为主。当先学释词。释词义不明，则被释词之义也不清楚。释词基本上用本义（据陈玉树《尔雅释例》），最好说是上古周秦汉时的常用本义，所谓雅言今言。但未必是初文初义。如释诂："大也"，初文初义是象大人贵族的形体，引申为大小。"於也"的於，初文初义象乌鸟飞形，即后乌字作虚字，"於"是纯假借字（只借音）。本义与初义有别，但一般说本义可包初义或非初义而是引申义。但又有再引申义，这个初引申义就是再引申义的本义。还有常用义，也说本义。所以本义实含三义。《尔雅》释词多用本义，即指后二义的本义。至于被释词则很复杂，因其很杂不易懂，所以要对被释词细加分析。除象形字、指事字、会意字、形声字外，还有引申字、通假字、纯假借字只借字音而义无联系者，如"初、哉、首、基"一组，初是会意字，讲始是引申义，制衣始于以刀裁衣。哉是后起今字，初作才，象草初出土，今讲"始也"是引申义。后加戈变成了会意字，后又加口，成了形声字，"才"是声了。首是象形头的初文（头字是后起形声字），引申为始，俗说开头、起头。基是形声字，从上从其声。筑室先打地基，也是引申义。这一组中的"椒、落、权舆"可能都是纯假借字。权舆又作灌蒲，是方言词，义讲始。椒是形声字，叔是声。又是会意字，义是"善也"。叔，初文象菽豆，作未，后加又（手）采豆，豆是高级粮食，引申为善。因豆体小，又引申为小叔子。未后作菽，形声字。叔始双声相借，所以椒训始是纯假借字。椒又读倜，"他历切"，椒悦即倜傥。古一字一可二义，也可二音，可能叔古读端母，正与豆同音。始也是形声字，从女台，台读台、端母，即胎，女怀胎开始生子，"始也"是引申义（台又读移，如：诒、贻）。落，形声字，从草洛声。义是草木零落。零落是终不是始，不是什么"反义为训"，而实是方言纯假借字。《尔雅》被释词中还有古今重文，如迺、乃，于、於……

3. 释词义分单、复。单义如"始也"一组，始只有一义，被释词都是始义。复义如"予也"一组，予有二义：一是赐予义，被释字有赍、畀、卜三字。一是我予义，被释字有台、朕、阳三字。还有"息也"一组，"绝也"一组，"舍也"一组，"兴也"一组，都有二义。而"长也"一组有三义：生长、长老、官长。又如"艾、历、觑、胥，相也"一组有四义，以诒释艾字，以近释历字，以互相释胥字，以视释觑字。不知此例就会上当。这是说明一字有多义，一字既可用多义兼释多字，而各字也可以多义被释。这个做法很巧妙。

4. 又有分组、连组之法。一般是一组一个义分立，也有若干组连在一起的，又分分释、递释、分递兼释三种。前二种王念孙已看到，见《广雅疏证》卷五上。

A. 分释　也有多种式子：

怡、怿、悦、欣、衎、喜、愉、豫、恺、康、娱、般，乐也。悦、怿、愉、释、宾、协，服也。（乐，服义不同，但二组中有相同字，所以二组相连。）

遹、遵、率、循、由、从，自也。遹、遵、率、循也。（后一组字全在前一组中，但义不同；一是自从，一是循行。）

谐、辑、协，和也。勰、燮，和也。（字不同而同一释词"和"，可能同中有小异。）

但《尔雅》中也确有重复的，如："永、悠、迥、远、遐也；永、悠、迥、违、遐、遍、阔、远也。"（二组字义全同，可合并为一。）

B. 递释

"矢，弛也。弛，易也。"

遭、逢，遇也，遭、逢、遇，逆也，遭、逢、遇、逆，见也。（遇、逆、见三字义不同，而被释词都有多义，今连在一起，不必再分每字作注，很巧。）

C. 分递兼释

诏、亮、左、右、相，导也。诏、相、导、左、右，助，勴也。亮、介、尚，右也。

左、右，亮也。（末句全重复，所以郭注只能说"反覆相训以尽其义。"）

5. 有集中与重出之法。释词有多义，如："予也"组有二义，被释字六字分二义，集中在一起为一组。但又立一组"贲、贡、锡、畀、予、贶，赐也"。这是重出而单义。前者是集中而复义。重出就是重复了。又如"髦，选也。髦，俊也"。也可合并，可省一髦字。可见当初材料本非出一人，编者也非一人。

6. 用同义字词注代与用语句分析解释。《尔雅》中一字一词（也有二字的词）用一字一词同义而相注代。如"髦，选也"。"凌，懔也"。"矧，况也"。"绎绎，生也"。"荧，委萎"。"荣，桐木"。"漱朴，心"。"栈木，干木"。用句来分解，如"善父母为孝"。"其虚其徐，威仪容止也"。"途出其右而还之，画丘"，"非人为之，丘"。按"注"是如水相挹注，即以同义字、词相注。释是释开，解是分解，指须用句才可分解字义词义。一字一词为注，不足就用句来分解详解，"词句释"不足，又须用"图形释"如释草、释木、释虫、释鱼、释鸟、释兽，都须用图。《尔雅》另用俗名为释，如"密肌，继英"。"时，英梅"。英梅不知是什么梅，继英不知是何虫，因此密肌、时二词不得其解。这是《尔雅》落后的释词法，正不必为它讳。

7. 全同义释、偏同义释、半义释。全同义的词很少，只有古今字，如于、於二字。但于只一义，而於字还有"於乌"古义，"於戏"叹词，就不是与"于"全同义词。但鸟兽一物异名是全同义词。一字有多义，因此二字对释就多是偏义。《尔雅·释诂》中所释几乎都是偏同义。《尔雅》主要讲转注同义字，但在一分组中或连组中充分分析了一字多义，同中有异，异中有同，异有大异小异，同有大同小同。读书识字能辨名字义异，又能知其同。义同中又有小异，小异可以辨到极细如毛发，就算功夫深了。（一般词典注释一字一词，力求释全义。书文注释只释偏义，即在本句所当用之义。但要求辨义十分精细，往往超过词典，因为查词典还不得其解或正解。）至于半义释是坏例，《尔雅》偶见之。如"宷、寮，官也"。郭注："官地为采"。可知官释宷，只释半义，就不是真释。其实寮是"同官为寮"，今单释官，也可称"破义释"，不足为训。

8. 应释不应释、误释。这是郑樵提出的。他在《尔雅注自序》上说："人所不识者，当释而释之曰应释。人所不释者，当释而不释，所识者不当释而释之曰不应识。"尔雅中亦有不应识者。而应释之词很多，《尔雅》却未收载。魏张揖《广雅》给补充了。到清代王念孙作《广雅疏证》，郝懿行作《尔雅义疏》除又补充了一些释义外，还创造了一些新的训诂条例（见下文）。不应释要尽量避免。但为初学的语文课本作注，要详细通俗，就难免多作费释（等于说废话）。至于应释而不释，往往是难词难句，故意躲开，这是不负责任或不老实。实在无法查到，可作"阙疑待考"。《尔雅》有误释，多本经传，咎不在他，但极少。如《诗·葛覃》："言告师氏，言告言归。"毛传："言，我也。"孔疏正义曰："言，我，释诂文。"言与奄俺双声，可通假，但在此不顺。朱熹《诗传》作"辞也"，是正确的。因下句"薄污我私，薄瀚我衣"，两个薄也是虚字，句法也近似。又有因误抄而成误释者。如："孔、魄、哉、延、虚、无，之言间也。"郭注就未详"之言"二字。郝兰皋则硬释："之者，往之间也，言者意之间也。"太牵强难通。他引《说文》："哉者，言之间也"，而未悟到可能传抄者把说文"哉者，言之间也"，本是引作附注，也误抄入本文了，又误倒言之为之言。我们决不可说《尔雅》以"间"释"之无"二字为误释，而实是误抄所致。

到清王、郝二人疏释二雅，雅书被人注意，训诂学就盛行。二人又创立了不少训诂条例，主要有：

1. 多用假借法，包引申、通借（声同义通的即"读为读曰"）、纯假借（只同声而义不通，即"读若读如"）。

2. 二词互训分直接、间接。如《尔雅》："椒，始也。"郝氏引《说文》："椒，始也"为证，是直接证说。其实《说文》是引《尔雅》的，今又引《说文》来证《尔雅》，可笑。间接证说如《尔雅》："哉，始也。"郝氏说："哉是才之假音，《说文》：才，艸木之初也……"由哉转为才，才引申为始。他不从字形上说哉从才，更为直接。郝氏有时间接太远，层次太多，形成曲解。

3. 二词各自转义成对应，一定可互训。此法王氏所创，但只能作旁证，不可作主证。如郝氏释《尔雅》："如、猷，谋也。"说："如与猷同意，故猷训为谋，亦训为若，如训为谋，亦训为若，猷通作犹，如通作茹，共意正同矣。"

4. 义分深浅与缓急。如《尔雅》："犯、奢、果、毅……胜也。"郝氏说："左传宣二年'杀敌为果，致果为毅'，是毅与果同，但义有深浅耳。"《尔雅》："治、肆、古、故也。"郝氏说："肆亦有缓急二义。……凡言是故者，舒缓之词也；凡言即今者，急疾之词也。"

5. 同声假借，由于一字多音可以分借。如遹有三音，"音橘者今未闻。……读聿者，郑笺：聿，自也。……又通作欥，……曰郑笺：遹、述也。"这条说明上古用方音或因多义而异音可分作通借字，这是广开通假之门，以便读通古书。

6. 反训由于引申假借。从王念孙、俞樾以及陈玉树等都信反训。至郝兰皋才揭破，说是假借所致。如《尔雅》："淫，大也。"郝氏说："淫者，浸淫又久雨也。浸久有过度之意，故训为过。过有夸泰之意，故又训为大。"

7. 连文单文，其义实同。王氏所提。但说单言、合言。如《尔雅》："蒸，大也。"平都相蒋君碑云："放穆林蒸。"可知林亦盛大之词。这只可限于同义复合词。

8. 对文散文义有异同。王氏所提。如"草曰零，木曰落"对文有别。如果不对举，二字实同义。

9. 倒文同义。王氏所提。实出于孔颖达诗疏："此言螽斯，七月云斯螽，文虽颠倒，其实一也。"

10. 从对句证释词义。王氏所创，如《尔雅》："咎、病也。"举《诗经》："或惨惨畏咎"，与"劬劳尽瘁"句相对，证咎训病，与瘁正对。

11. 用今方言证说。郝氏多用今方言为证。他知方言中保存古词，不必限于扬雄《方言》。可惜他只会引山东栖霞方言，不知今吴粤语保存古音古词更多。

12. 订正字体以求训。王氏所创。如《尔雅》："蓧、落也。"郝氏说："《说文》云：零，馀雨也。"按零落宜用此字，毛传：零，落也。《说文》："蓧，大苦也。"是植物名。

以上所举各条，未必都可信，但对训诂古书确可参考。

总之，在训诂学上，《尔雅》《说文》是渊源，王、郝是功臣。今天要在他们的基础上加以革新发展为新训诂学，这是我们的责任。我在《注释研究》一稿中提出注释条例二十多条，可供作古书注释者参考。

五 我们的责任

今天研究训诂学，一方面要求提高大中学生阅读古书的能力，帮助把语文课本的文言文或古代汉语选文的注释搞好，要提高注释水平。一方面有更大的任务，就是把三千多年的古书都加以新的注释，以便据此全部释为白话语体文，将来还可据此译为拼音文字。但我们所要求的注释是高标准的，不是一般的选一二种旧注不求甚解地译为语体，这必然会歪曲原意，甚至讲错原意，破坏了古文化遗产，是犯罪的行为。不这样搞，将来总会有一天我们的宝贵遗产将自行消失。因为没有人能读能懂，虽然博物馆还收藏一些古籍，还有少数人像老喇嘛似的能朗诵数行。但为广大群众所遗忘，就等于自行消亡了。

因此，我们要培养有一定数量的高水平的训诂学专才。在一般大学文科系毕业后，还要较深入地学训诂学、古文字学、古音韵学、目录学、古文法学、修辞学、版本学、校勘学、伪书考、经学史、哲学史、语言学史、文化史（古物史、美术史）……可以招研究生。可成立专门机构"古书注释（译）馆"，有计划地注释群书，可组织社会上学人的力量，分先注后注，详注简注，一人注集体注，改旧注或全新注，……先由"训诂学研究会"拟一计划。我这儿略述一点私见，以供大家参考。

附记：此文刚写毕，北京师大外文系教师美国人彭世祺先生来访谈，说他在美国已学中国古典文学数年，已能背诵唐宋文和诗词，极赞中国古典文学语言之美，还能讲读墨子，但感到注释训诂工作做得不够。……我还听说日本学人很重视我国的训诂学，姑记此以供参考。

1980 年 11 月 18 日于北京

原载《河北师范大学学报》1981 年第 1 期

汉语古音研究的过程和方向

目前研究古代汉语者都感到古音韵学的重要性，但谈古音韵者多囿于旧闻，或拘于一家之说。因写此文作一新的建议，与同志们商榷。

一

先作一回顾，略谈过去研究汉语古音韵的历史过程。

科学的古音韵研究当以清初顾炎武为开山，以迄今日，约分四期。

1. 第一期开始期。以顾炎武为代表，著《音学五书》。他首先用系联法（属归纳法）系联诗经韵字，分为韵部十部，这是创造性的。明陈第研究毛诗、楚辞只知用本证、旁证，所以还不算科学的。

2. 第二期壮盛期。以江永、戴震为代表，还有孔广森、王念孙、段玉裁、江有诰等，到清末陈澧是杰出的殿军。顾氏只用力于上古韵的分部，且只知韵字，未注意谐声字。顾氏又参考了中古的《广韵》，采取其韵目，著《广韵正》，用上古音来正《广韵》，但他还没有历史发展的观点。到江永大进一步。他主要以中古韵书《广韵》为研究对象，且用宋等韵图为开启《广韵》的钥匙，展现了《广韵》全部的音系，著《四声切韵表》，除四声、阴阳、开合口外，还把深藏而未被人揭破的秘密洪细音揭出来了，且加以解释。洪细各分为二，成四等，所谓"一等洪大，二等次大，三四俱细，而四尤细"。他那时还不懂今天新的发音学（他著《音学辨微》，好似发音学，但太简单了），又没有国际音标这一套新的记音符号，而能区别洪细四等，到今天基本上还是可取的，真可钦佩。而隋陆法言等在公元五八八年（隋开皇八年），距今一千四百年前就能编出开合洪细四等（元音分析）那样细致的韵书，尤可使人惊叹。它在世界上应有很高的地位。江氏又首先系联反切字分等，但他按切上字分等（分等表附《四声切韵表》后），又分元音为弇、侈（即闭元音与开元音，也即洪细，这与开合口不同，也与鼻化的开音缀、闭音缀即阴阳声不同），他讥顾氏为考古功多，审音功浅，所以他可称审音派，又是古今沟通派。到他的弟子戴震又进了一步，搞音的流变，可称通变派。他看到《广韵》中谐声字的变化很大，比古今韵部中字的变化大，因此用力搞音变，倡阴阳相配，阴阳相转，异平同入，实际上也有异入同平；还立正转、旁转、互转、递转等。他的音变理论具见他《答段若膺论韵书》中。他著《声类表》分九类廿五部，揭出单阴、单阳、阴阳相配、二阳配一阴。他提出要搞谐声表，以为是"必传之绝作"（见《声类表》卷首）。他的弟子段玉裁写出来了，但其目的只在辅助上古韵部，主张"同声必同部"，实与戴氏的原意不合。他又写《转语》，有人说《声类表》即转语二十章（据曾广源《戴东原转语释补序》）。清末陈澧著《切韵考》专攻《广韵》，系联切上字为声类四十，切下字为韵类三百十一类，比二百六韵几增一半。而宋等韵又分三百九十七等，比切下字系联韵类更细，已超出反切。

3. 第三期转折期。以章太炎先生为代表，章氏是清末民初一代大师。早年参加革命，反清反袁。晚年退居苏城讲学，"九一八"时，与马相伯老人联名通电反蒋，责其不出兵抗日。电文载上海《申报》《新闻报》二大报上。所以他是爱国、爱民族、爱民主反封建的。他的《訄书》最可代表他的全面思想。但文字艰深，须译为语体，或作详注。他的《国故论衡》上卷是中国最早的语言学概论，世人都未看出。他还注意到方言，著《新方言》；还重视词源学，著《文始》。浅学者往往诬为旧派，他实是新旧转折过渡时期的代表人物。注音字母ㄅㄆㄇㄈ实是他创造的。我们应当肯定他的历史作用，决不可用今天新阶段的研究水平去苛求古人，要求他接受高本汉、马伯乐的一套，这是唯心的非历史观点的。但今人也不可拘守一家旧说，抱残守缺，这就难免遭受讥评了。

4. 第四期革新期。以赵元任、李方桂先生为代表。一九四〇年他们出版了所译外国最著名的汉学家瑞典人高本汉的代表作《中国音韵学研究》。本是法文本的。译者共三人，除赵元任、李方桂二位外，还有罗常培先生（已逝世。赵李二位还健在，都已八九十岁了）。此书译出（中华书局出版），震惊学术界，尤其是音韵学界，以为这套新方法、新材料，我国古所未有。赵元任的弟子王力先生（也八十一岁了），王力弟子董同龢（已死），都大力介绍，极受欢迎。很多章、黄（侃）的生徒也不能不竞相学习。还有法国马伯乐，与高本汉为好友，其代表作为《唐代长安方言考》。据说赵元任先生到法国，拜他为师，带回此书交北京某书店影印（这是周达甫教授告诉我的）。我在一九五六年曾据影印本初步译出，改名为《切韵研究》，还未出版。他用汉藏语（越语、缅语、泰语、藏语等）来作比较，与高本汉主要用三十三种方言来比较不同。他们二人是好友，互相推许，也互相批评。关于高、马二书的得失，我将另写专文详论，兹不赘。二人在历时语音史学上提出了数十条音变规律，很可参考、学习。在李方桂、董同龢论文中，往往被采用了。

　　自从一九二〇年高本汉出版了该巨著后，至今已六十多年，一九四〇年在中国译出，也已四十多年。到去年一九八〇年商务印书馆出版了李方桂先生的新著《上古音研究》一册，这是古音研究中最高水平之作，也是革新派之代表作，可说是革新派的总结。但另一方面，使我感到高本汉的一套，还在控制着我们。也就是说，李方桂先生的新著，虽然其中有很多处批评和补充了高本汉，但并未跳出高本汉的圈子；而且发展了高本汉的作法，达到了顶点，而碰到了困难，踟蹰不前。他对古音的研究提出了不少新假设、新想法、新推论，但都感到缺乏充分的证据，就使许多假设推测推论不能成为正确可信的定论。主要是物质条件不足，具体的说，就是（1）历代的代表性的韵字还没全部查清。过去这方面的工作做得较有成绩，如上古的韵字、韵部，基本上搞清了。汉魏六朝的也搞了一些了。隋唐宋以后的韵书也都作了研究，当然还不够。（2）最复杂的形声字（谐声字）远没有查清楚。汉以上的形声字较易查，汉以后增加数倍的形声字还没查清，究竟是什么时代产生的？是什么方言区造出的？同一声首而产生不同的音变又是何时、何地、何原因形成的？每个形声字的音变都要踏踏实实查出根据，不能主观猜想，想当然。无充足理由、充分证据者，宁可阙疑待考，不下结论，也不可引用。（3）宋等韵图是研究《广韵》的钥匙，不可一言否定，说它是破碎之学。它主要是根据《广韵》反切，但它又超过它。《广韵》反切切下字系联只分三百十一类，但等韵图却分三百九十七等。马伯乐说是有宋人的读音。但宋人增加的音又是根据什么音（宋都汴梁，开封音，或某方音）？因此，等韵图又不可全信。（4）高本汉调查了三十三种方言音才初步把《广韵》二百六韵的韵值拟了出来，当然也不可全信。他记的三十三种方音还须复查，且远不够。必须把全国的方言都调查清楚。又不可孤立记音，必须同时把全国的方言词汇都查清楚。因为汉语一字多义，又音随义转。单从韵书字典中搞出所记的音，且孤立地不结合词义谈音变，这显然不行。董同龢批评高本汉只注意语音学，未注意音位学，这是正确的批评。（5）高、马等用汉藏语来比较，这是比较语音学，是过去国内语音学家所不能想象的（外语中的译音字，过去只有佛经的译文，也只能证读魏晋后的字音）。但高、马所引也只是片言只字，孤证难凭。必须把藏语、彝语、越语、缅语、泰语等音系作一全面调查记音（马伯乐对越南语研究较全面），但也只能限于现代的。用现代语音来考证上古汉语音，也未必全可信。方言也有这问题。还须先把方言考订一番，那些是上古的成分。因此，这些材料，物质条件均未具备，或未全具备，科学研究就有很大局限性，不能前进。

我们相信一种科学的发展前进，都与时代、地域和各种条件有关。汉末由于印度和尚带了梵文经典到达洛阳，译经传道。有些士人学了梵文字母，受其启发，才发明了反切。到齐梁时形成了声律论，四声八病等。又搞出了韵书。唐末和尚造出了字母，又受梵文拼音表的启发，宋人才创造了等韵图。有了《广韵》，才根据它上推上古音，才认识形声字的音变。由于高本汉著作的译入和新发音学的传入，我国的古音学研究才大进一步，大家知道用国际音标作细致的语音分析，懂得了等韵图；又讲语音的历史发展变化，和方言以及同汉藏语系各族语作比较研究。另一方面，旧的材料当初很有用，但过了时，由于新的要求提出，它会变成落后束缚的东西。如上古时直音读若不能满足新的要求，而发明了反切。反切是仍用常用汉字，可拼读一切音，是识字教学的利器，用它编出了韵书和字典。但用了一千多年就感落后束缚，而要求改用以音素为主的拼音文字，或用国际音标来注音。古音学者，初以《广韵》反切为主要材料，后来就转移到形声字。因为形声字比诗经韵字古，又形声的声符可以考证古声纽；声符包括声与韵，还可藉以看到历史音变。又反切本身有局限性，虽从它可分析出四声、阴阳（韵尾）、开合（介音），以及洪细四等（元音），但毕竟是一种粗材料。唇音字的开合口它就分不清。洪细一三等较明显，二四等往往靠等韵图的帮助。因反切字系联分类，与等韵分等不全合。形声字当初本为上古分韵部之助，后通过形声字来考古声母，以及历史音变，形声字才受到重视，超过韵字韵书。但形声字本身问题更为复杂，有许多问题根本不能解决，如复辅音问题，清鼻音问题，词头问题等，所以形声字仍是一种粗材料和间接材料，又是一种狭小材料。反切被《广韵》二万多字束缚住，形声字也被有限的文字声首字束缚住。今天扩大为方音与汉藏语族的语音的材料。但又为材料不全，条件不足限制住。因此，要使古音学再前进一步，必须创造条件，努力把全国方音都调查清楚，把汉藏语族的各种语言的音系以及借音字或对音字都查清楚，才可研究出新的成果。否则，仍在这些粗材料中打圈子，如李方桂先生把形声字研究得很细了，提出了许多疙瘩，无法解决的问题，只能悬起来，只有乞灵于方言与兄弟民族语言，但都没有详细全面的材料。因此工作势必被迫停止，这是由于条件所致。因此，我们要创造条件，开展调查研究，要开辟新领域，这是革命工作。不单在材料上，还要在观点上方法上有所改进提高，不要在原地踏步。不要满足于革新，还要进入革命期。

二

今后我们将怎样搞？这是一个方向问题。必须前进，不是在旧地方徘徊。我提出一些很不成熟的意见，以供大家参考。更希望语言学界的前辈提出指导性的意见来。

1. 先要总结过去，并补读必要的有代表性的外国人著作。总结过去，当然要用辩证唯物主义和历史唯物主义，不能用唯心的，外行的，极左的眼光来总结过去。要肯定优良的传统和正确的结论，批判不正确的东西，而决心抛弃之。当然要十分慎重。同时要补读有代表性的外国人有关汉语古音研究的著作。我国在这方面的知识太不足。过去只译进若干本高本汉的著作，如赵元任、李方桂、罗常培、张世禄几位。张世禄先生所译较多。马伯乐的代表作未译入。至于日本人大矢透、大岛正健的著作也未译入。还有苏联、荷兰、意大利、德国人的著作，连书名都不知道。台湾、香港也有一些古音研究著作看不到。因此我们甚为闭塞，国内学子多数连一九四〇年赵元任三人译出的高本汉代表作也没有见过读过。今天必须扭转这种落后现象。我们都有责任。我们自己当首先抓紧补课，以求提高。同时要用辩证唯物主义去加以批判，破除迷信。

2. 要努力创造条件，组织人力，全面彻底调查下列几方面的材料。

（1）全部谐声字。上古形声字可据《说文解字》及金文甲骨文（可参考孙海波所作）各声首字的音变。中古形声字可据《广韵》及《广韵声系》（沈兼士主编，周祖谟葛信益等编）。

（2）全国方音和词汇调查。分步走，先搞大方言区，然后搞次方言区。

（3）全国汉藏语系的语音词汇先搞国内各兄弟民族语，次搞国外越语、缅语、泰语等，最后搞国外朝鲜语、日本语等语中的借字音。

3. 集中力量先编写两大部书：一是《汉语音韵学大词典》，从古到今，凡外国发音学、科学研究的术语已译入而且已被采用者，都收录，加以简明解说。同时另编普及本。历代语言文字研究的学者、书名都要收录，使音韵学知识大普及。现在大学中文系教古典文学的教师往往不懂四声八病，双声叠韵，《广韵》和平水韵的区别，诗韵、词韵、曲韵的区别。查《康熙字典》不能读出、读正反切，可知音韵学知识必须普及，纠正古音学无用的错误认识。一是编写《汉语语音史》。汉语音韵学史还可写，但不如汉语语音史重要。张世禄先生曾写《中国音韵学史》上下二册，收在中国文史丛书中，材料很多，希望他再补充（张先生是上海复旦大学教授，今已八十一岁）。语音史有王力先生《汉语史稿》，上册即《汉语语音史》（王力先生是北京大学教授，今已八十一岁）。这是中国写语音史者第一人，筚路蓝缕之功不可没。我们希望他领导部分专家来大搞一下，要上追到太古，可以提出一些假设和推论，构拟出汉语的母语。

在汉语语音史中有两个大疙瘩大疑问要解决：

（1）是中古《广韵》到近古《中原音韵》表现了汉语的语音大衰退大收缩（Reduction）。高本汉、马伯乐也这样说，他们表示十分惊讶，但说不出原因。王力先生也不得不把《广韵》的二百六韵与元《中原音韵》的十九韵勉强对上榫，加以音变说明。有人还说《广韵》实可简化为十六摄，所以与《中原音韵》十九韵差不多。这实是皮相之言，是门外汉的笑话。须知《广韵》与《中原音韵》实是代表两个不同方音音系，它们有本质的不同，不单是韵部多少的问题。前者有浊声字，今全部保存在吴方言中，又有入声字，今全部保存在吴粤方言中。但吴方言已失去 p、t、k 三个辅音韵尾，粤方言仍保存未失，还有阳声三个鼻韵尾 m、n、ŋ，吴方言却失去了 m、n。至于《中原音韵》全无浊声字，全无入声，又无阳声闭口韵，表面上还有侵寻、盐咸、廉纤三部。这是因袭《广韵》的，在实际语音中已没有。唱曲的人尽量保存三个阳声鼻音字。又由于传统遵用《切韵》《唐韵》《广韵》的习惯，在书面作诗押韵，仍沿用《广韵》。其实唐语录已反映出近代北方话（燕代方言）。到宋《词林正韵》也十九韵，仍有五个闭口韵平声侵、覃，入声缉、叶、合。而缉、叶二部中已与收 t、k 的字混押。到元《中原音韵》只保留三个古代残余的在口语中已失去的平声闭口韵，到明末毕拱辰《韵学汇通》才不列闭口韵。这种新旧韵书的变革，而旧的一部分还被因袭拖一条尾巴，逐渐被割掉，这已成为历史变革的一种规律。而且书面音与口语音的变革并不全一致，至今吴方言的人仍有读书音与口语音的区别，读书音是因袭旧韵书的。我称《广韵》以前的音代表西北方音系，从周秦以来直到《广韵》，基本上是一个方音系。虽分上古、中古，但建都在长安、洛阳（周公营洛邑，洛邑距丰镐、咸阳、西安很近），因此，秦（晋）洛方音接近，形成上古的大通语区（扬雄《方言》上可看出）。周文王的伯父太伯、仲雍因父亲太公喜爱幼子季历，到太公死后，因内争而带队逃出，一直被逐至吴越蛮荒之地。先落脚在无锡梅里，后建都姑苏。所以口语实是周秦语。上古时以秦洛语占势力。到秦李斯作《仓颉篇》，以吏为师，教学童九千字，必然是用秦语作为读音标准，也是周代的传统读音。东周迁都洛阳，形成秦洛通语。粤方言在历史上只知是秦始皇迁北方罪人五十万守五岭，逐渐造成，而把当地原有的方言土话同化了。汉赵佗又带了一批说周秦音的北方人去。这批人往往是有势力者，所以语言影响大。到东晋避乱，大批士族南迁，又造成客家话。这些都属于西北方言系。至于燕代方音系又称东北方音系，在上古不得势，直到晋代五胡侵入，匈奴鲜卑二大族从东北辽河流域侵入内蒙，再从和林一带，进入云中大同，后又侵入燕赵。鲜卑族慕容氏成立四个燕国：前燕、后燕、南燕、北燕。最后由鲜卑族托跋氏建北魏，统一了北中国。按魏书鲜卑贵族传都自称代人。今山西省仍有代县。邻近河北省有蔚县，有汉文帝刘恒代王城，他初封代王，包河北省西北与山西东部。到北魏孝文帝提倡所有鲜卑士官全学华言，这华言实即燕代方言。从此燕代方言抬头。到隋统一，一般士官贵族都说燕代方言，但书面字音仍沿袭魏晋以来据洛阳首都音作的反切，这称上古洛阳语。到隋唐后的洛阳语，称今洛阳语，已成为燕代方言的洛阳语了。而南朝金陵一般王谢士族官绅都说山东、河南话，属西北方音系的上古中古音。颜之推提出金陵与洛下为标准音。陈寅恪先生认为实是同一个标准，并非南北两个标准（见《从史实论切韵》一文），这是正确的。又斯大林《马克思主义与语言学问题》提出由某个方言上升为民族语，也有些民族语因为国家崩溃而瓦解了，但还有一些未被磨掉的方言却活跃起来形成独立语言的基础。这一段话启发我们考虑在长期历史中，由于政治上的变化，两种不同方言也可相替而有升降。我受陈氏与斯大林二位启发，想通了这个问题，而纠正了汉语语音大衰退的错误结论。而《广韵》与《中原音韵》音系也没有勉强解说其间变化之迹的必要。因为本是两种不同的方言音系。说到元代，只须说政治中心的国都变了，本属东北方音的燕代方言抬头了，它取代了西北方音系。它与西北方音系有较大的区别。但都属汉语，所以尽管他们特征不同，但他们的基本大特征还相同。他们同出一源（过去有人说是受蒙古语的影响。这种想法既幼稚又荒唐，不值一驳）。后来分为两大方音系，何时分开，又怎样分开的？这要追到太古或远古去，这实在无法考证了。

（2）第二个疙瘩大疑问是从西北方音系周秦洛语又分化为吴方言和粤方言（粤即越字，吴越并称，又称百越，实从东方的吴开始向东南而正南的广东的通称）。二方言音系各保存一部分上古的语音特征。把二方言合起来，用吴方言的浊声字和粤方言中的阳声鼻韵尾正可构成上古音系。但在《诗经》押韵中只反映阴声与入声押。在《广韵》中才反映阳声与入声押，这是唐李舟参考粤方音而加以调整的。在陆法言《切韵》中阳声韵 mnŋ 还未与入声 ptk 对齐。但粤方言这种音系决非后起的在秦始皇以后才产生，而是很古的，可能比吴方音还古。到《诗经》时在押韵中只反映了吴方音阴声与入声押。那时这一现象又有两种可能：一是全像今吴方音，入声全失去 ptk 韵尾，阴声字也没有 bdg 韵尾。一是在诗经时代，吴方音还有阴声 bdg 韵尾（这本是高本汉的推测，未必可信），入声 ptk 韵尾，后来不知何时脱落了。为什么《诗经》中只反映吴方音不反映粤方音？可能粤方音早就离北往南移了。可能在商代，因甲骨文中多"象"字，可知那时河南安阳一带还很热。后来气候变冷了，象群就往南逃。象是人生活所必需，人也怕冷，所以也跟了象南迁，一直迁到广东粤地才停步。在长期历史过程中他又脱落了阴声 bdg 与阴入声 ptk。吴粤二方音的母语最早的周秦语可能是兼具 mnŋ——pkt 与 bdg——pkt 两套的。或可能入声只一套 ptk，而可与阴声字或阳声字通押。因为入声的元音本与阴阳声平上去的不同，因此它既可押阴声，又可押阳声。可知《诗经》时押韵是吴方音系，直到《切韵》基本上还是吴方音系，但唐李舟又参考了当时的粤方音，采用了 mnŋ——ptk 一套（但他决想不到吴粤方言当初本是一家）。而吴方音的 bdg——pkt 一套早已脱落了，所以李舟《切韵》毅然全从粤方音。唐李涪骂《切韵》是吴音，实有些道理。但不是纯吴方音，而是吴粤二方音之合。但又不是吴粤二方音的全貌，而是有所选择。如它未考虑吴方音阴声与入音相押的规律。上古韵部叶、缉二韵独立。按粤方音当与侵谈通押，按吴方音又当与阴声韵某部元音相同相近者（叶与歌，缉与之）通押。今使独立，正是西北方音周秦早期音系分化为吴方音与粤方音的残痕，它表现为与二方音并非全无关，又全有关。因入声 ptk 当初本可与 bdg 押，mnŋ 押。后由于上古时闭口韵字日趋减少，所以显露出这个残痕，造成独立无所归宿的局面，而且字数也特别少。吴粤二大方音系分化远在商代前。商代开始有书面语（夏代开始奴隶社会，已有文字，但还未发掘），周秦称上古，夏商可称太古，或上古前期；夏商前可称远古。最早的周秦方言，即居住在西北的古汉族（最好都改名，不再用后起的周、秦、汉等名），方言也是吴粤二方音分化前的母语。不知在夏商前多远，或在尧舜时代。分化为东北方言西北方言，二方言的母语当更远，可能在黄帝时。黄帝轩辕氏居北京旁涿鹿县。四十万年前的北京人居北京旁房山县。北京人据其生活方式已有简单的语言，因此，我们说的远古，可上推到四十万年，而他们都在东北方。可知东北方言必早于西北方言。在《诗经》时代我们可肯定说是西北方言周秦方言得势，而东北方言不得势被压。直到晋、后魏（北魏），东北方言燕代方言才抬头扩张。元建都北京，它才稳定巩固而再扩大。直到今日，就成了汉民族共同语普通话了。

以上两个疙瘩大疑问大假设，第一个我在一九五九年出版《古汉语概论》音韵章中已模糊地提出，到一九六〇年我与《普通话小史》一文（三万字）明确地提出，自以为言之成理，持之有故，投《文字改革》月刊。但他们没有登，怕此新说引起争论，不得已打印二百份，作内部讨论稿，但并未组织讨论。直到一九七九年，才在北京语言学院《语言教学与研究》第四期上发表了，改名为《普通话的来历》，压缩为一万四千字，较详地阐述我的想法，但仍未引起注意。我因为所想并不太成熟，所以也就置之不顾。第二个疙瘩疑问是我今年读到李方桂先生的《上古音研究》受到启发，敢于怀疑，勇于假设，才把初步极不成熟的想法提了出来。我以为这两个疙瘩疑问如果真能解决了，写汉语语音史就松快多了。

我以为追溯汉语的原始，先构拟原始元音，是一种方法；还有是从方言纷歧中牵藤寻根，也是一种方法。可惜时代太古太远，就难于考证了，只能用假想推论。科学是允许假设假想和推论的，但假设假想（Hypothesis）分科学的假设与超科学的假设。如第一疑问假设（西北方言系与东北方言系）有较多的证据，我的结论还算言之成理，持之有故。但还不算定论。第二个疑问假设就很少证据，只是根据一些可疑现象作出了推论。如果解释圆满，言之成理，但持之无故，也可作为存疑，以供参考。

4. 要为社会教学服务。这是我们的特点，一切要为人民服务，首先为劳动人民服务。尽管我们也允许搞些考古与今天时代距离很远的无关于直接生产的科研，或近于幻想的课题。现代语音可以为推广普通话服务，但古音韵究竟为谁服务呢？这当然为教学服务，为研究古史、古典文学、古代哲学、医学、农学而读古书服务。在中学语文课本中有文言文、旧诗词，因此语文教师需要研究古代汉语，学习古音韵。大学文科有古代汉语和古典文学等课，也需要深研古音韵。因此我们的任务不小，可分：

（1）帮助大学编好古代汉语教材中关于古音韵的内容；并帮助古典文学选读中关于古字音的以及训诂的古音注释。还可帮助讲中国文学史的教师讲好声律论等等。

（2）编写一些小分册，如怎样学古音韵？《广韵》介绍，等韵图介绍，国际音标介绍，训诂学入门，什么是通借？反切介绍，《音学五书》介绍，《六书音均表》介绍……

（3）编写一些工具书，如汉字古音字典，旧诗词曲韵备查……

（4）开设短期学习班，分三个月，半年，一年的学习班，招收中学语文教师或大学中文系教古汉语教师专学古音韵，以求提高。

以上所言，未必正确，有错误处，至希读者及专家指正。（一九八一年十月十五日）

原载《天津师院学报》1982 年第 1 期

语法和文章学问题的讨论

——天津师院朱星教授与北京师院张寿康教授的通信

寿康同志：

您好！

顷阅《光明日报》，欣悉修辞学会华北分会成立。吾兄荣任会长，可贺可贺。大作《文章学研究》，雒诵再三，甚获我心。可见今日语言学界之认识已有提高，不再为外国的洋框和新奇学说所束缚。今天一切要为了实现四化，要根据国情与优良传统，实事求是来考虑语文教学问题，以期在短期内迅速提高中小学语文水平。吕叔湘先生的紧急呼吁，很及时。我们必须总结过去，提出具体办法。我以为过去在语文教学中确实存在一些偏差。我在去年《唐山师专学报》中写一文，题为《语文教学要注意语义学》。我在首段提出过去语文教学出过一些偏差，如过分强调政治思想内容，阶级分析，阶级斗争，把语文课讲成政治课，或者相反，强调语文的形式，大讲语法，甚至讲纯形式的语法分析，这是结构主义的语法研究。以为语法只讲语句的形式结构规律，与意义无关。这在语文教学中一时成为很时髦的风尚。既很少人能懂，更对实际无什么帮助，实不符实事求是之精神，无怪为教师群众所反对。

我以为所以造成这种现象，可能由于两点错误认识：一是不理解语文教学始终应当采用综合的与实践的当然也是科学的方法。如吸收营养，当通过杂食，不能偏食，更不能只服各种维生素一样。我们学语言，要达到语法通顺，主要是靠实践，决不是在哑哑学语时就教语法课。实际上并没有另教语法，人们就把本国语言学好了。语法也自然形成了。教人写文章，在旧时代也没有教他语法，文法，所谓科学的"葛郎玛"还没有出世（《马氏文通》是一八九八年出版的），但我们的文章就写好了（写好了文言文，所谓古代汉语）。到"五四"后改写语体文，很容易，因为言文一致，口语早就说好了。因此，毛主席教我们学点语法修辞，并不是要学很多的语法书，语法的规律条条。好的高明的语法书恰恰不能写得太多太繁。写语法书要能以简驭繁，尤其是汉语，基本的条条规律并不多，不应以繁驭繁。只有搞烦琐哲学的才不厌其繁。如果想繁化，不愿简化，可以把四五百个文白虚字（词）一一加以分析证例，就可编成一本厚书。殊不知虚字（词）是语法的词，而实词也属于语法的。一个实词除了逻辑的意义（meaning）概念（concept）外，还有语法义（语法功能）与修辞义。例如名词"布"，只与动词"织"有搭配关系，不能与"读"有搭配关系，"布"不能作读的宾语。这实是实词中的语法义、语法功能。逻辑学只讲主语与谓语，动词与宾语的施受关系、主宾关系，不涉及用哪个词。这也非词汇学，也非语法规律所能及，实是语义学（semantics）所讲。但我们在语文教学中，这些方面都会说到，这是一种综合性的教学法。分析一个句子，不能用纯语法规律来分析，还须借助于逻辑思维、词汇学、语义学、修辞学。有很多语法改错，语病改错，文章病例，都不用纯语法规律，而是兼用各种方法，也就是综合的语文教学法。这种方法在古代叫词章学、文章学。这是一个最大的综合法。它从词到章，即章法，篇章结构法。清姚姬传说："义理，考据，词（辞）章三者不可偏废"，正是文、史、哲三位一体。这样的大综合，才可写好文章，才可言之有物（史实），言之成理（哲），言之有文，斐然成章（文）。如果不是这样学语文，不用实践的综合的方法，而专讲语法形式结构规律，而且只讲抽象规律，甚至可以转化为代数符号，用 XYZ，至多引了少数几个例句，不教学生熟读名文、典范文，不练习作文，……这样能否迅速提高学生的语文水平呢？我很怀疑。因此，在语文教学中太强调教学语法实无大必要，尤其学现代汉语，写语体文，因为在他学话实践中已基本解决了，今天还对他大讲语法或者大讲语法分析法，无怪有些学生要说学语法没有大用。讲怎样分析语法的一套分析法对语文老师有用，我们在实践中知道该这样写，不该那样写就行了，不必多讲空道理。事实上语法也并无多少道理可讲，只是一种民族习惯。尤其是前后两位老师讲的不一样，有的说二分法，有的说多分法。同样一个"的"字，有人说连词，有人说形容词尾，有人说代词，有人说助词，……本来我们在实践中都没有问题，经老师那样一说，反而造成思想混乱了。这样说来，在语文教学的实践中，我们提出文章学实比单提语法学更好。文章学从词到章就包括语法、修辞、文体……。可见语法还要讲，只是讲多少，怎样讲，要改进。

还有一种错误认识，是一般对语法"葛郎玛"（Grammar）一词的误解。"葛郎玛"一词本来含义很广。据美国韦氏《英文大词典》实包有五义：一是语法，二是语法书，三是作文法，四是文法学，五是一切文章的纲要法则。这些含义正可译为词章学，或文章作法。今天我们一般所讲的语法，只指语句的形式结构法，只是"葛郎玛"的一部分。对"葛郎玛"一词的意义不单在英文词典中有解释，且体现在语法书中，如著名的语法书《纳氏英文法》所包就很广。除一般的词法（形态学）句法（他们称为初级的语法）外，还有修辞学、文体论等等。法国克罗德《高等法文文法》内容也包括词法、句法、分析法、文学、修辞学、作诗法等，略同文章作法、词章学，而词法句法只是语法、文法、"葛郎玛"的初级部分。吕叔湘先生写《语法修辞讲话》，还有此意。但后来又压缩阵地，一些人只搞语法；最后甚至只搞不提意义的句子形式结构的纯语法，纯则纯矣（它还讲语法义，还依靠逻辑思维，可见并不真纯），奈脱离实际何！奈无补于语文教学何！奈不能提高学生的语文水平何！因此，此事必须澄清，必须改变方向，要为早日实现四化考虑问题。

您也是语法专家，近来提出文章词章学，这是一个大进步，值得语言学界注意。我在一九七九年写《汉语语义学》发表在山东大学的《文史哲》上。上海郭绍虞先生写文（载一九八一年《学术月刊》第二期，题为《语义学与文学》）表示同意，说："我认为朱星同志提出语义学的问题非常及时，这是使中国语言文字走上科学化而又民族化的第一步。"我又提倡"文学语言"。一九六〇年我写《汉语史》讲义，就特立一章"汉语文学语言的发展"。这个文学语言我是指的书面语，艺术加工的语言，自然包括文学作品的语言。后来提出这一章，写成《汉语文学语言发展史略》一书（已交出版社），曾请何其芳同志看过，他也同意。我在一九六三年还写信给南京大学方光焘先生。他那时与高名凯先生为"语言与言语问题"笔战正酣，我一方面建议息争，一方面提出文学语言问题。因为方先生是法国德·索绪尔的学生，是只讲语言，不讲言语与文学语言的。但方先生回信，却并不坚持师说，也已开始重视这个问题。说："文学语言既然是全民语言的分支，那么研究文学语言发展的内部规律，当然是语言史家的分内事。这是不容置疑的。可是在语言发展的内部规律之外究竟有没有言语发展的内部规律，这倒是一个有待于今后解决的问题。"（方先生于一九六四年逝世，原信我还保存）这问题还有待展开讨论，今天已引起各方注意。郑州大学中文系教授张静同志已写文同我讨论，文已在《郑州大学学报》发表。足下首先提出文章学，我非常赞成，这是传统的民族化的倡议。我相信语文学界的泰斗前辈叶圣老一定也会同意的。因此，我写信给您，同您讨论，希望您回信，发表您的意见。事关四化伟大事业中的语文教学问题，我想社会上有很多同志会引起兴趣，注意此事。我年已七十一岁，年来多病，气力衰退，不能另写长文，只能写此短笺，与您讨论。可能有不少错误，请您批评。专此顺颂

撰安！

朱星　一九八二，二，二

朱星先生著席左右：

奉读大札，获益良深。记得在一九八〇年您和我去武汉参加中国语言学会成立大会的时候，同坐一趟车，在车厢里您就谈起语义学问题，我也向您谈了谈关于文章（词章）学研究的想法。当时谈得很契合。这是一段美好的回忆。

古代有不少"论学书"，书信这种形式非常好。写信讨论问题，不摆架势，不掉书袋，畅所欲言，容易把问题谈得透些，您的来信就是这样。这种通信的形式应当提倡。

您在来信中提出很多问题，我只想就两个问题谈谈自己的粗浅想法。

我想这两个问题大约都是带有关键性的问题。一是汉语究竟是一种怎样的语言，二是怎样进行语文教学，才能有效地提高质量。

第一个问题。普通语言学一般把语言分成形态语，分析语，黏合语，孤立语（词法类型）等。汉语是怎样一种语言？我看汉语既不是形态语、孤立语，也不是黏合语或分析语，而是一种组装型的语言（汉字也是组装型的）。汉语的词是由词素组装的，词素与词素之间产生种种意义关系，形成种种结构，结构是由意义决定的。汉语的词组，是由词和词组装的，有的由虚词和实词组装成，有的由实词与实词组装成，词与词之间的意义关系形成种种结构（虽然有的有形式的标志，详见拙文《说"结构"》，载《中国语文》1978 年 4 月号）。句子是由词构件或词组构件组装的，构件之间产生种种关系（有的有形式标志），形成种种句型。语段（句群、群句）、是由句子和句子组装的，由意义关系形成各种语段。篇是由语段（有时一篇文章只有一个语段）或语段和语段组装的，语段和语段间的意义关系，形成了篇章的种种整体结构。这是显而易见的问题。而且词、词组、句子、语段、篇的结构，其内部关系有一致性（如偏正、联合、主谓等，语段也有联合语段，有中心句的述解型语段内部即主谓关系，详见北京师范大学出版社出版的《中学语文教案》第六册中的拙文《注意群句的教学》；文章的观点、主旨与材料的关系也是主谓关系）。这就是以简驭繁的语法。

我们研究语言，从来都不到句子为止。陆机的《文赋》是研究篇章文体的，《文心雕龙》的《章句》清楚地表明要研究字句到篇章。总之古代的文章论都涉及篇章。近代的《马氏文通》也谈到篇章（卷十），现代的、黎锦熙师的《国语文法》有段落篇章（第 19 章）。后来，不知是谁的规定，以为传统（包括国外）的语言学的语法就只研究句子，句子以上的问题好像就不属语言学了；研究句子以上的问题，就离经叛道了，就不登大雅之堂了。这真是咄咄怪事。语言作为交际工具，在交际中不管是口语还是书面语，只要申述一个完整的想法，都不能到句子为止，而是要超句子才能表达清楚。为什么语法只能研究到句子为止呢！"研究到句子为止"是一种清规，一定要打破，语法才能找到真正的出路，才能更有效地指导人们的语言实践。

再有，拙论汉语是组装型的，就是说汉语像一部极复杂的机器，要有很多的零件、部件（都是构件）、螺丝才能把机器组装好。组装一部机器，不只是有结构上的要求，而且有零件、部件的质料、性能、型号的要求，这就说明语法要管词义、语义，不管性能、质料、型号是不能组装机器的。要管词义、语义，这就打破了一种时髦的说法，即语法只管结构，不管逻辑、意义、修辞的说法，愚意以为语法要管意义表达。"羊吃肉"这个句子不对，这也是语法（组装法）问题，因为汉语中不能组装这种句子，虽然结构是主、谓、宾，但构件的质料、性能、型号不对，也不合语法。这样，语法的用处就大了，就是说搭配组装都是语法问题。这样，就同语言交际的实际密切联系起来了，指导语言实践的作用就大了。只有这样，才能把汉语中"华夏所独有"（刘师培语）的对偶组装、整齐排句的组装解释清楚。讲这些，哪能只管结构不管意义！愚意，组装就是汉语的特点，这个特点决定了汉语的性质和类型。我想，汉语语法要由六级单位组成：词素一级，词一级，词组一级，句子一级，语段（句群、群句，叫群句好一些）一级，篇一级。由词素到篇形成一个系统，要研究这个系统内各级单位之间的联系和差别。这个系统就是语法系统，也是汉语文章（词章）学的系统。如您所说，"葛郎玛"是包括篇章的，现在国外也有种种学派，有不少学派是研究篇章的，如西德的语段学派，苏联的话语学（篇章学）派。当然，我们不排外，也不媚外，我们是拿来主义，主要的还是要研究我们语言的特点，像叶圣老在北京语言学会成立会上说的那样，要建立我们自己的语言学（这个看法也有人是不赞成的）。我们要研究传统的词章、文章的遗产，因为几千年来，祖宗们是最讲词章，最讲文章写法的，有那样多讲文章的书，有那样多文章家的论述，这份遗产一定要分析、继承下来，不作数典忘祖的人。这个想法，不知您以为如何？

以上所谈的是一个方面。不过研究汉语语法，汉语文章学，还是应当以研究现在的为主，这样更有实用价值；古代的要研究，要借鉴，对研究现代也有极大好处。从目前看，建立现代文章学有很大的必要性。从实用角度说，中学生毕业后上大学深造的是极少数，大多数要工作，要实用语文（当然不排斥文学创作，但这是少数人的事情），就是说要写文章（写封信也是写文章，写申请书，写请示报告，写汇报也是写文章），所以要有一个文章学的系统，就是要有系统的知识和系统的练习体系，以有效地提高人们的语文水平。从中学语文教材的现状（将来的文选也不会有很大变化，因为这是四化的要求）来看，文章居多数（包括古代散文，约占课文总数的76%），文学作品占少数。现在的教师教文学作品有些办法，教文章（如说明文、论说文、新闻报道等）的办法就少了，学生不爱听，不爱学。为什么？因为缺乏总结文章的理论和实践。师大、师院中文系没有文章学的课程（如文章学概论，文章学研究），可以说现在师范系统的学校有点脱离教学实际，学生毕业后要教文章，但是师范院校里只讲文学概论，您看，这不是南辕北辙的现象吗？您是天津师院的老教授，教了五十来年的语文，很希望得到您的支持，希望教育部的师范司也考虑这个问题。就因为如此，所以师范系统的不少同志就有了建立现代文章学的想法（不只限于师范院校，其他财经、政法等文科院校也有如此想法）。这还要从参加中国语言学会的成立会说起，您知道，成立会上我提了一篇《试论文章学研究》的论文，不知怎的，这篇文章传出去了（还因为我在1980年8月号《语文战线》上发表了一篇《文章学古今谈》，此文已收入拙著《文章丛谈》，知识出版社出版）。对此有兴趣的、认为重要的同志们就自行串联，一共有十个师范院校（安徽师大、河南师大、安徽师专等）组织起一个《文章学概论》编写组，让我也厕身其中，进行商讨，拟定了大纲，现在已按大纲起草教材，不久以后将要开一个定稿会，定稿交出版社出版。这个大纲，虽然还不就是六级单位的设想（篇章部分较全），但是这种研究方向，肯定是对头的，愚对此深信不疑，希望您加以指教。总的说，愚以为语言是为社会服务的，因此语言学也要为社会服务。语言工作者要关心人们的社会语言（语文）生活，人们才能关心语言学，关心语言学的发展，拥护语言学工作者的工作。新中国成立三十多年来，影响大的语文书，如《新华字典》《语法修辞讲话》《现代汉语词典》《现代汉语八百词》等都是关心了人民的语文生活的。北京市语言学会诸同仁有意于此，因此编了《礼貌和礼貌语言》，看来这本小书已经引起人们的注意（已发行68万册，另《礼貌语言手册》印行100万册），中国修辞学会华北分会也有此想法，您是顾问，还望您多指教。

近几年来，张志公同志在专心研究辞章学，努力想把语法、修辞、逻辑熔为一炉，前年他在北京大学中文系开了"辞章学"专题课。我只闻大概，未见全稿（他主编的中央电视大学《现代汉语》教材的下册为"辞章"）。我很希望他能尽快定稿，并希望"辞章学"能早日出版。

再谈第二个问题。这个问题上面已经涉及了。我的想法是既要多读多写，也要科学训练。小学生、中学生、大学生的课外时间是有限的，因此多读多写也是有限度的。现在已不是十年寒窗学语文的时代，《马氏文通》是为指导写文章而著，总结了前人的东西（特别是虚字部分），此书如果前几个世纪出版，一些古代文章家、学习者也未必不读《文通》。因此，多读多写也要有一个在有限的时间里求得最佳效果的读写程序，这就要求听、说、读、写的语文能力的训练科学化（详见拙著《语文和语文教学》中《谈中学语文教学的几个问题》和《语文教学科学化初探》两文，这里不再絮说）。譬如打球、游泳，自己摸索，未必打不好，游不好，但在现代化的国家里，仅凭摸索便不成了。要有科学训练，学语文也是如此。不知尊意如何？现在一些有志之士，正在探索读写规律，设计程序，听说读写的训练已有不少探索性的练习设计（由单项到综合训练），这些都是值得称道的。第一个问题的想法和第二个问题的想法合起来就可以得到科学的程序。这要靠广大语文研究、教学工作者的努力，付诸实验，取得成绩。相信语文教学会更上一层楼，找到有效地提高语文教学质量的途径。前景是光明的，我们是充满信心的。以上拉杂地谈了一些粗浅的想法，统希指教。

附上北京市语言学会编的《礼貌和礼貌语言》一册；另拙著《语文和语文教学》、《文章丛谈》各一册，请诲正。　　　　　专此敬颂

著安！

张寿康上　一九八二年三月一日
原载《天津师院学报》1982 年第 3 期

古代汉语音韵学入门（一）

　　朱星先生是我国著名的学者，在古音韵学方面造诣极深。他最近写了《古代汉语音韵学入门》一书，这既是一本入门的书，也是一本研究古音韵的专著。该书资料丰富，论述精辟，深入浅出，对大、中学语文教师及专门研究人员来说，均是一本不可多得的好书。在该书尚未出版前，我们从中选出几个章节，先予发表，以飨读者。

——原编者

前　言

　　目前国内中学语文教师和社会科学的研究人员以及爱好古典文学、古代历史、哲学的一般干部都认识到要读文言文、古书，必须学古代汉语，而古代汉语最重要的一个难关必须攻破，就是古音韵。但主要靠自学，目前虽也出版了一些关于古音韵的一些参考书，自学指导书，但还是看不懂；有的又嫌太简单，像大学考试题解答，只解释一些专门术语，并不解决问题。我为了满足这一要求必须普及与提高相结合由浅入深，采用一种传统的入门问答形式，直接记录三位不同程度的中学语文教师的访问谈话，既具体又生动，使读者不感到枯燥乏味和生硬可怕。

　　那是一九八〇年暑假八月十五日下午两点正，我刚午休醒来，就有三位中学教师来访谈。我立刻让进书房，坐定后，我首先表示欢迎。他们三位自我介绍，都是河北省来的：一位姓黄，是县立中学的高中语文老师；一位姓刘，是该县的农村初中语文老师，一位姓李是该县教育局中教科干部，他们是预先约好专门来找我请教古代汉语中的古音韵问题的。我表示："我们互相学习。古音韵确实比较艰深，问题很多，有些问题目前还不能解决。"教育局的李同志先发言，问答正式开始。

李：我们三人程度不齐，但志同道合，黄老师今年五十八岁了，是解放前大学中文系毕业的，程度最好，对古音韵素有研究。刘老师初中毕业，全靠自学。中间曾到河北师院专科班进修过一年。我是高中毕业，也是自学中文系课程，学过古代汉语，但音韵太枯燥，不爱学，所以根本没有入门。

我说：好，你们三位情况都不一样，但现在对古音韵学都有兴趣，立志要学，所以今天不远三百里而来。我相信一定会学好，学到手。本来古音韵学并不难嘛。

刘：对。我有信心，也有自学劲头。学校的领导也很支持我们，要给我们购置必要的参考书。

我说：今天我只能给你们讲一个入门。你们还可提出教学中有关古音韵的问题。其他还需自己下工夫，读一些基本的书，有些须背熟了再作些练习。

黄：朱老说的好，我们急需要一个入门。刚才老李说我程度最好，真是惭愧。我是旧大学毕业的，但中文系也没有正式讲古音韵，尤其当初也不喜欢。我也是自学的，但有许多问题解决不了，所以专程来求教。

我说：那你一定学过国际音标了。

黄：过去我们都没有学过。老师也只用注音字母。

我说：没有关系，一切可以从头学起。学古音韵先要学新的发音学，学国际音标。这是第一步。第二步是学中古音的《广韵》，第三步学宋等韵图。第四步学上古音。其中以第二第三步为重点。

李：这四步要学几年？

我说：正式自学，读完基本的参考书，至少要两三年。但我给你们讲入门概况半天就行了。

第一章　先学发音学

刘：太好了！但发音学听说在外文系学英语发音学就学了半年。

我说：你们不需要这样学。我只发给你们两张表，一张是元音分析表，一张是辅音分析表。你们把这两张图表上的国际音标记住了，能默写，能读出，就算基本上学会了发音学和国际音标了（表附后）。表上都有说明，并加注注音字母和汉语拼音方案对照。这好像函授讲义，无师自通。不要把它看得太神秘了，只有九十二个符号（辅音72，元音20）。主要的只六十个（辅音44，元音16），并不多。一上手就讲发音学会倒胃，不想学下去。可以先听我全面介绍一下，回头来再学发音学，将更有信心。

李：我学过汉语拼音方案。

我说：这很好，或者学过注音字母，学过一种就可对照了。如果都没学，或者忘了，可就近请教学过未忘的人就解决了。现在我大概介绍一下。

李问：这两个表先讲哪一个呢？

我答：当然先讲元音表，本来叫"元音舌位图"，画一个大舌头形，把元音写在舌头上。其实并非在舌头某处发音，只是标志舌头的活动形态。现在把它改成方形，一目了然。

刘：元音是否韵母？

我说：有区别。元音本是外国话，我们译为元音，就是音中最基本的音。声音是自然现象，如：风声，水声，人声，……我们讲的音当然指语音。语音是可以分析的。一句话的声音可以分开一个一个音（音节），而每一个音节还可以分开。在头上的音是辅音，接着是元音。元音是主要的，称母音，主音。辅音是辅助的，称辅音，子音，仆音，如儿子，仆人。没有元音，语音就不响亮，不能延长，如 a，e，o，u，i，声出于喉而无阻。元音又称乐音，很响亮动听。辅音只靠口中各种阻位发出气音，它作用在区别字音。没有辅音就不能成为语言。单有元音，只能唱歌，不能区别各种字音。辅音一出口区别字音即完成任务而消失了，再有声音，就是元音，不是辅音了。试可读"三"字。一出口是 s，后来就只听到 a 了。我国汉以前还只知一个字是一个音，还不知一个字音还可分裂（切）开为前声、后韵。后来由印度和尚传入佛教和拼音文字"梵文"，才知道一个字音可翻成一声一韵，再把这一声一韵合成一音，这就启发我们创造了符合汉字的反切法。韵母必有元音，但韵母可用一个元音（单元音）或用两个元音，称复元音，以至还可用一个辅音作韵尾，如 am, an, aŋ, ap, at, ak。汉字一个字一音节，一个音节可由一个声母，一个韵母组成；也可只用一个元音韵母，如衣、于、乌。也可由一个元音和韵尾辅音如安 an，音 iŋ，字头也不用辅音。还有：要 iau，央 iaŋ，一个前元音，主元音，再加后元音；或前元音，主元音，再加韵尾辅音，i 前有声母，后有元音，这可称介音。或者如里 li，i 后无元音，这 i 就称主元音。i 在开头前无声母，i 就叫半元音，这要看在什么变化的情况中。这都算一个音节。在欧洲的语言中有复辅音（复声母）和复声随（韵尾辅音）如：trust 一个词，tr 是复辅音，st 是复声随。这词用五个字母，但只一个元音，因此这个词只算一个音节。如果译音为汉字如"屈拉死特"，就成了四个字，四个音节了。

李：这个我在学汉语拼音方案时也听老师讲过。

我说：我不能不按顺序讲，你们谁已学过或没学过，我不知道。我讲了谁已懂，谁还没懂，我也不知道。你们可以提出来。有些暂时不懂，过后自己琢磨琢磨，也会懂。实在钻不通，还可问我。教也有许多情况，我自以为好懂的，我就不讲，或少讲了。也有我自以为说清了，其实并未说清。也可能自己以为不错，是真理定理，其实是错的。教与学是一种很复杂的活动。我教书快五十年了，至今还没教好。我现在只相信"自学"是最好的保证。

我接下去说：这个元音表要先从喉部读到口腔而嘴唇。元音虽简单，虽无阻碍作用，也有舌升降、高低、进退、前后，口开闭，唇形圆扁等调节作用，才可分清各个不同元音。它们的活动有个连带关系：口腔开大，唇形圆者，舌相应降低后退；反之，口腔闭，唇形扁者，舌相应升高前进。又先把主要的元音（有汉语拼音方案和注字音母注出者）按音位说明读谁了，然后读其相邻之音。如读 i，如果舌不动而略圆其唇，即成 y (u)。试读时可照镜观其动势。读前高元音 i 时，舌尖不能接触到上齿背龈，以致发生摩擦成辅音了，又复合元音如 ao（奥）ou（欧）只标其起讫，中间实有不少过渡音，如 A—a、ɔ—o。表中 ɚ 是 ə 加 r，是汉语的儿。又 ɿ、ʅ 是汉 ts、tʂ 的韵母。注音字母都包在 ㄗ、ㄓ 等声母中，没有另造字母。（元音表附后）

黄：听说有国际音标的录音唱片可以试听。

我说：这很好，但也要记住了发音方法，读音才能正确。

李：辅音表太复杂了。

我说：也先读其中主要的（有汉语拼音方案，注音字母注出的）。这是我们自己熟悉的汉语的声母，然后按声位读其邻近的。我再简单说明其"发音方法"。

塞声又称爆裂声，先把嘴紧闭，然后使劲冲破而发声，如 p、p'、b、t、t'、d、k、k'、g……

塞擦声是塞声加擦声，如 ts、ts'、tʂ、tʂ'、tɕ、tɕ'。

鼻声，如 m、n、ɲ、ŋ。

边声是从舌两边出声，如 l、r。

擦声经摩擦而出声，声可拉长，如 f、v、s、z，ʂ、ʐ，ɕ、ʑ、x、ɣ（匣）、h（影）、ɦ（喻）。

还有半元音，因它们常列在韵的开头，前无声母，它就有些声母化，如 j、w、ɥ。

以上各发声方法又分清、浊。如塞声分清浊，如 p 与 b，t 与 d，k 与 g，ts 与 dz，tʂ 与 dʐ，f 与 v，s 与 z，ɕ 与 ʑ，x 与 ɣ，k 与 g 浊即声带颤动的。又分不送气与送气，如 p 与 p'，t 与 t'……送气是气流大，好似把这音读破了。试验对烛光读 p，光不动；读 p'，火即吹灭。

然后是"发声部位"

双唇声是上下唇紧闭忽发，为 p p' b m。或不全闭而擦出，如 ɸ β。

唇齿声是上齿与下唇，如 f、v。

舌尖齿声（又叫舌尖前声），汉语无此声。

舌尖齿龈声（舌尖中），如 t、t'、d、ts、ts'、s、z、l。

尖舌硬颚声（舌尖后），如 tʂ、tʂ'、dʐ、ɻ、ʂ、ʐ。

前舌面龈颚间（舌面），如 tɕ、tɕ'、dʑ、ɲ、ɕ、ʑ。

前舌面硬颚（汉语无此声）。

后舌面软颚（舌根），如 k、k'、g、ŋ、x、ɣ。

喉声如 ʔ、ʔ'、h、ɦ。（辅音表附后）

古代齐梁时就很注意分清、浊声。唐三十六字母就是按发音方法排列，如帮 p 滂 p' 並 b 明 m。简说发声 p，送气 p'、收声 m。到清末劳乃宣又称戞 t 透 t' 轹 l 捺 n。

其中未举字例者是汉语音所无，外国语音有之。如果调查方音更为复杂，音标数将大大增加。我在一九五六年时曾写《方音符号研究》一文，汇集中外各家所造，共得总符号三百五十二个，其中辅音二百四十一个，元音（包复元音）八十五个，辅助符号七十五个（注一）。

李问：讲语音学不能不学这一套麻烦的音标符号么？

我说：这是不可避免的，不管你喜欢不喜欢。但其他各章我是尽量少用音标。美国一位著名语言学家萨皮尔写一本《语言论》，他自己声明除了讲发音学部分，尽量少用音标符号。这很好。但这里讲的全是古音韵，为了入门，我也只把主要的基本问题讲清楚，而尽量少引些专门术语和干燥难懂的例子，少用音标符号。

（注一）《方音符号研究》，载《天津河北师院学报》一九五六年第一期。

原载《河北师范大学学报（哲学社会科学版）》1982 年第 5 卷

古代汉语音韵学入门（二）

第二章　要学好《广韵》

刘说：《广韵》这部书我们听说过，但未见过，我们有些同事连《广韵》这书名都未听说过呢！

我说：《广韵》这部书是今天研究古音韵最重要的一部书，也是今天中国还保存的两部最古的韵书之一（一部是唐王仁昫《刊谬补缺切韵》）。它的前身是《唐韵》（唐孙愐编）、《切韵》（隋陆法言等编），《切韵》地位最高，它是隋统一中国后（第一次大统一是秦。秦始皇根据需要搞"书同文"，把六国地方文字统一为秦小篆。丞相李斯编一部统一字书叫《仓颉篇》）就编出了《切韵》，作为统一的字音书。目的在使全国读书人在字音上有统一标准的读音；考试写诗赋要押同一韵的字。但《切韵》后来亡失了，《唐韵》也亡失了，因为新韵书《广韵》编出来了，人民就不要旧韵书了。（但1947年在故宫中又忽然发现了一部完全的唐王仁昫刊谬补缺的《切韵》，但不如《广韵》流行。）

李说：《切韵》是根据反切读音来编出的字音书。《广韵》是增广的韵书。如魏张揖续编《尔雅》称《广雅》。如果按《唐韵》的取名，《切韵》可称隋韵，《广韵》可称宋韵，是宋真宗大中祥符元年公元一〇〇八年命陈彭年等编刊修切韵，改赐新名叫《广韵》。现在我们说《切韵》，实际就是指《广韵》。但《广韵》的字数、韵部都比《切韵》增加了。《切韵》只12158字，193韵部，都比《广韵》少。

　　黄说：过去听到老师说，《切韵》这部韵书是陆法言等九个人集体编成的，其中包古今南北之音。也有人说是吴音，或长安方音。究竟怎样？不知道。

　　我说：你知道的比较多了。但这问题容易解决。首先要知道陆法言等八九位知音的人不是凭空写这部书的，他们是有根据的。相传魏末孙炎（号叔然）首先在《尔雅音义》书上采用反切法，这是一种新的注音法。当时有许多读书人给古书作音义，纷纷造反切。魏晋的都城在洛阳，因此他们造的反切自然是用的洛阳国都音。洛阳离长安很近，周武王灭商纣后就派弟弟周公旦经营洛阳。到东周平王就迁都到洛阳。西汉建都长安，到东汉又到洛阳。魏，晋也在洛阳。到隋唐又建都在长安。因此长安洛阳语成了上古的通语，这可称"西北方音系"。到南北朝后，五胡族中有一个最强的族"鲜卑族"，在北方燕赵等地建立了四个燕国。最后统一于魏，成了北中国，都是鲜卑族。鲜卑族实是后满洲族。古燕国都在蓟县，因此燕方言抬头。鲜卑族人学"华言"，全是燕（代）方言。到北魏燕（代）方言形成为北方话，这就是近代北方官话的基础。到隋唐时长安洛阳人民口语也已受到它的影响，但书面字音一直依靠老反切保持了上古周秦洛西北方音系的旧读音。所以《切韵》，《唐韵》，《广韵》都是传统的读音，成为标准音。到元都北京，才正式编出新韵书《中原音韵》，全是北方官话。只分十九部：（1）东钟，（2）江阳，（3）支思，（4）齐微，（5）鱼模，（6）皆来，（7）真文，（8）寒山，（9）桓欢，（10）先天，（11）萧豪，（12）歌戈，（13）家麻，（14）车遮，（15）庚青，（16）尤侯，（17）侵寻，（18）盐咸，（19）廉纤。因为燕在东北方，所以可称"东北方音系"。中国汉语的语音史都是北方话，但分二大音系：一是西北方音系，一是东北方音系。前者在上古占优势，是周秦洛通语。周秦汉的韵文的音都属这一系，它分清浊声母，有入声字，有闭口韵（韵尾收 m，如"三"读 sam）。后者东北方音系、燕方言，到中古北魏才抬头。隋唐宋是转变期。北宋都开封。宋人编词韵只分十九个韵：（1）东冬，（2）江阳，（3）支脂，（4）鱼虞，（5）皆佳，（6）真谆，（7）寒桓，（8）萧宵，（9）歌戈，（10）佳麻，（11）庚耕，（12）尤侯，（13）侵寻，（14）覃谈，（15）屋沃，（16）觉乐，（17）质术，（18）勿迄，（19）合盍，这种音系全属燕方言、东北方音系。又北方官话已没有浊声母和入声，也没有闭口韵，只有收 n 收 ŋ。上古浊声母今还保存在吴方言中。闭口韵保存在粤方言中，入声字保存在吴、粤方言中。但粤方言中的入声更相同于上古音入声，有三个收声，如：一 iɑt，六 lok，十 sɑp，不读出 p、t、k，只在唇舌上作势。为什么今吴方言更接近上古音？这是因上古时大批北方人（西北方）南迁到南方。西晋东晋时河南山东人大批南迁，就造成客家话。他们迁到南方沿海一带，距中原较远，所以后来没有受到燕方言的影响同化。洛阳就全变成燕方言系了。因此陆法言等根据老反切（从汉末魏、晋到齐梁）的字音系，基本上是西北方音系，所以上古音与中古音当是同一音系，只是字有不少变音，韵部也增多了。

黄说：您这些话很开我茅塞，且是创见。过去我在书上都没有见过，且有历史为证，不能不使人信服。过去讲语音史总以为元《中原音韵》十九韵是从《广韵》二百〇六韵变来的。在一二百年中语音何以有这样大的变化？变为语音大衰退、大收缩，且是质的变化。原来是两个方音系的升降。我学过斯大林的《语言学问题》小册子，好似他也提过：一种统一的民族语的形成，在历史上可由两种不同的方言竞争代替。这是一个大问题，且极重要，希望您写一论文详论之。

我说：我早已写了，在一九五九年出版《古汉语概论》，在音韵一章中，我已提出问题。到一九六〇年，我写《普通话小史》近三万字，由文字改革委员会给我打印二百份作为内部讨论稿。到一九七八年才由北京语言学院学报第四期发表了，我改名为《普通话的来历》。请你们阅读一下，并请你们提出意见。

刘说：您这番话对我们启发性很大。过去我们在教学中只照课本上所注释的，并参阅一些常识性的普及读物，人云亦云，不敢怀疑。也因读书太少，面太窄，所以也提不出问题来，教学水平也不会提高。

李说：中学老师多数由于工作忙，备课很紧张，首先要补学些常识。数年来已有所提高，在求普及外，还希望有些提高。普及要与提高相结合，并不是单纯的普及。这正符合目前的形势。

我说：现在我再简单介绍一下《广韵》的来历。《广韵》是中古韵的代表作，也可藉以看到那时语音研究已达到相当高的阶段，他们经过了齐梁时的声律研究，懂得四声八病，双声迭韵（注二）反语反切这一套。（声律论实包三类：一是同韵相押，二是抑扬相间〔平仄即抑扬律〕，三是重音相续〔即节奏重音的相续进行〕。）这些在上古时代都不懂，为什么到中古时代产生了？这不能不说是受到印度和尚传入佛教，传入梵文的影响（印度的古文。佛经当初都是用梵文写的），他们也教学梵文，而梵文是拼音文字。我国士人受了拼音文字的启发，就发明了一套中国汉字式的拼音法，叫反切。当初只叫"反"，如某某反，称反语，反音。反也作翻，两字翻成一音。可见反是翻的简字。江永说："古曰反，或曰翻，后改为切，其实一也。"也可能反字是 Alphabet（字母）的译音。这词很古，当初腓尼基初创字母时，第一字母 A 本像牛头，语言中称公牛为 Alpha，因此第一字 A 后来引申转化为"字母""字母拼音表"。因教学梵文拼音必须识字母。到梁唐改为切，因为用反怕不吉利，统治者最怕人民造反，臣下反叛。如《玉篇》《唐韵》都作某某切。切不是切近，当是切开，把字的音分切为两个字的音，再反过去合成一音，（注三）

黄说：反切的反原来是译音，也是我前所未闻。

我说：这是我个人的想法，未必正确。

刘说：反切这玩意儿是落后的东西，很别扭，现在都不用了。但旧词典如《康熙字典》还用《广韵》《集韵》中的老反切，不易读，要学习。

我说：我国在汉以前只有直音，如德音得。以乙字的同音来注甲字的音（直可讲直接，或是得字，上古直、得二字同声通借）。还有读为、读曰、读如、读若等，很不方便。到反切发明了，就成为注音利器，用它可注一切音。外国著名汉学家高本汉、马伯乐极欣赏反切法，以为它是双拼法，上下二字（称切上字，切下字）各包许多音素音值，如切上字包五音，清浊声，还有发声，送气，收声。……切下字包介音，主元音，次元音，韵尾辅音，还有声调，由于发明了反切，才编出了正式的字典和韵书，促进了全国的文化识字教育。但到明代采用拼音字母注音法以后，（外国人金尼阁"西儒耳目资"用罗马拉丁字母注音）就显得落后了。

刘说：今天也有专讲反切的书，分析太琐碎，列了许多表，像八卦图，反而显得混乱了，是否有简要的说法？

我说：有。最简单只六个字："读出易，读正难。"即读出反切所切的音是容易的，只须知道切上字只用其声母，切下字用其韵母，就不怕读不出了。如东、德红切，这很容易读出，但不幸而用了"都公切"，那就都公半天还切不出东字。方法是"都"只读其声母"德"抛了其韵母"乌"、"公"字只读其韵母"翁"，抛了其声母"葛"，然后德翁二字连读，即切成"东"字。至于"读正难"是指你虽读出切音，但所切的音并非中古时的正音。因为你用今音或方音读反切字，不是用中古音读反切上下字，当然往往读错了。如《广韵》"悲，府眉切"。如果不懂古无轻唇，轻唇字当读重唇。府当读卜，卜眉切悲。不可说中古悲读非，因为反切就是府眉切。这实是一种误会。今形声字悲，排，辈，还有捕，博，棒中的非、甫、奉等轻唇读重唇可证。又如瞠，《广韵》"丑庚切"，因此今人就读为撑。他不知丑是彻母，上古读同透母。瞠正是从形声字的声旁"堂"。今还有瞪，睜，瞋，正是一字异体。又如贮，《广韵》"丁吕切"，丁正是古音，后改成"知吕切"。"知"上古也读端母，所以《广韵》反切要读正很难。那么怎么办？请不要着急。我曾写"广韵反切上字音读表，反切下字音读表"，除注出中古拟音外，还注出上古读何声母（表附后），你们要读正反切，一查此表就有。当然所注音标还不能作定论，只是假设性的。因为古音音值的拟音，还有不少问题，待继续研究。至于切上字要知何纽（即声母，指三十六字母），切下字要知何调（四声）何韵部，何韵摄，何呼（开合口），何等（洪细四等）。过去有丁声树、李荣二位先生编的《古今字音对照手册》可查。但该书既未注音，又未与上古音对照，只录中古切韵字音，所以不很实用。我们在讲广韵音系前，先讲反切，这是学《广韵》的入门。

李：我还不认识《广韵》，请朱老给我看看。

我说：行，我有不少种《广韵》（我在书架上抽出一套泽存堂本《广韵》给他）。这是《广韵》中最好的版本。今又经北大周祖谟教授校勘过。

李：这一部字典式的书看着害怕，真不好下嘴。

我说：这是韵书，不是字典。我先来全面介绍它的音系，就不神秘了。

黄：大家细听，先不要翻书。

我说：《广韵》的音系，音架子，相当精密，在世界上也是少有的。他把二万六千一百九十四字（《切韵》还只一万二千一百五十八字，《唐韵》增为一万五千六百五十八字），按四声分为四大类。平声因为字多，分为二卷，全书共分五卷，证明古人对字音先注意声调。最初韵书如魏李登《声类》以五声命字，晋吕静《韵集》也以宫商角徵羽各为一篇。然后在每声中再按阴阳声分为两大类。其次才看到韵尾。阴声字今说开音缀，阳声字今说闭音缀，即在韵末有鼻音辅音韵尾分收 m，收 n，收 ŋ（ng）。如"三"闭口韵读 sam，"山"读 san，（上舌鼻音），"桑"读 saŋ（ng）（纯鼻音）。它们与入声字相配，分为三个非鼻音韵尾收声为-p，-t，-k。缉 ɤap 与侵 ɤam 相配，屑 ɤet 与先 ien 相配，德 ək 与登 əŋ 相配，以上举例各字我故意不带声母。陆法言《切韵》还没有把阴阳声全部对齐，这是唐李舟《切韵》才对齐了。可见韵书是逐渐调整增广的（四声韵数多少不同），平声共五十七韵（分上平声，下平声指上下卷的平声），上声五十五韵，去声六十韵，入声三十四韵，共二百〇六韵（《切韵》还只一百九十三韵）。再其次又看到韵头介音分开口合口，开合口就不整齐了，有全开口二十四韵，全合口十一韵，有开有合二十二韵（这都是举平以赅上去），这应当分开，因字少所以开合口合并在一韵中。如果全分开，韵数就要增多了。如果全合并，韵数就减。然后再分洪细音。开合是从圆唇不圆唇介音 u 上分的。有介音 u 的字是合口字，无 u 的都是开口字。最后看到元音上分洪细，洪细是从元音，前元音，颚介音上分的。把洪分两等，细分两等共四等。再分开合口，就成了开合各四等，共有八等了，这是《广韵》中分析最细密的，应当一个等就分一个韵，但因字少，就合并数等为一个韵部。因科举考试诗文（唐律赋也押韵），基本要求一诗用一个韵部，不然就算出韵。每韵字太少了，就不便于押韵（唐许敬宗为了便于士人作诗赋押韵，又搞韵相近者可以同用，注出同用韵、独用韵）。因此按《广韵》、一韵只一个等者只有三十三个韵，并两个等者有二十三个韵，三个等者只一个韵，四个等者只一个韵，如庚韵包开二三等，合二三等。全开而分一二三四等为四韵者，只萧宵肴豪四个韵。全合分一二三四等为四韵者没有。经过四声，阴阳，开合，洪细四方面错综地一分析，就分出了二百零六韵。然后每韵用韵部中第一字作为韵目，如一东二冬……再把韵相近者分为韵组，如东、冬、钟、江（江从工声，古本读工）；支、脂、之、微；鱼、虞、模、齐；……正是宋等韵图中的分摄，摄可称"韵组"或"近韵"（宋等韵把东冬钟与江分在两摄，可见宋人已如今音读法，而《广韵》仍依《切韵》旧读，江读近东冬钟）。然后又在每韵中分小韵。韵部是大韵，小韵是同音字组。第一字下用"反切"或又用"音"，叫正切、正音。并注明本小组字数，其他各字都同用这一反切。如果各字又自注另一反切或另一音就是又切又音。又切又音原因有三：一是异义的，可称音异义异。这个又切又音可能四声不同，也可能同声调而异韵，或者在本韵部中的不同小韵中，那就是声母不同了。二是古今音、方音不同。这类最不易稽考。也有不少山川名、动植物名本是方言音，这既是方言音，又是今音了。这称音异义同。三是读音本同，只因古人造了二切三切，这称音同切异。因反切是许多人造的，不是一个人造的。

刘：据您一说，《广韵》对字音的分析组织真是够细的了。它有方音，也有古音，古音是由于它有汉魏时的老反切。

我说：我们又要看到它还有不足之处。如它分洪细四等，陆法言等并没有说明。经过宋人等韵图一分析，就显出来了。说明它还是韵书，还不算专门的音书，所以它分析还不细。尤其它没有在各小韵上注明三十六字母。隋陆法言时还没有字母。但宋陈彭年等知道了。直到金韩道昭《五音集韵》才把小韵按三十六字母次序排列，仍未标出字母。宋等韵图《七音略》才明标出字母。

黄：听您一讲，我们对《广韵》的认识亲切多了。

我说：关于《广韵》可说的事情很多，张世录先生曾写《广韵研究》一书可以参考。

黄说：《广韵》二百〇六韵是否太细？东冬钟江过去有人如章太炎、黄侃等都说是"韵异音同"意即虽分开不同的韵，但读音实相同。

我说：这因为中古音与上古音基本上同一音系，我们今天用近古或近代、现代的北方官话（元《中原音韵》）的音去读，当然搞不通了。因为这两个音系距离较大。现在由外国著名汉学家高本汉（瑞典人）通过宋等韵图的分析，再参照我国三十三种方言音，用国际音标把它们一一拟了音分出来。当然有某些拟音还不可靠，还要进一步研究。但要全部否定他是不可能的了。章太炎、黄侃二位不信宋等韵图，骂它是"破碎之学"，但外国人高本汉、马伯乐（法国人，高的友人），今学术界并称高马，他们却把宋等韵图基本上读通了。过去中国人都读不通《广韵》的韵值，只能推托说"韵异音同"（章太炎又反对甲骨文、金文，说都是伪造赝品。他写《理感篇》专论此事。文载《国故论衡》中），他只信《说文解字》的小篆。但章先生毕竟是近代国学大师。他的《论衡》上编十一篇是中国最早的"语言学概论"。他的《訄书》（訄读九，义是罪，通咎）是近代的文化学术思想的代表作，一九五一年我回苏州省母，还去谒见章太炎夫人，她送我《訄书》她还很健康，嘱我加以注解。我说因文字很深，最好译成白话。两书我不知读了多少遍，但至今还没有注译出来。

黄：什么叫拟音，可靠不可靠？

我答：拟音就是标上音标，使人能读出其音。但古代并无确实根据，中古的只能根据反切，上古的只有《诗经》押韵字，简称韵字，还有谐声字那更渺茫了。今天只能根据各地方音，方音等于语音的地层，可能有些方音还部分保存了周秦时的读音，如吴方言，粤方言，闽方言等，还参考汉藏语族（注四）中的藏语，彝语，泰语，缅语，越南语等，与汉语都是兄弟语。其中的借音，译音（本是汉语词被他们借用了，他们也曾学汉字，为汉字注音）都可参考，以考证汉语古音。这都是高本汉、马伯乐等人试用的方法，中国过去根本没有，到章太炎先生才写《二十三部音准》一文（载《国故论衡》上卷中），开始参考方音描写上古的韵值（韵的音值，音值是音的价值，即音的读法）。但不用国际音标，总说不清。由于所标的音不是绝对的，所以叫拟音，拟测的音。清代古音学家都致力于研究古韵的系统，分出二十二部，二十三部，但说不出究该怎样读。这很难，这就是拟音工作。段玉裁考出上古也是支、之、脂三部分开，但读不出来。他写信嘱托他的学生江有诰，求江考出来告诉他，就死也瞑目了。给中古广韵拟音有反切为标准，又有大量的方言材料，所以拟音较易。高本汉把广韵二百〇六韵都拟出来了，但还有一部分靠不住。这可参考他的代表作《中国音韵学研究》，由赵元任、李方桂、罗常培三人译出，一九四〇年商务印书馆出版。

黄问：您说其中有哪些拟音靠不住？

我答：主要是有些太近的音。如平声佳，皆，灰，咍，他们的上声去声应该也只分四个韵（这类阴声韵没有入声韵。中古广韵的入声韵收声于-p、-t、-k，都与阳声韵收声于-m、-n、-ŋ各韵相配，正与上古韵部相反。上古的入声字都与阴声各韵通押相配。这是个问题，须注意）。但去声却多出四个韵，成八个韵：祭，泰，卦，怪，夬，队，代，废。因此，一般是举平以赅上去，但这儿平声四个韵赅不住去声八个韵了。因此，高本汉除给平声佳皆灰哈拟了音，可与去声祭泰夬废同一种拟音，但不得不另外给卦，怪，队，代四个韵拟音。高本汉虽然在音标符号上勉强分开了（注五），但实际上读音太相近了，相近到一般耳朵不能感觉了。马伯乐也表示过，相近到不可感觉的韵就不能分立为两部。这只有放到精密仪器"示波器"上才可看出曲线波上有区别。但作为一般士人作诗用的韵书有什么必要呢？但这多出的四个去声究竟该读什么呢？若要拟音，必须相近而决不相混，一般耳朵能感觉。

刘：中古的韵部基本都讲了，中古的声母三十六字母还请简单的讲一讲。

我答：三十六字母"见、溪、群、疑，端、透、定、泥，知、彻、澄、娘，帮、滂、并、明，非、敷、奉、微，精、清、从、心、邪，照、穿、床、审、禅，晓、匣，影、喻、来、日"。是中国最早提出的正式声母，当时又称声纽，如声的纽带。字母是统称。字母即子、母。分子音（即辅音）母音（即元音），母以带子。字母是唐末守温和尚所创（本只三十个。缺帮滂奉微娘禅）。显然从梵文字母学来的。梵文拼音字母在汉代就传入。罗振玉印有《悉昙三书》（注六）记其事。三十六字母是根据切韵反切上字归纳出来的，并不是什么代表南方音或北方音。它有全套浊音，但并非吴语，实是切韵音系。三十六字母还是一套简要的字母。如果我们用系联法系联切上字，实可细分四十一个，甚至四十七个五十一个声类（即字母）（注七）。

黄问：三十六字母究竟怎样读？其中有些字母读法有分歧？

我答：三十六字母最大的问题就是声值问题。根据古音学家多年来的研究，我列出一个三十六字母标音表，你们可看看。（附后）

黄说：太好了。

我说：其中有几个问题我要解释几句。其中浊声母如：群，定，澄，并，奉，从，床，过去有人受了梵文字母影响，说这些浊声母读送气音。有人说当读送气与不送气二声，正是"一浊承二清"，如见 k 溪 k' 是两个清声母，而一个浊声母"群"当读 g，又读 g' 了。这问题经多数古音学家论定了，说不可瞎套梵文。梵文有两个浊声母（送气的与非送气的），但汉语特点是只有一个不送气的浊声母。至于上古前太古期或远古期（注八）汉语是否也与梵文一样，这无可稽考。鼻音声母：疑，泥，娘，明，微，以及日（来）也都是浊声母，但称鼻浊声，非口浊声。我们不作唯心推测。知彻澄娘是从端组变出，但到唐三十六字母，当然不能再读端组了，当有颚介音，既非ti又非tei（照三）在二者之中。今粤方言中还保存此音。照组从精组变出，但按切上字系联，还可分为二组。今称照二等，照三等。宋等韵图就分开了，照二读ʈʂ，如今北方卷舌声；照三读tɕ，即注音字母ㄐ，而见母三等读ki，比四等稍后。日母，高本汉拟为ńʐ，如今北方话"日"加鼻音，王力先生也同意。我拟为j，如今东北方音。这样三十六字母每个音值都区别开了。今粤方言"然而"，都是中古日母字，还读jaji可证。今北方官话"日"是后起的燕方言东北方音系，"敷"读送气，今吴方言还保存这个读法。

黄问：四声起源很早，梁沈约就讲四声平上去入，这显然与今北方话阴阳上去不同。不知究竟怎样读？这对读唐诗宋词很有关系。

我说：中古广韵的四声称老四声，元《中原音韵》上代表今北方官话的称新四声，只有阴阳上去，没有入声了。唐宋诗词都讲老四声。宋词韵虽用十九韵，但仍讲究入声。虽然四声在诗词中可简化为平仄二声，平是平声，仄包上去入。但实际上仍讲究入声。填词中有必用入声的规定，不许用其他上去等仄声相代。如李清照《声声慢》，全词都用入声押韵。尤其是首句："寻寻觅觅，冷冷清清，凄凄惨惨戚戚。"其中"戚戚，觅觅"都用入声，声调铿锵。因为平声与入声相间，最显出抑扬律的对立统一。所以词是有曲谱可唱的，就讲究入声。诗是徒歌吟咏而不唱，所以仄声用上去入都可。到元曲，语音完全燕方言化了所以根本不提入声了。中古的四声平上去入究该怎样读？唐释（和尚）处忠在《元和韵谱》上有过一个说明："平声哀而安，上声厉而举，去声清而远，入声短而促。"这好似今吴方音。吴方音还保持四声，都有清浊。《切韵序》批评当时四方方音："吴楚则时伤清浅，燕赵则多伤重浊。"这是指东南、东北方音在声母韵母上的读音。清浅指多齿音、前元音，重浊指多牙音喉音，后元音。"秦陇则去声为入，梁益则平声似去"。这是西北和西南方音的声调上不正。可见标准音该指中州洛阳音的字音正读了。说明它们平声混去，去声混入。不提上声，因平声近上，而上声末尾略高，不易混。最易混的是平与去，去与入。今只有吴方言平上去入都分清不混。因此，唐代李涪骂《广韵》是吴音，是他正看出一些消息来。所以中古的四声可作平卜、上卜、去卜、入卜。

黄：朱老把《广韵》的主要问题分几个方面都讲到了，很解决问题。

我说：还有一些其他次要问题，太琐碎，暂不提了。如切上字或切下字用合口字切开口字问题等。又《广韵》外，还有一些韵书如《韵略》《集韵》等都不提了。你们将来会自己逐一解决的。

刘：我前年曾买到一本李荣先生写的《切韵音系》，但看不懂。这部书需要不需要读了？

我说：这是研究中古音的一部最好的著作。暂时看不懂不要急，等我讲完了回去再看，会看懂不少。看科学著作不同于看小说，一看就懂，不费劲。看科学著作很费劲，要读一遍两遍以至十遍二十遍，要苦心思索，还要查一些书，一直到全部看懂了才算学到手了。不刻苦钻研，发奋学习，是学不好任何一门科学的。

注：

〔注二〕四声是平上去入，八病是作诗（五言诗）所犯的八种病：

1. 平头第一字第二字与第六、七字（这是五言诗的第二句中）同声，（指平仄调）。这是一病。下同。

2. 上尾第五字与第十字同声（调），正是上下句中第五字末一字同声调平仄。

3. 蜂腰第二字与第四字同声（调），在一句中间如蜂腰处。

4. 鹤膝第五字与第十五字同声（调），即第一句末一字与第三句末一字同平仄。

5. 大韵二句中九个字与第二句末一字韵字用同韵字，如韵用新字，则二句中其他九个字不许用津、人等同韵字。

6. 小韵除韵字外，其他九字中也不许用同韵字。而迭字形容词是例外。以上二病是关于迭韵的。

7. 旁纽二句十字中不得用同声纽即双声字，如已有"由"字，不许再用寅、延等字。

8. 正纽一句中不许用同一声符字，如已有"壬"字，不许再用任、衽等字。以上二病有关双声。

这八病是四声与双声迭韵上犯了病。

到了七言句流行，又在四声平仄（平仄是四声的简化）上归纳为两条规则：一条是宽例，一条是禁例：一三五不论，二四六分明。一三五不论是第一、三、五，字不论当平但可用仄，当仄但可用平，是宽例。二四六分明是第二字第四字第六字必须严格遵守平仄律（即平起仄收，仄起平收·平平仄仄仄平平，仄仄平平仄仄平。一句中平仄相承，二句中平仄相对）。这是因汉语旧诗五七言以二字为一节奏（称双字节奏），还有一字一节奏。如此在音节上矛盾辩证对立统一。一个节奏必有一个重音。二字节奏是由一重音，一轻音组成（如果是三个字节奏，则分一重音，一次重音，一轻音。四字节奏可类推）。而重音常在第二字（歌曲重音在节奏头上）。重音必须读正，轻音可以通融，因此产生了"一三五不论，二四六分明"。第七字是用韵之处，当然不用说，上一句第七字必用仄声。此外，《文心雕龙·声律篇》还提出和、韵并重。韵是押韵，"和"是调平仄。"和"比韵还重要。骈体文只讲调平仄，不押韵。好的散文也讲平仄节奏而不押韵。

双声即二字同声母，迭韵是二字同韵母。

〔注三〕"反"初作翻，义是翻出、翻覆，一字可翻出二字音（分），二字可翻成一字音（合）。晋代盛行反语，爱作反切游戏。如晋孝武帝作清暑殿，当时就有爱作反语者说是"楚声为清"，反过去"声楚为暑"，称为双反。前者又称正纽，顺切，后者又称倒纽，倒切。一个反切而可翻覆为切。但倒切只是游戏，没有用处，至多是练习反切的一种方法。

〔注四〕世界语言不下二千多种，方言不计在内。但可归纳为不少语族（有十个），汉藏语族是其中之一，汉藏语族中又分若干语支，除汉语外还有藏缅语支，侗泰语支，苗瑶语支。凡同语族中各民族语都算亲属语，可以作历史比较，研究其母语。从借贷语的音读中，以及在互相译读的文字声音上都可藉以考证古音。

〔注五〕高本汉对祭，太，夬，废等八个去声韵的拟音是：

祭开 iɛi 合 iěi

泰开 ai 合 wai

卦开 ai 合 wai

怪开 ai（ɐi）合 wai

央开 ai（?）合 wai（ai）

队　　　　　合 wai

代开 ɑi（ɐi）

度　　　　　合 iai（ɤei）

〔注六〕悉昙是梵文译音，义是字母。悉昙三书指《梵唐千文》（唐僧义净编），《悉昙字记》（唐僧智广编），《涅槃经悉昙章》（罗什三藏译）。三书都由日本传入，经罗振玉影印。

〔注七〕从切上字全面分析声类是清陈澧开始的。《切韵考》定声类四十，黄侃分出明微为四十一，白涤洲为四十七，曾运乾，陆志韦，高本汉都是五十一。

〔注八〕高本汉把古代汉语分为太古汉语（leproto-chinois），上古汉语（lechinoisa-rchaique），中古汉语（lancienchinois），近古汉语（lechinois-moyen）（见《中国音韵学研究》）。

马伯乐分为：

古代汉语（chinoisarchaiqul）古：上古 Antiquite

　　　　　　　　　近古：汉与三国

中古汉语（chinoismoylu）古：六朝和唐初

　　　　　　　　　近古：唐末和宋

近代汉语（官话）古：金元明初

　　　　　　　　　近古：明末，清（见《唐长安方言考》）

远古期是我提出的，指奴隶社会前。太古是奴隶社会开始，还没有文字，或文字很简单，如夏代到商初。

第三章　再学宋等韵图

刘问：宋等韵图过去我没有听说过，老师也没有提过。

我说：宋等韵图是古音学中最深奥的东西，一般人都认为天书，印度和尚搞出的鬼花样，不好懂。其实并不难懂。

黄：我曾看过一些，真难懂。有些研究音韵的书索性不提，或者一提而过，敷衍几句，不敢多说。

　　我说：这也不需多谈，但必须把主要问题说清楚。如果自己没有搞通，虽费了许多话也说不清。

　　李：很对。我程度比他们二位差，如果能把我说懂了，我就太感谢了。

　　我说：这要看你的基础知识怎样了。首先什么叫等韵图？等韵图是仿效梵文拼音文字的拼音图。你们学过英文俄文的，学了字母后，就要背读拼音图。如 B.a，Be，=Be，B.i=Bi，Bo=Bo，B.u=Bu……等韵图是全部汉字拼音图，它主要是根据广韵反切按广韵韵部抽出各韵小韵字组的代表字，这叫广韵音系的等韵图。

　　黄：等韵图还有这种分别？

　　（未完待续）

　　附表　　国际音标辅音表（与汉语拼音方案、注音字母对照）

发音方法 ＼ 古唇部位			双唇	唇齿	舌尖 (舌尖齿)	舌尖前 (舌尖出龈)	舌尖中 (舌尖龈)	舌尖后 (舌尖后)	舌面 (舌面龈颚)	前舌 (舌面)	前舌 硬颚	后舌 软颚	喉
塞声	清	硬气(不送气)	P (b)(ㄅ)				t (d)(ㄉ)		ʈ		c	K (g)(ㄍ)	ʔ
		送气	P' (p)(ㄆ)				t' (t)(ㄊ)		ʈ'		c'	K' (k)(ㄎ)	
	浊		b				d		ɖ		ɟ	g	ɦ
塞擦声	清	不送气		pf		ts (z)(ㄗ)		tʂ (zh)(ㄓ)	tɕ (j)(ㄐ)				
		送气		pf'		ts' (c)(ㄘ)		tʂ' (ch)(ㄔ)	tɕ' (q)(ㄑ)				
	浊			bv		dz		dʐ	dʑ				
鼻声	浊		m (m)(ㄇ)	ɱ			n (n)(ㄋ)		ɳ (ㄖ)		ɲ	ŋ (ng)(兀)	
边声	浊						l (l)(ㄌ)						
擦声	清		Φ	f (f)(ㄈ)		s (s)(ㄙ)		ʂ (sh)(ㄕ)	ɕ (x)(ㄒ)		ç	x (h)(ㄏ)	h
	浊		β	v (ㄪ)		z		ʐ (r)(ㄖ)	ʑ		j	ɣ	ɦ
半元音			w (u)(ㄨ) ɥ (ü)(ㄩ)							j (i)(一)		w	

附表　　国际音标元音表

舌位 舌前后→ 舌高低↓ 唇形→	舌向前 不圆	圆	舌当中 不圆	圆	舌后退 不圆	圆
舌提高 口闭	i (i) (一)	y (ü) (ü)	ɨ	ʉ	ɯ	u (u) (x)
舌半高 口半闭	e (ie) (世)	ø	ə (er) (さ)		ɤ	o (o) (て)
舌半低 口半开	ɛ (ai) (あ)	œ			ʌ	ɔ (さ)
舌降低 口开	a	ɐ	A (a) (Y)		ɑ	ɒ

原载《河北师范大学学报（哲学社会科学版）》1982 年第 4 期

古代汉语音韵学入门（三）

　　我说：对。等韵图还分广韵音系的，这也是宋元等韵图，较难懂；和北方口语音系的，又叫明清等韵图。因为根据北方口语音系加以分析，也分等，只分开口二等，合口二等，共四等，分称开、齐、合、撮四呼。开口呼 ɑ，齐齿呼 i，合口呼 u，撮唇呼 ü，这是唇圆化与否的系统，与宋元等韵图开口就分四等，合口也分四等，共八等的不同。这是根据中古西北方音系的广韵，是元音分洪细的系统。过去黄侃先生死不信，说从我们嘴里只能读出开齐合撮四呼即四等，开口二呼，合口二呼，各二等，不可能开口呼中还读出一二三四等。这是他照北方话的音系，当然读不出。如果照中古音广韵：萧，霄，爻，豪，正是开口分为四三二一等四个韵部。今在方言中还能分出。如同属见母字：高 kɑu 开口一等豪韵，交 kau、开口二等肴韵，骄 kjiɛu、开口三等宵韵，骁 kieu、开口四等萧韵（三等，后来改声母为 tɕ）。这四等决不可说为开齐合撮。只是在《广韵》中开口呼四等俱全的韵部只有萧，霄，爻，豪。合口呼中同一韵组分出一二三四等的韵部就没有。因此，在音理分析上可说开口分四等，合口分四等，但在实际语音中就参差不齐，不可能像对数表似的整齐荡荡的。这说明自然的语音与人为的语音分析有矛盾。

　　刘：等韵图又有人说等韵学的，究有什么分别？

　　我说：这问题很简单。等韵图是分析韵中元音还分洪细四等的韵图。研究等韵图这一专门之学的就称等韵学。等韵学兼包宋元等韵与明清等韵。但研究古音学的就不讲明清等韵图，因为明清等韵图属于今音系了。

黄问：宋元等韵图有哪些主要的代表作？

我答：宋元等韵图只有五部书：无名氏《韵镜》，郑樵《七音略》，无名氏《四声等子》，元刘鉴《切韵指南》，还有托名司马光的《切韵指掌图》，后考出是宋杨中修撰。由于它全部删掉宋人等韵图上的内外转，开合口轻重，内外摄，广通局狭四门，独韵等，三十六字母全分列，不再帮与非，端与知，精与照混列。且开始不从东，而从豪肴宵萧开始，因此，这书时代当很晚。这五部书当以《韵镜》《七音略》二书为根据。至于明清等韵图很多，各搞一套花样，不去管它。过去专门研究等韵图的很少，只有亡友赵荫棠先生的《等韵源流》，他收集的材料很多，可以参考。

刘：请您把这五种书给我见识见识。

我说：可以大概翻翻，本来不是读的书。前后有些附加说明。先不必看，看也未必看懂，待将来有兴趣作专门研究时再细看。我为了辅导青年教师学习等韵图，曾写一篇《宋元等韵图述评》三万字，你们将来可以参考。

黄：请您先把这篇文章的要点说说，我们可以从中受到启发。

我说：我可以择要说说。首先是介绍宋元等韵图的作用、重要性。等韵图是帮助人学通《广韵》的一种重要的参考材料。它帮助我们对《广韵》的音系更清楚的细致的分析，成为打开《广韵》神秘大门的钥匙。可以说，不学宋等韵图就读不通《广韵》。

李：这怎么说？

我说：首先是二百〇六韵根据什么分的那么细。一是分四声，二是分阴阳，三是分开合口，四是分洪细各四等（分清浊只是声母的分析。广韵只分小韵，但不标三十六字母。等韵图全明标出来）。其中主要是分等，是主元音的分析，不只是韵头，介音，韵尾，鼻声随与否的辅音，所以叫等韵，把广韵全部小韵代表字一一放在应有的音位上（属于什么韵部，什么声母〔五音，清浊〕，什么四声，什么呼，什么等）一查即有，一见即能读出，太清楚，太方便了。

李：呵，我明白了，等韵图是学习《广韵》的钥匙，也是字音分析的核心。东冬钟音相近，又都是平声，又都是合口，又都是阳声字，收声是 g（eg），而都分开各自为韵，原来是洪细分等不同。东是一三等，冬是一等，钟是三等。如果不懂洪细分等，就要以为它们是"韵异音同"，那就要怪当初陆法言等没有编好了。

黄：洪细分等在《广韵》上没有明说，宋人据广韵的现实材料明白地分出来了。但洪细音是否宋人说的？

我说：遍查宋等韵图所附说明及明人音书，连顾炎武《音论》也未提到洪细。首先发明者当是江永，他的《音学辨微》第八辨等列，说"音韵有四等：一等洪大，二等次大，三四皆细，而四尤细，学者未易辨也。辨等之法，须于字母辨之。凡字母三十六，位合四等之音乃具，后人言字母与等韵者懵于此。前人为等韵图又未明言此理。……"因此，洪细的发明权当归江永，他是据字母而分析出四等，但他的四等解释又是基本正确的，真太奇怪了，他是戴震的老师，是三家村的私塾教师。他把学费收入完全买了书，所以博览群书，刻苦钻研。声母只分五音清浊等。他切上字是：古，姑，公，各，…… 三 等 切 上 字 是：居，九，举，几，己，纪，……他才分出洪细。到高本汉用新的发音学分析，才确定四等之分当据韵母，而三等字前有颚介音 j，四等字前有韵头（前元音）i，所以确是三四俱细，而四尤细。（三等颚介音又是荷兰襄克发明的，著《中国古音学》，高本汉很推崇他。）

黄问：又听说等韵讲门法，究竟是什么？

我说：门法就是法门，方法，就是学等韵图的方法。最早见于《四声等子》前有九条，称"辨例"。如：辨音和切字例，辨类隔切字例……。到《切韵指南》后又附《门法玉钥匙》十三门，名说"门法"。又有《直指玉钥匙门法》一卷，是大慈仁寺僧庵老人真空讲，刘士明所制，又增为二十条。我曾一一加以解释批驳。这些明代僧徒既不懂语音学，又文理不通，还故意编为七言歌诀，更显得神秘难懂。其实其真实原因，是因明清时语音已与中古广韵反切音距离很大，读起来，声母与所列出的字太不对口了。于是勉强搞出了迁就附会的办法，叫等韵图来迁就我们今天的读音。所以我对门法的看法是"门法必须打倒"应当说门法不是学等韵图的钥匙，更不是什么玉钥匙，而是迷人走弯路的鬼火。我劝大家不要上当，所以我也不讲了。不要说门法，就是等韵图中内外，轻重，广通局狭等也是含糊不合音理的。所以今天经各家研究，解释意见不一。（注九）原因是当时这种新的字音分析图草创伊始，不可能要求很成熟，很完善，所以缺点不少。（注十）五部书方法各不同，各有一套。还有是汉字作字母，汉字作韵目，不用标音符号，所以面目模糊，最易误会，而编者又都不懂科学的发音学（phonetics）。但我们又不可完全蔑视抛弃它，它的确是学通《广韵》的钥匙，尽管是破旧的钥匙。

李：这正是对文化遗产要批判地继承，这是辩证的。

我说：我还不单说我们不能抛弃它，它还有可取的地方，而且它还有很突出的地方。这点，外国人比我们眼光敏锐。

黄问：外国人看出什么？

我答：法国汉学家马伯乐说等韵图虽根据《广韵》，宋人离唐近，他们由于师传，还能读出中古音的反切和韵值。他们还能更细分析，超过了《广韵》的反切字母和韵部，也就是说他们在等韵中分析得比《广韵》的反切字母和韵部还精细。

黄：呵！这个我前所未闻。

我说：我先举一个明显的事例。《广韵》分为二百〇六韵，一般人以为太细了，但到宋等韵图就搞了三百九十七个等。按理，一个等就当分一个韵部，几乎比《广韵》韵部多出一半。

李：分韵这样细究竟有什么用处？

我说：这是音理分析。如果只为实用，二百〇六韵还可压缩。其实二百〇六韵已经是压缩的。如某些韵部把开合口并在一韵中，或把两个等或开合三四个等压在一韵中。如果只讲韵近，不管开合、洪细四等以及四声，那么就只须分十六韵，正是十六摄，摄就是韵值相近的韵组。但我们决不可说把《广韵》压为十六摄，不是和元《中原音韵》（十九韵）很相近了么？但这是表面现象。《广韵》与《中原音韵》是两个不同的方音系统，虽然都同属汉语。各方言各有自己的音系，有不同的特征，并不在韵的数目相近上，《广韵》有浊声字，有入声，闭口韵，它与上古周秦音是一个音系。而《中原音韵》没有这些特征，正相反，而以无浊声字，无入声，无闭口韵为其特征。

刘：对，这点我同意。

我说：《广韵》的中心灵魂是反切。它全书的声母韵部都是根据反切的。切上字可归纳为三十六字母，切下字可分析归纳为二百〇六韵。但到清代古音韵学家发明系联的方法，顾亭林首先系联《诗经》韵字，归纳出十个韵部。后来江永分十三部，段玉裁分十七部，王念孙分二十一部，……这种系联法，属于科学的归纳法。到江永又把系联法用于反切字。系联《广韵》中的切上字，就搞出声类四十个，四十一个，最多是四十七个，五十一个（系联法还可用于形声字，以研究古声母的演变，如高本汉、李方桂等。所以系联法分三种：韵字，反切，形声字系联法），等于把三十六字母扩大了。原来三十六字母还是一个简单化的。从切上字中系联就可从照组中（照穿床审禅为一组）分出二组，称照二、照三。今人李荣先生索性抛掉旧名，照二五母改为：庄，初，崇，生，俟；照三改为章，昌，船，书，常。江永虽未明说，他是知道切上下字可以系联，因此他写了《四声切韵表》，等于新的《宋等韵图》。到清末陈澧才彻底把广韵切上下字全面彻底系联一番，搞出声类四十一个，韵类三百十一个。但《宋等韵图》搞出了三百九十七个等（《韵镜》，七音略都是这个数字），可见它的分析已超出了《广韵》反切。所以马伯乐不能不惊讶，说这有宋人的读音（注十一），没有广韵反切的根据。这是一个谜。是否根据什么方言，或者根据又切又音，或者……我们还不能轻率地说这是宋人瞎编的。《韵镜》的作者失名了，但它是最早的一部等韵图。它也有根据，最早是唐沙门神珙著《切韵图》，到宋又有《切韵心鉴》（据宋韵镜张麟之序）。总之，都是学过梵文懂音韵的僧人所为。而《七音略》又是根据韵镜而加改进的，也分三百九十七等。该书作者郑樵是个极著名的学者，决不会瞎编。而等韵图中搞出了"重韵"与"重纽"。《宋等韵图》中难点就是这些。一般人都摸不透。这正是宋人的发展，超过了《广韵》反切上下字的所在。

黄：您提出了重韵重纽问题，正是等韵中最难懂之处。我自己钻研过多年，也钻不通，也请教过个别专家，也没有说清。

我说：这问题其实并不难，但往往给它懵住了。我虽能说，但问题还是一个谜，解决不了。这些问题都是《宋等韵图》搞出来的。

我先说重韵，举例说明，如东冬钟江这一个音近韵组（《四声等子》上提出十六摄，把江划出为江摄，实非广韵之意），这四韵都是平声，阳声（收 g），前三韵是合口，后一韵江是开口。前三韵冬是一等，钟是三等，这很好，都分开了。但不料东在等韵图列一三等，可见是两个等的字压并在一韵中了，但因此而弄成了重韵，韵部重复了。因为东一等与冬一等没有分别了，东三等又与钟三等重复了。我们还不能图省事，说不管它重不重，反正《广韵》分开东冬钟为三韵了，这是等韵图弄错了。如果把东一三等改为二四等就不重复了。我们照《广韵》办事，不理睬等韵图，而说等韵图错了。这样也可敷衍过去。但这样做，行么？如果说《广韵》分韵本不太细，因此当尊重《宋等韵图》，那么，东一与冬一既重韵，但韵又分开，正说明《宋等韵图》暗示，这一对重韵中还有微细区别。这当然不是洪细之别了。因为同是一等，即洪细又无分别了。有人拟为长短元音之别，也可说是轻重元音之别，高低元音之别，……究竟是什么？这是一个谜。我们不可武断下结论。东三与钟三情况同此。在《广韵》中还有不少对重韵，可查《宋等韵图》，《韵镜》在韵目上加黑圈，就指重韵。

黄：呵，您说的有道理。我们必须"好学深思"，切不可一次看不通就骂古人瞎说了。现在请再讲重纽问题。

我继续讲：重纽是声母重复了。这现象在《广韵》小韵中就存在了。同一韵部中分开各小韵同音组字，当说各不同小韵是声母都不同，也就是说切上字不能用重字。虽不同字，但系联起来仍是一个声类（声类等于字母），这也不行。因为同一字母可用若干不同的汉字，这也是重纽。例如在止摄支部的上声纸部中，有两个不同小韵，其切上字是用同一个字，如跬，去弥切。又跪，去委切。这样跬跪二字全同音，可合并为一个小韵，何必再分立两个小韵呢？又在支部中祇，巨支切；又奇，渠羁切。切上字不同，但实际是同一声类，等于同一切上字。渠从巨，音同巨。这也是重纽。但《广韵》分开为两个小韵，说明音值一定不同，但是否声母不同。三十六字母太简化了，应该再分出，如照组五字后又一分为二，分为两组，另加五个声母。但这里切上字同用一个"去"字就无话可说了。当然还可说，可能是一字有异读，所以二小韵并非同音。但《宋等韵图》主动地把问题解决了。它认为这不是声母问题，而是韵母分等的问题。虽说重纽，而解决办法在韵部的分等上。它把一个小韵放在三等，一个小韵放在四等。虽同在一个韵部，又在一个声母下面，发生了这个矛盾，终得到巧妙的办法解决了。但问题是这些重纽字，它们的切下字，在系联后都在同一韵类，都是三等，换句话说，本来都是三等字，但因为切上字相同而不得不把它们分列三、四等，但也说明虽同韵，又系联切下字只分为一个等，三等，但在韵值上还有些微区别，而切下字不能表现。因为《广韵》的韵部本是简化的。有时一个韵中，元音相同，而介音不同而分开口合口字，读音本不全同，也往往包并在一韵中。又主元音洪细不同分三四等，读音也当有些微不同，自然也可包在一韵中。但这些重纽三四等的些微不同，究竟怎样区别呢？可能宋人编等韵图的能读出。有人说可能是长短音，或轻重音，或高低音，或强弱音，不同。这也是一个谜。在《广韵》中有八个韵部中有重纽，今李荣先生《切韵音系》一书中都标出了三甲A，三甲B，就是重纽。我曾反复想过，汉语的声调四声是一种长短、高低、轻重三种调素综合的声调，如平声就是长音，又较轻；入声是短音，又较重，上声较高，去声较低，与欧洲语言只分用长短或轻重者不同。因此不可能存在平声中再分长短轻重或高低。但在今粤方言同为上声字，还分长短，如：海读长音，与灰不同。这个问题暂不能解决。

黄笑了，说：好，原来有这样奥妙的道理。我听懂了，我感到很有意思。

刘李同时说：我们还不懂。

黄：由于你们还没有具备必要的知识基础和经验，难怪听不懂。没有关系，只要我懂了，我就可以慢慢给你们对着等韵图讲。今天没时间了。

李：对，我学过教育学，教学法。听一门较深的数学或哲学，没有一定的基础知识和预习过程，要像听小说故事那样一听就懂是不可能的。这要有刻苦自学的精神。古人说："不愤不启，不悱不发"，不到自学钻不通十分愤怒而悲苦的时候，就不能真正得到启发。好似不饿极了，食欲不旺健，进食就不能消化吸收。所以教和学要两头着力。自学更重要。当然对儿童和文盲不能这样说。

我说：我同意您这话。今天有些年轻人不能刻苦学习，怕伤脑子，怕影响他玩儿，希望舒舒服服轻易成了专家。只愿看小说电影，不愿研究一本较深难懂的科学书或历史书，这哪行呢？

黄问：关于《宋等韵图》还有什么要讲么？

我说：问题说不完，但重要的问题都讲了，其他小问题待你们自学读完必要的参考书后都自己能加以解决了。像刚才老李说的话，给孩子喂饭，要让他自己一口口嚼，切不可把肉先自己嚼烂了吐给孩子吃，对他一点好处也没有。我对《宋等韵图》还须补充一句。等韵图本身没有什么可学的，它只是一根拐杖，借它来学通《广韵》。如果《广韵》都没问题了，例如二百〇六韵都有了正确可靠的拟音，就可不学《宋等韵图》了。但目前《宋等韵图》也有若干问题没有解决，都与解释广韵有关系。因此目前还抛不开《宋等韵图》。要写汉语语音学史也不能撇开它不提。

第四章　最后学上古音

黄问：上古音包括那些朝代？

我说：一般指商周秦汉，这是笼统的说法。如果编写语音史就须细分。高本汉、马伯乐就分上古为前期和后期。商、西周是前期，正是甲骨文、金文时代；东周（包括春秋和战国）秦、汉是后期。细分则先秦和汉，西汉和东汉，也要分开。没有文字前是太古期。

刘：周秦汉都建都在陕西丰，镐，咸阳，长安和洛阳，上古音就是那些地方的语音么？

我说：很对。我说是汉语的西北方音系、上古音，就以《诗经》《楚辞》等的韵字为依据。而形声字的声也该是属于这一音系。

李问：《楚辞》是南方文学，怎么在上古时南北语音就统一了呢？

我说：要南北语音全统一，今天还没做到。《诗经》十五国风除了周南召南外，主要在北方黄河流域，方言很多。但由于周官保氏令奴隶主贵族子弟入小学、进太学读书，字音全用秦洛国都音。《诗经》中的国风和楚辞的字音所以较一致，是因各国士大夫史官都学了国都的字音。许慎《说文解字叙》所说秦以吏为师"学僮十七以上始试，讽籀书九千字，乃得为史"。秦承袭周法，李斯作《仓颉篇》为全国官行字书，教学者不单学其小篆字体，且读其正音，即周秦音，所以方言纷歧，而书面字音还能大同。韵字中可归纳出字音的韵和声调。上古也有四声，虽有四声一贯，二声，三声之说（注十二），但基本上已分四声（江有诰最后断论）。但不知四声调值如何读？形声字实比韵字更古。上古基本是"同声（声符）者必同部"（韵部）即同音。这是段玉裁说的。但上古已有一字异读者。（注十三）除韵文韵字和形声字外，还有一些其他材料可作考证上古音的资料。经过清代古音学家的分析、研究，上古音基本上考出来了，韵部是二十二部，声母是二十个左右，也有四声。

黄问：过去一般人谈到上古音总尊奉黄侃的古声十九组，古韵二十八部，不知究竟如何？

我说：黄侃这个结论显然是不合理的。因为民国初年"五四运动"后提倡白话，读古书的人少，治古音训诂者更少；他又不守传统旧说，标新立异，所以成了名，形成习惯势力。其实他搞的这一套，其师章太炎当初并不同意。他的师弟钱玄同也有意见。至于新的古音学派（根据瑞典高本汉，法国马伯乐的，以赵元任先生为代表）的王力先生、张世禄先生都不同意，批评他是循环论证，不科学。其实问题很显然。他研究上古音不用上古的材料，而用中古的音书《广韵》这就很成问题。《广韵》与上古音固然同属西北方音系，但经过魏晋南北朝，字音有不少变化。如上古的"之部"字，并不全在《广韵》的之部中，有不少字变到中古灰部，脂部，尤部，咍部，队部，宵部，夬部，志部，职部……，不只韵部不同，声调也不同了。《广韵》切上字中也保存一些古切，但某韵中有古切上字的，不一定全韵切上字都是古切上字；更不能由此而推测全韵字也必是上古韵字，他称古本韵。这全是唯心的把部分当作全体的演绎推论法。他采用这一方法就是错误的。而且他的二十八部又把入声与阳声韵相配，这是中古的《广韵》音系，全不合上古入声与阴声字通押相配的事实。因此今天再奉行黄氏的错误结论，未免太落后了。

黄：原来是这样，但现在有人把上古韵部分得很多，分到三十多部。

我说：这是属于新派的作法。如高本汉分上古韵为35部，上古声母为32个（见高本汉《中古及上古汉语语音学简编》1954年。周达甫1956年译出）。（注十四）李方桂先生《上古音研究》（1980年商务印书馆出版）分上古声母31个，上古韵部为22个。王力先生上古声母34个，上古韵部为30个。他把入声字十一部分列，所以韵部多了（见1980年《汉语语音的系统性及其发展的规律性》一文，载《社会科学战线》第九期）。还有王力先生的学生董同龢著《上古音韵表稿》分声纽三十五个，韵部二十二部。过去各家对上古韵部分析分歧较多，不下数十家，对上古声母分歧少。到现代则相反，对上古声母分歧大，对上古韵部分歧少。如李方桂先生的上古韵廿二部与传统的差不多。（夏炘《古韵表集说》总结了顾炎武，江永，戴震，段玉裁，孔广森，王念孙，江有诰七家分为二十二部：之部，幽部，宵部，侯部，鱼部，歌部，支部，脂部，至部，祭部，元部，文部，真部，耕部，阳部，东部，冬部，侵部，蒸部，谈部，叶部，缉部），他的上古声母利用形声字的材料，分三十一个。王力先生分三十四个，与传统的分析距离较大（传统的指钱大昕的古无轻唇〔读重唇〕，舌上〔读舌头〕，正齿即照三等读舌头，无晓、匣、喻〔读影〕。但只说影晓喻匣不分）。再加上章太炎的娘日归泥，即无娘日，王力先生今又作日泥归娘。黄侃的上古无群、邪；曾运乾的古无喻母，中古喻三古读匣，喻四古读定。（但我证明上古有喻母，是影的浊。）

刘：新旧这样纷争，我们究竟听谁的呢？

我说：由于上古的资料不足，那时还没有韵书，反切，字母，只靠少量的韵字和部分的形声字。凡汉代后新造的形声字都不能作为考证上古音根据。其实汉代新造的形声字已不大可信。太信形声字也是一种迷信。形声字有极大危险性，它当初由各地创造，就代表了方音读法；造出了又经隶书"简写"，"改写"，另用一声符或"误写"，所以到《广韵》中同声符的形声字变音太多。何时变的？是西周，东周或秦汉后？不易考了。形声字虽不可太信，但因其变化分歧大，所以极为考证古音者所喜。例如复声母就是先从形声字上推测出来的。今天这问题还没有定论。（我曾写《诗经》韵字系联分部的方法一文和各部通押表。）这些技术问题，今天暂不谈了。

李：我还要提出一个问题：今天要推广普通话，学标准音，我们在河北省北部离北京不到二百公里，就方音很重。在讲课时要求教师全用北京标准音还做不到，现在还要学中古音，上古音，我以为用处不大。

我说：这不是一回事。学中古音上古音只是为了教文言文，遇到古代诗歌有平仄四声押韵上的问题，读秦汉前的文章还有古音假借、通借字的问题以供参考解决。可以说不懂古音假借、通借字，也不能搞好训诂，读通古书古文，并不要求全照古音读古文。

刘：朱老已说过了，古代文学作品如诗赋词以及骈体文很讲究声律，如调平仄四声，讲双声迭韵，还讲押韵。押韵要懂《广韵》和上古韵部，又要学会反切方法。

我说：现在还有人在春节写门联，虽然上下联用五言句，但也要调平仄。上联末一字用仄声，下联末一字必用平声。上联贴右门，下联贴左门。有人不懂，往往贴反了；或者上下联末字都用平声，或都用仄声，闹出笑话，又破坏了传统的艺术性。

黄：过去有些老夫子能唱唐诗宋词或元明曲子，很优美动听，可惜失传了。

我说：并没有全失传。唐诗如律诗（八句）绝句（四句），各分五言七言，只是朗诵，俗说"叹"，当说吟咏，并没有固定曲谱，只可高吟，很好听。但主要不是好听，而是必须把诗的节奏吟好，且吟出感情意境来。这样有助于欣赏。因此读诗文的方法可分：默读，朗诵，吟咏（诗），唱（词曲）四种。朗诵古文也有一种自己的调子，与今新诗朗诵不同。如《岳阳楼记》一文，有自己的韵语，有节奏，有意境抒情。如果不能朗诵读好，就不能真的欣赏它。

刘：宋词不是有谱可唱么？

我说：是的。宋词本有曲谱可唱，但后来都亡失了，只传下按曲谱所填的歌词，叫词谱。词谱中每个字只注平仄，没有工尺了。所以词谱（辞谱）与曲谱（歌谱，工尺谱）不同。

刘：呵，原来如此！元曲应该有曲谱，所以称曲。

我说：元杂剧的曲谱后来也亡佚了，今只传下明清的传奇曲谱，是南曲，注有工尺伴奏用笛子。元杂剧是北曲，伴奏用弦索，没有工尺，所以不能唱了。这都是剧曲。宋词的曲谱是小曲，只在教坊乐府由妓女打着红牙板唱的，又称清唱。元曲是在演故事的剧本中唱的。明清曲谱在今传世的有四大传奇：明《长生殿》，《琵琶记》，《还魂记》（《牡丹亭》），清《桃花扇》，都有工尺谱。教学明清戏曲者必须能按谱而唱，才可真正欣赏其词。因为这些曲词都是按工尺谱填写的。词的音节声调与工尺曲谱有关系。

黄：过去对曲、词二名分不清，以为宋称词，元称曲。不知曲指工尺曲谱，词是填曲的歌词（辞）。宋词也有曲谱，元曲也有歌词。因此，元有曲谱，宋也有曲谱。宋曲谱已亡佚，而称词谱。元曲谱也亡佚了，今天也只能称剧词谱了，只能注明每字的平仄，要注明工尺才是曲谱。不过元称剧曲或戏曲，这就与宋词的非戏剧的曲辞不同了。

我说：你说的对。戏剧发生较晚，金已有院本，是戏剧的雏形。可参读王国维《宋元戏曲史》。

黄：我还要请教通假字的问题。

我说：通借字旧说假借字，最早是东汉许慎提出的。他提出了造字法"六书"：象形，指事，会意，形声，转注，假借。后人又说前四者是造字法，是造字之本；后二种是用字之法。各地方各时代的人都可以造字，但有些字意义相同是"同义字"，可以转相注释。如考即老，老即考。老本是会意字，从人、毛、化，三字合成。考是形声字，从省体的老字形，加了声而组成。假借是并未真造字，只是借现成的某字音来记语言中某个音，这叫假借字（当说假借义。如虚字"而"，其本义是须象形，所以"而"是象形字。后借该字音来记语言中虚字连词的"而"。因此，虚字"而"是假借义，其本字义是为须的象形字，到后须义的"而"不用了，于是就说"而"是假借字。虚字绝大多数是假借字。也有少数本来是虚字，如于、兮、乎等，造这些字时本来就像口出气形，不能说假借字，当是象形字）。后来又分假借与通假二名。假借是本无其字的，如"而"用作连词，但在先并无另有连词同义的字。通借是本有其字，后又借一同音字表此义。如已有馈，餽，后又借遗作馈义。如左传隐公元年郑庄公篇"请以遗之。"遗即馈的通借。因已有馈赠的馈（形声字），今不用，而借一同音字遗，是形声字，本义是"亡失"。《说文》："遗、亡也。"因此"请以遗之"一句如果不懂通借，照其本义讲"请以遗失之"，就讲不通了。因此遗也当读馈，同声才可借。遗也从贵声，《广韵》"以追切"，这是中古的变音。又同篇"庄公寤生，惊姜氏"。由于不知寤字是通借字，而据《说文》："寐觉而有言曰寤……一曰昼见而夜梦也"。说成是做梦时生了庄公，所以使姜氏受惊。其实寤是牾的通借字。牾是牾逆。寤生即逆生，即难产，倒绷孩儿，所以才真正吓坏了姜氏，不喜欢这个捣乱儿子。其实晋杜预注已明说了："遻生也，遻，逆也。"

李：呵，可见古书不易读，就在通借。

我说：不。古书不易读，有许多原因。如有不少古字（词），古义，古文法，古典章名物制度，通借只是其中之一。

刘：我曾读了《论语》阳货欲见孔子一段。其中"归孔子豚"一句的"归"，我讲"归还"以为阳货欠孔子的债。其实归讲送。现在才知道归也是馈的通借字了。

李：通借字一个义往往有几个字，如馈，餽，遗，归，连用四个。可见通借字会破坏规范化。

刘：是这样。我平常教学生不许写同音别字。原来写同音别字就是通借字。

我说：今天应该严格要求，不许写同音别字。但古人主要是先秦时代规范化不强，可以任意写别字。到秦丞相李斯颁布了字书《仓颉篇》就是规范化措施，不准再写六国的地方字体，要写法定字体小篆；也不准乱写假借字，即同音别字，要写本义、本形的本字。已经写成的假借通借字就算约定俗成了，不准再写新的假借通借字。

黄：是不是当初的假借字是形声字？形声字当初是没有形旁的谐声字。如"吉羊"，羊本象形字，后假借为吉羊（祥）。吉羊就是谐声假借，后加示旁为祥，是形声字了。同一声旁的形声字可以假借，如馈，遗。后来不同声旁而同形旁的字也可作假借，如馈与餽。最后是声旁形旁全不同的字也可假借，如归与馈餽遗，字形全不同了。

我说：对。这是假借通借的各种方法，不能硬分历史先后。全不同形旁声旁的字作假借通借字很古，在甲骨文金文上就有了。这个问题就谈到这儿吧。假借字难识，不在同声旁字，而在形旁声旁全不同，而音又不同（指用今音读全不同），这就会上当，想不到是假借通借字。如孟子有"深耕易耨"一句，其中易字按本字本义就讲不通。易是象形字，象蜥蜴形。原来易本是"蜴"字初文，加虫是后起字（后来有人又讲"日月为易"，以为是日月二字合成的会意字。这略似小篆形，但全不合甲骨文金文的字形，所以此说不足取），深耕易耨的易当然不能讲蜥蜴，也不能说"容易"。可说"变易"（变易是易的引申义，因蜥蜴名守宫，皮色常变化）。这是古人的农耕经验，要深翻地（耕）而又常加除草（耨）。从变易引申为反复，经常义。有一位著名的古文字学家，由于他不通古音韵，所以不知此字是通借字，于是也照字形硬讲，说："易字古文字形象农具锹铲之类，正是深翻地"。但他又没有考虑到战国孟子时语言修辞已很完美。深耕与易耨正是对偶的辞，因此深是副词，易也当是副词，决不可讲成名词农具。可知讲名词农具是误解。可说"易"是引申义，讲反复、变换、经常。由字义变了，而字音也跟着变了。或语言中本是两个词：覆易、容易，到写下文字就说成同一字音（音近）的引申义了，或者易是通假字，古音易读蜴（今惕，踢等形声字仍保存古音），因此可同音假借为"递"。《说文》："递、更易也"。易耨正是来回变更地除草。

黄：太好了，可见不学古音韵就不识通借字；不识通借字就往往讲不通古书。

刘：当把通借字编部字典。

我说：古人早就编了，如清朱骏声《说文通训定声》，朱珔（兰坡）《说文假借义证》，都是假借专书。还有明朱谋㙔《骈雅》，今人朱起凤《辞通》也收了很多通借字。但假借字有它自己的特点。今既不许滥写以破坏规范化（不许借口我写别字正是学古人的假借字），也不许滥引以乱释古书。如"归孔子豚"，归借作馈，只准在这里用，不许不顾上下文而普遍用，以为"归者馈也"。这没有普遍性，本义有普遍性。古书中用归字者很多，如《诗经》："之子于归。"《易经·彖传》："归妹、人之始终也。"《论语》："咏而归"。《国策》："长铗归来乎？"都不能训馈，这个归是本义。《论语·微子》："齐人归女乐。"《仪礼·聘礼人》记："夕夫人归。"这些归都不可训馈。《论语》阳货要见孔子这一段是《论语》中最生动易懂的一段。但并非真易懂。你们在归字外，还看出什么问题么？

刘：我看没有别的问题了。

我说：这一段问题实在不少。有些是你们懂了，并非真懂。因此这样囫囵吞枣地串讲一遍，学生也算懂其大意了。但严格要求，就知道教学水平不高了。

黄：请您给我们讲一遍。

我说：讲课有浅讲，深讲，粗讲，细讲，本没有止境。但必须在一般水平之上，就算高的。单在训诂上讲，开头的"阳货"就是一个问题。按朱熹集注："阳货、季氏家臣，名虎。"他说名虎，就说货是他的字号了。

其实当时一般"字"用两个字。义则名与字意义要相连。货与虎毫无联系，可知货是虎的假借字。古人名字常被写假借字，这是经传异文的通常现象。欲见孔子的"见"是使动用法，不是及物动词，他动用法。这在注上都说清了。因阳货虽是季氏家臣，但很专权，他还能把主人季桓子囚禁起来，而专了鲁国的国政，所以不愿去拜见孔子。孔子曾作三个月的鲁相，地位很高，但那时已罢了官，成了一个最起码的"士"阶级了，所以阳货不愿去拜见，又不敢召见，于是想一妙计，钻了统治阶级的礼法的空子。凡是大夫赏赐礼物给士，士如果出门不在家拜受，就必须亲自去登门拜见这位大夫，当面叩谢。阳货根据这一条礼法，就先派人侦察孔子正出了门不在家，他就派人送去豚。豚是小猪，但这儿当训蒸豚。因在《孟子·滕文公篇》也记述同一故事，但豚作蒸豚。蒸豚是五香大料蒸熟的小猪，又香又嫩，真是一份厚礼，可以诱他来拜谢。可见训诂很难，还不能就字讲字，还需参考到书外，别的书上。本来阳货已示意孔子去拜见他。孔子不见，所以用此妙计。他不想孔子早有思想准备，也施妙计，派人（可能是子路）去侦察阳货，等他出门不在家，再去道谢。既可不看阳货这个丑脸，又可尽了礼节。孔子"时其亡也"，时不是时间，而是通借字"伺"。《孟子》作"瞰"，义是偷看。亡也是通借。亡本是象形字，本义是出亡，象人出穴外。引申为亡失，死亡。今通借为"无"。无即"不"，不在家。"遇诸途"，不料遇之于途。这是含蓄简练的写法，虽不明说，聪明的读者也知道阳货的邪智比孔子高。他知道孔子也在用计，他就故意出门，而故意躲伏在孔子回去必经之路上，果然孔子上当了。孔子到阳虎家匆匆拜谢，快快回家来要大吃蒸豚。孔子那时很穷，他的地位应当每天吃肉，但他这时罢了官没钱了。他万万想不到出了这岔子，在半路上碰着阳货。他一定很惊慌，想回车就逃。他那时坐的是个破牛车。所以下文是阳货高声叫住了孔子，"曰：来！予与尔言！"不逃不用说"来"！孔子没法，只能走近低头受训。阳货在大路上当众训他不仁不智。孔子只能连声应诺，说："不可"，"不可"。最后阳虎警告他说："光阴过得太快了，你也快老了，快出山吧，帮我忙吧！"孔子只能答应说："是，是，是，我就出来做官，帮你老的忙！"孔子自称智、仁、勇三德兼备的圣人，阳货当面拆穿他，说他不仁不智。孔子被人当众凌辱而不敢反抗，拔剑而起，这又是不勇了。孔子受此大辱，回去还想吃蒸豚么？这一段文学作品像个短剧，生动极了。但我并不是为了讽刺孔子。孔子是大教育家，哲学家，政治家，在世界人的眼光里，他是东方大圣人，西方的孔子康德还不如他。这段故事说明一个问题，政治上的暴发户，痞子，流氓，总喜欢欺侮文人圣贤，但最后的胜利者总是后者。而那些痞子流氓都死于人手，为天下笑，谥为至愚。而孔子大哲却屡挫而更坚，愈毁而弥光。

李：朱老这一段谈话最成功。最好能把古音韵的理论都编成故事，大家就爱学了。

我说：这实是一种依赖思想。要教育学生独立思考，刻苦钻研，切不可迁就放任，养成依赖习惯。学一门科学都有一套严肃的精密的体系，不能打碎编成故事。（音韵学家李士珍著《李氏音鉴》写《镜花缘》小说，也大讲音韵。结果既未能传授音韵学，反而损害了小说，美其名叫博学小说，实际上成了学究小说，没有人爱看了。）只能偶尔在讲课时插上一些有关的故事。多搞了会把学生的脾胃坚强持久的意志毅力弄疲软了。

刘说：对，我同意。最后我还有一个问题，就是我看到分析上古韵分部往往韵部数不同，而排列的方法也不同，不知根据什么？

我说：根据先秦古书韵字分析到二十二部就差不多了。把入声分列又可增加部数。排列方法有四种：一是按广韵次序，如顾炎武江永等。二是按韵部相近可通押者列一起，如三，幽，霄，侯，……这是段玉裁的分法。三是按阴阳对转排列，如戴震，到黄侃又搞阴阳对照式。这是不合上古语音事实的。四是按阴阳分列，如王念孙先阳声、后阴声，入声列阴声后。这是最符合上古韵部真相的一种排列法。我同意王念孙的排列。

第五章　古音韵上的一些难题

刘：过去都说古音韵学是一门冷门绝学，学不了。但听了您的介绍，才相信它也并非太难太神秘。

我说：什么学问都是这样。没有入门时感到很难，莫测高深。到入了门，看到一些表面现象，普通情况，就容易感到自满，以为也不过如此。其实后面还有不少问题难题在等着你。我在这儿讲的一些东西，只是入门。至于入门后还要登堂入室，我可不管了，也不是三言两语所能说完的。

李：你今天所讲的已够我回去慢慢消化，还要请黄老师给我辅导辅导。我实在太满足了。不愿再吃，您也要休息。

黄：我们工作很忙，平时走不开，这次县教育局支持照顾，叫李同志领我们远路赶来，总希望多学一点回去。现在还有一个钟头时间，还望您把主要的较新鲜而又深奥的问题简单地提一下，以增进我们的兴趣。

我说：可以。实际上也并无真正新鲜的东西，有些还是高本汉、马伯乐等早就说过的。一九八〇年李方桂先生在我国出版了《上古音研究》，他总结了前人的研究成果，集中地提出了一些问题，对我们很有帮助。我择要的介绍一下。一般是关于历史比较语言学的。有些是有证据的；有些是证据不足，有些只是一种假设。……今分列于下。

1. 高本汉说汉语古代可能有复辅音，如 Kḷ，Pḷ。这是因形声字来母常与见母字或帮母字同谐。如"各"既谐"格"，又谐"洛"。这有同为汉藏语族的泰语，台语为证。李方桂说，可能还有 St-·Sk-·（这也可能是方音变化一字而两地异读所致。这是反对者的意见。）

2. 上古可能有清鼻音声母，董同龢提出，如 m̥，李方桂作 hm。今吴方言中还分鼻音为清、浊声，如妈 m、埋 m，乃 n、难 n。李方桂说来母也有清音，藏语中有。吴方音也分全 ḷ，来 l。清鼻音是三等介音 j 前演变来的，这是一种假设。但吴方言就不是。

3. 清鼻音前可能有词头 S（即前缀），藏语有 S 词头。台语"午"读 Saŋa（董同龢、李方桂说）。

4. 上古有 r—卷舌化介音。使端母三等变为"知"。又使精母二等变为照二，读卷舌音。r 到中古后失去（李方桂提出）。但吴方言中如无锡话今仍然保存卷舌声母。可见 r 介音很古。

5. 颚介音 j 本是荷兰商克所提出，高本汉表扬他很有功。（注十五）它说三等字，属于声母，使声母变了音。如帮母三等加 j 变为非母。李方桂说介音 j 对谐声字不发生影响。一二等韵母往往与三等韵母谐声。

6. 上古床禅不分，今吴方言仍如此，都读 z。在《广韵》中往往在韵中二母相避，切上字床母有无禅母，有禅母就无床母。三十六字母前本只三十字母，其中就无床母。

7. 上古喻四近 r 或 l，有台语为证。到中古 r 变 j，有缅语为证（李方桂说）。其实吴方言仍保存浊母喻，如衣、姨，于、余。可知上古已有喻母。我曾写《喻母古读考质疑》一文详论之。

8. 上古有圆唇舌根音 kw，khw。合口是受唇音和圆唇、舌根音声母影响而产生。唇音开合口在切韵时已不能分辨。上古时也无分开合口之必要（李方桂说）。

9. 喻母三等是从上古群 g 变来（高本汉说）。李方桂补充说，喻母三等多数是合口字，因此喻三是从圆唇舌根浊音 gu+j 变来。

10. 轻唇音在切韵前或当时已有，但不同今 f 音，可拟为 pwj-，与 pj 分立。高本汉以为轻唇音是由有圆唇成分的唇音变来，这是对的（李方桂说）。

11. 中古日从 n 变来，n 颚化变成日母。到唐代鼻音已不显著了（董同龢说）。即日上古读泥。

12. 元音的演变，不但受介音的影响，且受声母及韵尾辅音的影响，而有不同的演变（高本汉、李方桂说）。

13. 宵部 au 的韵尾 u 是圆唇的舌根辅音-kw 变来的，入声 uo 也从 kw 变来，后来变成了 k（李方桂说）。但我以为上古宵 au，幽 ou，是单元音。侯《广韵》尤，幽，侯，同一摄，音近。今既拟侯、上古为单元音，可知幽也是。今吴方言苏州话宵、幽都是单元音，我有专文论之。

14. 上古无摄唇呼，于读乌，污同洿，余谐途，许谐浒。《广韵》虞从吴声。……均可证。今湖北方言还保存残痕，未全改。

15. 高本汉又拟上古阴声字也有 bdg 三韵尾，只有歌部没有韵尾，因无入声相配（但李方桂说歌有舌根韵尾 g。又因歌寒对转，可能歌有舌尖韵尾 r）。因为上古入声与阴声韵通押，入声有 pkt 韵尾。陆志韦以为阴阳声和入声都有韵尾辅音，所以汉语无开音缀。这显然并不可信。（注十六）我以为上古入声可以没有 ptk 韵尾，如今吴方言。因此，阴声韵也不必人为地加上 bdg 韵尾。吴方言阴声字也无韵尾。阳声也只有 ŋ 韵尾。因此中古广韵把入声 ptk 与阳声韵 m、n、ŋ 相配，实是李舟切韵采用粤方言音系。对这个问题，我曾写一文详述我的假设（注十七），这儿不说了。

16. 押韵在主要元音相同，因此必须搞出基本的元音系统。高本汉拟为十五个。其实元音可分四大类：a（歌，元，祭，谈，叶，阳，鱼，宵）ə（文，微，蒸，之，幽，中，侵，缉）e（真，脂，耕，佳）u（东，侯）（李方桂说）。

17. 韵尾有复辅音的可能，如 -ms，-gs，-ks，但汉语本身无法推测（李方桂说）。这点太新奇了，恐不足信。

18. 圆唇舌根音不单在声母上，也发生在韵尾上，如入声收 k 有两套韵尾：一是 k、k'、g、ŋ；一是 kw、kw'、gʷ、ŋʷ（李方桂说，本是高本汉提出）。

19. 上古先有平入，后从平产生上声，从入声产生去声（李方桂说）。但根据方言现象，当是本来很复杂，后减少。如吴方言四声各分阴阳，粤方言也是这样。一般说梁沈约定为四声，其实上古已形成四声，是简化的结果，后又简化为平仄。但何以不简化为二声（平入），三声（平上入），而必成四声？原因不明，或是学印度的（陈寅恪说，见《四声三问》），或由四言成语，如"天、子、圣、哲"一字一声，音调铿锵。或学音乐的五音，初是五声：宫、商、角、徵、羽。魏李登《声类》，即以五声命字。或从复杂调数中（今各地方言调数仍很复杂，由三声，四声，五声，六声，七声以至九声）取出折衷且整齐者，……总之，这许多问题都还未得解决。前面说过的重韵、重纽究竟怎样在读音上区别，都待解决。但这些都不是入门问题，先不谈。

20. 在汉语古今音变方面还有一个问题，是立敛今侈今敛二派争论不决。后者占多数，主要集中在鱼虞模歌戈麻数韵上。参看上古韵部拟音底中立韵部拟音表。

第六章　结束语

李：时候不早了，您也该休息了。

我：很抱歉，没有满足你们的要求，

刘：今天的收获很大，真是领教一席话，胜读十年书。

我说：我知道的也不多，主要还要靠自己多读些古音研究的专著，多思考，多搞些资料，……

黄：我在最后有几点要求：

（1）希望您再把今天所说的写一份稿子，投在哪个学报上印出，以供语文老师作学习的参考材料。

李：对，我们准备利用暑期开半个月的短训班，叫部分中学语文教师参加，专学古音韵，打算请黄老师讲些普通常识。

黄：我们还希望您最后去讲一次作答疑报告。

我说：我年已七十一，精力不行了，不能出门远行了。黄老师你接着说吧！您还有什么要求？

黄：（2）请您开一个自学古音韵的主要书目。（3）必要的参考查用表，如上古音韵部二十二部韵字及形声字的声首字表，还有中古广韵切上字和切下字及拟音表，还有中古声母与上古声母对照表，……

我说：学古音韵要搞的图表很多，主要的就是这几个表。以便查对。还有上古韵部通押表、上古各韵部分化为广韵各韵表，形声字通谐音变表……但字数太多了。

李：您今天说的很多，可能还有些小问题没有说。因此我还希望能再搞一批习题，以便我们回去研究作答。实在答不出，答不正确，再来请教。

我说：我可以出些小题目，一百多道，作你们自学的参考。

问答到此结束，客人站起告辞。

附注：

（注九）罗常培先生有《释内外转》《释轻重》二文，以为宋人等韵图上的轻重即开合，并非轻重音。内外转是凡含有后元音 u、o，中元音 ə，前高元音 i、e 的韵是内转，包七摄：止摄，遇摄，通摄，流摄，臻摄，深摄，曾摄。凡含有前元音 e、ɛ、æ、a，中元音 ɐ，后低元音 ɑ、ɔ 的韵是外转，包九摄：果摄，假摄，蟹摄，效摄，山摄，咸摄，宕摄、江摄，梗摄。至于广通，局狭，《四声等子》辨广通局狭例说："广通者，第三等字通及第四等字；局狭者，第四等字少而第三等字多也。" 也可看到这四个字的用意：三等字多，称广通，四等字少称局狭。尤其在重纽字上，四等切下字本是三等字，所以说第三等字通及第四等，当然三等字多而四等字少了。并无深奥道理。那时编等韵的虽从梵文中略知发音学，但还是较简单，更不必用今天的知识去揣度。

（注十）宋等韵图虽是一种创造性的发音学的图表，但缺点也不少，从陈澧以来，批评者不少。主要是：

1. 宋元等韵图根据广韵反切，又不全合。如切上字分四十一个声类或四十七声类五十一声类，比三十六字母细。今等韵图不全照三十六字母，往往合并。切下字又可分韵类三百十一个，但等韵图增加为三百九十七个等。

2. 等韵图分等以切上字为主（实以切下字为主），又照顾切下字（切上字），然切下字与切上字的分等数多少不同，合在一图，就产生矛盾。

3. 对此复杂参差情况而不予适应，却抱整齐简要的唯心观点，限以四等、四格，于是并摄、并韵，捉襟见肘，心劳日拙。形似整齐，反而造成混乱局面。

4. 等韵图各不一致，例如《韵镜》《七音略》入声与阴声各韵配。其他三书则入声与阴阳声各韵配。其他有的加内外转或内外摄，或加轻重，或加广通局狭门，很不一致。还有列字多少也不一致，不全据广韵小韵代表字（详见我《宋元等韵述评》一文）。

（注十一）见法国马伯乐代表作《唐代长安方言考》。我在一九五六年已译出初稿，还未出版。

（注十二）四声一贯说，见顾炎武《音学五书》的《音论》中。他承认有四声之分，但古人押韵不严，可以四声通押。二声只平入，这是黄侃提出的。三声又分平上入，没有去声，这是段玉裁说的。或只平上去，没有入声，这是孔广森提出的。又有阴阳入三声，这是魏建功先生所说。还有五声，是阳平，阴平，阴上，阴去，阴入，这是王国维所说。陆志韦也说五声，但指平，上，长去，短去，入五声……

（注十三）按《诗经》押韵字中有一字因词类不同而分在不同的声调中，如"食"，分在去声、入声中（"饭之食之"，"饭蔬食"）。"好"分在上声去声中，如"永以为好"，上声，"中心好之"，（去声）……共有二十四处。

（注十四）是友人周达甫先生译出、陆志韦先生作校阅、打印为北大讲义，未出版。

（注十五）见高本汉《中国音韵学研究》有赵元任、李方桂、罗常培三人合译本。商克有《中国古音韵学》一书，载《通报》，我曾有译稿，未出版。

（注十六）见陆志韦《古音说略》。

（注十七）见我《中国古音韵研究的过程和方向》一文，载《天津师院学报》一九八二年第一期。

学习古音韵的一个最基本的参考书目：

一、发音学：《语音常识》董少文著。

二、概论：《中国音韵学概要》张世禄、《汉语音韵学导论》罗常培、《汉语音韵学》王力。

三、专著：《古音系研究》魏建功、《古音说略》陆志韦、《上古音韵表稿》董同龢、《汉语音韵论文集》周祖谟、《切韵音系》李荣、《等韵源流》赵荫棠、《中国音韵学史》《广韵研究》张世禄。

四、前人著述：《毛诗古音考》明陈第、《音学五书》清顾亭林、《古韵标准》江永、《四声切韵表》江永、《声韵考》戴震、《六书音均表》段玉裁、《古韵谱》王念孙、《诗声类》孔广森、《音学十书》江有诰、《古韵表集说》夏炘、《述韵》夏燮、《声类》钱大昕（《十驾斋养新录》卷五，《潜研堂文集》卷十五）、《切韵考》陈澧、《国故论衡·上卷》章太炎、《黄侃论学杂著》黄侃、《古声韵表解》刘赜、《音韵学通论》马宗霍。

五、韵书：《切韵》隋陆法言撰、《刊谬补缺切韵》唐王仁煦撰、《唐韵》唐孙愐等编、《广韵》宋彭年等编、《广韵声系》沈兼士主编、《广韵校刊记》周祖谟、《集韵》宋丁度编、《礼部韵略》宋王文郁或刘渊编、《词林正韵》清戈载、《中原音韵》元周德清、《十韵汇编序》魏建功。

六、韵图：《韵镜》佚名、《七音略》宋郑樵、《四声等子》佚名、《切韵指掌图》宋司马光（杨中修）、《切韵指南》元刘鉴。

七、外人著作：《中国音韵学研究》瑞典高本汉著，赵元任、李方桂、罗常培合译，《中古及上古汉语语音学简编》瑞典高本汉著，周达甫译，《北大讲义·周代古音考》《日本大夫透支那古韵史》日本大岛正健。

《中国古音韵学》

《唐代长安方言考》荷兰商克、法国马伯乐著，朱星译，还未出版。

八、其他散篇论文篇名见《史学论文目录汇编》。香港台湾所出版的音研究书目未列出。加圈者是必读之书。

（全文续完）

原载《河北师范大学学报（哲学社会科学版）》1983 年第 6 卷

对修辞学研究说几句门外闲谈

原编者按：朱星同志系我校中文系教授，著名的语言学家和教育家，不幸于去年十二月四日病逝。朱星同志生前对学报工作积极支持，多次为学报撰稿。今征得朱星同志家属同意，特发表这篇书面发言遗稿，表示对朱星同志的怀念。

接到××同志来信，告我修辞学会将在广州开年会，希望我能参加。我听了很高兴。我很想来参加受教育，无奈有病，不能远行，只能写几句遥祝大会胜利成功，并说几句外行话，作为一个请教的发言。

一、温故而知新。修辞学发生很早。公元前四世纪希腊就在学校里正式设有修辞学一门课，编出了一本书叫《亚里士多德修辞学》。今英文Rhetoric 就是希腊文 Rhētoriké。当时认为是一种表达说话或演说的艺术，是由于一批诡辩学家和演说家（雄辩家）的充分利用而发展起来的。所以修辞学是一门古老的学科。在中国虽然古代还没有这个名称，但在公元前六世纪孔子就很讲究修辞。曾说"修辞立其诚"。又说"辞达而已"。又说"出辞气，斯远鄙倍矣"。……这都是修辞学原理中的名言至理，我们还须很好学习。"修辞立其诚"就是内容与形式统一论。修辞学是美学之一。一般说语法求语言正确，修辞学求语言优美。但美不仅是形式（语法只讲语言的形式结构规律），必须有内容美。这叫做"内美"（隐秀）。若无内容美徒有形式美就不算真美、完美，只是一种伪装"矫饰"（affectation）。反之，内容丑恶而形式好似很美，将更见其丑恶，令人作呕。所以情文不并茂辞胜于理、以为艺术还可取者，至少要内容虽平凡而不至于丑恶。说青面獠牙之魔鬼极美者只是变态心理。科举时的"试律诗"用五言十六句，用六个对偶，辞藻往往很美，但无人传诵欣赏，就因内容无聊耳。"辞达而已"不仅是语法的事，也是修辞。今之讲修辞者往往不注意，以为"达"是语法，"雅"是修辞。不知"达"等于英文表达法（Expression），属于修辞学，不属于语法。法国《拉鲁斯词典》释修辞学是"给人一些更好说话的方法的一种艺术。不但使思想表达变为主动，且更使人易懂"。不达就不易懂了。一种深刻的道理，一件复杂的事实，能由深入浅出化繁为简，说得很清楚易懂，这也是很好的修辞。这是最基本的修辞。其他手法是非基本的修辞（不必再学日本人分为积极修辞与消极修辞，这不好懂）。此外，梁代《文心雕龙》有近二十篇的修辞论，很精妙，也要好好学习，实比外国克罗采还古。希望大家对《文心雕龙》的修辞论作专门的研究。

二、修辞与语法的关系，今天要强调学修辞。这是老问题，老生常谈，不用我喋喋了。二者的关系不说了，我是要说二者的地位：修辞高于语法。修辞以语法为基础，造句还不通，就不能学修辞。修辞也往往与语法矛盾。但语法是初级的，修辞是高级的。古人都是讲文章、词章、修辞，不先讲语法，更不懂《马氏文通》式的新文法。司马迁、韩愈等大文豪都没有学过《马氏文通》，我们决不能说古代大文豪没有学过《马氏文通》的他们的文章都语法不通。连欧洲屈折语的古代国家也是先有逻辑学、修辞学，后才有语法学。希腊大哲亚里士多德创编了逻辑学、修辞学，但希腊语法学直到公元前五十年左右特拉克斯才写出第一本《希腊语法》，共分六章。只一章是动词变化表。其他五章是音乐论、叙述、词的重迭、语源研究和文学批评。亚里士多德的名著《诗学》一书，他才只知道分开连词与冠词。何以今天竟有人说：不学语法就不能说好话，写通文章。毛主席也只是说要学点语法修辞和逻辑。又教人要下苦工夫学习语言，并不可解释为下苦工夫学习汉语语法。如果真把语法书背熟了，就能保证说好汉语写好文章么？我想语法专家也不敢这样说。可知要提高学生的语文水平（阅读能力与写作水平）并不在多学语法。也更不要学的太繁细，徒然浪费时间。只须在初中学点就够了。但过去试行的初中《汉语课本》（讲文字、语音、词汇、语法等）试教了一年多就停止了。今天听说有人又提出"专家语法"与"教学语法"之分。这正说明"教学语法"是初级的，"专家语法"是高级的。高级的语法可不结合实际，提高可不与普及相结合行么？但语法只是语句的形式结构规律，说来说去就是这些规律。是否说的繁琐至不可理解就算高级的？又只有专家能搞，而大中学语文老师教语法的就只能是非专家。可称语文专家，但不是语法专家行么？而大中学的语法教学也不许再提高，怕一提高就混同了专家语法了。专家语法的研究成果新发明当然也不能被引用到"教学语法"中。我也并非有意要压低语法教学，我只是根据事实现实说话。要使大家有正确的认识：修辞是高于语法的。目前要强调学修辞。而修辞要强调基本的修辞，不搞繁琐的形式的修辞格。而语法更要搞基本的。过去有些语法学家自己也说过：写语法书的要越写字数越少，本本越薄，才是最高明的。这很有道理，因为语法书要以简驭繁，化繁为简，这是原则，这就便于学习和掌握。否则把语法书语法研究变成了烦琐哲学，还有谁敢学呢？

三、今天讲修辞也要求突破。语法学习在中学还是基本的，但要少讲，结合实际（讲课本改作文）教，才能引起兴趣，感到有用。要多讲些修辞；也要结合实际，多讲些基本的：怎样写的通俗浅显，文从字顺，生动畅达，这都属修辞学上的表达方法。当然还要配合逻辑学上的推理、驳辩、比较、问答、举例等等，不可孤立地教。遇到语法问题也要提出解决。这是综合的语言教学法。因此也要求语文老师在实践教学中发挥创造性，对修辞学教学加以突破。语法书语法体系也要求突破。但要依靠广大教师在教学实践中求突破。如果也搞专家修辞，就不一定会突破了。如果被老框框套住，搞烦琐哲学，也会不受学生群众欢迎的。我有一点意见，是否可供参考。我以为除讲一般的修辞格外，再按文体分为诗歌、小说、剧本、杂文等。各种不同体裁中的修辞都各有特色。又须明古今之演变异同，还须沟通中外，学钱锺书先生的做法，要互相阐发，才可得其精蕴。今天我们搞修辞学，主要当为教学服务，要编好大学《现代汉语》中的修辞部分；供中学教师用的语文教学中的修辞分析，也须编写一书。过去中学语文教师教古代诗词，不会讲诗词格律，也不会讲诗词的修辞和语言风格，所以教学水平不会提高。然后集中力量来编写汉语大修辞学，同时写各体、各专书、各家（论文集）修辞学。还可编《修辞学辞典》。要扩大门户蔚成大国，不要永远当附庸属地，既然它比语法地位高。这样，才可使汉语语言科学发展提高。

　　以上所言未必恰当。有错误处，望同志们批评指正！

一九八一年十一月五日于北京

原载《天津师范大学学报（自然科学版)》1983 年第 6 期

论转语与词源学

我国语言学史上到清代乾隆时歙人程瑶田写《果蠃转语记》，在训诂学上开出了一朵异葩。一般人不懂转语是什么，在训诂学上有什么作用。我简单地分数题说明于下。

一　转语是什么和其来历

转语即词源学中讲的转化（Derivation），所以转语即"转化的语词"。更具体些说，是声音转化的语词。

转语这个词最早见于杨雄《方言》卷三："庸谓之俗，转语也。又攓，铤，澌，尽也……铤，空也，语之转也。"符定一《联绵字典》凡例十六："书记转语，杨子开山（杨雄《方言》说通语者三十见，语通一见，转语四见，语转二见）。字释声转，郭生踵武（郑玄笺《诗·有瞽》，言声转一见。郭璞注《尔雅》，言语转者三见，声转一见。注《方言》语转三见，声转十二见）。"

这种声音转化（不是字音转化，而是语音转化），初指方言转化，又指古今语音的转化，正是时间、空间的转化。德·索胥尔所说的共时的，历时的；横线、纵线十字形的音变规律。而时空二者实际分不开，而又以时为主。所以在今天语言科学上说转语研究实属于词源学，历史语言学，历史比较语言学。

因此转语研究在中国汉语语言学史上实是一种崭新的科学研究。它名称虽始于汉代杨雄《方言》，他开始认识到语言上这一特别现象，但只知其然而不知其所以然，只知它是方言方音的转变。但为什么会转化，又它怎样转化的，转化有什么规律，杨雄甚至晋郭璞都不可能说清楚。所以他们不能单独提出这种现象作分析研究，写出论文。因为那时还没有条件。直到清代，由于古音研究已达到了一定的水平，于是条件初步具备，在乾嘉时代就产生了。王念孙、戴震等人才注意历史音变（顾炎武是以考古为主），江永才进一步搞审音，其弟子戴震又进一步搞通变。他在《答段若膺论韵书》中详述音之流变，且明说阴阳入相配，异平同入；音声洪细，为阴阳表里之相配。又分正转，旁转、隔越转。……戴震作《转语二十章》，书已亡佚，仅存《转语二十章序》，见《东原集》卷四中。据今人曾广源《戴东原转语释补序》说："孔氏（名继涵）刻东原遗书，见余稿大题无标为转语者，臆谓转语已逸，遽取戴君丙申春间答段氏论韵书与《声类表》合为一刻，而别录《转语序》于文集。不审表与序合即为《转语》二十章，并未逸缺。自是序表斯裂，无所取证。世乃疑序为徒作，以《声类表》为专表韵部矣。"说这话有理，因此书写成二十天戴震就死了，单题了表名，还未题总书名。今读《转语序》内容，正与声类表旨趣相符。他自题《声类表》很明显就不能作为上古韵部表。声类表的作法全仿等韵图。江永长于审音，比顾炎武高明，是由于他不单参考《唐韵》（顾氏只写《唐韵正》）而且还参考宋等韵图写《四声切韵表》，主要是重订中古音作新等韵表，中间又夹了八个上古韵部。到戴震另辟蹊径，虽仿等韵图而为音变服务以供训诂家在训释古词时查对声母转化的参考，不要再笼统地说：声同、声近、声转，或一声之转，必须有个根据。所以他称《声类表》，不说"声韵表"。因为训诂主要在抓声母。王念孙《广雅疏证·自序》："窃以为训诂之旨，本于声音。"其子王引之《春秋名字解诂序》说："夫训诂之要，在声音，不在文字。"而声音又主要抓声母。王国维《尔雅草木虫鱼鸟兽释例》说："古人假借转注，多取双声。段王诸儒自定古韵部目，然其言训诂也，亦往往舍其所谓韵而用双声。其以叠韵说诂训者往往扞格不得通。然则与其谓古韵明而后诂训明，毋宁谓古双声明而后诂训明欤？"曾广源提出《声类表》被后人误为韵部表，这点很好。可知好学而还须能深思。不知《声类表》之真意，也不知戴氏音变论的特创。

他的受业弟子王念孙作《释大》，又作《叠韵转语》（未完稿。今徐复教授写《变音叠韵词纂例》一文，正可为他补充），只讲叠韵不讲双声，显非其师之意（但转语中叠韵也极多。朱骏声《说文通训定声》也称"叠韵连语"）。其友人程瑶田作《果臝转语记》才全面讲双声叠韵和音转（程比王念孙大十九岁，文中自言受戴氏启发。王、程师承见《汉学师承记·戴震传》中）。王念孙极推崇程氏《转语记》曾为作跋（见《石臞先生遗文》卷四）说："而先生独能观其会通，穷其变化，使后学者读之而知绝代异语、别国方言，无非一声之转。则触类旁通，而天下之能事毕矣。故果臝转语实为训诂家未尝有之书，亦不可无之书也。"平心而论，程氏此文实是清代转语音变论词源学最早一篇通过实践的论文。王念孙《释大》只释单音词。程氏此文主要释复音词、连绵词，共举出二百多个例子，使语言史上别开生面，开创出一个新的学派。但缺点是只有材料而缺乏观点，也未说出什么语音转化（音变）的条例规律来。王念孙是清代训诂学的最有名的大师，他比汉代训诂学又大进了一步，就因他在形训、义训、声训外特别发展了音训，讲音变、音转。这也是有名的音训律，实超过了欧洲格里木音变三大定律。他说"同声相训、音近义通"。又说"音同、音近、音转"，声不同位，就须转而通。但在实际应用时，还只笼统说古二字音同，二字音近，一声之转。当然比双声叠韵稍加细分。可能他还未看到戴氏的《声类表》，所以不能具体说同声是何纽，音近是什么声位的何纽，（同什么韵摄的何部），音转之阴阳对转的某某约部，不同韵摄的某某韵部，不同声位的某某声母等。不说王念孙、王引之、阮元，连郝懿行《尔雅义疏》也还是这样。有时说明音训往往不合音理。如他在《转语记》伊利、俱卢下说："伊利、俱卢所谓双声叠韵也。……然以字母言之，伊为影母属喉，俱为见母属牙音，牙喉声不同矣。今证之以此，则二母不得别为两声。益信戴东原以见为喉音之发声，影为喉音之收声，得自然之音位也。"可见他已看到戴震《转语》二十章。其实按今天的发音学，见母K是后颚音，不是喉音。又所说发声、收声，指同一阻位之第一字清塞音，收声指第三字收鼻音，所谓发、送、收三声，所以影不是喉之收声。所谓得自然之音位，恰恰不合自然的音位。戴氏的《声类表》的分析声母实根据三十六字母，但又不全据韵部又据广韵，又有八个古音。字母分五音声位，又按今音是一个古今混合、兼包一切音的音变表。比当时一般说双声叠韵要细致了。他在《转语序》上提出：声分五声，分五类；每类又分四位。于是分转语音变为同位、位同二种。"同位为正声，是正转；位同是异类相转，为变声，是变转"。凡"同位则同声，同声则可以通乎其义；位同则声变而同，声变而同，则其义亦可以比之而通。……用是听五方之音及小儿学语未清者，其辗转訛溷，必各如其位，斯足证声之节限位次自然而成，不假人意厝设也"。这是给音转分析立出了两条规律。同在一类中，各位相转变而通其义，是完全允许的正转。如同属牙音中见溪群疑四声母，可互转。不在一类中各类相转叫变转，也可允许。如余、台都是我义，不在一类，余是喉音影母，台是舌头音端母。汝、乃都是尔义，汝是半齿音日母，乃是舌头音泥母，可音转而通其义。这比双声说稍加细分。在叠韵上他分析为阴阳对转、入为枢纽，也有旁转、隔越转等。到章太炎又发展为《古双声说》与《成均图》。其再传弟子魏建功创《音轨》达到顶点（见《古音系研究》）。但戴氏《声类表》杂糅古今，颇为后人不满。但其用意要为一切方音制一音变表，这还是一种创举。可惜他的语音科学知识限制了他，我们决不可以此苛责前贤。

二　联绵字问题

联绵字又作连绵词，简单说就是今天的复音词，更好说是复音的单一词（复音还包重言叠字词、复合词和词根加缀词）。它多数用二字，但不能拆开成义。所以连绵词虽用二字，但只一个词素。

一般人都以为连绵词就是转语，可以这样说。但二者有些区别。杨雄《方言》中称的转语，不全是复音词，也指单音词，一个字的，只是义同而字形变了，即语音变了。戴震转语也还指单音字。朱骏声《说文通训定声》的转音，也指单字。章太炎的《文始》也是转语，但多数是单音字。主要是文字学的引申、假借、转注，还不是纯粹的语言学中的词源学，而是一种字源学。到清程瑶田《果臝转语记》才是正式的连绵词，摆脱了文字学的字源学，而进入了语言学的词源学。所以这篇文章是划时代的，说明我国至此已产生了词源学的研究。

连绵词又称连语，涟语。朱骏声《说文通训定声》称"叠韵连语"，列假借下。明方以智《通雅》卷六、七、八、释话涟语（卷九、十释诂重言）。涟语即连语，连语意即二字相连不可分释。王念孙《读书杂志·汉书卷十六连语》下说："凡连语之字，皆上下同义，不可分训。说者望文生义，往往穿凿而失其本指。"联绵字最早见宋张有《复古编》附辨证六门：一曰联绵字，如劈历：劈、破也，历，过也。别作霹雳，非，消摇，犹翱翔也，别作逍遥，《字林》所加。他把劈历二字分释，可见他还说不清联绵字。到王国维写《联绵字谱》三卷，上卷是双声、重言，中卷是叠韵，下卷是非双声叠韵。魏建功先生说：我们这后来的所谓连绵字，就是前人所谓的转语了，……我们现在称这种连绵字为连绵词，以明其都具有文法上的独立成意的词类作用（见《古音系研究》）。他改字为词，很对。

但连绵词不如转语一词概切。因为转语明指转化（Derivation）的语词。转语多数是变音连绵词，且是假借字，所以分开各字无义（如堂皇，从容。堂不是厅堂，皇不是皇帝。从不是随从，容不是容貌。所以朱骏声把转语都列在假借下）。但单独的连绵词只能说是变音的单一词，只有把它放在词源学的词族比较中才看出它是转语，转化词。这问题不大。问题却在连绵词还包哪些词。如王国维把重言也包在连绵词中，如"关关雎鸠"，关关是象声词，连在一起，不能分讲。但"青青河畔草"，青可分开讲为青草，就不是连绵词。译词如浮屠、般若、夜叉、玻璃等，不是连绵词。玻璃杯，母夜叉，这是不纯的复合词。有些物名如蝴蝶、螳螂、蟋蟀，也是连绵词。蟋蟀又名蛐蛐，正是方言连绵词。蝴蝶可分用如蝶恋花，蝶霜，但解释蝶义时还要说蝴蝶，可见仍是连绵词而偏用了。有不少连绵词当初本是译名，有气说是方言词，今天都考不清楚了。还有一些连绵词又像复合词，如《史记·项羽本纪》："人马俱惊，辟易数里。"辟即避，易古音与退双声，究竟是什么，这也考不清了。还有一些异体字，古今字，也列在转语中。如伏羲又作包牺，庖牺，炮牺，虙戏，宓戏，伏牺，都是异体字。於戏、乌虖、呜呼，也是异体字，也可说古今字，这是文字学上的问题，并非语言学、词源学上的转语。连绵词都是用假借字，因此古人往往追究本字（初文，初义，本义字），但往往与事实适得其反。最初正是写的假借字，后来才造本字。如芙蓉，鹧鸪正是后起字，当初作夫蓉、遮姑，都是假借字。芙蓉鹧鸪，是形声字，都是后人补造的。上古造字不多，往往写同音字。到先秦诸子写书，还多用假借字。再符定一《联绵字典》提出："谐声同者祇能谓之异文，不能谓之转语。《方言》转语，《说文》转注，《诗笺》声转，皆无谐声相同之字。清儒李富孙辈以谐声同为声相近，固菡胡；臧庸等以谐声通用为转语，非汉例也。虽《方言一》注，曾以奘、壮、京、将为语声转，然杨子固自称为古今语，不谓转语也。"他说同声符，声旁，右文之字不标转语，虽有所见，但事实上很多转语字同一声符。且同声之字上古已有变音。且这是文字学上的问题。所说"汉例"也不足据。因此，我们讲转语不能不讲词源学（Etymology），不提词源学就不能说明转语的重要性。

三　转语有无规律

有人读了程瑶田的《果蠃转语记》以为，这只是把义同、义近而又音相近的复音连绵词材料分为若干组凑在一起就是了，并没有什么规律性可言。我以为此文是札记式的材料，确须从新加以整理。虽以果蠃一词开场，但全文混列不少组，果蠃一组可拟为 Kl 组蒲蠃一组可拟为 Bl 组，扶苏一组可拟为 BS 组，椶儒一组可拟为 Dl 组，科斗一组可拟为 kt 组，流苏一组可拟为 lS 组，摩娑一组可拟为 MS 组。……把零乱无关者删去，把分散者合并之，把译音词删去，再一一标上古音反切拟音。他自己也承认他只用双声叠韵来系连许多方言口语，器物俗名，并无本字，只能从内容意义上加以主观推之，既无确切根据，也不能断其必是。所以"不可为典要，唯变所适"。只是果蠃一音可状圆团之物，因此，此音并无定物定名，成了抽象的大共名，既可通行于各方言，又可通行于各国异族语（这部分译音词，借贷词当删去）。这是一种创造性的研究。一方面他注意到保留在口语方言中行用还没有在文字上写定了的词儿；一方面他又看到了各方言词中有一种词义相同或相近，甚至不是一物，词音当然都变了，但还有一种词根或双声或迭韵，主要是词族为基本声母相同。

如同属 Kl（有圆义）Dl（有短义），这既非双声，又非叠韵（但过去常被人误会为双声或叠韵），可称之为"词族基音"。程氏虽说不出这道理，但已心知其意。这就是极可宝贵的词源学的研究，这一点必须特别重视。其友戴震与他配合，写成《声类表》。到章太炎写了《文始》，接着就写《成均图》，正是由于研究问题上所必需。研究词源，首先必须分析词族，再在词族中找寻词源。这就很难，是否果赢这一词族中其词源就是"果赢"，其他词就是从它分化衍生的。它是否是最早最古的。作者程氏也并未想到。但在各个词族中求其基音，还是容易做到的。

转语当然有规律，程氏说是毫无规律（不可为典要，唯变所适）。但戴震的《转语二十章》就是他试拟的音变规律。

王念孙简说为"同声相训，音近义通"二语。《转语序》说："今别为二十章，各从乎声以原其义。夫声自微而之显，言者未终，闻者已解。辨于口不繁，则耳治不惑。人口始喉下，抵唇末，按位以谱之，其为声之大限五，小限各四。于是互相参伍，而声之用盖备矣。"又说："昔人既作《尔雅》《方言》《释名》，余以为犹阙一卷书。创为是篇，用补其缺，俾疑于义者以声求之，疑于声者以义正之。"这几句话很精到，但一般人不易领悟。王国维也肯定训诂以声音为主，而声音尤以双声为重。这正符合今语音学原理，因为元音、母音、韵母固不可缺，而辅音、子音、声母，更不可缺。没有前者就不能发音，但缺少后者就不能辨字，而成语言。清人因此而发明音变规律。而韵书本为诗歌词曲乐府而作，所以韵书中声母不被重视。但在字书反切中，切上字特别重要。总的说，双声叠韵不可或缺。到章太炎才兼而有之，作《成均图》以补戴氏《声类表》，又作《古双声说》以明声转之理。《成均图》也讲韵转。到章氏再传弟子魏建功作《音轨》，更是兼包声，韵，调，单音，复音，以及复辅音，韵尾辅音等，可说集汉语音变之大成。戴氏《转语序》中引方音变音以及小儿学语的讹溷音变，主要由于声母。所以只知正读，而不知音变，就无法搞训诂。因训诂就在释古书词义，义存乎声，声形为字。古字必用古音，古音中雅音、方音相混，形成复杂的音变。"同声相训"，声指声母，且指古声母读法。且并非指凡声同之字都可同训同义。《广韵》各韵中各小韵字都是同音字，义不一定都同，不可乱用"相训"，而又必以义为准。训诂今属语义学，目的在训释古字（词）义。所以运用方法以声为主，而辨疑标准还须以义为准。正是"疑于义者以声求之，疑于声者以义正之"。语言本是音、义结合的符号系统。因此训诂学虽强调以声音为主要方法，而以释古字（词）义为最终目的。而通训和定声密不可分，也须声义相结合。如果古注释义可信而无疑，古注释音也可信而无疑，正不必追求音转了。而讲音转又须遵循规律，不可滥用。高本汉《汉语词类》（有张世禄译本）就认为分析词族关系的标准也可据此试通。当然总以义为基准。如果以上下文的句义上求之可以通训，就可用。本来训诂不限于释词义，还释句义。训，顺也，如川流上下。训诂要注意上下文，在毛传郑笺中已知之。因此，要说转，要说转语规律，也就是训诂规律。而训诂规律，戴王师生所言已尽之。我今不揣浅陋，略加诠释，使我们不要误会戴王所言只是汉语音变规律，我说也是训诂规律。我在上章已引述了他们自己的话："训诂之旨本于声音"，"训诂之要在声音，不在文字"。极为明显，不必再重复了（我另有《汉语音变规律》一文，单讲语音史的发展规律，与训诂学上讲的不是一事）。如果读古书全可用形训、义训来释词，那事情就简单了。但事实上，古人记录、著书多用假借字，即写同音别字。西周金文《毛公鼎》是近五百字最长的一篇古文献，但几乎有一半是用的假借。若要搞训诂，不懂古音，讲"同声相训，音近义通"，就讲不通这篇文章。因此，懂古音还须讲音变，是很重要的。也就不可不学转语。

有人说符定一先生的《联绵字典》凡例十六中有一段就是转语规律。如"不律谓笔，扶摇谓猋。联字转单词也。茨，蒺藜；杜，土卤。单词转联字也。《羔羊》：委蛇委蛇，《偕老》作委委佗佗。联字转重字也。《采菽》：平平左右，《左传》作便蕃左右。重字转联字也。兑公俗呼兑钟，下字转而上字不转也。仓庚即是商庚，上字转而下字转也。《尔雅》恺康，《文选》慷慨，倒转而字全变也。'楚辞'律魁，《汉书》魁垒，倒转而字变其一也。偃蹇，夭矫，双声相转也。春黍，蛩蝛，叠韵相转也。踌躇，犹豫，音同相转也。促织一作促机，异声相转也。横由一作横从，异韵相转也。不借一作薄借，声近相转也。鹡鸰一作脊令，韵近相转也。蠮螉呼为蜾蠃为上字叠韵转而下字双声转也。蜘蛛呼为蝃蝥，上字双声转而下字叠韵转也。枸篓或谓筑笼，澜沭或谓征伀，韵对转而相通也。央亡谓之噎尿，蚍蜉谓之蚼蟓，非双声迭韵而语转者，方言之殊异也。凡兹通转之文，述其异同之恉，不敢穿凿，亦力戒支离也"。这实是转语连绵词的分类，不算音变规律。魏建功先生对连绵词提出几点设想，却是值得注意的。他说：

连绵词的音读，我们不应当作单字的音的连书，中间至少有几种事实可以设想的：

1. 双声连绵的可以有复韵和复声随的存在。

2. 双声连绵的可以有对转或通转的异字重言的存在。

3. 叠韵连绵的可以有复声的存在。

4. 叠韵连绵的可以有同音的异字重言的存在。

5. 非双声叠韵连绵的可以有复声的存在。

6. 非双声叠韵连绵的可以有复韵和复声随的存在。

7. 非双声叠韵连绵的可以有自双声叠韵方面变来的。

8. 双声连绵与非双声连绵一词两音之间可以证古代声随的遗迹。

9. 叠韵连绵与非叠韵连绵的两词互相间可以证古代韵变的枢纽。

10. 无论两种连绵的词经过以上的检讨可以推定其语根所指及所属，也就是从而推定古语的状况，假设古语之音的组织。

复声未分离前，连绵词少；连绵词发达是复声以及多音缀的词的消失、变化文字成为一音一字的现象。（见《古音系研究》）

其中所说复声指复辅音，复声虽不是指 ptk，mnŋ，而是指-st，-ps 之类。这显然是受瑞典汉学家高本汉的影响，已进入语源学的研究了。

以上我说了不少转语的情况，从转语命名来历以及转语规律，最后不能不提到词源学，语源学。因为转语研究，实已进入语源学的范畴。如果不用语源学眼光来研究转语，把它限制在训诂学中，那就不能真正认识转语之重要地位了。

四　转语和词源学

词源学英文叫 Etymology，实包字源学和语源学。所以该词汉译有三义。

这门科学对我国来说并非全新，在汉代许慎撰《说文解字》就开始了。他把九千多字通过分类比较从偏旁部首上归并为字族，成五百四十部。再把部首字从字形上考出其初文，初义，本义。这可称字源学。由于汉语古代书面上多单字为义，其实在口语中已有复音词。《尔雅》上也已收了不少复音词。《尔雅》主要是同义字专书，不是词源学的专书。刘熙《释名》以声求义，好似词源学研究。明朱谋㙔《骈雅》专收复音词连绵词，好似词族的研究，但并未加比较，说明其亲属关系，更未追究其孳乳相生之迹。清程瑶田始作《转语记》才是词源学的研究。但严格说，此文还只是词源学研究的资料。今人王力先生写《汉语史稿》第三册，才正式提出词源学，且作初步的研究，并写同源词典。都只限于词，可称词源学。至于语源学，范围又要扩大，不单在词汇上，还须在语音、语法上，不单在雅言文字书面语上，还在方言口语上，还要追究到太古文字前的语言。这须与汉藏语系各族语作比较，以求得汉语的母语。不单研究其原始元音，还要在其他词汇语法等方面追究其原始形式，那就困难了。

什么叫词源学，这很简单。但在中国过去无此定义，只有参考外人之说。

词源学是研究一个词的原始或语源，分析其词素，并指出其原始的词根，或在其亲属语中溯源到一个最早的形式，也在亲属关系的词上，作若干原始或语源的安排，还有研究词的历史追究其起源和在形式与意义中的发展。（美国《韦氏大词典》）

词源学是研究词或词素的历史，包原始和转化。……现代科学的词源学研究是建基于寻求历史的和比较的语言学的方法。其原则基础是建立于十九世纪的语言学家。词源学的一般原则是：

1. 确定词或词素的最早的形式，如一切并行的和亲属的形式。

2. 每一词或词素的音当是被比较的，当被比较与一个适合的音在形式中，由此它被转化。

3. 有些词源在预定的声音配合中，词是当被如实的合理的加以解释。

4. 在词的历史变迁中产生了某些意义上的变更，也须加以说明。

5. 有些词表示无本来的声音，或声音的结合，在语言中显出是孤立的，或者是错误的标记，成为常用的适合的发音，或许这是被借入的，不是继承的和原始的语言，都当被肯定。（《英国大百科全书》）

词源学既不是一门分立的学科，也不是演化语言学的一部分，它只是有关共时事实和历时事实原则的一种特殊应用。他追溯词的过去，直至某种可以解释的东西。……词源学并不以解释一些孤立的词为满足，它要研究词族的历史……。（法国德·索胥尔《普通语言学教程》，高名凯译本）

总之，词源学是追究词语的原始的一门学科。但在实际研究中，由于汉语的特点，研究的取材与方法显然与外国的不同。他们要追溯拉丁文，希腊文，我们只追溯篆文，古文（甲骨文金文）。他们讲复辅音，复声随，我们就不一定硬搬。他们从腓尼基人发明字母后一直用拼音文字，所以讲音变规律较简单。我们用象形字根本不标音，如竹古读笃；木古读朴（闽南读 bok）。形声字的声又用汉字，汉字有古今字，又有正伪字（写错的）又须懂校勘学。而方言又复杂，所以我国研究词源学特别感到困难。弄不好，还容易搞出流俗词源。"我们有时会歪曲形式和意义不大熟悉的词，而这种歪曲有时又得到惯用法的承认。……那是把难解索的词同某种熟悉的东西加以联系，借以作出近似的解释的尝试。人们把这种现象叫做流俗词源。乍看起来它跟'类比'好像没有多大区别。——唯一的区别，在于类比的构成是合理的，而流俗词源却多少有点近于乱弹琴，结果弄得牛头不对马嘴"（见德·索胥尔《普通语言学教程》）。这种庸俗词源学，我国过去也很多。如乱引《说文》小篆字为证，或者引汉隶说字如说"马头人为长，人持十为斗"。（但出于无心，限于材料的误解不算，如许慎解"为"象母猴，不知甲骨文作手持象服役。又"也"象女阴，不知金文作匜，是灌水洗手器。）又如《史记》："首鼠两端"，说成是鼠胆小，出穴时首左右探视。不知首鼠是踟蹰这一连绵词的转语异形。又说"模糊"，硬写模糊，以为木刻模形损坏不清了。不知模糊，满胡，马虎……都是方言转语假借字，并无本字。但出于无心，出于识浅，还可原谅。如果出于故意歪曲，就不容许了。如董仲舒《春秋繁露》有"心之与名扞也，民之号取之瞑也"。这也用声训方法，研究心这词出于扞，民这词出于瞑。心扞古同音，扞义是禁止，引申为禁制众恶，就说心须收禁，不可放任。民是瞑暗愚民。（甲骨文民字正象矢着目，挑睛使盲，正是盲字。而氓也从亡声。）又如《楚辞·大招》："小腰秀颈，若鲜卑只。"鲜卑是带钩。《国策》作师比，《史记》作胥纰，《汉书》作犀毗，实是转语连绵词（可能是译音）。但有人偏说是鲜卑族妇女。鲜卑族即今锡伯族，说满洲话，实是满洲人，并不出美女。尤其是战国时还不知道有鲜卑族。这是故意作新奇之说，不足取。

总之，我们今天也要搞词源学，这是训诂学的发展。而训诂学中的转语研究就是我国的词源学研究，而且我国词源学产生很早，先是《说文解字》的字源学（今天搞词源学也须包括字源学），然后扩大为词源学。从单音字扩大为复音连绵词。也有把连绵词单用的如（方言）"腜、盛也"。郭注："腜、肭，充壮也。"词源学又先从词义学（《尔雅》是代表著作）。《尔雅》以义训为主。有古今义、雅俗义，也有本义、变义（本义，变义，引申变义）都属义的转化。又有假借（如权舆即灌濡的假借转语）。假借声训就是由义向音上的发展。《释名》声调是音同而字义还相连：到假借转语就更进一步为声同而字义全不相连，变成标音字了。再从音的转变而义不变，如鲜卑、师比、犀毗等，进而音转而义也变了，如《尔雅·释草》"果蓏之实，栝楼"。注"齐人呼为木瓜"。转为《释虫》"蜾蠃，蒲卢"。义是细腰土蜂。又转为《方言》的蟪蛄谓之蛣蝤。又倒音为《月令》："仲夏蟪蛄鸣"。……正是"屡变其物不易其名，屡易其文而弗离其声"。（程氏语）按一般原则：文字不同而音义相同，是异体字。文字不同仅音相同，是同音字。文字相同，而义不同，是假借字，是另一个词。文字相同而音同或稍变，而义相连是引申义字。从规范典要方面说，应当物有定名，名有定物，才名实相符。呼名得实，指物而称名。但从变化方面说，又是物无定名（连绵词更无定字），名无定物。一物因方言古今可有数名，一名也可指数物。如睥睨有窥视、城墙二义，即一字多义，一词多指。再扩大而说，一声（声同，声近）的词形全不同也可分指数物，词义当然不同，这既不是同词异形，也不是同义词，而义有共性，可称超同义词，这就是果蓏转语。过去说是假借字，当称假借词，更好说：义有共性的假借词。义有共性，相转化衍生，又不是引申义，可称之为准引申义的假借连绵词。科学分析要力避含混。今根据这一现象事实加以分析，并非有意标新立异。

我们的词源研究，也要先分词族，用历史比较的方法研究词的亲属、关系，再从词族中推其词源。词源分近词源与远词源、最古词源。可求出最古极少数的若干词，再由此转化派生。但根据文字，无法考出，因中国文字最古只三千多年。也求其词根与根词。词根（root）与根词（wondradical）不同。词根是可加前缀后缀的，词的根不能独立。根词是独立的词，它可与其他词组成复合词，或者它是一个音节或两个以上音节的单一词。有时它并不派生。也可称基本词汇，但含义不尽相同。我国古代也早有分析略似词族的词类。《说文解字》按字的形义分为五百四十个部首，凡从火部的字都有火义，推出其词源是火字。但这只是文字的原始。《尔雅》是按事物类分的，如释草、释木、释鸟、释鱼。……《切韵》是按字音的同韵，同音来归并词汇的，还有其他各种。高本汉是从汉字的元音，介音，韵尾辅音来归字族的。右文说、谐声表是只按同声符来归字族的。还有按假借连绵词来归词族如《骈雅》《辞通》《联绵字典》……。还有用双声叠韵来归词族，以及按前缀后缀，按复合词中上下同一字，如好心，忠心，良心，决心，虚心，……或良夜，良人，良心，……来归词族。前人编了种种类书、字书，都下了很大功夫。虽不是专为搞词源学而作，但这些材料对词源学研究有很大帮助。我们今天正在摸索试探。这种词源学研究对编写汉语发展史，词汇发展史，词汇学，以及编写《汉语大词典》都很需要。

以上所谈虽征引不少，或间出私意，未必正确。还请读者和专家指正，不胜感激！

原载《河北大学学报（哲学社会科学版）》1983 年第 4 期

《金瓶梅》研究

《金瓶梅》的版本问题

　　《红楼梦》问题的研究文章写了很多，几乎各方面都研究到了，独独未提到他的渊源。这个渊源，在何其芳同志《论红楼梦》一文中已提到它和《金瓶梅》有关系。《红楼梦》确是《金瓶梅》的倒影（苏曼殊说）。但《红楼梦》中提到《西厢记》《牡丹亭》，但不提《金瓶梅》，连《水浒传》都不敢提，因为《水浒传》上有二回写西门庆潘金莲故事，《金瓶梅》就是从这两回扩大演化而成，且写一个家庭的盛衰，妻妾奴仆的纷争故事，反映当时政治的腐败。《红楼梦》正是受其影响，只是时代背景与它不同。《红楼梦》第二十一回写贾琏在家中的淫乱行为，很像西门庆。如果把贾琏名改为西门庆，搀入《金瓶梅》，颇可乱真。当然《红楼梦》是青出于蓝，尤其在文学语言上已达到旧小说的高峰，决非《金瓶梅》所能及。曹雪芹所以不敢提《金瓶梅》，可能是因此书在清初已成禁书。（顺治皇帝就开始下禁令，《西厢记》《牡丹亭》《水浒传》等都列禁令中，《金瓶梅》更为人所熟知罢。）但一般人不知道《金瓶梅》在明万历庚戌年（1610）在吴中的初刻本确无淫秽语，到再刻时改名《金瓶梅词话》就被无耻书贾大加伪撰，因而成为蒙诟的主要口实。

　　《金瓶梅》被搀伪成为禁书后，在文学界仍被称为元明长篇小说中的四大奇书——《三国演义》《水浒传》《西游记》《金瓶梅》之一。所有中国文学通史都要论列《金瓶梅》，外国也曾转译过去，认为是世界文学的财富。新中国成立后，大学中文系开中国文学史课也不能不讲《金瓶梅》。在指斥其淫秽下流描写的恶滥处，也不得不说它是中国长篇小说个人创作的先锋，是写一个家庭的盛衰故事，是社会小说的先行，是写地方方言的先进。但却仍下结论说：无论知何，这部书不能看，青年人更不许看。这是滑稽的矛盾。为什么会如此出尔反尔？主要是由于禁书淫书这问题没有获得解决。这是由于不知道《金瓶梅》原稿初刻，本无淫秽语，本非淫书，至于它专写封建社会的罪恶，自然也会同《水浒传》一样被列为禁书。到吴中再刻本大加伪撰，改名为词话成为淫书后便更使人谈虎色变了。我们今天把它考证明白，把这些污点洗删了，也就可公开阅读研究了。它实在是一部明朝亡国史、明末社会经济史。否则只说古本真本是原本，可以看，读者仍将误信越是淫秽语多的越是原书。

我研究《金瓶梅》有几十年了，我本有《张竹坡评本第一奇书》和《古本金瓶梅》二种。只将这二书对照已看出问题。新中国成立后一九五七年我又买到了《金瓶梅词话》，细加对勘，才从语言上看出伪撰者非一人。后来把北京图书馆、北京大学、首都图书馆、天津图书馆所藏各本对照，始确信清初到新中国成立前，版本既多且杂，各有增删。我曾访问了孙楷第、吴晓铃、黄肃秋、王利器、范宁等先生征求他们的意见，对我都有所启发。因写出七八篇论证文章，虽非定论，但对讲古典文学者可作参考。"四人帮"被打倒后，双百方针始得真正贯彻，因先录出版本考、作者考、辨伪考等三篇试以问世。至请指正。我希望通过这次讨论，把我国这部世界文学名著从禁书中解放出来。

《金瓶梅》的版本问题

一　《中国通俗小说书目》　所见版本

我们今天要谈《金瓶梅》的版本，自然要参考孙楷第先生所著的《中国通俗小说书目》。在该书"明清小说部乙烟粉第一"中所记《金瓶梅》版本很多，不单本国的，还有日本的。如：

《金瓶梅词话》一百回

明万历间刊行，无图，首有欣欣子序，又有万历丁巳年（四十五年）东吴弄珠客序，廿公跋。

民国廿二年北京古佚小说刊行会影印本。附图一百叶，一回二图，乃用《崇祯本金瓶梅图》配附。世界文库、上海杂志公司、中央书店等刊本皆据此有删节。一九五七年由文学古籍刊行社再版，内部发行，即用此本。

《新刻绣像原本金瓶梅》一百回

日本内阁文库藏。图百叶。首东吴弄珠客序，某公跋。无欣欣子序。是明崇祯本。

《新刻绣像金瓶梅》一百回

北京市图书馆藏，序失去，图五十叶，一回一图。又北京大学图书馆藏，图百叶。字旁有圈点、有眉评旁评，首有弄珠客序，无欣欣子序。也是崇祯间本。

《张竹坡评金瓶梅》一百回

无欣欣子序、东吴弄珠客序，某公跋，而有谢颐序。张竹坡是清初顺康时人。板心题"第一奇书"，或题"奇书第四种"。图百叶，或无图。这些都是清刻本，基本上仍是崇祯本。

《古本金瓶梅》一百回

上海卿云图书公司排印本。首有乾隆五十九年王仲瞿序说："原书本无秽亵语"，然细按之，是张竹坡第一奇书评本加以删节而成。

按孙先生所见版本较多。民国廿二年古佚小说刊行会影印所据原木刻本已在新中国成立前被劫往台湾，今存美国。此词话本是万历本，至于无欣欣子序只有东吴弄珠客序的《绣像金瓶梅》是崇祯本，今存天津图书馆。张竹坡是清刻本，所存版本，就不止一种了。崇祯本已有评点，张评本又加扩大（基本上就是崇祯本），但把东吴弄珠客序也删去了，新加了谢颐序，这又有图、无图二种。所来有种种删节本，又分删节其秽亵语的，所谓《古本金瓶梅》实是同治三年蒋剑人删节而成，他基本上据张竹坡评的崇祯本，但经我查对过，他删节时还参考过词话万历本。删节本还有如《新刊金瓶梅奇书》，清嘉庆丙子年版，今藏北京大学图书馆和北京图书馆。它把诗、词、曲、图全行删去，连白文也有删节，但还保留不少秽亵语，装成四本，或二本。此本也只引谢颐序，此序本是康熙乙亥年作，今也改为嘉庆丙子年作了，这实是简本。简本便于翻刻，各地翻刻极多，这是因为到太平军起义后，禁令松弛；又因书中所写西门庆、潘金莲、应伯爵等恶霸、淫妇、马屁精等坏人，各地都有，人民切齿痛恨，此书已成为照妖镜，人民也爱看，不再是供地主官僚反动统治阶级的享乐品。当时简本的各类和数量之多就可想而知了。我相信各地大图书馆都还会保存一些不同的清中叶后的版本。至于崇祯本尤其是万历本就难得了。我国最早的万历本是万历丁巳年的，但五十二回还缺了二页。影印时用崇祯本补上。但在日本发见的丁巳年词话本却不缺（王利器先生所藏），原来万历本还有最早的庚戌吴中初刻本，这就很少人知道了，此书早已亡佚（连日本也没有了）。是与原稿（？）最近的初刻本。

《古本金瓶梅》是同治初删节秽语最多的"洁本"，其他都是"秽本"。

二 万历庚戌年吴中初刻本问题

鲁迅先生在《中国小说史略》中提出《金瓶梅》是万历庚戌年被刻于吴中。庚戌年是 1610 年，比现存最早的《金瓶梅词话》丁巳年（1617）刻本还早七年。而这部庚戌年本，日本也没有，大概早已亡佚了。我曾为此事去访问过孙楷第先生。据他说："国内见到此书版本之多无过于我（这是事实），我只知最早的版本是万历乙巳年本，未听说过有庚戌年本。鲁迅先生可能记错了。"我想鲁迅先生治学态度很谨严，决不会草率从事，一定有根据的。我于是遍查有关群书，但杳无踪迹。不得已又把沈德符《野获编》第廿五卷中《金瓶梅》一段，反复细读。这是研究"金瓶梅"最早而又最可靠的宝贵材料。最后，我悟出鲁迅先生原来是根据这一材料的，虽未明说，但可推断而知。在这段材料上说："丙午（1606）遇中郎（袁宏道），京都，问曾有全帙否？曰：第睹数卷，甚奇怪。今惟麻城刘延白承禧家有全本，盖从其妻家徐文贞录得者。又三年，小修（中郎弟袁中道）上共车，已携有其书。因与借抄挈归。吴友冯犹龙见之惊喜，怂恿书坊以重价购刻。……遂固箧之。未几时，而吴中悬之国门矣。……"从丙午年（1606）"后三年"，正是 1609 年，再加上"未几时"正是庚戌年（1610）。冯犹龙就是有名的小说家冯梦龙。徐文贞就是明嘉靖时宰相徐阶，华亭（松江）人。刘延白承禧是著名书画收藏家。可见鲁迅先生所说是有根据可信的。只可惜初刻本印数不多。续刻本出，为了投合明末淫风，大加秽语淫词，很受当时统治阶级欢迎，于是初刻本就消亡了。

鲁迅先生首先提出《金瓶梅》有万历庚戌年吴中初刻本，一直不为人注意，因为找不到根据，所以不甚相信。我今才找到根据，且把《野获编》中所记徐文贞、刘延白都查出来了。徐文贞（阶）见明史。刘延白承禧不见于正史，连《人名大辞典》上也没收进，但现在查出他是一个大收藏家。王羲之代表作《快雪时晴帖》曾收藏在他家，明臧晋叔《元曲选》百种也是从他那里抄去的，金瓶梅原稿他也收藏着，但缺了五回（野获编所记），这都算我的收获。

三 《金瓶梅词话》本的发见和版本

今传世最早的一部万历丁巳年本《金瓶梅词话》我曾请问吴晓铃同志是怎样发见的，他告诉我此事可问旧琉璃厂古书铺文友堂的孔里千同志。他现在是今琉璃厂古书装订部的老工人，快六十岁了。他记忆很好，告诉我说："文友堂在山西太原有分号，收购山西各县所藏旧书。在民国二十年（1931）左右，在介休县收购到这部木刻大本的《金瓶梅词话》，无图。当时出价很低，但到了北京，就定价八百元。郑振铎、赵万里、孙楷第等先生都来看过。最后给北平图书馆买去了。"到民国二十二年（1933），孔德学校图书馆主任马廉（隅卿）先生（曾在北大兼课）集资，用古佚小说刊行会名义把这部书影印一百部，五十二回缺二叶，就用崇祯本配补上，但不太衔接。又把崇祯本每回前的图一百叶，每回二幅，合印成一册添附。共二二。新中国成立前夕，这部木刻本被（反动派）劫往台湾。新中国成立后一九五七年，才由文学古籍刊行社根据影印本再版，内部发行。这是这部书的历史经历。这段史料本无关宏旨，但我不记，以后就无人知道了。主要问题是这部词话是不是最早的刻本？现在我们根据沈德符《野获编》所记，鲁迅先生所考，这部丁巳年刻本并非最早刻本。它前面还有庚戌年刻本。今据我所考，丁巳年前、庚戌年后，必然还有一种刻本。庚戌年至丁巳年中经七年，中间必然还有一次续刻本，可能因为初刻本情节很好，谁都看出是借古非今，影射为人民所痛恨的严氏父子，但嫌其描写淫恶还不够，也不能使生活淫乱的统治阶级感到满足，因此贪财图利的书贾就延请文理不通的文人大加伪造，改写题目，又加了回前的诗曰词曰，又加了淫秽的大描大绘。我相信这个大名士的创作是有为而作，其目的在深刻揭发其淫恶行为，不在其淫乐动作的描写，决不屑用淫词秽语来取悦世俗。且以《水浒传》为范本，决不会离《水浒传》的笔调太远。明人有作伪风气，因此此书在初刻后必然为作伪者所乘。

可能在丁巳年刻本前一二年，可假定为"乙卯本"？我的根据是从序文上看出来的。丁巳年东吴弄珠客序必然后于欣欣子序，决非同时所作。因为欣欣子序不记岁次和地点（只写"书于明贤里之轩"不明说在吴中）。作者笑笑生是与欣欣子序同时产生，因欣欣即笑笑。且欣欣子序中明说"吾友笑笑生"。兰陵非山东峄县，而是"武进"古名，正是苏州邻县。而沈德符《野获编》所记既未提"词话"，又未提作者笑笑生与欣欣子序与东吴弄珠客序，可见沈氏所抄之本乃原稿本。而庚戌吴中初刻本，也是原稿抄本，否则沈氏寓居苏州（沈氏本是浙江禾郡即嘉兴人，后居苏州），看到初刻本若有作者笑笑生名、有欣欣子序还有东吴弄珠客序，他必会提到，可知初刻本名《金瓶梅》，无作者兰陵笑笑生和欣欣子序。续刻本经过伪撰，怕人骂为淫书，于是捏句为欣欣子作序，声明此书是"关雎之作，乐而不淫"。还加了某公跋，也同一口吻，为此书辩护说："不知者竟目为淫书，不惟不知作者之旨并亦冤却流行者之心矣。"这是明明为无耻书贾辩护了，"流行者"正指造伪的书贾。此伪造本一出，风行一时，极受欢迎，于是又接着再刻，又加上东吴弄珠序，明写时间是万历丁巳年和地点是"金阊道中画一庐"。金阊是苏州阊门。而且序中不辩护，而明说是"《金瓶梅》秽书也，袁石公亟称之。……"袁石公即袁中郎，是当时有名的文人，拉他来作保，所以毫无忌惮。由于还要保存原序，所以列在书首，而把新加的东吴弄珠客序列在后面。这是很自然的。但决不会在续刻时（即伪造后第一版上），就把这两篇内容看法不同的序都在一起列上。因此可证丁巳年刻本前还有一次刻本，即伪造后初刻本，而丁巳年刻本，是伪造后的续刻本。我这个推测，自信是言之成理，持之有故的。

到了崇祯朝，风气更坏。丁巳年本不知又翻刻了多少回，印数极多，所以能流传海外日本以及幸存到今天。但到崇祯本出世，加上了评点，又加上了绣像百叶二百幅，据郑振铎先生说这是杭州刻本，可知刻印者已不限于苏州一地，而分布到有名的刻书地杭州、南京、福建等地去了。到崇祯本就只留东吴弄珠客序，而把欣欣子序、某公跋都删去了。到清初张竹坡评本出，又新撰了谢颐序，而把东吴弄珠客序又删去了。到清同治三年蒋剑人《古本金瓶梅》，又把谢颐序删去了。上海达文书店重印《古本金瓶梅》又伪造了大明嘉靖三十七年观海道人序，实是愚蠢的作伪。因为嘉靖三十七年是一五五八年，还在万历庚戌年一六一○年初刻前五十二年，马脚露得太明显了。

《金瓶梅词话》第五十二回七、八叶书影

这两叶国内影印本缺页，以崇祯本补印，现特从王利器同志所藏日本传本影印。

四 万历本和崇祯本的异同

今天研究《金瓶梅》较早的版本只有万历本和崇祯本两种。而万历庚戌初刻本早已亡佚，这部当是真正的洁本。今传的万历本就是丁巳年本，叫《金瓶梅词话》，是秽本。崇祯本是《绣像金瓶梅》，只有东吴弄珠客序。张竹坡评本也是崇祯本，在清初最流行。清末是《古本金瓶梅》最流行，它把崇祯本中的秽语全删除是洁本，其他清代还有各种删节本，都是崇祯本，都是秽本。

万历本与崇祯本的异同大致是：

1. 在情节上。万历本第一回是："景阳冈武松打虎，潘金莲嫌夫卖岁月。"崇祯本第一回是"西门庆热结十兄弟，武二郎冷遇亲哥嫂"。第八十四回，万历本题为"吴月娘大闹碧霞宫，宋公明义释清风寨"。崇祯本题上句同万历本，下句作"普静师化缘雪洞洞"。可知万历本较近《水浒传》。

2. 在体裁上。万历本名《金瓶梅词话》是说唱本（但庚戌年初刻本决不如此），题目后有诗曰或词曰，回中还有无词牌的"词曰"末有"且听下回分解"。崇祯本不称词话，不用"下回分解"，且删去回目诗词（但张竹坡评本还有回目诗曰词曰）是说散本。

3. 在序文上。万历本有欣欣子序、某公跋、东吴弄珠客序，兰陵笑笑生，崇祯本只有东吴珠客序。

4. 在题目上。万历本题目文字粗俗，上下句字数有时不整齐，且不对仗，且无秽语。崇祯本上下句较整齐工巧，且有秽语。

5. 在评语中。万历本词话本无评点，崇祯本有评点。

6. 在词语上。万历本"俺们""你们"作"俺每""你每"，还故意用元曲中用语，表示非明人所作。崇祯本全改为"们"，但偶有漏掉未改的。

7. 其他。万历本还无绣像，崇祯本有绣像百叶二百幅。

至于张竹坡所评崇祯本，除每回前有一总评外，还有眉评、旁评。在全书前又附了：杂录小引、苦孝说、竹坡闲话、金瓶梅趣谈、西门庆家人名数……西门庆房屋、寓意说、金瓶梅读法、目录。他又把题目上下句各压缩成二字，如第一回："热结，冷遇"。《苦孝说》只十七行，言词模糊，暗示作者有不得已之苦衷而作此书，可称之为"苦孝说，奇酸志"，但并未明说是明王世贞为父王杼报仇之事。读法共一百〇六条，说"《金瓶梅》是一部史记"，这一句还可取，其余都是冬烘先生八股调，全不足取。

五　金瓶梅版本源流表

这个表我国过去从未有人写过，日本也没有。我今只根据现有材料试作此表。

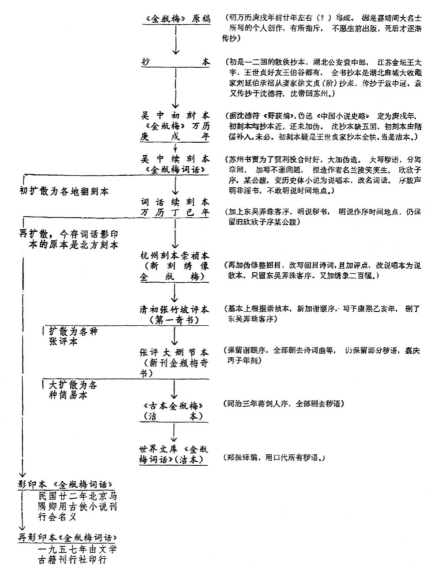

《金瓶梅》原稿 （明万历庚戌年前廿年左右（？）写成。因是嘉靖间大名士所写的个人创作，有所指斥，不愿生前出版，死后才逐渐传抄）

抄　　本 （初是一二回的散佚抄本，湖北公安袁中郎、江苏金坛王太宇、王世贞好友王伯谷都有，全书抄本是湖北麻城大收藏家刘延伯承裀从妻家徐文贞（阶）抄来，传抄于袁中道。袁又传抄于沈德符，沈带回苏州。）

吴中初刻本
《金瓶梅》万历
庚　戌　年 （据沈德符《野获编》，鲁迅《中国小说史略》定为庚戌年，初刻本与抄本近，还未加伪。沈抄本缺五回，初刻本由陋儒补入，未必。初刻本疑是王世贞家抄本全铁，当是洁本。）

吴中续刻本
《金瓶梅词话》 （苏州书贾为了贸利投合时好，大加伪造。大写秽语，分离章回，加写不通回题，捏造作者名兰陵笑笑生、欣欣子序，某公跋，变历史体小说为说唱本，改名词话。序跋声明非淫书，不敢明说时间地点。）

初扩散为各地翻刻本

词话续刻本
万历丁巳年 （加上东吴弄珠客序，明说秽书，明说作序时间地点，仍保留旧欣欣子序某公跋）

再扩散，今存词话影印本的原本是北方刻本

杭州刻本崇祯本
（新刻绣像
金　瓶　梅） （再加伪修整回目，改写回目诗词，且加评点，改说唱本为说散本，只留东吴弄珠客序。又加绣象二百幅。）

清初张竹坡评本
（第一奇书） （基本上根据崇祯本，新加谢颐序，写于康熙乙亥年，刷了东吴弄珠客序）

扩散为各种
张评本

张评大删节本
（新刊金瓶梅奇
书） （保留谢颐序，全部删去诗词曲等，仍保留部分秽语，嘉庆丙子年刻）

大扩散为各
种简易本

《古本金瓶梅》
（洁本） （同治三年蒋剑人序，全部删去秽语）

世界文库《金瓶
梅词话》(洁本） （郑振铎编，用口代所有秽语。）

影印本《金瓶梅词话》
民国廿二年北京马
隅卿用古佚小说刊
行会名义

再影印本《金瓶梅词话》
一九五七年由文学
古籍刊行社印行

　　还有民国后上海书店所印以及日本所刊，还有欧洲译本，都未——提到。我所知有限，不免挂一漏万，还请读者给我补充或指正。

原载《社会科学战线》1979 年第 2 期

《金瓶梅》的作者究竟是谁

中国元明二代几部著名的长篇小说如《三国演义》、《水浒传》、《西游记》等都是经过许多人或几个人的手编成的，但都把作者定下来了，独独这部最早的个人创作、现实主义杰作、素称"四大奇书"之一的《金瓶梅》却至今定不下作者的姓名来，真是憾事！

（一）

关于《金瓶梅》的作者，明末沈德符《野获编》上一段记载，应是最可靠的根据，但他没有明说《金瓶梅》作者是谁，只说是"嘉靖间大名士"。又因词话本上写作者是"兰陵笑笑生"，兰陵是山东峄县古名，又故事发生在山东清河县；又所用对话有些是山东方言。这样，嘉靖间的时代框框，大名士的身份框框，再加上山东人的地区框框，就成了确定《金瓶梅》作者不可忽略的三项条件了。因此，《金瓶梅》的作者也就不好定了。

到目前为止，已提出的《金瓶梅》作者，不下十二个，今分列于下：

（1）兰陵笑笑生。这是万历丁巳年词话本上首先提出的。吴中初刻本（庚戌年本）《金瓶梅》上根本未提作者是谁。

（2）嘉靖间大名士。这是明万历时沈德符《野获编》又《顾曲杂言》所说。虽未明说是谁，却是最重要而可靠的根据。《金瓶梅词话》丁巳年本《廿公跋》说："《金瓶梅》传为世庙时一巨公寓言，盖有所刺也。"这巨公是大官僚，不只是大名士了。世庙是明世宗嘉靖。此说正可与沈氏所说相补充。

（3）王世贞。清初张竹坡评本《金瓶梅》，有康熙乙亥《谢颐序》，最早提出是王凤洲即王世贞作。

（4）王世贞门人。同上："或王世贞门人"，但还接下去说：非王凤洲不能为。

（5）李卓吾。《古本金瓶梅》书首列《王仲瞿考证》说："王世贞作，或云李卓吾作。"

（6）薛方山（应旗）。清宫伟镠提出。据孙楷第先生《中国通俗小说书目》说："清宫伟镠《春雨草堂别集》卷七《续庭闻州世说》又有薛方山应旂作，赵侪崔南星作二说（马隅卿说）。"

（7）赵侪崔（南星）。同上。

（8）冯维敏（海浮）。这是孙楷第先生告我的，但他说："只因他是临朐人，又是嘉靖间名士，并无旁证。"

（9）李开先。文学研究所编《中国文学史》提出。据说是该所吴晓铃先生的意见。亡友关德栋先生也曾有此说。

（10）徐渭。维利《金瓶梅英译本序》提出。

（11）卢楠。清《金瓶梅满文译本》提出。

（12）李笠翁。清康熙时《在兹堂金瓶梅刻本》所题。

过去所提过的作者名都摆出来了。如果只凭猜想，不靠大量材料和充足理由，还可以提出一些姓名来。王世贞主持明嘉靖时代文坛的评陟，就封了许多名士，如前五子、后五子、广五子、续五子、末五子一大批。其中有些还是山东人。但说到最后都没有比王世贞更具备条件。

"兰陵笑笑生"根本是捏造的，吴中初刻本上没有，所以袁中郎、沈德符都未提及。"王世贞门人"也不合理，因为王世贞写这部长篇小说牵涉当代的人太多，不愿用自己真名。在晚年动笔时根本不让人知道，唯一可能的合写者是他的亲兄弟王世懋，决不是什么门人。李卓吾也不可能。李卓吾是闽晋江人，官小，经历不足，且未到过山东。薛方山是嘉靖进士，武进人，兰陵又是武进县古名，今常州，是苏州邻县，他又与严嵩有隙，但他是道学家，《明儒学案》中有他的学案；又著书很少，更不愿写小说。赵南星是山东高邑人，又是名士，但时代较晚，是万历进士，忤魏忠贤，与严嵩无关，著书也很少。冯惟敏是山东临朐人，是有名的词曲家。王世贞称其"北调独为杰出"，也是嘉靖时人，但功名官职都很卑，是举人，官保定通判，称不上"巨公"也写不出《金瓶梅》中许多大场面。李开先较有条件，他是山东章丘人，著《宝剑记》，与梁辰鱼《浣纱记》、王世贞《鸣凤记》称明末三大传奇。但问题是他官儿还不够大，他是嘉靖己丑进士，除户部主事，改吏部历员外郎中，擢太常少卿。又时代较早，他生于一五〇一年，死于一五六八年，严嵩死于一五六六年，李开先不可能在死前三四年内写出此一百回长篇巨制。又李开先与夏言（明嘉靖时宰相，为严嵩所谗杀）不睦，但与严嵩无怨。因此，李开先毫无必要在死前三四年（也正是严嵩死后三四年）中急忙写此长篇小说来影射讽刺严嵩。因此，《金瓶梅》的作者也不会是他。至于徐渭（1520~1593），虽是嘉靖年间浙江绍兴人，是有名的戏曲家、书画家，但经历不足，没有做过大官。英人维利因《野获编》提到麻城刘延伯家藏《金瓶梅》全书抄本，是从他妻家徐文贞处抄来，而徐渭字文长，与徐文贞好似排行弟兄，这实在是一个大误会。原来徐文贞是明相徐阶的谥号，徐阶是华亭（江苏松江）人。维利未查《明史》，故有此误。《野获编》或《顾曲杂言》中所提的徐文贞、刘延伯二人，过去都未被人注意加以查考。我偶读《三希堂法帖》和《元曲选序》才见到刘延伯是湖北麻城县一位大收藏家（详见后文）。至于卢楠也是维利提到的，原来维利精通满文（这是钱锺书同志告诉我的）。《金瓶梅》的满文译本我国亡佚了。维利根据满文译本的序，提出卢楠一说，译音为 LuNan、译意为 Reed Cedar，正可译为"卢楠"。"广五子"中"潘、卢柟"应即卢楠。卢楠虽曾被王世贞列为"广五子"之一，颇有点名气，但还不够个大名士，他是河南濬县人，经历和遭遇也不称写这部小说。最后有人提李笠翁，这根本不值一驳。因为李笠翁名渔，虽然是有名戏曲家，但他是康熙时人，浙江兰谿人，后流寓金陵。只因他被人托名写《肉蒲团》淫书，所以无知书贾任意借用他的姓名。按《肉蒲团》是满篇荒诞下流的淫词秽语，除此一无所有，与《金瓶梅》全异其趣。《金瓶梅》如删去淫词秽语则更显其文学光彩。李渔之名既借用于《肉蒲团》，今又进而借用于《金瓶梅》，可见当时书贾腐儒之无知与无耻至极了。（《肉蒲团》之非李渔所写，当容另考。）

以上论证，已逐一否定了王世贞以外的十一人作为《金瓶梅》作者的资格，而仅凭康熙乙亥年《金瓶梅》谢颐序和清人一些笔记上所载的传说，就认定王世贞是《金瓶梅》的作者，也不足以取信于人。然而，因此就对《金瓶梅》的作者问题不去管他，不了了之，写个"佚名"或"无名氏作"了事，是不负责任的态度。《金瓶梅》成书距今只有三百多年，有关材料也不少，所以，《金瓶梅》的作者应该考定，也可以考定出来。我认为，根据现有材料，有比较充分的理由，可以确定《金瓶梅》的作者是王世贞。今把我的意见和所用的一些材料写出来供大家讨论，希望能得到补充或校正。如果谁提出另一作者，材料更多，更有说服力，我自当收回鄙见。

（二）

《金瓶梅》作者是王世贞，这本是旧说，不是什么新发明。我是吴人，少年时有位老儒是太仓人，也曾说：乡人传说《金瓶梅》的作者确是王世贞。但我只是姑妄听之。到我老来，才着手研讨这个问题，经过调查，检阅材料，逐步相信非王世贞莫属。

首先，我们先看看《明史·王世贞传》：

> 王世贞，……右都御史忬（忬读予——星注）之子也。……年十九，举嘉靖二十六年进士，授刑部主事。世贞好为诗古文。官京师，入王宗沐、李先芳、吴维岳等诗社，又与李攀龙、宗臣、梁有誉、徐中行、吴国伦辈相唱和，绍述何（景明）李（东阳），名日益盛。屡迁员外郎郎中。奸人阎姓者犯法，匿锦衣都督陆炳家。世贞搜得之。炳介严嵩以请，不许。杨继盛下吏，时进汤药。其妻讼夫冤，为代草。既死，复棺殓之。嵩大恨。吏部两拟提学，皆不用。次年，遂出为青州兵备副使。父忬以滦河失事，嵩搆之论死，系狱，世贞解官奔赴，与弟世懋日蒲伏嵩门，涕泣求贷。嵩阴持忬狱，而时为谩语以宽之。两人又日囚服踞道旁，遮诸贵人舆，搏颡乞救。诸贵人畏嵩不敢言，忬竟死西市。……隆庆元年八月，兄弟伏阙讼父冤，言为嵩所害。大学士徐阶左右之，复忬官。世贞意不欲出。……吏部用言官荐，令以副使莅大名，迁浙江右参政，山西按察使。母忧归。服除，

补湖广，旋改广西右布政使，入为太仆卿。张居正枋国，以世贞同年生，有意引之，世贞不甚亲附。……会迁南京大理卿，……居正殁，起南京刑部右侍郎，辞疾不赴。久之，……起南京兵部右侍郎。……先是世贞为副都御史及大理卿、应天尹与侍郎，品皆正三。比擢南京刑部尚书。……世贞乃三疏移疾归，二十一年卒于家（据《明史稿》当是十八年，卒年六十五岁〔1525－1590〕）。世贞始与李攀龙狎主文盟。攀龙殁，独操柄二十年。其所与游者大抵见其集中，各为标目，曰：前五子者：李攀龙、宗臣、徐中行、梁有誉、吴国伦也。后五子者，则南昌余曰德、蒲圻魏裳、歙汪道昆、铜梁张佳胤、新蔡张九一也。广五子则昆山俞允文、濬卢柟、濮州李先芳、孝丰吴维岳、顺德欧大任也。续五子则阳曲王道行、东明石星、从化黎民表、南昌朱多煃、常熟赵用贤也。末五子则京山李维祯、鄞屠隆、南乐魏允中、兰谿胡应麟、常熟赵用贤也。其所去取颇以好恶为高下（赵用贤重出——〔星注〕）。

弟世懋，嘉靖三十八年成进士，即遭父丧。父雪始选南京礼部主事。再把沈德符《野获编》第二十五卷《金瓶梅》一段纪事引录于下：

袁中郎《觞政》以《金瓶梅》配《水浒传》为外典，余恨未得见。丙午（1606年——星注）遇中郎京邸，问曾有全帙否？曰：弟睹数卷，甚奇怪。今唯麻城刘延白承禧家有全本，盖从其妻家徐文贞录得者。又三年，小修上公车，已携有其书，因与借抄挈归。吴友冯犹龙见之惊喜，怂恿书坊以重价购刻。马仲良榷吴关，亦劝予应梓人之求，可以疗饥。余曰：此等书必遂有人板行。但一出则家传户到，坏人心术，他日阎罗究诘始祸，何词以对？吾岂以刀锥博泥犁哉？仲良大以为然，遂固箧之。未几时，而吴中悬之国门矣。然原本实少五十三回至五十七回，遍觅不得。有陋儒补以入刻，无论肤浅鄙俚，时作吴语；即前后血脉，亦绝不贯串，一见知其赝作矣。闻此为嘉靖间大名士手笔，指斥时事，如蔡京父子则指分宜，林灵素则指陶仲文，朱勔则指陆炳，其他各有所属云。

（按日本《大汉和辞典》《金瓶梅》条说是根据沈德符《顾曲杂言》，内容基本相同，但把涎白拆开，在白字上加点成刘延、白承禧二人，其实是一人，刘承禧字涎白。白即伯，延与承义近。可证日本大辞典有误。《三希堂法帖》第一册王羲之《快雪时晴帖》后有刘承禧题字，说他藏了该帖，自诩"右军法书，吾家第一"。后有"麻城刘承禧永存珍秘"字样。又《元曲选·臧晋叔序》中说："顷过黄，从刘延伯借得二百种，云录之御戏监，与今坊本不同。"可证刘延伯是一位大收藏家。并可证延白即延伯。麻城县属黄州府。）

沈德符字景倩，一字虎臣，浙江嘉兴人，万历进士。生于万历六年，死于崇祯五年（1578～1632）。他本身也是个名士，著书很多。王世贞死时，他已十二岁。少壮时寓北京，丙午年为万历三十四年（1606）沈氏已二十八岁，后三年三十一岁时，从袁中郎弟袁小修手抄到全书（缺五回）带回苏州。

这段材料说明很多问题：

（1）《金瓶梅》作者是嘉靖间大名士。

（2）《金瓶梅》是指斥时事主要是指斥嘉靖朝的奸相严嵩父子。

（3）最初刻于吴中，可见原稿就在近旁。时代是明万历庚戌年。鲁迅先生据丙午年"后三年"，再加"未几时"数语考定为庚戌年，极有见地。

（4）袁宏道（中郎）抄有数回，后来其弟袁中道（小修）抄到全书，但缺五回。沈德符借抄后带回苏州。

（5）袁小修是从湖北麻城大收藏家刘承禧家抄来。刘承禧是从其妻家徐文贞公处抄来。而徐文贞公就是嘉靖时宰相徐阶，是江苏松江人与王世贞同乡，也是反严嵩的。严嵩失败后，他出力给王忬平反。王世贞上书徐阶乞求援助，为父昭雪的信，还保存在王世贞《四部稿》中。因此再追问徐阶家的一部全稿又从何处抄来就不言而喻了。

（6）根本未提作者是兰陵笑笑生，也未提及欣欣子序、廿公跋、东吴弄珠客序。书名是《金瓶梅》，而非《金瓶梅词话》。

（7）只说"坏人心术"，并未说秽语满纸不堪入目（《野获编·金瓶梅》一段后还有一段评《玉娇李》即说"秽黩百端，背伦天理，几不忍读"）。

（8）吴中初刻本必非沈德符抄本。沈怕人学西门庆谋财娶妇、酖夫夺妻……等邪恶行为，坏人心术，不敢应书坊重价购刻。但已知"此书必遂有人版行"，他知此书不止他一人有抄本。他的抄本原缺五回，但初刻本不缺，他就说是书坊请陋儒补写的：陋儒即文理不通的穷秀才。但也可能是书坊店主果然找到太仓王家子孙处重价买到不缺的一百回本。因为明人屠本畯《山林经济籍跋》曾说："相传嘉靖时人为陆都督炳诬奏，朝廷籍其家，其人沉冤，托之《金瓶梅》。王大司寇凤洲先生家藏全书，今已散失……如石公而存是书，不为托之空言也。"（石公即袁中郎。）这个消息很重要。王凤洲（世贞）家藏全书一语，正透露出《金瓶梅》本是王世贞所作的事实。王世贞不敢说是自己所作，恐怕是因为严嵩余党遍布全国，不能不有所避忌。所谓"今已散失"，应是已被书坊购去的托词。从历史材料上，《金瓶梅》书稿只能追查到王世贞。而王世贞家又从何处抄来，就无法追查了，只能追到妄托的"其人沉冤托之《金瓶梅》"这句空话了。其实"其人"就是王世贞。

（三）

《金瓶梅》是指斥时事之作，而且蔡太师是指严嵩这一点，是无人否认的。尽管我们不同意索隐派的作法，但不能不承认是在借古诽今。作为一部社会（世情）小说，杰出的现实主义长篇小说决不会毫无所为、无所指斥，只是为写前人小说《水浒传》中的西门庆故事而写西门庆。像这样的自然主义小说也是不可能有的。但是我们更要注意的问题还不在是否指斥严氏父子和其一党的罪恶丑史，而是在小说作者与书中被指斥者有何关系？如果与严氏父子是同党或亲友那就决不会写出这部小说来，而应是有仇怨，是被害者，又是很清楚了解这些仇人的阴私奸情的。这个人正非王世贞莫属。

严嵩是明代嘉靖朝的一个大奸相。《明史》卷三百〇八有《严嵩传》。他是江西分宜县人，字维中，初在家乡钤山读书，后中进士。因为善作青词，受到崇信道教的嘉靖皇帝的信任，做了大学士宰相。柄政二十年，误国殃民，陷害许多忠良。王世贞父亲王忬字思质，做蓟辽总督，防边有功，也被他进谗杀害了。大恶人有两种类型：一种是猖狂跋扈凶焰毕露噬人如虎狼，一种是貌为谦虚朴厚，但心中阴险狠毒，两面三刀，结党营私，排斥异己。严嵩就属后者，所以是最可怕的大恶人。他往往伺机逢迎皇帝愠怒进行陷害并以固宠。儿子世蕃优诛，抄了家，贪污的财宝和文物比皇帝所有的还多，但他却未受处分，活到八十六岁，病死在家乡墓舍中。《明史·严嵩传》记严世蕃"短项肥体，眇一目……剽悍阴贼。席父宠，招权无所厌。……嵩耄昏，且旦夕直西内，诸司白事，辄曰以质东楼。东楼，世蕃号也……不肖者奔走其门，筐筐相望于道。……其治第京师连三四坊，堰水为塘数十亩，罗列珍禽奇树其中，日拥宾客纵倡乐，虽大僚或父执，虐之洒，不困不已。……好古尊彝奇器书画"。"嵩窃政二十年，溺信恶子，流毒天下"。可知当时人都痛恨严世蕃，因其号东楼，正与西门相对，又小名庆（据清人《寒花盦随笔》），很自然地就用当时已流行的小说《水浒传》中的恶霸西门庆呼之。《水浒传》背景是宋代，蔡京正可指严嵩，西门庆是蔡太师义子，正可影射严世蕃。蔡京子蔡攸也是伏诛的，正与严世蕃同。《金瓶梅》中的西门庆也正日拥宾客纵倡乐，也买宅三四处，也有一个花园和池塘，……

《金瓶梅词话》插图（十五回、十九回）

王世贞家本与严氏父子因同僚关系常来往。严嵩是宰相,王世贞父王忬是蓟辽总督,一文一武,权势相当。但后来因王忬不满严嵩发生矛盾,经过激烈的斗争,王忬终于被严嵩谗杀了。除政治矛盾外,还有一些其他的嫌怨。一是两家抢购古画《清明上河图》,一是王世贞兄弟常在严家喝酒,嘲弄严世蕃。这在《野获编》卷二"伪画致祸"、卷八"恶谑致祸",记的极具体。《明史·王忬传》上也记"嵩雅不悦忬而忬子世贞复用口语积失欢于嵩子世蕃"。王世贞与严嵩是杀父之仇。到世蕃伏诛抄家,严嵩辞病回江西老家,其羽党仅处分了一些,名单见《明史·严嵩传》。但大部分还散在全国各地,逍遥法外,权势如故。在上书讼冤时,提到严嵩,王世贞还是称"相嵩"。写《先考思质府君行状》一文中,详叙严氏父子及其死党鄢懋卿如何陷害他父亲,咬牙切齿,但仍称"相嵩",可见他有顾虑。直到严嵩病死后,王世贞才敢写传奇《鸣凤记》四十一出,明骂"严嵩专政误国更欺君,父子盗权济恶,招朋党,浊乱朝廷。……"(第一出)这个剧本是明末三大传奇之一,到处演唱,人人笑骂严氏父子。王世贞应该痛快了,但是作为杀父之仇的王世贞,并不满足。因为还有许多严世蕃丑事在剧本中不能尽情写,于是他再由四十一出的传奇剧本进一步写成一百回的长篇小说。但因牵涉太多,又怕太露骨,于是托古讽今,就借《水浒传》中的西门庆加以演化,倒可毫无顾虑地口诛笔伐了。既可在第三十回"蔡太师擅恩锡爵"中大骂"那时徽宗天下失政,奸臣当道,谗佞盈朝。高、杨、童、蔡四个奸党,在朝中卖官鬻爵,贿赂公行。悬秤升官,指方补价。夤缘钻营者骤升美任,贤能廉直者经岁不除,以致风俗颓败,赃官污吏,遍满天下。役烦赋兴,民穷盗起,天下骚然。不是奸佞居台辅,合是中原血染人"。比《鸣凤记》骂得痛快多了。到第六十四回中居然明骂蔡太师为"老贼"。如:"昨日大金遣使臣进表,要求割内地三镇,依着蔡京老贼就要许他。"这是明指严嵩。事在嘉靖三十六年冬十一月,俺答子辛爱入寇,严嵩隐瞒敌情,要放弃山西右卫,遭到人民反对。最后,连嘉靖皇帝也骂到了。第七十一回"提刑官引奏朝仪",描写西门庆依仗干爹蔡京的援引,居然上京朝见了徽宗皇帝,只见皇帝"尧眉舜目,禹背汤肩,……爱色贪花,仿佛如金陵陈后主。……"把这个末代好色皇帝挖苦了一番。这在封建时代，除了桀纣之外，都不敢揶揄嘲弄，以免触犯大不敬之罪。这也可见王世贞对嘉靖皇帝的怨恨了。

《金瓶梅词话》插图（三十回、三十八回）

（四）

现在我把问题集中到王世贞身上，看他具备多少条件以断定他是《金瓶梅》的作者。

我查看了有关他的大量材料与《金瓶梅》全书对勘。如果"文如其人"这句话是可信的话，那么王世贞的影子完全摄在"金瓶中"，旁人决做不了。由于篇幅所限，不能细述，只能略提梗概。

1. 首先王世贞确是嘉靖间大名士，这不用多说了。

2. 他不单是大名士，还能写小说。著作数量之多，明代文人无出其右（《四库全书总目提要》就这样说）。他的一百七十四卷的《四部稿》，其中一部稿就是说部（其余三部是赋、文、诗词，传奇不在内）。别集中收小说，是由他创始。

3. 他有这样大的魄力能够一个人写下来为个人创作之首的大创作。除《四部稿》一百七十四卷外，还有《弇山堂别集》一百卷，《弇州史料》七十卷。在《四库全书总目》收有十六种，另有北京图书馆收藏十三种，日本东方文化研究所又收藏九种，共三十九种（加上《明诗纪事》中的《奕旨》）。

4. 他是否有时间写？从严世蕃伏诛（1566）开始动笔，到他死去（1590），正有二十四年的长时间。《金瓶梅》究竟在那一年完成？用多少年？这就不能妄断了。

5. 他不单是大名士，还是大官僚，所以能写出许多官场大场面。如蔡太师做寿，西门庆朝见皇帝，六黄太尉到西门庆家接见大小官员，西门庆接待蔡状元、宋巡按等的一套礼节。随从、陈设等等，非大官僚不可能有此阅历、见识和经验。西门庆给李瓶儿大出丧那一套仪仗、路祭，名目之多，非小官僚所知，可能是他妻死了（他在诗集中有悼亡诗）或者母亲死了，有执事人记下详细丧事节目底本可作参考。

6. 王世贞因为多次升调，到过不少地方。《金瓶梅》中所见地名也与王世贞生平经历相合：他做过山东青州兵备副使三年，所以山东地面最熟。清河县、临清码头、泰山等地，都写得很具体。此外还有南京、杭州、扬州、松江、苏州、湖州、严州、湖广……第九十二回"陈经济被陷严州府"，严州是浙江的一个小县，一般作者不会想到它。只因王世贞做过浙江右参政，曾驻过严州一个时期。在他的诗集中有诗《严州有感》等。北宋时都城在开封，但到明代，开封已很荒凉，所以写西门庆两次到开封拜寿，实际是写的北京景色（吴晗先生说的）。而北京是王世贞熟地，从小就随父王忬做京官，寓北京的。

7. 王世贞最信佛道，《金瓶梅》中所记佛、道二教的活动摘录出来可成一本《明末佛道二教小史》。明代嘉靖时代盛行道教，到隆庆、万历时代佛教才兴起。王世贞是两教都信，但反映时代，所以《金瓶梅》中描述道教较多。《野获编》卷二十三"娄江四王"一题中，记"弇州信道，住昙阳观中与家庭绝。其弟麟州亦在家修炼"。《金瓶梅》中记李瓶儿病重时，请潘道士来设坛拜醮、念符驱鬼一套仪式和术语，非熟悉道教者不能道一语。王世贞还编有《列仙传》二册，《四部稿·说部》中有《宛委余编》卷十七、十八、十九全是论神仙之事。

8. 王世贞是大官僚子弟，自己又十九岁中进士，也是大官僚，生活浪费，好色醉酒。在他的诗文中自己并不隐讳。《四部稿》卷一百十七《与李于麟书》明说："足下骂我恶少年，不知慕许解元悼亡者果何人耶？"这说明他妻亡后，决不学许解元悼亡不娶。又说："某产小解意，秉烛侍笔研间，奇思晔晔，不无助耳。"某产是指扬州买来的小妾，是当时官场的劣风。《金瓶梅》中也有人给西门庆到扬州去买妾。又《四部稿》卷一百廿一《与吴明卿书》说："广陵三日饮，大是奇会。吾辈虽于麟岳岳，能作酒间狂态娆娆，唯足下与仆耳。"因此他能写《金瓶梅》中的应伯爵，陪西门庆到妓院喝酒，发酒疯，跪在妓女前面自称儿子，引人笑乐。如果是道学先生决不会写《金瓶梅》。

9. 王世贞是苏州府太仓县人，但他祖籍是山东琅琊。他的著作一般写"吴郡王世贞"，有时也题"琅琊凤洲王世贞"，如《历朝纲鉴会纂自序》就这样署名。他做过山东青州兵备副使三年，熟悉山东风俗情况。可见王世贞不仅具有运用山东语言的客观条件，也具有怀念山东乡土的主观感情。

10. 他的知识面很广，所以能写一百回的长篇小说。好的长篇小说，虽不可借此谈学问如《镜花缘》这样的"博学小说"，不受一般人欢迎；但适当反映摄入社会上各种知识，丰富内容，使读者增长见闻，并备有史料价值，也是必不可少的。《金瓶梅》与一般出于幻想杜撰、空谈无物者不同，引人入胜之处即在于此。虽写西门庆一家事，但所涉知识面很广。除佛道宗教外，还有卜筮星相知识，如第二十九回"吴神仙贵贱相人"，第四十六回"妻妾笑卜龟儿卦"，非精于此道者不能写。《弇州诗集》中有"李乾州风鉴妙天下，不轻为人言，然独数数属意，余因赋答之"。又在《宛委余编五》有详论推命星相一篇。又有医药知识，如第五十回、五十四回、六十回中，都有太医、医官诊病的描写。尤其是五十回中给李瓶儿看病开一药方，前面的医案就写了三百八十多字，像一篇医论，可惜《中国医学史》上没有注意到这一材料。在《弇州诗集》中记有多篇：《赠太医邢先生诗》《送别医友王昌年》诗。他又有极精备的冠服知识，在《宛委余编二》专论冠服古今演变，对妇女画眉式样、梳髻式样，都有考证。

《金瓶梅》中这类描述很多。西门庆和他妻妾每次出门看灯、拜客、会亲，全身冠戴首饰全有详细描写。又有饮食知识，《宛委余编十六》有专论酒菜及各种食物，又讲食经、食品。《弇州诗集》卷四十九有《酒品前后二十绝》，列举名酒二十种名称。写西门庆每日花天酒地，就具体举出如何讲究酒食。所以袁中郎写《觞政》一文把《金瓶梅》作为觞政逸典。最令我警奇者，《宛委余编十六》中还记"蔡太师京厨婢数百人，庖子亦十五人"。王世贞无必要收录这一条材料，此蔡太师必是严嵩，必是为了计划写《金瓶梅》，收罗了不少有关严嵩家的具体材料。又记"汴中节食，因纪其名"，接着列举数十种食物名。这条材料也是为了写《金瓶梅》，以便在西门庆到开封蔡太师家拜寿所用。王世贞时都城在北京，王世贞家在苏州府太仓。苏州人最讲究节食，每次过年过节，糕点就有二三十种。王世贞不记这个，而独记开封（汴中）节食。他又没有到过开封，因此这两条无非是为写《金瓶梅》所收集的材料。写完了《金瓶梅》，这些残余的材料弃之可惜，因此都收在《宛委余编》中。我们更要注意他后面的"余编"有何意义。实际是"杂录""杂志""散记"，但用"余编"，必是有正编在先。《宛委余编十三》专考证文字、声韵，可作他的《艺苑卮言》八卷的余编。十五专论书画，可作他的《书画苑》的余编。十七专谈道释，十六论围棋和论酒茶食经，二专论古今冠服、妇女画眉发髻，……都没有正编，因此，都可看作准备写《金瓶梅》时所收资料剩下来的余编。按《宛委余编》收在《四部稿》中，据《四库全书总目提要》说《四部稿》是世贞为湖北郧阳巡抚时自刻，是万历五年所刻。可见他在《鸣凤记》写出后，受到人民欢迎，他就开始计划写《金瓶梅》并收集材料，把一部分材料先编在《宛委余编》中付印，而《金瓶梅》写完的时间可能稍后。此外，还有弈棋知识，《金瓶梅》中所记斗叶子（即纸牌）、双陆（似今跳棋）、象棋、围棋等，这也是王世贞所熟悉。他著有《弈问》、《弈旨》二书。在诗集中记他与当时下围棋国手李时养是好友。又有武术知识，《金瓶梅》第九十回写李贵教师爷走马耍解。王世贞作为青州兵备副使，与他父亲王忬一样是能文能武的，他有《青州阅武偶成》等诗。并有《送杨仲芳应武举》一诗。仲芳即杨继盛，原来也能文能武。（王世贞做过刑部主事，搜查盗贼。所以《金瓶梅》中把西门庆升为提刑官，春梅嫁给周守备，也是武官，后来抗金战死沙场，正是王世贞的抱负。这些都不是偶然的。）

根据以上各点，《金瓶梅》一书的内容与王世贞的各种情况都很对口径。王世贞是最有条件写此书的作者。所以我便初步定下作者是王世贞。我还要继续查找有关材料；也热切盼望大家来帮我查找。因为明末清初这一段史料包括正史、稗史、笔记、诗文集太多了。蒋瑞藻等《小说考证》还很不够。如果有一天真查到如袁中郎、陈眉公等有资格人的笔记书牍中明说《金瓶梅》确是王世贞所作，当然问题就彻底解决了。如果今天还没有找到这样铁般的直接的证明材料，就说一切考证旁证都不可信，那么有许多古书考证到的作者都信不得了。王世贞的著作据我所知有大小三十九部之多（可能其中有些是与世懋合著，也有些是后人伪托的），但有一条材料可证明他还有未刊行以至不知名目的秘稿。《弇山别集》前有一篇万历庚寅冬日五岳山人沔阳陈文烛序说："余习元美，尝窃窥其青箱，则尚有：《弇园识小录》、《三朝首辅录》、《觚不觚录》、《权幸录》、《朝野异闻》，此枕中之秘，尚不以示人也。……异日尽出其秘，发醢鸡之覆，而睹天地之全，则我明有良史矣。"其中《弇园识小录》《权幸录》等就没有刻印，今各图书馆收藏书目也未著录。陈文烛作序时是万历庚寅十八年，正是王世贞死的那一年。他序中所说"尝窃窥其青箱"，不知是哪一年？可能较早。他是王世贞好友，能够看到枕中之秘。但他相信王世贞还有秘书，不肯出示，所以他希望"异日尽出其秘"。可知《金瓶梅》就在最后秘藏中。王世贞也是一位大历史家，他所著书大部分是历史（又大部分是《明史》，为治《明史》者所重视）。《金瓶梅》实在也是一部明末社会史。他是一个爱好写作的人，他会写作到死方休的。（又查日本《大汉和辞典》王世贞条，记王世贞字元美，号凤洲、弇州山人，为世所熟知者外，还有九友斋、五湖长、贞元五湖长、天弢居士等别号。）我还可补上他又叫"凤升"，这是据李攀龙《列仙传序》上称他的；又叫"息庵居士"，这是王世贞所著《艳异编》小引自题；又叫"王伯舆"，《弇州诗集》卷四十四中有一首通俗诗："有情痴故至，无情黯亦尔；琅琊王伯舆，终当为情死"，这全是他自写，他在兄弟中行大，所以王伯舆也该是他的化名。这可给《大汉和辞典》作补充。大辞典又记王世贞有不少藏书室，有凉风堂、尔雅楼、小酉馆、离赟园、藏经阁、弇山堂等。所以我相信日本一定还可找到关于王世贞《金瓶梅》方面的材料。我国有许多古代重要历史资料，他们都给我们妥善地保存着，值得我们感谢钦佩。

（五）

最后还有一个重要问题是过去解不开的结子，就是山东方言问题。

这个结子，鲁迅先生、郑振铎先生、吴晗先生都被蒙过了，真是智者千虑，也有一失。

鲁迅先生说："还有一件是《金瓶梅词话》被发现于北平（实际是从山西介休县收购到的，已见前一章），为通行至今的同书的祖本。文章虽比现行本粗率（指比崇祯本——星注），对话却全用山东的方言所写，确切的证明了这决非江苏人（该说苏州人——星注）王世贞所作的书。"（《中国小说史略》日本译本序，全集六 275~276 页）郑振铎先生写《谈金瓶梅词话》一文，初刊于 1933 年《文学创刊号》，化名郭源新；吴晗先生写《金瓶梅的著作时代及其社会背景》，1934 年 1 月刊于《文学周刊》。都根据鲁迅先生的话，说王世贞不是山东人，不会说山东方言，因此他不会写《金瓶梅》。郑振铎先生还说除了这点，王世贞却是最具备写《金瓶梅》的条件。但他们却没注意到王世贞祖籍是山东琅琊和兰陵不只是山东峄县，也是江苏武进的古名。为了忠于科学、历史，用实事求是的态度，提出我的意见。我以为山东方言问题不是一个重要问题，理由是：

1. 王世贞从小就随他父亲王忬寓居北京，十九岁在北京会试殿试中进士，一定会说一口北京话。

2. 王做过三年的山东青州兵备副使，也会说些山东话。

3. 在山东做官，一定使用一些当地的婢仆，他写潘金莲、春梅、吴月娘、孙雪娥、朱惠莲等嘴里的市井妇女骂人脏语，一定是从本地婢仆那里记录下来的。

4. 方言与人不是永不会变化的，往往有甲地人到乙地住长了，可以学会了乙地方言，忘了或说不好本来的甲地方言了。也有会较熟练说两种或多种方言的。

5. 过去一般士大夫能说官话，可是对本乡的市井"下层"妇女骂人脏语却不学不用。如果不是方言学专家，决不想学、记那些成语、谚语、歇后语等等。我是吴人，是学生子出身，苏州妇人骂人语我只知道"杀千刀"一句。因此，如果王世贞即使生长在山东清河县，由于他的大官僚子弟身份，他也未必能熟谙那一套方言俗俚谚语。

6. 不要太强调《金瓶梅》用山东方言问题。它用方言的程度远不如《海上花列传》，对话不论男女老少一律用地道苏白。《金瓶梅》只有潘金莲等人在口角时才多用山东方言。西门庆说话就用北方官话，有时用官场客套话还用文言。至于一般叙事，都是用的北方官话，所谓白话文。

7. 山东方言也很复杂，胶东、淄博、济南就有显著差别，因此笼统说山东方言，实是外行话。应该说《金瓶梅》中妇女对骂的是清河县方言。这样一来，嘉靖间一些非清河县人的山东名人都写不了《金瓶梅》，那个托名兰陵笑笑生的即使是峄县人，也无此资格了。

8. 写小说用别地方言并非难事，可以在短时期中学会，现代往往有南方人写陕北的、东北的、河北省的革命故事，只须到当地农村，深入群众，生活半年一载，就可记录下大量方言词汇。毛主席指示要用苦工夫学习群众的语言，并不是指的方言土语。我们说从语言上别真伪，是指语言的工力风格，不是用什么方言土语。如鉴别字帖真伪，主要从它的运笔工力风格，也不问他写的什么正草隶篆字体上，总之，不可搞成方言决定论，这等于地理决定论。

9. 最后我再提出一个有力的旁证。《水浒传》上宋江、晁盖、李逵、武松以至西门庆、潘金莲、王婆、郓哥、武大、何九等都说有山东方言土语，不是山东人应不能写得出了，但作者施耐庵恰恰是杭州人而不是山东人。因此，沈德符只说嘉靖间大名士，不说又必是山东人，确有见地，我们还要"于无言处体深情"。

〔附记〕：社会科学院文学研究所范宁同志提供我一条材料：袁中郎《游居柿录》卷九说："董思白云：近有一小说名《金瓶梅》，极佳。……旧时京师有一西门千户延一绍兴老儒于家。老儒无事，逐日记其家淫荡风月事。"此说已有人论证其无稽不可信，这里不再申论。按

《袁中郎全集·与董思白书》说："《金瓶梅》从何得来？……"可知袁中郎所见的数卷《金梅瓶》是得自董思白，董与徐阶同为华亭人，可能是从徐家抄来，刘承禧家有全抄本这一消息，也可能是董思白告给袁中郎的。

原载《社会科学战线》1979 年第 3 期

《金瓶梅》被窜伪的经过

袁中郎在《觞政》一文中说:"传奇则《水浒传》、《金瓶梅》等为逸典,不熟此逸典者,保面瓮肠,非饮徒也。"又《与董思白书》说:"金瓶梅从何得来?伏枕略观、云霞满纸,胜于枚生《七发》多矣,后段从何处抄竟,当于何处倒换。"枚乘《七发》内容是说吴王的太子有病,枚乘用饮食、美女、音乐、打猎、观潮等事去诱发他,寄寓规劝之意。《金瓶梅》中也有饮酒、歌伎、游乐等事,但描写比《七发》加细了,所以说"胜于《七发》"。袁中郎并未提到中多淫秽语,可见本无什么淫秽描写。

袁中郎孙袁照编《袁石公遗事录》,节录沈德符文后,又作按语:"谨按《金瓶梅》一书,久已失传,后世坊间有一书袭取此名。其书鄙秽百端不堪入目,非石公取作外典之书也。观此记谓原书借名蔡京朱勔诸人为指斥时事而作,与坊间所传书旨迥别可证。"阿英《小说闲话·金瓶梅杂话》说:"袁照此记目的无非在替石公辩解,以巩固或强调其在封建社会中的地位。但从沈袁所说内容与一般本子的不同上却不能不使我们发生一个疑问,即是《金瓶梅》是否真有他种本子?"可见阿英,也看到《金瓶梅》原稿及万历庚戌初刻本与改名《金瓶梅词话》大加窜伪是不同的。这虽作为疑问提出,却比清王崑《金瓶梅考证》中说"金瓶梅原无淫秽语"有力,启发人,要加以认真思考。

沈德符从袁中郎处抄到《金瓶梅》全书后,回到吴中,就有书坊来怂恿他公开付梓,沈不肯,理由是怕坏人心术,这是指的西门庆与潘金莲偷奸谋杀武大,反而逍遥法外;又娶孟玉楼、李瓶儿,人财两得;不能作为原稿就有淫秽描写语之证。明田汝成（嘉靖五年进士）《西湖游览志余十五》已评《水浒传》为"变诈百端，坏人心术"。沈德符实是用他的话。

沈德符《野获编·金瓶梅》中还有一段说："中郎又云：尚有名《玉娇李》者，亦出此名士手，与前书各设报应因果。……去年抵辇下，从邱工部六区志充得寓目焉。仅尽卷耳，而秽黩百端，背伦灭理，几不忍读。其帝则称完颜大定，而贵溪、分宜（即夏言与严嵩二人——星）相构亦暗寓焉。至嘉靖辛丑庶常诸公，则直书姓名，尤可骇怪，因弃置不复再展。然笔锋恣横酣畅，似尤胜《金瓶梅》。"沈德符把对二书的评价列在一起，他对《玉娇李》的秽黩百端，十分厌弃，仅仅看完一卷就不想看下去，"弃置不复再展"，更不想借抄全书了。这也是有力的证明：《金瓶梅》初稿决没有淫秽描写。袁中郎因为看到《玉娇李》是摹仿《金瓶梅》之作（《玉娇李》，书名就是摹仿，金对玉、梅对李），所以怀疑是出于同一名士之手。实际应是另一名士，看到《金瓶梅》原稿，嫌它指斥时事不明显，描写色情不痛快，而又不能另出机杼，只好揩撺。由于它技巧拙劣，文字淫秽，便踵事变本，效颦续貂，但不仅沈德符"厌弃"，一般人也不愿阅读，因而不能流传。沈德符后来也必看到《金瓶梅词话》，见它改名"词话"揳入了同样"秽黩百端"的话头，不值一读，所以根本不提它了。

沈德符看到过吴中庚戌年初刻本，只说有陋儒补写所缺五回（五十三至五十七回），很不满意。这是最早的证明该书已被揳伪，但还未揳淫秽语。但应指出，其中"西门庆两番庆寿诞"（五十五回）应是原稿，因为那种场面，没出过乡门，没做过大官，没有这些经历的陋儒，根本写不出。至于五十四回所写应伯爵郊园会诸友，显然是伪撰的。应伯爵是专吃人家的"白嚼"，怎么会作东请客？又在城外很远的花园中，冷冷清清，更未与花园主人或看园的打一照面，这些都是马脚，可能是陋儒所补写。五十三、五十六、五十七等回也较空洞散漫。但我们确又因此得到一个有力证据，即这几回（西门庆两番庆寿诞除外）陋儒补写时，他不能闭着眼信笔所之，必须先把全稿细看数遍，以免前后不对榫。因而所补虽不是天衣无缝，也算勉强看不出明显破绽，所以这个陋儒也并非太陋。他看到全书本无淫秽处，所以补写的数回，尤其是后四回，毫无淫秽处。五十三回虽写四处男女私会，先是陈经济和潘金莲，其次是西门庆和潘金莲，明日西门庆和吴月娘，又明日和潘金莲，也未大描。只是陈经济和潘金莲这一次可能有些伪撰，是再版时所加，未必是补写者所为。

沈德符并未提到作者是兰陵笑笑生，也未提欣欣子序、廿公跋，可见万历庚戌初刻本，只题《金瓶梅》作者名，欣欣子序、廿公跋都没有，也没有大描大绘的淫词秽语。否则沈德符一定会提到。加了许多淫秽不通的诗词后，才改名《金瓶梅词话》。

到万历再刻时，书贾为了贸利增加销路，迎合明末社会邪风，于是再请一些无行文人、穷酸秀才，连书贾自己文字本不通也参加了，进行挽伪。这就是袁中郎孙袁照所说袭取其名的伪本。要重写一部像这样的巨著不是容易的，伪撰乱改还是容易的。这次大伪撰有以下几点：

（1）挽进大量的淫秽描写。凡不是用隐喻暗示的手法，而用赤裸裸的粗俗下流的描写都是伪撰。这种恶劣文风，开始于明末万历后，冯梦龙编《醒世恒言》第三卷"金海陵纵欲亡身"，还有凌濛初二刻《拍案惊奇》第十八回、第三十四回，其恶滥描写都与《金瓶梅词话》相似。冯凌二人均明末清初人，冯又见过《金瓶梅》稿本（所以窜伪冯有嫌疑），但冯的文才很高，决不会写出这些恶滥不通词句。《醒世恒言》第三卷中恶滥描写当也非冯初稿所有，而是书贾延请的不通文人所伪挽。文学语言最可辨真伪，并非由于我有偏见。

（2）改为词话体。袁中郎、沈德符都只称《金瓶梅》；不名《金瓶梅词话》。可见原非说唱的词话体式。由于加了不少粗俗淫滥的词（用长短句、白描赋体手法，没有曲牌名，并不是规范词曲）。才改称《金瓶梅词话》。这些都是伪撰，文字极恶劣不通。这些恶劣文字，往往首加"但见"二字，大名士决不会作此。

（3）又改动某些章回，因上一回伪撰多了，就把后几段挤到下一回。或二回合为一回，一回拆为二回。所以一部分原题目不能不改，这就露了马脚。

（4）加上作者兰陵笑笑生，这当然是捏造。

（5）又加上欣欣子序，廿公跋，这也是捏造，目的是借序跋来宣传、掩饰这不是淫书秽书。

（6）到三刻时是万历丁巳年，又加东吴弄珠客序，才明说秽书，仍保留欣欣子序，又露了新的马脚。

（7）到崇祯本出版，伪撰更加露骨。题目虽已修改整齐，但淫词秽语就写在题目上，还附绣像二百幅，每回二幅，其中有三十五幅全是春宫画，把淫书推展到顶点。到清初张竹坡评本，又采用掩饰手法，提出"苦孝说"。由于清政府一再下令焚禁，所以淫秽处不再增加，到同治初且有《古本金瓶梅》洁本产生。可知《金瓶梅》出版后一伪再伪，伪中有伪。从明末到清末，它究竟在各地出版过多少回？实已不可究诘。因此，我们可以推测由于有崇祯本的伪撰，就可知万历丁巳的伪撰，丁巳年前至万历庚戌年间的伪撰，即《金瓶梅词话》（有欣欣子序，廿公跋，还没有东吴弄珠客序）。而吴中庚戌初刻本较近抄本原稿，这有袁中郎、沈德符、袁照等人为证。但此书当伪撰本出版后，它反而不受世人欢迎而亡佚了。这是最可惜的事。

（8）据李日华在其日记中（刘刻味水轩日记全稿）说："十一月五日（万历四十三年），沈伯远携其伯景倩所藏《金瓶梅》小说来，大抵市诨之极秽者耳，而锋焰远逊《水浒传》。袁中郎极口赞之，亦好奇之过。"李日华所说"市诨之极秽者"，显然是以道学家眼光来看待《金瓶梅》对"武松杀嫂"这一故事情节，作了改写而发，所以说"锋焰远逊《水浒传》"。按李日华所看《金瓶梅》正是沈德符（景倩）从袁中郎处抄来的原稿，且听到沈伯远介绍袁中郎如何夸奖此书，李很不满意，讥他是"好奇之过"。可知李所谓"极秽"是指书中关于西门庆等丑秽行为的写照而不是淫秽描述。这也足证原稿之本无这些恶烂货色。

（9）《金瓶梅》的被伪撰也是注定不可避免的。首先，它正遇上了明末社会。没有这个社会，也产生不了这部杰作，也不能避免受伪撰。明代是造伪最多的时代，成了风气，《三国演义》《水浒传》《西游记》都已风行，家喻户晓，不能再加伪撰，而且内容有限制，不容许伪撰淫词秽语。现在看到《金瓶梅》出版，正写西门庆一生丑行秽史，也不可避免有些男女色情描写，这就有了掺伪，大肆塞进那些淫秽下流东西的可乘之机。

（10）单从文学艺术的手法上讲，从《诗经》、《楚辞》、汉诗赋而至六朝、隋、唐、宋、元、明的小说戏曲等写作高手，很少描写性爱，即使有所涉及，也用比兴喻代，含蓄蕴藉，像《金瓶梅词话》中那样毫无艺术意味的下流描叙、只能是无耻并无聊笨伯劣手所为，大名士决不为此。

（11）这些伪撰在一开始就露出马脚。第四回叙西门庆和潘金莲第一次在王婆家通奸，全按《水浒传》写法："当下两个就在王婆房里脱衣解带，共枕同欢。"轻轻带过。我认为《金瓶梅》初刻本就是如此。但到再刻加伪时，插入一段描写"但见……"的二十六句，一百五十四字的"词"。本来已经够了，不知到另一刻本，还嫌不足，又加上两首咏物诗，咏二人生殖器，并应放在前面脱衣解带时，今放在二人已起床后，显然是伪撰者画蛇添足。两首七言律诗，文字拙劣，还不如前面二十六句长短对句。而第二首诗更拙劣到连平仄都不调了。这一回是辨伪的关键，我首先在这里看出破绽，全书的伪撰处就迎刃而解了。

（12）我把全书中描述男女同宿处都摘出作比较，看出伪撰者当初并无全盘计划，只是匆匆随意乱塞一番，如若原稿就有，那决不会如此漫无章法。这共有一百〇五处。其中大描大绘者三十六处，小描者三十六处，根本未描者三十三处。这三十三处，应是原稿本文，并未经改动者。三十六处小描，可能有些是经略改的，但仍与《水浒传》《红楼梦》等所写相伴，不足为奇，至多是白璧微瑕。至于三十六处大描大绘的，则可断言一定是伪撰，必非大名士所写。文字既拙劣，又极为下流无聊。

（13）这里再把今存的《金瓶梅词话》（万历丁巳年刻本）的一些问题作番考查。所谓兰陵笑笑生，就是由于加了伪撰投合时人荒淫无耻邪风，可以借此博取笑乐。若按本书因果报应观点，决不取此名，欣欣子即笑笑生，这是不打自招。廿公可能是黄姓的藏头露尾。欣欣子说是"关雎之作，好色而不淫"。廿公也说不是淫书。一序一跋，一唱一和，应是出自一人之手。序又说："其中语句新奇，脍炙人口。"所谓"新奇"就是指伪撰处，表示与初刻旧本不同了。又说"房中之事，人皆好之，人皆恶之"。这种自相矛盾之词，正是对揽伪处作贼心虚的自我暴露。又说："此一传者，虽市井之常谈，闺房之碎语，使三尺童子闻之，如饮天浆而拔鲸牙，洞洞然易晓。"既加了许多淫词秽语，还教三尺童子看，还使他如拔鲸牙，洞洞然易晓，真是文字不通，头脑混乱，郑振铎先生引序中所称

"前代骚人"中有明代成（宪宗成化）弘（孝宗弘治）时人，不算前代骚人，因此证明该序之伪，这并没有击中要害。倒是前代骚人中有元微之《莺莺传》，罗贯中《水浒传》，说是"其间语句文确，读者往往不能畅怀，不至终篇而掩弃之矣"。这又露了马脚。《水浒传》使人爱不释手，而《金瓶梅》又是从它脱胎而来，怎能说"不至终篇就掩弃之"呢？这真是出人意料的拙笨笑话。

（14）这里再谈谈词话本对回目加以篡改问题。书中不少词、曲、公文、书函等，语言优美，工整有力，无疑这是原稿所有的大名士手笔。相形之下他决不会写出字数不齐，对仗不工，还有生拆地名姓名那些部分回目来。如第一回"景阳冈武松打虎，潘金莲嫌夫卖风月"，其中把"武松"（姓名）对"嫌夫"（谓语词组），不妥。"打虎"两个字对"卖风月"三个字，大错。第二回"西门庆帘下遇金莲，王婆贪贿说风情"，"王婆"两个字不能对"西门庆"三个字，"帘下"也不能对"贪贿"。稍通文理者决不会犯此错误。第三回"王婆定十件挨光计，西门庆茶房戏金莲"。这更随便了，完全不对仗了。又第八回"潘金莲永夜盼门庆"，把"西门"复姓截成两片，第一百回"韩爱姐湖寻父母"，把湖州地名拆开，也无此文法，显示伪撰者文理不通到何等地步。这种荒谬写法，如为原稿所有，怎能博得袁中郎、沈德符的称赞？

（15）在每回题目下所写的诗词也都不通。按《金瓶梅词话》目下有"词曰"，各缀一首诗或词。但只第十七、卅一、四十六、八十二回是词，其余多数是七律，少数是五律（只三回）、七绝（只三回）、六言（只三回），还有像科举试帖诗五言十二句（只一回），以及格言（只四回），局面很乱，大都字句不通，平仄不调，毫无意致。（有些较像样的诗，又全与本回内容无关，显系抄自他人成作来凑数。）如第七回题目下诗，咏薛嫂给孟玉楼做媒：

我做媒人实可能，全凭两腿是殷勤。唇枪惯把鳏男配，舌剑能调烈女心。利市花红头上带，喜筵饼锭袖中撑。只有一件不堪处，半是成人半欺人。

"实可能"不通。第七句"只有"二字失调。勤、文韵，撑、庚韵，心、侵韵，人、真韵，可见作歪诗者手头还没有一部平水韵。又如第三十六回题目下诗：

> 富川遥望剑江西，一片孤云对夕晖。有泪应投烟树断，无书任寄雁鳞稀。问安已负三千里，流落空怀十二时。海阔天高都是念，凭谁为我说归期。

这回题目是"翟谦寄书寻女子，西门结交蔡状元"，诗全不切题，勉强算写西门庆给翟谦找小妾，把王六儿女韩爱姐送到东京，不知何时再归来之意。此诗好似有些词藻，但不押韵，西、齐韵，晖、稀、微韵，时、期、支韵。每回中还有不少五绝和七律，也文词不通，且多淫秽语。至于曲子（有散套和小词）却很少淫秽语，多是俚词艳曲，歌咏男女相思。全书共有散套二十一个，再加小词，共二百五十个曲子。但到崇祯本就把套曲几乎都删去了。这可见词话本比崇祯较多保存原稿初刻。这些曲词除明说引自《玉环记》《西厢记》处，还有《琵琶记》第二十一折的《梁州序》。王世贞生平最欣赏、赞许梁州序和念奴娇（见臧晋叔《元曲选序》），因此他很自然地也把它写入小说。他也会纳入一些自作散曲。他在《弇州诗集》中只有少数词，但没有曲。他是大词曲家，决不会在《鸣凤记》外，不再留其他曲词。

（16）《红楼梦》是受《金瓶梅》影响的。曹雪芹一定看过崇祯本或张竹坡评本，所以在《红楼梦》第二十一回中写贾琏淫乱行为，很像西门庆。但曹雪芹也是一个大名士（当时虽不出名，但可说是一个贵族子弟中文学修养很深的），他写此传世大作，自有千秋，决不愿笔涉淫秽，以媚世悦俗。因此，他虽看到《金瓶梅词话》前例，也不为所动。可见当初嘉靖间大名士王世贞也决不会为此。只有一些无行文人、牟利书贾，才如逐臭之夫，一时蜂起蝇喧，写出一些描写淫秽的作品；但内容空虚，质量低下，有如朝露春花，转瞬即逝。而《金瓶梅》却在蒙垢屈辱中生存下来，这是由于什么？这还须言而后喻么？

万历庚戌初刻本在再刻伪撰本出版后就亡佚了。我们希望将来有一天终会发见。我们并不是把《金瓶梅》当作商鼎周彝，必求真器，不要赝品。《三国演义》《水浒传》都是经过历代不少人手加以修改补充而编成的，但要锦上添花，不许佛头着粪。《金瓶梅》被一再伪撰，枉受淫书之名，使四大奇书之一的《金瓶梅》不能与其他三书公开行世，惜哉！冤哉！

原载《社会科学战线》1979年第4期

《金瓶梅》的文学评价以及对《红楼梦》的影响

　　《金瓶梅》是四大奇书之一，是明代著名的长篇小说。郑振铎先生选入《世界文库》，所以它也是世界文学名著之一。它初刻于吴中，是明万历庚戌年（据鲁迅《中国小说史略》）公元一六一〇年。原名《金瓶梅》，本无淫秽语。但到丁巳年一六一七年，它不幸被搀伪。为了投合当时社会风气，书贾伪造了许多淫秽语词，改名为《金瓶梅词话》。到崇祯刻本，又加了一百回绣像插图二百幅，就成为头号的淫书禁书。使此文学名著蒙冤三百年（我另写有《金瓶梅》版本考，作者考等文）。大学文科讲授文学史者不能不讲，但又不会讲。多数是痛骂它是诲淫之书。它的文学价值，不敢再提，以免涉嫌为宣扬淫书。连它是《红楼梦》的渊源，没有《金瓶梅》就不可能有《红楼梦》这一点，也无人知道了。今天几乎所有文学刊物都有讨论《红楼梦》的文章，独无一字提《金瓶梅》。可见思想还未解放。有些人，受封建统治阶级假道学的毒害很深，后又受"四人帮"思想的毒害，不敢深入研究、考查词话本是伪书，而《金瓶梅》却受冤莫雪，且使中国文学史上造成这一空白点，岂不冤哉！

　　我这里单把《金瓶梅》的文学价值和缺点以及它的影响简单地谈谈。优点特点方面可列举十余条。

　　1. 元明四部长篇小说：《三国演义》《水浒传》《西游记》和《金瓶梅》，正代表四种类型。"三国"是历史小说，"水浒"是侠义小说，当说造反小说，反抗小说，"西游"是神怪小说，《金瓶梅》是世情小说，当说社会小说。在中国小说史上，可说社会长篇小说是《金瓶梅》创始的。

2. 在小说史上，《金瓶梅》又上承"水浒"，下开"红楼"。《金瓶梅》是从《水浒传》中数回写潘金莲故事演化来的，又以《水浒传》为写作范本的。如果撇开《金瓶梅》，这一段小说的历史发展就无法讲清了。

3. 《金瓶梅》是个人创作长篇小说最早的。它前面的"三国"，"水浒"，"西游"三部长篇小说都有依据。《三国演义》是以陈寿《三国志》和裴松之注为蓝本，加以演化的，所以称演义。《水浒传》也有宋史关于宋江的记载，主要是《宣和遗事》和元曲中许多梁山泊英雄故事为蓝本，而加以演化的。《西游记》是据《唐书·三藏法师传》，记唐僧玄奘往西竺取经，和《大唐三藏取经诗话》等演化而成。玄奘是中国人（河南人，本姓陈）到国外游学，一路上备尝艰苦，表现出惊人的毅力。在印度学佛学十七年，写出论文《会宗论》《制恶见论》，由戒日王召集五天竺沙门等数万人，参加讨论。开会十八天，大小乘学派全体通过，取得无上荣誉。回国后译经十九年，译书七十五部，一千三百三十五卷。他住的佛寺慈恩寺，至今还保存在西安市。就是封建时代考中状元进士的总要在塔上题名的"大雁塔"，就是在慈恩寺中，为中外游人所瞻仰。我们对这样一位令人肃然起敬的最老的游学生，大哲学家，大翻译家，又是佛教学派十宗中"慈恩宗"的领导始祖，却给《西游记》描写得成为一个小丑人物，成为"千刀应剐唐僧肉"，岂不受屈？这是西游记最大的缺点，特此表白。至于《金瓶梅》虽从《水浒传》廿三、廿四、廿五、廿六四回中描写北京宣和年间西门庆鸩杀武大，偷娶潘金莲的故事，作为托古讽今，实是写作者当代明嘉靖和万历初年事（作者我考定确是王世贞，详见我作者考一文中）。它不据历史或民间传说，而全据当代社会的事实，值得注意。

4. 《金瓶梅》取材于现实社会，是社会小说之祖。也说是一部明末社会史。

5. 专写社会的阴暗面，必然重点要放在暴露和谴责上，是清末谴责小说之祖。

6. 用现实主义的创作方法，有鲜明的倾向性，说明西门庆，蔡京（实是严嵩）之流作恶多端，祸国殃民必无好下场。

7. 只写西门庆家史，解剖一个麻雀，是创造性的。《红楼梦》写贾家一家史就是学它的。

8. 它托古讽今，是在封建统治下一种斗争的策略。后来有许多小说都采用这种手法。

9. 它写阶级斗争较突出，尤其是第二十六回。写西门庆与坏女人潘金莲勾结，陷害家奴来旺和宋惠莲夫妻事，阴险狠毒，逼死两条人命。而宋惠莲宁为玉碎，不为瓦全地与他们主子作斗争，极为动人。《红楼梦》只有第四回。这是《红楼梦》作者所处的时代不同，正在清初。

10. 也反映了明末的经济现象，说明了资本主义因素已经萌芽。西门庆有银子不买地，只派家奴往南方贩丝绒绸缎开店铺，可作明末社会经济史的重要史料。

11. 分析了明末封建统治阶级的腐败到了极点，各地都有西门庆恶霸为基层，他勾结地方上的大小赃官墨吏，朝中有奸相撑腰，最高有糊涂好色的皇帝在纵容庇护，政治安得不腐败？明室安得不亡？历代正史都没有这样综合地全面地深刻地写过。

12. 结构大而不乱。全书一百回。出场人物有二百多人（《红楼梦》扩大为四百多），主角西门庆由破落户地痞流氓药铺店东的起点逐步发迹往上爬到拜奸相蔡京为义父，自己升官发财，又得子，妻妾满堂，这是顶点；然后纵欲暴亡，而全家鸟兽散，直到遗腹子孝哥出家为僧而结束。全书从头至尾，从宣和前一年公元一一一八年西门庆廿六岁，到三十三岁死，整八年中的罪恶活动。死后三年，全书结束。中间安排了若干大波澜，其中又各有些小波澜一气呵成。确是精心结撰之作。

13. 描写人物深刻而生动。特别是西门庆，潘金莲，应伯爵，吴月娘，宋惠莲等。主要是通过对话，刻划个人性格。《红楼梦》又比它进了一步。它还能用发展的观点，辩证的手法。如写西门庆在没有做官发财时，穷凶极恶，什么黑钱都抓。到做官发财后，就慷慨好施（却不施与家奴和劳动人民）。在家常用马鞭子抽打妾婢像活阎王，出门与官场应酬，又是那么斯文有礼，彬彬君子。他陷害家奴来旺夫妇心毒手狠，毫无情义；但对第六妾李瓶儿死，却大哭三日，又如此多情。如果只写西门庆满面横肉，一见就知坏人，这倒是描写劣手，就不能深刻地写出他的阴恶来。此外写潘金莲的淫恶野心，应伯爵的无耻卑鄙，陈敬济的下贱软弱，吴月娘的虚伪阴险都很成功。

14. 语言上突出地发展了妇人骂人的语言。如潘金莲的骂人如此形象，生动，尖刻，连贯，变化多端，真有很高的骂人艺术。在元曲明传奇上也是少有的（《三国演义》上有击鼓骂曹，是正义的人对坏人坏事能痛骂，确是受欢迎的。可知好的骂是好事，是艺术），正史上更没有（外国小说上曾有骂人专家，每当日月食时，有人雇他来向空辱骂，驱逐天狗。他可以骂半天，无一句重复，且把所有最丑恶刻毒的词儿都搜到了。潘金莲也有这本领。但这些都不是好骂，因为并非代表人民而针对坏人坏事的）。

15. 善用方言，成语，谚语，歇后语……可抄录成一本小册子，这也是其他小说所不及的。

16. 它还创造了不少修辞手法，如形容潘金莲的美，从吴月娘初次看见她，只说："从头看到脚，风流往下跑；从脚看到头，风流往上流。"这比宋玉《登徒子好色赋》："增之一分则太长，减之一分则太短，施朱则太赤，著粉则太白。"还要生动。并不用具体的词儿，如粉白朱赤，更不用樱桃小口，眼如秋水。这种高度的提炼手法又在形象思维之外，值得注意。有时太形象太具体反而描写不好。又如形容潘金莲的性格，说"恃宠生骄，颠寒作热"。"性格多疑，专一听篱察壁"。这确是形象化的描写，十分生动。

17. 书中有不少曲辞很精妙，艺术性强，当然内容很无聊。其中有些是现成词曲，如《梁州序》是《琵琶记》中名曲，是王世贞生平最叹赏的。有些就是作者自作的。由于有部分精美的词曲，使我们分辨出哪些是伪撰的劣手所为。从语言中尤其是诗词曲，最能辨别真伪高下来。研究古典文学者不可不注意。

18. 书中又多杂知识。如写妇女装束很详细，可摘出编一本明末妇女服装小史。太医给李瓶儿开药方，医案写了四百多字，像一篇医学论文，是历史上最长的医案。还有元宵看花灯，放焰火。又李瓶儿病时，请潘道士来家设醮立坛，念咒驱鬼的一套仪式。李瓶儿死后大出丧的一套仪仗路祭，名目繁多。这些都是宝贵的史料。小说最可看到作者的知识、学问和经历。《金瓶梅》在这方面也是很有价值的。

《金瓶梅》也并非是完美无缺的。作者不直接写明末事，因为有顾虑，假托了《水浒传》上所写北宋末的故事，这是一个大缺点。但我们原谅了这一点。那么它还有以下各缺点。

1. 宣扬道教佛教思想分量太多。在生活饮食上它是《觞政》的逸典（《觞政》是袁中郎所作，专讲饮酒。因为《金瓶梅》写西门庆讲究喝酒，每日与狐朋狗友酒食征逐，所以被列为觞政逸典）。在哲学思想上，它又成了《太上感应篇》的外编了。当然这充分反映了明代末年的统治阶级思想和作者的思想（明嘉靖、万历两个昏王最信佛、道）。但是如果删去一半，更可增加它的文学价值。

2. 虽然敢于大胆暴露，但由于作者也是一个士大夫阶级，所以对西门庆有许多淫乱行为不自觉地抱欣赏的态度。对被压迫的家奴并不真正同情。如来旺被陷害绑送到提刑院拷问，夏提刑骂他："满天下都像你奴才，也不敢使用人了。"可知作者也肯定这种奴才制度。又宋惠莲上吊死了，西门庆还骂她"拙智无福"。全家奴婢没有一个人抱不平，洒一掬同情之泪的。可见作者的阶级立场很顽固，所以他不可能写农民生活和农民造反。

3. 只写坏人，很少写正面人物。这是暴露小说的特点。在那个时代，统治阶级是一片黑，很少有好人，但被压迫的贫苦农民和手工业者还是很多可写的。在统治阶级中，如弹劾严嵩而先后被陷害的有：张经，沈链，杨继盛，李天宠，谢瑜，童汉臣，赵锦，王日华，徐学诗，吴时来等近二十人。尤其是杨继盛，张经，沈链三人被杀尤为人民所扼腕。作者为什么不写一些主持正义？书中也有"宇给事劾倒扬提督"（第十七回）"曾御史参劾提刑官"（第四十八回），但很不够。

4. 描写人物性格有矛盾处。如写李瓶儿先是气死前夫花子虚，后又驱逐丈夫蒋竹山，性格表现极凶悍。但嫁给西门庆后，性情大变，变为全家称好的仁义人。潘金莲那样欺侮她，她忍气吞声，胆小如鼠，也不敢对西门庆说。前后太矛盾了。也没有叙述她性格的转变过程。这是一个漏洞。（但我有不同看法，己说见人物简介中。）

5. 有些章回嫌空泛。小说是一种综合体，它纪传、编年、纪事本末三体俱备；记叙、描写、说明三文并用。但总以纪事为骨干。纪事不足，就嫌空泛。如第四十二回，只描写看花灯、放焰火，并没有什么故事情节，表面似乎很热闹，但实际很空泛。描写如"肉"，只能附在"骨"上。如果以描写为骨，在小说中就会感空泛。虽然有形象思维的描写还不行，必须通过事实，才可发人深省，引人深思，也是最好的形象思维。

关于《金瓶梅》的影响，我不提《玉娇李》（二十回的，是后人伪托的玉娇李。当初的玉娇李，明末沈德符《野获编》所提的早亡佚，回数已不可考），《续金瓶梅》（十二卷，六十回，清丁耀亢撰），《隔帘花影》（四十八回），以及托名李渔的《肉蒲团》（二十回）等。这些只是受《金瓶梅词话》的影响，除了淫词秽语外，并无什么文学价值、历史价值，今已自行淘汰，不值一提了。清人无名氏据《金瓶梅》写《金瓶梅传奇》（上下卷，只三十四回，只写到娶进李瓶儿，全无淫秽语。作者是否看到了庚戌年初刻本无淫秽语的《金瓶梅》，所以未受《金瓶梅词话》的坏影响。此书见郑振铎《古本戏曲丛刊》第三集）也不提了。我这里只提《红楼梦》，它才是真正受《金瓶梅》影响而又青出于蓝的一部长篇小说。

说《红楼梦》是受《金瓶梅》影响的，最早是苏曼殊和尚。他说："论者谓《红楼梦》全脱胎于《金瓶梅》，乃《金瓶梅》之倒影云，当是的论。"（据阿英《小说闲谈·金瓶梅辨》）友人何其芳同志《论红梦》说："过去有些谈《红楼梦》的人喜欢把它和《金瓶梅》比较，我们估计曹雪芹是读过这部作品的。"友人《红楼梦》专家冯其庸同志说："不读《金瓶梅》，就不知《红楼梦》是怎样来的。"

我以为曹雪芹一定读过《金瓶梅》而深受其影响，这是毫无疑问的。但他读过的是词话本，但他能吸取其精华而舍弃其糟粕。他写姓贾的家史盛衰（贾是假姓，并不写真姓名，但他并无《金瓶梅》作者那样的顾虑），也有佛教因果轮回思想，也写贾宝玉出家为僧，如西门庆子孝哥；也写妇女妾婢嬉笑游宴的活动。也有男女秽乱行为，但数量大大减少了，只有十三回中（第五，六，九，十二，十五，十六，十九，二十一，二十三，二十八，七十三，八十，一百〇九回）有些痕迹，但绝无大描大绘者。其中第二十一回写贾琏的淫乱行为，很像西门庆，但也没有太露骨的淫秽描写。

但实际上在这方面《红楼梦》比《金瓶梅》更深刻，只是用藏锋的笔法。约有三点。

1. 《红楼梦》提出"意淫"

在《红楼梦》第一回中,作者曹雪芹既骂"风月笔墨,其淫秽污臭最易坏人子弟"。这是骂的《金瓶梅词话》,《玉娇李》等;又贬"才子佳人等书,则又开口文君,满篇子建,千部一腔,千人一面"。于是他在第四回提出"意淫",如"警幻道:淫虽一理,意则有别。如世之好淫者不过悦容貌,喜歌舞,调笑无厌,云雨无时,恨不能天下之美女供我片时之趣笑。此皆皮肤滥淫之蠢物耳。如尔,则天分中生成一段痴情,吾辈推之为意淫。意淫二字,可心会而不可口传,可神通而不能语达。……"说毕,"便授以云雨之事,推宝玉入房中,将门掩上自去。那宝玉恍恍惚惚,依着警幻所嘱,未免作起儿女的事来,也难以尽述。至次日,便柔情缱绻,软语温存,与可卿难解难分"。原来所谓神秘的意淫,也不过如此。但所谓意淫比肉体淫更为广泛。凡见一可喜的女郎都可意淫之。可知《红楼梦》在这方面比《金瓶梅词话》已有所发展,只是用语较收敛,力避淫秽,只用一句带过,如"未免作起儿女的事来,也难以尽述"。但云雨之事,出于天性,正是"可心会而不可口传",但今又明说"便授以云雨之事",实是败笔。过去研究红学者把《红楼梦》的文学语言夸为至高,完美无缺,这也不合辩证法。

2. 《红楼梦》提出"风月宝鉴"

如第一回:"空空道人把《红楼梦》、《石头记》改名为《情僧录》,东鲁孔梅溪题曰'风月宝鉴(同镜)'"。孔梅溪取名并非偶然,是指山东孔夫子后代,如贞洁的梅花。他题名为"风月宝鉴"。揣作者之意,道学理教先生实在也欣赏此事。这个风月宝鉴,确是异想天开。在第十二回中就是这个风月宝鉴几下子索了贾瑞的命。贾瑞调戏王熙凤不成,相思成病。跛足道人送他风月宝鉴。他拿来反面一照是骷髅,一害怕,情欲都消;但再转过来一看正面,却见王熙凤在里面向他媚笑招手。贾瑞情不自禁,跑进去与她欢会。到事毕,送他出来,只觉如梦初醒,被褥上湿了一片。这样进去数回,贾瑞就死在床上。原来这面宝镜比意淫更为猖狂了。如果西门庆有此宝镜,可能他会永远住在镜中,他也不必再花钱费时娶妾嫖妓了。他想淫而还没有淫到的美人,如王三官妻,何千户妻,都是他惊为天人的意中人,都可达到目的,满足他的兽欲了。

3. 《红楼梦》写乱伦

《金瓶梅》写西门庆虽荒淫无度，纵欲亡身，但还没有乱伦。而《红楼梦》却写乱伦（据沈德符《野获编》所记《玉娇李》就写乱伦）。贾宝玉和秦可卿睡觉，是奸污侄媳；贾珍与秦可卿姘合是奸污儿媳，俗说爬灰（这是污媳二字的隐语）。家人骂他家"爬灰的爬灰，养小叔子的养小叔子"，……（第七回）比西门庆家更乱了。

但问题是《红楼梦》中只提《西厢记》《牡丹亭》，没有提《金瓶梅》，连《水浒传》也没有提。这是因为《水浒传》中有西门庆潘金莲故事，一提《水浒传》就不能不提《金瓶梅》。当然曹雪芹并非没有看过这两部书，而是他故意不提。他怕人家看出《红楼梦》是受《金瓶梅词话》的影响的，只因这两部书诲淫诲盗太突出了，从清顺治起就下禁令，康熙朝更加重，凡写作的，雕板印行的，经查出就处极刑。连贩卖的，读的也处重罚。所以曹雪芹有顾虑，不敢提，只敢提《西厢记》《牡丹亭》。贾宝玉却敢给林黛玉偷看《西厢记》真是大胆。但《西厢记》《牡丹亭》二书也列禁书中，曹雪芹不怕提，这是什么原因呢？这问题不好解决，只有请教于《红楼梦》专家了。

原载《河北大学学报》1980 年第 2 期

《金瓶梅》所反映的阶级斗争

　　《金瓶梅》一书所反映的阶级斗争比《红楼梦》突出。这是由于《红楼梦》所写的时代，题材范围，作者立场及其笔触重点有所不同。《红楼梦》的时代正是统治阶级政权最稳定的时代。民族矛盾很尖锐，屡兴"文字狱"，但书中并未反映。把贾元春送进皇宫当妃子，正缓和了这种矛盾。其他如晴雯被逐病死，尤三姐自杀，……还有焦大，刘姥姥等都有阶级矛盾，只是给作者曲折地写过去了。因为《红楼梦》的写作重点不在这儿。过去"四人帮"强调阶级斗争，对《红楼梦》的评价也以阶级斗争为纲，于是啧啧谈第四回。以为只有第四回反映了阶级斗争，其他章回中隐藏在笔底深处的种种阶级斗争却看不见。至于语言艺术的美，以及描写大自然的美，人情心理的复杂，社会历史的错综变化，都不能欣赏，研究。《金瓶梅》所写的时代是明末乱亡之际，写作的目的重点是暴露当时政治的腐败，社会的混乱，到处是豺狼痞子，人民水深火热，灾难深重。西门庆一家争吵只是其枝叶。所以《金瓶梅》所反映的阶级斗争自然较为突出。但《红楼梦》并不因此而降低它的文学价值，它自有不朽的地方。它虽受《金瓶梅》的影响，但在艺术上远远超过了《金瓶梅》，正是青出于蓝。一部伟大的古典文学小说，我们应当全面地欣赏研究它的艺术与思想，切不要用"四人帮"的阶级斗争观点来衡量它。

　　至于《金瓶梅》，它本来就是一部社会历史小说，旨在暴露，谴责，而且描写阶级斗争很突出，所以需要立一题来谈谈。

　　《金瓶梅》所写阶级斗争既多又深刻。主要有五大案：

1. 潘金莲毒死丈夫武大案；
2. 李瓶儿逐出丈夫蒋竹山案；
3. 宋蕙莲被逼自杀案；
4. 苗青谋杀苗员外案；
5. 孙雪娥被迫害致死案。

第一案本是《水浒传》中故事（廿四，廿五两回中）。《水浒传》全书中心思想是官逼民反，逼上梁山，所以全是阶级斗争。《金瓶梅》就是从这两回演出。这一个阶级斗争案就很深刻。城市贫民武大的被害是一个悲剧，且是一个最可悲的悲剧。因为他死于爱妻之手。这个阶级斗争的对立面，一面是代表反动统治剥削阶级代表恶霸西门庆；一面是生的矮小且丑陋的城市贫民武大。西门庆要霸占他的美貌的妻子潘金莲，但不是用强力抢走，把武大打死，而是通过他的爱妻，把他毒死。在封建社会，穷人不该有妻，更不该有美妻。武大幸运地由于张大户妻余氏恨小妾潘金莲，说她六十多岁的丈夫张大户是给潘金莲这个妖精迷死的，所以故意给她找来个丑陋小贩武大，不要钱，白送给他做老婆。武大爱潘如仙子，但潘不爱武大，嫌他既丑又穷，又年岁大。但潘也是城市贫民，潘裁缝的女儿，潘裁缝早死了，母亲就把九岁的潘金莲卖到王招宣府做丫鬟，学弹唱。十五岁时王招宣死了，又转卖给张大户（大地主），十八岁时收房作妾，不到一年张大户死了，大妇余氏硬把她配给武大，当然潘金莲不会爱他。西门庆就利用这一点，百般引诱，使潘背叛了自己的阶级，而卖身给自己的阶级敌人，不惜把自己的亲夫毒死。她对武大毫无怜悯同情之心，而只有厌恶，因此造成最可悲的悲剧。武大不死于西门庆之手，而死于自己妻子阶级小妹之手。《水浒传》中描写这个阶级斗争故事是十分深刻的。到《金瓶梅》书中又加以深刻化。在《水浒传》中是写武大死后不久，武松就回来，替哥报仇，一下子就把西门庆潘金莲和王婆都杀了，十分痛快。但《金瓶梅》却把他们都暂且留下，让西门庆与潘金莲二人坏事做尽丑相出尽人人恨透。先叫西门庆荒淫丧生，全家破败，然后再写武松杀嫂，实比《水浒传》深化了。

接着是西门庆霸占他盟兄花子虚（一个花花公子）的老婆李瓶儿。她也是丫鬟出身，卖给梁中书作妾。梁中书死了，又转卖给花太监的儿子花子虚。西门庆又唆使李瓶儿气死花子虚。正要谋娶，西门庆因涉讼中断来往，李瓶儿就嫁给了一个穷医生蒋竹山。后来西门庆知道了，派流氓去打蒋竹山，并唆使李瓶儿与蒋竹山翻脸，赶出蒋竹山。西门庆与花子虚是统治阶级内部狗咬狗。但蒋竹山是穷医生一无所有，也算城市贫民，医卜星相，等于高级乞丐。西门庆也用同样手法叫李瓶儿动手，只是变一手法，不再下毒药，而用毒打。西门庆又制造了一个悲剧。

宋蕙莲这个悲剧尤为复杂。宋是西门庆家奴来旺之妻，本来也是丫鬟，因为长的伶巧，西门庆这个魔王，也不放过她。宋蕙莲为了保护丈夫来旺，不得不委曲求全。但来旺这个家奴是有骨气的，不甘受辱，要起来反抗，磨刀要杀西门庆。西门庆就与潘金莲合谋陷害来旺。宋蕙莲忍无可忍，也起来反抗。宁为玉碎，不为瓦全，最后上吊死了。读者对宋蕙莲有不同的看法。这件事主要写在第二十六回中。这一回是《金瓶梅》中写阶级斗争最精彩的一回，也是代表作。要编文学作品选，《金瓶梅》当选这一回。这儿先按下不提，先说其他两桩公案。

第四件阶级斗争案是苗青谋杀主人苗员外。苗青是奴才。有一次与苗员外爱妾刁氏在后花园中私语，给苗员外撞见了，就毒打苗青，并要把他逐出。苗青哀求乃免。后来苗员外要去开封看望他表哥通判官，顺便运货贩卖。雇船载了三千两的布帛和现款，从扬州出发。路过洪泽湖，不料所雇的本是贼船，苗青因怀恨在心，又见财起意，与船夫勾结，乘月黑深夜，动手杀了苗员外。十八岁小厮安童被推入江中。苗青就与船夫分赃各自散去。不料安童落水遇救。他告到官府，居然逮捕了船夫。苗青把货运到山东临清贩卖，本打算卖了钱回扬州与刁氏结婚，再谋杀大妇，自己继承家业。听到船夫被捕，供出主谋是苗青，苗青通过西门庆姘头王六儿，纳贿一千七百两献给西门庆，西门庆居然一手包庇，只把船夫杀了，而释放了苗青。这个案子也很复杂。先是家奴苗青与刁氏私语后花园，被主子苗员外毒打，还要逐出，一直到洪泽湖杀苗员外，这是很明显的阶级斗争。后来安童为主报仇而捕杀船夫，这不能说安童是奴隶性，忠心为敌对阶级效劳，而与本阶级的船夫为仇。这是"四人帮"的阶级斗争思想。船夫是谋财害命的杀人犯，不能自称无产阶级，劫富济贫，至多是流氓无产阶级，劫富而并未济贫，而供自己挥霍享受了。尤其他杀害了家奴安童，这是什么立场？后来，西门庆插手，他分肥苗员外财物，这可称狗咬狗，大鱼吃小鱼。他帮苗青是受了他贿，并非他同情奴才。而奴才苗青正是投靠阶级敌人，以便保全性命，回家与刁氏结婚，谋杀大妇，霸占苗员外家产，自己也当员外大财主。因此，奴才苗青已经变质为剥削阶级，不再是被压迫的奴才了。因此，这一公案横写了旧社会极复杂的阶级斗争。不根据具体事实以及时代条件作具体分析，只用简单公式乱套，决得不到正确的真理与结论。毛主席指出有敌我矛盾，有人民内部矛盾。而且人民内部矛盾可转化为敌我矛盾。这是阶级转化论，极为重要，是辩证唯物的。当然阶级斗争主要是两个对立阶级的斗争，但阶级斗争的内容很复杂。两个阶级又各有自己的内部斗争。反动阶级中也有一方面在分化转化；而进步阶级中也在分化转化。历代农民起义领袖后来也做了皇帝，转化为剥削压迫阶级，背叛了自己的阶级弟兄，人民也弃绝了他而趋失败。如果天下打定了坐定了，再杀功臣就不怕了，如明太祖。但必须轻赋薄敛，把农民稳住。秦始皇没有杀功臣，但加重了农民的赋役，终而激成农民爆发起义而亡了国。当初商鞅变法，推翻了奴隶制，解放了农奴为农民，曾经得到农民的支持而统一了天下。这些都符合了阶级斗争的转化论。因此，阶级分析很重要。要取得革命胜利，不作阶级分析，就分不清谁是敌谁是友。到革命进行到一定阶段，还要注意阶级的转化，即敌我矛盾与内部矛盾，而内部矛盾可转化为敌我，敌我也可转化为内部，化敌为友。如敌方中起义的部队，一致抗日，或一致反蒋，就成为同志。这种转化主要看实际行动，不看漂亮的空洞口号，人民群众的眼睛是雪亮的。

第五件公案是孙雪娥被迫害，这比较简单。孙雪娥本是西门庆大妇陈氏的丫鬟。陈氏死了，西门庆收为第四妾。一直管厨房，也劳动。因她太老实，总受气。西门庆死后，被卖出为原是丫鬟春梅的使女。春梅成了周守备夫人，完全忘本，专门欺压孙雪娥。最后把她卖到妓院，备受欺凌，终于上吊而死。这个被凌辱压迫的劳动妇女，她苦难的一生，实可同情。

除了以上各种对立阶级的斗争外，《金瓶梅》还写统治阶级内部的斗争，还不能一概简单化地说为狗咬狗。如西门庆害死花子虚，分肥苗员外财物，这是狗咬狗，大鱼吃小鱼。但对宇给事劾倒杨提督（第十七回），曾御史参劾提刑官（第四十八回），这是比较站在人民方面的所谓清官与奸相严嵩的羽党作斗争。宇给事、曾御史都是统治阶级，他们与奸党分为两个对立阶层。尤其是杨继盛（椒山）、王忬（王世贞父）、张经、沈炼等，与误国害民的奸相严嵩斗争，终被冤杀，引起人民痛悼（可惜《金瓶梅》没有写这些人的斗争悲剧，只提宇给事曾御史二事，是很不够的）。同样在被压迫阶级中也有斗争，分成两派：一派是纯洁的被压迫的贫苦劳动人民，一派是流氓无产阶级，如潘金莲春梅等。潘本是裁缝成衣匠女儿，成为西门庆第五房妾后，就毒打小丫鬟秋菊，生活糜烂，瞧不起穷人，连亲生母也给赶走了。西门庆死后，她被大妇吴月娘卖出，可见她还未改变奴隶身份。丫鬟春梅嫁给周守备升为正室才改变身份了。但她早就与潘金莲沆瀣一气，变了质。另外，如奴才来旺和他的妻子宋蕙莲却没有变质，且保持了劳动人民的高贵品质，敢与压迫阶级斗争到死的精神。他们与潘金莲春梅等卖身投靠，从肉体到灵魂，不惜叛变了本阶级，终而爬上了压迫阶级（春梅）。可见阶级斗争的复杂性。两个对立阶级中还分不同的阶层，它们各在变化分化。统治阶级中有杨继盛是都御史，进士。为了弹劾严嵩而被杀。他为了捍卫国家免被外族侵占，为了保护人民（免遭奸党恶霸残害），不惜牺牲自己，因此，他的死，"天下冤之"，纷纷立庙纪念。我们能说他还是完全站在统治阶级的立场，毫无一点人民的立场，而人民哀悼他全是愚民的表现么？而潘金莲春梅的行为品质，我们还能说她们毕竟是劳动人民出身，是可以原谅的？这种颠倒是非，若非诡辩，就是对阶级分析太简单化，恰恰是形而上学观点。

谈谈对宋蕙莲的正确看法。像宋蕙莲这样的遭遇，在旧社会很多。在西门庆眼中，宋蕙莲是一个"拙妇"，"没福气"。但心里又多少有些不自在，因为她的死打破了他的美梦，再不能满足他的兽欲了。最得意的是潘金莲，她胜利了。她两面三刀，挑拨离间，心如蛇蝎，一下子害死了两条半命（宋蕙莲和其父宋木匠，被西门庆打死，丈夫来旺充军），罪大恶极。但主要还须西门庆负责，因为西门庆就喜欢她，听信她的话。把臭黄鱼当美味，把腐女尸当香妃，真是逐臭之夫，不可理解。所以西门庆是罪魁主犯，而潘金莲还只是帮凶。骂宋蕙莲为蠢女人的，不单西门庆，还有不少糊涂的人，以为人生在世，一切皆空，只图眼前享受，哪顾身后名节。什么名节名誉，究值几分钱一斤？这是极端的实用主义佛老思想，当然要不得。还有一种人摆出绅士姿态，对宋蕙莲有所不满，说宋蕙莲也并非正经女人，一嫁再嫁，又同西门庆通奸，与潘金莲是一个类型的。我不同意这些看法。

首先我以为《金瓶梅》第二十六回写得很成功。因为一般读者读了没有一个不同情宋蕙莲和来旺的，对西门庆潘金莲则切齿痛恨。

来旺虽是家奴，但并没有完全失去阶级本性——被压迫而要求反抗的劳动无产阶级。一旦他知道西门庆诱逼通奸自己的老婆，他就奋起要杀西门庆，决不含羞忍受。连矮小懦弱的武大也不甘心忍受。但在旧社会，真有一些真奴才或有奴性的非奴才，为了升官发财而甘心当开眼王八，把老婆出让、出租（《官场现形记》上有描写），但来旺不干。西门庆哄他给资本在家门首开酒店，他就趴在地上磕头；听见有贼就操起稍棒冲出，说"养兵千日，用兵一时，哪有听到有贼不出去赶贼的"？这充分说明来旺还是一个纯朴老实的劳动人民，品质是可爱的。他决没想到叫他开酒店是怀有恶意，要提防；听到有贼，他更不会想到是西门庆故设的圈套了。

宋蕙莲一个孤苦伶仃的弱女子，无权受文化教育，她只有一颗纯洁的心。她不可能拒绝社会的摆布，她不得不嫁给厨工蒋聪，父亲同意了，是为生活所迫。但她不爱蒋聪，因为蒋聪并不爱她。她的肉体虽被迫献出，但并没有献出她的心。后来嫁给家奴来旺，来旺爱她，她也爱上了二婚的来旺。虽然来旺也有爱喝酒吵架的毛病，也并非理想的丈夫，但在她那个环境中她又怎能找到一个理想的丈夫？来旺和西门庆第四妾孙雪娥通奸，她能谅解。她并不要求来旺是个目不斜视温文守礼的君子。那个时代的统治阶级的男人，绝大多数是不正经的。而受坏影响的家奴来旺也不例外。而她在家主西门庆的淫威逼迫下要守身如玉也是不可能的。难道要宋蕙莲得贞节诰封么？她有资格么？贞节诰封都是地主官僚家的奢侈品，装饰品。实际上在贞节诰封背后不知隐藏了多少淫秽见不得人的丑事。宋蕙莲为了生存，为了维持与来旺的恩爱生活，不惜委曲求全。但来旺并不原谅她。来旺也明白这不能怪妻子，所以他要磨刀杀西门庆；但从未打骂过妻子的不贞。

宋蕙莲是真心爱来旺的，以至潘金莲也不得不称她为贞节女人。她为了来旺免害，不得不满足了西门庆的兽欲。为了救来旺，哀求快把来旺放出来，又不惜口头答应西门庆要娶她为第七房的要求。但当她知道西门庆毒计陷害，就奋不顾身，破口大骂，揭穿西门庆的伪善阴险狠毒，令人一快。她要做辣菜根子，不做杨柳条子。她不在乎第七房妾的名位升迁，还有三间房，一个丫鬟的物质享受。她同情来旺，痛恨西门庆的不义恶行。她要维护正义，进行斗争。她知道自己是一个弱小女子，手无缚鸡之力，要动武，打不过西门庆；要逃走又没翅膀，决逃不出门，逃不出清河县，逃不出西门庆的手掌，怎么办？只有继续战斗，不能退忍。那就别无选择，只有"宁为玉碎，不为瓦全"。她甘心同来旺一起被充军，生死在一起。但这点也不允许，那只有一死。她第一次寻死不成，到第二次寻死前，她一切都考虑好了，只有一死，才可逃出西门庆的魔爪，才可证明邪恶不可能战胜正义，才可打破西门庆的美梦，给他一个隐痛的耳光。这是无可奈何的报复办法。宋蕙莲做得对。她并非拙智，傻女子，而是有志气，有品格，有战斗精神。当然我这样赞扬，并非鼓励自杀。死有重于泰山，有轻于鸿毛。在明末那个时代，那种环境，宋蕙莲的形象确放射着光辉。当然宋蕙莲再能隐忍一下，托人告诉他父亲宋木匠组织几个木工弟兄，一方面宋蕙莲在西门庆家发动群众，有一天里应外合，冲进去用斧子把西门庆潘金莲等都劈了，来一个打渔杀家，才大快人心。但这显然是脱离历史实际的空想。

总之，宋蕙莲和潘金莲在第二十六回中完全是对立的，完全是两个人，代表完全不同的品格和阶级性。潘金莲完全背叛了自己的阶级，投降了反动统治阶级。她自己出身奴才，却骂宋蕙莲来旺为奴才。她死心塌地为西门庆效劳。（解放前有人写剧本为潘金莲辩护，但为潘辩护，又怎能使宋蕙莲服气呢？）她生活行为糜烂丑恶，尤其是她的一颗心，更为丑恶腐朽。李瓶儿也如此。她们二人的心都是极丑恶的。而宋蕙莲虽出于污泥之中，满身沾了污泥，但一颗心还是纯洁的。她同情家奴来旺，痛恨西门庆。她要维护正义，她要斗争。她不怕牺牲，不贪富贵，证明她并未背叛自己劳动人民的阶级。在这次战斗中，她代表被屈辱的失败者的一方，但实际上，她却放射着被压迫剥削的劳动人民在反抗斗争中终得胜利的光辉！

原载《河北师范大学学报》1980 年第 3 期

金瓶梅的故事梗概和主要人物评介

　　一般人读到《金瓶梅》这部书的很少，要求对全书故事和主要人物作一简单评介，这很难写，幸而鲁迅先生在《中国小说史略》里有一段故事梗概，郑振铎先生《谈金瓶梅词话》中对金瓶梅主角西门庆也写过一段简介，很好。但鲁迅先生所写用文言文，须改写。郑振铎先生写的也须略加修改。我再补写潘金莲和应伯爵，以及吴月娘、李瓶儿、春梅、陈经济等共代表七人。潘氏是坏女人代表，应某是统治阶级的帮闲小丑人物代表。这三个丑恶人物，不单可代表全书，也可代表当时社会上全部丑恶人物，甚至还可代表整个旧社会中的丑恶人物，所以《金瓶梅》又成了一面照妖镜，受人欢迎。因为它把存在于各个朝代旧社会中的恶霸，淫妇马屁精帮凶等描绘得那样惟妙惟肖，以供大家笑骂泄愤。其他如吴月娘、李瓶儿、春梅、陈经济，都是书中的反面代表人物。在明末那个腐败透顶濒于乱亡的社会，这些丑恶人物反成了代表人物。作者把他们无情的尽情描写暴露，作为后人的借鉴，以供吸取教训。正像把病毒牛痘变为免疫注射剂，这就有了积极的教育意义，这就是反面教材的作用。

　　《金瓶梅》全书的故事以西门庆为主角。西门号四泉，山东省清河县人，是一个小财主的子弟，独生子。在县衙门前街上开一家药铺。父亲早死，西门庆游手好闲，不务正业。初娶了陈氏，不久死了。继娶了吴千户女儿吴月娘。因家业日亏，结拜的十兄弟中有一个应伯爵给他献计，教他做一种人财两得的邪道生意，他就先娶了从良妓女李娇儿，带来了私蓄上千两银子，接着又娶了富孀孟玉楼，更发了大财。最后又娶了花太监的儿媳李瓶儿，金钱财物更多，一下子西门庆就成了大富翁。中间他又收用了前妻的婢女孙雪娥。又娶了潘金莲，把她的丈夫武大毒死了。一共是一妻五妾（吴月娘是第一房，李娇儿是第二房，孟玉楼是第三房，孙雪娥第四房，潘金莲第五房，李瓶儿第六房）。还奸占了婢女春梅，宋蕙莲，元宵，……店伙妻王六儿，贲四嫂，奶娘如意儿，干儿子王三官母林太太，小仆人张小松，王经，妓院又有包妓李桂姐，李桂卿，郑爱月……他又做了许多坏事，如毒死武大，充配了武松。气死盟弟花子虚（李瓶儿夫）；逼打了医生蒋竹山（李瓶儿后夫）；逼死了婢女宋蕙莲，打死了她父亲宋木匠；受贿放走了杀人犯苗青……。直到他三十三岁时，因淫欲过度，暴病而亡。全书开始时，他只二十六七岁。写到第七十九回他死后，全家姜婢家人星散。先是春梅给吴月娘转卖了。接着是卖潘金莲。女婿陈经济也被撵走了。陈经济正要取银买潘金莲，突然武松回来，把她和王婆一起杀了。陈经济后来又把妻西门大姐逼死了，最后跟春梅姘居，那时春梅做了周守备的夫人，周守备的侍卫看破奸情，把陈经济杀了。春梅又与周守备儿子姘居，他也纵欲而亡。孟玉楼李娇儿都改嫁走了，孙雪娥跟人逃了。李瓶儿早就病死了，生了个儿子官哥也不久死了。吴月娘生了个遗腹子叫孝哥，送到永福寺做和尚，自己收了家奴钺安儿为子，继承遗产。全书到此为止。全书共一百回，顶峰转折点是第七十九回西门庆死。第八十回起是逐渐收场。到第百回孝哥出家为僧，西门家只剩下吴月娘一个人和钺安等几个人。

金瓶梅代表人物评介

（一）恶霸西门庆

西门庆一生发迹的历程代表了中国旧社会一般流氓或土豪阶级的发迹历程。表面上看来《金瓶梅》似在描写潘金莲李瓶儿和春梅（书名《金瓶梅》正是取三人的名字）那些妇人的一生，其实却是以西门庆的一生历史为全书的骨干与脉络的。

西门庆生在清河县一个破落户财主西门员外家中，在县门前开着个生药铺。父亲早死，无人管教，就形成一个浮浪子弟，交了些狐朋狗友。还好拳棒，又会赌博，双陆、象棋、抹牌、道字无不通晓。当然不守本分，家业日衰，就在县里管些公事，与人把揽说事找些黑钱，交通官吏，因此满县人都惧怕他。

他是这样的一位由破落户而进展到专在县里管些公事与人把揽、说事过钱、交通官吏的人物。他的名称遂由西门大郎而被提到西门大官人，成了一位十足的土豪。

他偶然地遇见了县前卖烧饼小贩武大的妻子潘金莲，他就霸占了，还毒死武大。他神通广大，请仵作团头何九喝酒，送了他十两银子，掩盖了这一凶杀案。他已能指挥得动地方上的吏役了。（第四与第五回）

依靠了交通官吏的神通，西门庆在清河县里实行吞并寡妇孤儿的财产。他骗娶了孟玉楼，便将她的财物都压榨出来。（第七回）

他娶了潘金莲来家。武大的弟弟武松是有名的景阳冈打虎英雄，要为兄报仇。西门庆就设法把武松充配到孟州道去。（第十四回）

他进一步在转隔壁的邻居花子虚的念头。花是他的盟兄弟，但花有一个千娇百媚的娘子李瓶儿，他手里还有不少的钱。西门庆全不讲情义，想方法勾引上了李瓶儿，把花子虚活活气死。（第十三回）

京都里杨戬（禁军八十万提督）被宇文虚参倒，其党陈洪是西门庆亲家，其子陈经济与西门大姐结亲，就把全部财物由其子带到西门家存放避难，外送五百两（第十七回），西门庆全部没收，他怕自己牵累，就派家奴来保上京，送白米五百石与蔡京，居然把案卷中西门庆名字除掉，改另一人贾廉。（第十八回）

杨戬倒了，西门庆用金钱勾结上宰相蔡太师。先走蔡宅的管家翟谦的路。蔡京生辰时，他送了生辰担（纲）一份重重的礼去。翟谦还需索他，要他送个漂亮的女郎给他做妾，翟只四十岁，说大妇不能生育。西门庆满足了他的要求。翟就提拔他在山东提刑使做个理刑副千户，西门庆如今是一个正式的官僚了。有了功名官职，他的气势更自不同。多少人来逢迎，来趋奉，来投托。连太监们也都来贺喜。（第三十回第三十一回）

他那时已变得那么慷慨好客，那么轻财仗义。吴典恩（十兄弟）向他借银一百两，文契上写着每月利行五分，西门庆取笔把利钱抹了。凡要做土豪，这种该散漫钱财处便散漫些，正是他们的处世秘诀之一。

他一方面虎狼似地兼并诈取搜刮老百姓的钱财，一方面又经商，官商结合。因为他看到那时农村经济已破产，买田置地无利可图，他派家奴到杭州扬州去贩运货物。有一次他以贱价购得大宗的丝绒，便设计开张了一家绒线铺，一天也卖个五十两银子。

西门庆做了提刑官，胆大妄为，到处显露出无赖的本色。苗员外的家人苗青串通强盗杀了家主，他得到苗青的一千两银子（是他姘头王六儿、自己店伙韩道国妻介绍来的这笔生意），放了他，只把强盗杀掉。（第四十七回）

由翟管家介绍又认识了蔡状元，路过住他家，他送钱又送妓女陪夜。蔡升了御史，在扬州察院，西门庆又派人到扬州托他早日批下淮盐三万引，早一月批下，又发了财。（第四十九回）。

蔡太师生辰又到，西门庆亲自进京拜寿。又厚厚的送了二十担金银缎匹，拜太师为干爹。这是平地一声雷，又把西门庆的地位身份增高了不少。（第五十五回）他如今不仅可以公然的欺压平民们，可以不怕巡按之类的上官了，而且可以为小官僚们说份，上通关节了。

西门庆不久便升为正千户提刑官，进京陛见，见到了皇帝。和朝廷执政的官僚们都勾结着，很说得来。（第七十，七十一回）

在这富贵逼人来的时候，西门庆因为纵欲太过，误服了过量的胡僧送给他的春药，痛苦地惨叫了一天一夜而死去。（第七十九回）

按说西门庆本是一个山东清河县的小地痞，居然平地一声雷一步登天，朝见皇帝，既不是由于他有超人的文才，春闱连捷，殿试夺魁；又不是由于他有出众的武艺，领兵抗敌，拯救了国家，而是凭他的狡猾，不择手段，巴结上了奸相蔡京和他手下的一批死党。坏人得志，好人必然倒霉。朝政安得不败？明室安得不亡？看了西门庆的暴发史，如果只看到西门庆个人的劣行，还不是作者的本意。

（二）坏女人淫妇潘金莲

潘金莲出身很苦，父亲是成衣匠，叫潘裁，早死了。剩下母女二人，潘姥姥与潘金莲，潘金莲九岁卖在王招宣府学弹唱，王招宣死了，她十五岁，又被卖与张大户，十八岁作妾。不到一年，张大户年已过六十，得病死了。大妇余氏恨她，故意给她找一最丑陋懦弱的男子武大为配。武大已有一个女儿，还小，每日挑担卖炊饼为生。潘当然不满意，正在怨恨之际，武大的兄弟武二找哥哥来了。武二原来就是景阳冈打虎的英雄武松，是一个彪形大汉，英俊非凡。潘一见倾心，于是竭意奉迎，想勾引他。不料武松是个直性人，很讲旧道德，严加拒绝。（第一回）这又给潘一次打击，后来不幸在一个偶然机会给生药铺的少东家流氓西门庆碰上了，惊为天人，托潘的邻居媒婆王婆牵线，两个人终于搞上了。这好似全由环境所造成，但主要还是潘有些姿色，十分傲气，直想高攀；又养成贪吃懒做的恶习，所以完全忘了自己的阶级出身，甘心出卖自己的灵魂，为了过那糜烂享受的生活。到西门庆唆使她谋杀亲夫，她就变成了杀人凶手，更无所畏忌，无恶不作了。

她嫁给西门庆，到了西门庆家，为了争宠，对付那些敌人，她大耍手腕，分析形势。她观察到正室吴月娘是清河县左卫吴千户女儿，为人正派，明媒正娶，西门庆也尊重她，所以潘金莲也不敢碰她，就百般奉承，一口一声大娘，把月娘"欢喜得没入脚处"。（第九回）起先她拉拢李娇儿，因她是最早进门的妾氏，又掌管钱财。但到哄好月娘后，就不把她们放在眼里了。因此引起了李娇儿孟玉楼孙雪娥等人的嫉妒。她为了套住西门庆，取得其欢心，又同意把自己房里的丫鬟春梅给他收用，这样一箭双雕，拉拢了春梅成其死党，而西门庆也更宠爱她了。她原是不安分的人，还想扩张势力，一打一拉，恩威兼施。她估量姊妹中孙雪娥是第四房妾，（是丫鬟收用后提升的）势力最弱，现充厨房总管。她也在不服气对潘喷有烦言，于是先拿她开刀。潘派春梅到厨房故意捣乱，引得孙雪娥骂街，潘金莲从中挑拨，激使西门庆怒打孙雪娥（第十一回）。潘金莲于是胜利了，她能运用西门庆的威风来欺压人，全家都怕她了。

西门庆后来又和隔邻花子虚妻李瓶儿搞上，潘金莲心里很生气，但表面还很同意，西门庆半夜越墙时，潘还主动做把风放哨的，李瓶儿来串门，潘还硬留她住下陪自己一床睡，以致李瓶儿还当她是好人，绝没想到后来给西门庆生了儿子官哥就是被她吓死的（第三十二回、五十九回），最后李瓶儿自己也给她气死了（第五十八回、五十九回、六十回、六十二回）。

潘金莲野心不小，她要抢夺吴月娘的权，于是从中挑拨，果然西门庆听了她的谗言，迁怒吴月娘，长时期不理睬吴月娘。（第二十回）

西门庆又搞上了家奴来旺的老婆宋蕙莲，而且很宠她。由于她金莲（脚）比潘的还小，潘认为她是最危险的情敌，于是展开激烈的斗争。先计划拿她的丈夫开刀，在西门庆面前揭发来旺因老婆被他勾引，要买刀杀他，所以千万不要派好差使给来旺（押送祝贺蔡太师的生辰纲去东京）。西门庆听了，但经不起宋蕙莲一再央求，西门庆又叫来旺去东京。潘看一计不成，又生一计，就劝西门庆："您要永久强占她老婆，不如赶来旺出门，省得在家碍眼。"西门庆就想出一毒计，栽赃诬陷来旺为贼，把他捆绑送官毒打，最后驱逐出县境，押解到原籍徐州去了。（第二十六回）宋蕙莲因此而被逼上吊。在斗争时孟玉楼也同意打击宋蕙莲，但到斗争激烈时，孟胆怯后退了，潘就讥笑她："今日与你说的话，我若教贼奴才淫妇与西门庆做了第七个老婆，我不喇嘴说，就把潘字倒过来。""你心忒不长俊了！要这命做什么！活一百岁杀肉吃。他若不依我，拼着这命，拼死在他手里也不差甚么。"（第二十六回）潘金莲心肠的凶狠恶毒全暴露出来了。她还瞧不起奴才媳妇，以为自己现在比她高了一等，她完全背叛了自己本来的阶级。宋蕙莲第一次上吊没有死，被救活了，吴月娘派潘来劝慰，宋不理她。潘又生一恶计，她去调唆孙雪娥来气激宋蕙莲。因孙雪娥与来旺暗中有来往，宋蕙莲揭穿了孙雪娥，孙急了，就打了宋一记耳光子，两人撕打哭骂，惊动了全宅。吴月娘出来骂她们一顿。宋蕙莲受了几重气，关了房门，哭到半夜，就上吊死了。（第二十六回）

潘又挑拨吴月娘与李瓶儿，用种种方法来气李瓶儿。最后，潘胆大无边，就正式和吴月娘火并，滚地撒泼，自打几个嘴巴，头上鬏髻撞落一边，放声大哭大闹（第七十五回），好似领了十万兵马杀到朝廷来了。幸而吴月娘能沉住气，义正词严，把她喝退。吴月娘骂她"单管两头和番，一心矫肚，人面兽心，行说的话儿就不承认了。赌的那誓吓人儿，我洗着服儿看着她，到明日还不知道怎么样死呢！"真是对潘金莲的"的评"。潘的野心无非是要在西门家称王称霸，独霸天下。吴月娘对李娇儿说："你看她昨日那等气势，便来我屋里叫汉子，……恰似只她一个人的汉子一般就占住了，不是我心中不恼。他从东京来家，就不放一夜儿进里边来，一个人的生日（指孟玉楼过生日，潘也不让西门庆到孟房）也不往她屋里走走儿去，十个指头都放在你口内才罢了。"（第七十五回）李瓶儿死后，西门庆又和官哥的乳娘如意儿搞上了，潘金莲当众辱打如意儿。（第七十二回）潘金莲已成了西门庆家的女恶霸了。

最后西门庆这条命也死在她手里，她故意暗用数倍药力的春药给西门庆吃下去，就不到两天送了命。（第七十九回）

西门庆死后，她明目张胆地和女婿陈经济奸通了，不久，被吴月娘发觉，就叫王婆带走卖了。她住在王婆家，当天晚上就跟王婆儿子王潮儿奸通了，陈经济那时也已被吴月娘赶出，来找潘金莲，准备回母亲处筹款一百两来买她。突然武松遇赦回来，一下子把潘金莲和王婆都杀了，潘那时年二十八岁。

像潘金莲这样的坏女人，她有些姿色，也有些小聪明，就骄傲透顶，常自称"老娘"，但狠毒无耻，专想害人，怎会有好下场呢？

（三）帮闲帮凶马屁精应伯爵

在金瓶梅人物中第三号人物要算应伯爵了。

他是帮闲帮凶人物的代表，是一个极丑恶的人物。（有人说他影射严嵩死党鄢懋卿，可信。应鄢音近，卿大夫是伯爵位。）一百回中用他的名字立题的虽只八回，但从第一回起到西门庆死，多数回目中几乎都有他。西门庆几乎一天没有他就不欢。西门庆平日饮酒下棋，娶妾嫖妓，兴狱经商，都有他陪着，当参谋。他会谄笑、会装哭；会讲笑话，唱曲儿，也踢一脚好气球。在宴会冶游场合，他更会装疯卖傻，嬉皮笑脸，丑态百出，引人发噱，他帮闲抹嘴，又招揽说事，赚吃骗钱，真是帮闲帮凶的代表人物。

全书开场第一回他就出来了（据崇祯本），他是西门庆十兄弟中老二。父亲是开绸缎铺的应员外，排行第二，人称应二哥。父亲死后，他不务正业，店铺歇业，家道中落，他就到处撞骗乞贷，形同乞丐，所以诨名叫应花子。在十兄弟结盟时，他年岁最大，共推为大哥，但为了靠西门庆花钱，就甘居为老二。他们约定每月聚会，叫会期，吃喝一顿，都是西门庆出钱，他第一件立功表现就是给西门庆介绍李家院子（妓院）里的李娇儿为妾，应伯爵说她"富有巨万缠头，现愿择人而事，若是哥有心，……岂不是人财两得么？"（第一回）人财两得，正是西门庆发财的秘诀。那时西门庆实际上也已败落，只是生药铺还勉强支撑，本宅五间门面进深七层的祖产还未典卖，所以还有资本做这种谋财娶妇的勾当。以后娶孟玉楼李瓶儿二妾都是如此。

第二件是访寻潘金莲，找到了王婆，接上了线，这又立了一次大功。

到西门庆娶李瓶儿来家，带来更大的财产，西门庆心满意足，大张筵席。应花子又建议要请新嫂子出来教我们拜见（第二十一回）。李瓶儿不敢出来，应花子摸透西门庆的心理，还追打小厮玳安，笑骂："好小狗秃儿，你伤的我好，趁早与我后边请去，不请，将来打四十阑干。"李瓶儿盛装出来后，应花子就大夸说："我这嫂子端的寰中少有，盖世无双，休说德性温良，举止沉重。自这一表人物，普天之下也寻不出来。那里有哥这样大福！俺们今日得见嫂子一面，明日死也得好处。"这个马屁精，肉麻透顶，把这个本是大名府梁中书妾，后嫁花内监儿子花子虚，暗中偷上西门庆，又把花子虚气死；西门庆吃了官司，逾期不来迎娶，她等不及，又招赘了蒋竹山医生，不久就嫌他不能满足自己的性生活，又把他赶出门，最后还是嫁了西门庆，头一夜就吃了西门庆一顿鞭子，作为处罚，上了吊，被救醒过来，这样一个无耻透顶的贱货，居然"德性温良，举止沉重。……"连吴月娘孟玉楼潘金莲等藏在厅后偷听的也骂他"扯淡油嘴的囚根子"。这种马屁精，脸皮最厚，说话最甜，不管多么新奇不合理的词儿他也说的出口，但心术最坏。他说的许多肉麻话真叫旁人作呕，笑破肚皮。但当事人西门庆李瓶儿却很受用，好似吃了他的迷心丸。自古忠臣批逆鳞，冤枉被杀了的很多，却不闻佞臣会拍马屁的被杀的，恰恰相反，倒是十分被信任重用。但到后来必然受骗受害，悔之不及。《金瓶梅》在这里所作描写，真是酣畅淋漓，十分成功。

后来李瓶儿死了，西门庆大哭，应花子也帮腔。一进门，就仆到灵前，趴在地上哭了半天，哭叫"我那有仁义的嫂子啊"正和西门庆同一口吻，西门庆哭叫"我那有仁义的姊姊呀！"

他的丑事太多了，多么下流无耻的行为他都干的出来。在西门庆家吃饱喝足后，还得偷一把，这都是平常事了。

应花子用种种手法捞钱，包妓李桂姐暗中接客，被西门庆撞见了，就大打出手，把李家打得稀烂，西门庆愤恨不再去了，应花子出来调解，跪在地上，求西门庆一起再去李家院下喝酒，又与李桂姐和好了。应花子也得了酬谢（第二十回），又西门庆店伙韩道国妻王六儿留她叔子奸宿，街坊人捉奸，西门庆为包庇王六儿，反把捉奸的五个街坊人抓走，痛打一顿关押，人家求应花子说情保释，应花子从中得了不少酬金。（第三十四回）应花子又给商人黄四李三向西门庆借一千两，高利五分，应花子也得了酬金，十兄弟常峙节买房，也请应花子去说，借出五十两，也给他酬金。直到西门庆死后，黄四还欠本利六百两，黄四想不认账，吴十舅（吴月娘兄）出面要告状追究，应花子就给黄出计，送吴大舅二十两，先还二百两了事，应花子又得了酬金。

应花子买了一个丑丫头春花，生了儿子，向西门庆借钱，西门庆慷慨地借给他，并要他满月后请客，以便去他家贺喜，看看春花。后来听说春花很丑，就不去了。如果很美，应花子也会做韩道国第二。（第七十五回）

西门庆死后不久，应花子又投奔到清河县第二富室张三官家；先介绍李娇儿。张三官娶了李娇儿（第八十回），应花子又推荐潘金莲。还没有娶成，潘就被武松杀了。

但《金瓶梅》没有交兑应花子的下场。像他这样的帮闲帮凶，马屁精，丑恶人物怎能有好下场呢？《金瓶梅》告诉我们这批坏人如西门庆，潘金莲，应伯爵，春梅，李瓶儿，陈经济等都没有好下场，这是铁的规律。尽管他们得意一时，也偶有幸免的，总逃不了历史的惩罚，遭到后人的指摘唾骂。

（四）阴险主妇吴月娘

有人说：西门庆妻妾六人，只有大妇主母吴月娘是正经人。她是吴千户的女儿，明媒正娶地下嫁给西门庆。到西门庆家后，主持家务，忠诚其事。与五妾相处，不妒不骄。管理全家：家人，小厮，丫鬟，奶妈，仆妇，共三十二人（店伙不算），也能公正贤明，全家敬服，尤其是私生活端庄自持，无懈可击。所以在西门庆一窝脏矢污泥中，只有吴月娘是出水芙蕖，清香贞洁。在旧社会她才是贤妻良母的典型。我说：这样吹捧吴月娘，真是毫无阶级观点。实在说吴月娘决成不了正面人物。她与西门庆紧密结合，内外配合，白面红面，狼狈为奸，至少是助纣为虐。再从她平素的行为看，她实是一个阴险人物，只是披了一张假正经的画皮而已。

吴月娘是西门庆的继室。西门庆本有妻室陈氏，生了一个女儿叫西门大姐。后来陈氏病死了，由于西门庆在县前街开一家生药铺，一所房子很大，五间门脸有七进，因此吴千户看中了他，把女儿吴月娘嫁给他作继室。西门庆本是一个流氓恶霸，常交一批狐群狗党，到妓院花天酒地。吴月娘从不干涉，表示气量大。自己足不出户，目不斜视，又表示十分贞洁，所以取得了西门庆的信任，掌管了财权。由于西门庆挥霍浪费，出多进少，家道日落，西门庆与盟弟应伯爵商议，采纳了他的发家秘诀，干一种特别生意，勾引有钱的寡妇（富媌）名妓，人财两得，不劳而获，居然得到吴月娘的赞助（但书上没有明写）。先是娶了名妓李娇儿，带来三千两银子，接着娶富媌孟玉楼，带来大宗财产，接着又娶富媌李瓶儿，带来更多的财产，都交吴月娘收管，一下子成了富翁，不到三年时间。西门庆借这资本与官僚交往，终于做了当朝宰相的义子，还朝见了皇帝，实授他为山东提刑所理刑官副千户。这都是吴月娘内助之功。西门庆也很敬服她。

自从娶进潘金莲后，潘起初看到吴月娘是大妇，又一派正经样，于是十分巴结谄媚，哄得吴月娘十分欢喜。潘借此就把全家人欺压下去，使全家人都怕她。于是潘就准备篡位，把吴月娘打倒。她先在西门庆面前进谗言，使得西门庆长期不理睬吴月娘。但吴月娘隐忍不发，表示忍让为家。有一天晚上，吴月娘在花园雪地中焚香拜斗，祝祷上天，保佑夫君西门庆升官晋爵，长命百岁。给西门庆偷听到了。西门庆就上前把她抱起，向她道歉，夫妻又和好如初（廿一回），这显然是吴月娘施的计，在焚香祷天时，暗派侍女去密报西门庆引他来偷听。她为了拉拢西门庆，又把西门庆最宠爱的包占的小妓女李桂姐收为义女（三十二回），这样稳定了自己的地位。潘金莲见推她不倒，忍耐不住，于是想跟她决战一场，借故与月娘争吵。为助长声势，还故意披头散发，躺在地上打滚，大声哭喊，来势极猛。但不料吴月娘指挥若定，镇静非常。用一番话义正词严，竟把潘金莲的撒野威风都打回去了（七十五回）。潘金莲这次进攻失败，就造成了西门庆死后被吴月娘斥逐被卖的被动败局。可见吴月娘有心计智议，比潘高明。

到西门庆暴亡，吴月娘是正室大妇当权派，她知道大敌是潘金莲，她贼心不死，一定会兴风作浪，篡位夺权，于是用迅雷不及掩耳的果断手段，先把潘金莲除了。于是叫来人贩子薛嫂先把春梅领出去卖了（八十五回）。春梅是潘的左右手，砍了她的左右手，潘就无法动弹了。接着又叫来王婆把潘领出去卖了（八十六回）。接着又叫孙雪娥诱进陈经济，派六七名丫鬟用棍棒痛打他一顿赶出西门家。陈经济回到了母舅家，合伙开布店，吴月娘就把西门大姐送到陈经济家。陈经济在西门家早就与潘金莲春梅二人奸通，不喜欢西门大姐，所以百般虐待，被逼上吊。吴月娘就借词派家奴数人到陈家痛打陈经济，且把家具什物打个稀烂（九十二回），又把孙雪娥卖了。自己生一个儿子孝官又忍心送到佛寺当和尚，说是早许下的愿。她就收家奴铖安儿为子，继承家业，自己还活到七十而寿终。

表面看，吴月娘很有才干，自己也并未害过人，但她忠于西门庆，助纣为虐，因此无论如何她算不得正面人物，可称阴险主妇。我摆出这许多事实，兜了吴月娘的底儿，谁还能同情吴月娘，怪我太苛刻了？如果一分为二，说她也有可取之处，那就是她能忠于西门庆了。做这种恶霸地痞西门庆的贤妻，无疑她是一只癞皮母狗了。到西门庆一死，她就凶相毕露，硬把老实忠厚孤苦无告的西门大姐推出去了，死活不管。等她被丈夫逼死了，吴月娘又借机把女婿家捣烂。西门大姐名义上是女儿，在家时也未得罪吴月娘，如果月娘真有几分对西门庆有情，那么对西门大姐决不会这样见死不救，可见吴月娘心地也太狠毒阴险了。所以她不愧为阴险主妇。

（五）假仁义贱货李瓶儿

李瓶儿是西门庆第五个妾，最受宠爱，潘金莲因此十分忌妒，常思陷害。不料又生了一个儿子叫官哥，西门庆更加宠爱，而且李瓶儿手中有钱，对家中丫鬟小厮能施小恩小惠，和颜悦色，赚得仁义人之名。但最后，还死在潘金莲之手。潘金莲看出了她的弱点，为了保护自己的既得权利，怕被人识破，往往是装着和善仁义，唾面自干。因此潘金莲屡次进逼，她只能采取退守的办法。潘也是施用阴暗手法，如指桑骂槐，打猫惊官哥。最后终于把官哥吓死，李瓶儿气上加悲，也得了痨病死了。她为了充仁义人，断送了自己的儿子和自己的生命，只赚得了西门庆的悲哭和大出丧。李瓶儿可能会含笑于地下。但李瓶儿终于不能成为真正的仁义人，而是假仁义的贱货。

一般读者总感到《金瓶梅》作者塑造李瓶儿的性格前后有矛盾，不一致，前后宛若两人，以为不真实。我以为很真实。人的性格会随着环境变化的，李瓶儿带了最多的财产进西门庆家，这是她取得西门庆宠爱的物质基础。李瓶儿病死，西门庆悲恸号哭，叫喊我仁义的姐姐，家奴就说他是哭她的财产（六十二回）。她又生了一个儿子，她心满意足了。她知道进西门庆家前一段历史很丑恶，很不光彩，她需要掩盖，必须装扮成一个仁义人，和善大量的人，但不料遇到了潘金莲这样阴险狠毒的人。在屡次退让之后，自己造成了被动局面，结果儿子性命没保，悔恨莫及了。

怎样评判李瓶儿？应当把她一生的历史合起来下断语，不能只看她一半。

原来她本是奸相蔡太师的女婿梁中书的小妾。梁中书死后，嫁给花子虚。花继承了花老太监大量财产。花也是清河县人，宅子正在西门庆的右邻。西门庆勾结差吏包揽词讼，也给花子虚办事，因此结为兄弟。花子虚是花花公子，常与西门庆在妓院花天酒地，也招到家喝酒，这样就勾上了花的老婆李瓶儿。实际上主动者是李瓶儿（十三回）。她还叫西门庆等花子虚在外宿娼不在家时以抛砖为号，就爬墙过来幽会。李瓶儿就天天寻衅找事，辱骂花子虚，不久就把花子虚气死了（本有色痨病）（第十四回）。

正要商办婚娶，不料西门庆家出了事。亲家陈洪因坐奸党被逮治。西门庆也受牵连，每日闭户不出，也不见客，暂与李瓶儿不来往（十七回）。从五月五日分开到六月初，李瓶儿病了，请来医生蒋竹山看病。蒋只二十九岁。她又勾引了他，在六月十八日与他拜堂成亲。只一个多月，她就守不住了。李拿出三百两给蒋竹山开诊所，并买一头驴以便出诊骑用，还开一家药铺（十八、十九回）。但不久，西门庆的讼事已了，听到李瓶儿已嫁给蒋竹山，就派地痞来殴打蒋医生。李瓶儿就立刻翻脸，把蒋竹山赶出门，把诊所药铺全收场停歇了。她还无耻的公开对人说：因蒋竹山腰中无力，不能满足她的性生活，所以把他赶走了。

李瓶儿又托人去找西门庆，旧话重提。西门庆贪她的财，就把她娶过来。头一夜，就令她裸体跪在床前抽一顿马鞭，处罚她如此下贱。西门庆打完走了，她就上吊，幸被邻舍潘金莲奔来救了。

如此下贱无耻居然冒充仁义人，我们应当剥掉她的画皮。

（六）潘金莲第二，泼妇春梅

春梅本是吴月娘的丫鬟，本姓庞，官媒薛嫂介绍买来，与玉萧，迎春，兰香四人学弹唱，称家乐。春梅学琵琶。后来吴月娘为了拉拢潘金莲，就把春梅送给她使用。潘金莲见她伶俐聪明，要收服她，就主动让西门庆收用她。春梅也认为潘金莲是自己的知音，于是竭诚侍奉，言听计从，紧密配合，胜过亲姊妹。潘也尽心培养，把坏女人所有的本领传授了她。

潘金莲在妻妾中排行第五，称五娘，实是第四妾。在她前面有孙雪娥，本是丫鬟出身，长得矮胖，老实可欺。但平日瞧不起潘金莲，潘就选定她作打击对象，以树立威信。她把这使命交给了春梅，春梅果然旗开得胜。为了孙雪娥烙饼动作稍慢，误了西门庆急于吃了出门，春梅轻鼓簧舌，挑起西门庆暴怒，跳进厨房，把孙雪娥痛打一顿，泄了潘氏之愤。后来潘金莲勾引小厮琴童只十五岁，趁西门庆不在家，到她房内奸宿，被孙雪娥撞见告密，西门庆剥了潘衣服，裸跪在院子中抽一顿皮鞭。抽打时春梅在旁，苦苦求情，西门庆才饶了她（十二回）。

有一天，教乐器的师傅李铭想调戏春梅，春梅却借机装正经，大骂李铭。西门庆知道了，下令赶走李铭，对春梅则大加赏识，以为她忠心耿耿。因为春梅是他收用过的丫鬟，是他的禁脔，不许旁人染指（二十二回）。

有一次，盲歌女申二姐在西门家唱小曲，大家夸好。春梅由于妒忌，无故耍威风，把申二姐大骂一顿赶出了门（七十五回）。这实是潘金莲支使她的。全家怕春梅也就是全家怕潘金莲。她们二人狼狈为奸，后台都是西门庆。结果西门庆终于死在潘金莲手里。

西门庆暴病而亡。靠山倒了，潘金莲，春梅二人成为全家所弃的人。吴月娘就断然行事。首先把春梅卖了（八十五回），潘金莲如失左右手，放声大哭。但春梅毅然告别，不掉一点眼泪。后来被卖给周守备作妾。不久大妇死了，春梅给生了一个男孩，当然扶正，周守备十分宠爱。春梅首先哀求周守备用一百两银子从王婆处把潘金莲买来。不料还未说妥成交，潘金莲就被武松杀了（八十七回）。春梅就派人收尸，葬在永福寺。到清明节春梅还去上坟哭祭一番（八十九回）。可见二人情义之深，她是潘金莲死党。

不久，官媒又来兜卖孙雪娥。春梅一见，仇人相逢，怎能放过？立刻买下，叫她在厨下烧饭，百般凌辱。有一次，春梅借故要把孙雪娥裸体跪下受罚，打三十大棍。周守备不同意，春梅就举起怀中婴儿，表示如果周守备不答应，立刻就把孩子摔死。周守备只得屈从了（九十回）。打完了，就卖出为娼。到了妓院，孙雪娥终因不堪忍受而上吊。于此，可见春梅的狠毒不下于潘金莲。

春梅念念不忘陈经济，叫周守备的亲随张胜从乞丐冷铺中找到了陈经济，冒认为表弟，养在家中。周守备不在家，他们二人就肆无忌惮地奸宿。终被亲随张胜撞见，把陈杀了（九十九回）。春梅不甘寂寞，又与周守备的次子周义十九岁姘上了。后周义由于淫欲过度而暴亡，年二十九岁。

春梅与潘金莲二人虽然遭遇不同，但性格很近，阴险狠毒，能拼命，而且兽欲旺盛，饥不择食。如潘金莲已被逐出暂住王婆家待卖，当天晚上她就勾引上了王婆的儿子王潮儿，（住在外间屋）潘金莲就偷偷地陪他睡了。淫滥如此，骇人听闻。春梅跟她儿子周义姘上，实比潘金莲还无耻，但在旧社会一般达官贵人的妻妾也往往有之，不足为奇。

（七）无耻废物的公子哥儿陈经济

陈经济是《金瓶梅》中又一类型的坏分子。父名陈洪，是严嵩奸党。当初与西门庆结为亲家，西门大姐许配了陈经济。后来陈洪被参劾逮问，陈经济就逃到山东清河县岳父家避难。带来了不少衣物箱笼，并当场交出五百两银子代存，当然全部都给西门庆吞没了（十七回）。那时陈已十八岁，西门大姐十七岁，当即教他们完了婚。陈经济读了几年书，能写能算，正好作了西门庆的文书。潘金莲看他年轻，又长的白嫩，想勾引他。陈也不老实，一勾就上（十八回）。西门庆要扩大花园，叫陈监工，陈也很卖力气，西门庆还夸奖说：自己没有儿子，将来我这份家产要你继承（十八回）。但他决想不到这个爱婿已给他带上了老王八帽子。

到西门庆一死，他就明目张胆地与潘金莲幽会，当然一箭双雕，也搞上了春梅。居然使潘受了孕。打下六个月的胎儿，以致臭声四闻，终于被吴月娘先后赶出来。春梅先住官媒薛嫂家，陈就去找她。约好要休妻娶她，但吴月娘催逼薛嫂快卖，终于卖给了周守备。接着潘金莲被逐，住王婆家，陈又找到她，约好要去筹款一百两来买她。待款筹到，潘已被杀了。陈回东京，父陈洪已死，就接母到清河县住。吴月娘送来西门大姐。陈与家人陈定在家门口开布铺，不久又把陈定赶走，与流氓杨大郎搭伙。杨劝他拿出三百两到临清贩货。杨领陈去嫖妓，爱上了十八岁妓女冯金宝，花一百两买到家，把母亲活活气死了。杨拐走货物逃走了。西门大姐告诉他冯金宝偷钱寄给她临清的鸨母，陈不听，反把西门大姐毒打一顿，西门大姐气愤上吊，正二十四岁。吴月娘领人来问罪，把陈家打烂，又向县衙门控诉，陈被判五年徒刑，运灰赎罪。陈无以为生，出卖了大房，典小房；后又卖了小房，赁一间屋住。家人陈安走了。又把丫鬟卖了，只剩一人。又把桌椅箱柜全卖了。最后因积欠房租而被逐出，就住到乞丐住的冷铺中，与乞丐们混躺在地铺上。白天对人哭诉，晚上做梦，还在花天酒地，手舞足蹈。给旁人推醒，又抱头大哭。白天在街上行乞，晚上就陪乞丐头子韩林儿睡，把他当女人泄欲。有一天遇到父亲的同事王杏庵老人，发了慈悲心，借给资本开个小铺度日。不到几天，就喝酒吃肉花光了。这样两次，王杏庵知道他不可救药，就介绍他到晏公庙拜任道士为师，做道士，取法名为陈宗美。大徒弟金宗明，管账，好男色。陈经济是风月中人，就利用这个机会，把金宗明的钥匙骗到手。偷偷的取出任道士存银，到茶馆酒楼去吃喝嫖妓。遇上了前妾冯金宝，包占了她。当地流氓刘二，绰号坐地虎，见道士嫖妓，就把他抓住，送周守备处。正在按下打屁股，被春梅救下，放出，又住乞丐冷铺，做男妓营生。春梅就派家丁张胜把他找回去认表弟。陈比春梅小一岁。春梅为了遮蔽耳目，又给他娶一个妻室。但后终被张胜杀了。

陈经济又是坏人的一种典型，《金瓶梅》作者塑造这一人物确很成功。在反动的统治阶级中往往出一些败类。西门庆薛蟠是一种，代表凶暴狠毒横行霸道的;陈经济又是一种,代表懦弱无耻的公子哥儿,倚靠父亲是达官贵人,有的是钱,惯于偷香窃玉,贪吃懒做,不愿刻苦读书,又无一技之长。这一类败家子弟也不会有好下场的。

以上七个代表人物,都是旧社会的得意人物,也是反面人物。在明末乱亡的社会,人民就要求暴露,希望反动的统治阶级早日完蛋死亡。是不是那时也有些正面人物,如反对严嵩奸相的杨继盛等。但数量很少,又未成功,所以不易写好。在今天新社会正相反,坏人少了,而全国参加四化革命建设的英雄人物多了,急需介绍表扬以激励人心。是不是"四人帮"时的反面人物还可描绘暴露一下,当然也可以,有些还须彻底批判。在相声中、话剧中、电影中也演过一些。但有些除了博得当时笑骂外,还有什么呢?因为大家的注意力已转到四化革命建设上,要求多写些歌颂革命人物的作品。像张志新这种与"四人帮"斗争的革命烈士,也受欢迎,因为比单纯暴露"四人帮"坏人更有积极的教育意义。这是时代造成的。

原载《河北大学学报》1980 年第 1 期

关于《金瓶梅考证》的一点声明

　　我在吉林省《社会科学战线》1979年第三期上刊出《金瓶梅》的作者考中，误写"亡友关德栋亦有此说"。蒙山东省出版局孟繁海同志告诉我，关德栋教授今在山东大学中文系教书，希望我纠正。我与关教授解放初把别，今已三十年不见，也未通信。我年老耳聋，听错了传说，致有此误，实在抱歉。我已去信道歉，并请教他清初的《金瓶梅》满文译本情况。他回了信，满足了我的要求。他是满族，又是满文专家。他学问渊博，对古文字、古史、古典文学等修养很深。他信中提供一些材料很宝贵，恐怕今只少数人知道了。现摘录一段以供研究者参考。

　　满文译《金瓶梅》刊刻在康熙四十七年。刻本现存北京图书馆、首都图书馆（残存十六册）、民族文化宫图书馆、中央民族学院图书馆（一部全、一部残）、中国科学院图书馆。三年多前广州中山大学陈寅恪教授逝世后（一九六三年还和我通过一次信，不知他何年死的——星注）遗书散出。满译《金瓶梅》钞本给中央民族学院买去了，满译《西厢记》钞本，我买下了。

　　满文本《金瓶梅》国外庋藏的情况，英德法日苏联等国家都有。

　　译者有两个说法：（1）是徐元梦，（2）是和素。我认为两个人都参加这书的翻译工作。……我了解康熙时这个皇帝对翻译书是挺起劲儿的。早期在他命令下译了不少书，很有几部小说译本值得注意。

　　单以对满文本《金瓶梅》来说，国外已早有人从语言研究的角度使用它，并且有人写了专著，这对我们多少是个讽刺吧。

这些知识，当今知者甚少。我前年曾请教过钱锺书先生，英译本作者维利是什么人？他说"维利是英国有名的满文专家"。今据关教授所说，可推测英文或德文（英译本是德译本转译的）《金瓶梅》必是经维利对照满文校阅的。而德文本是否还有转译原本，不可知。也可能是最初从满文译出的。

原载《社会科学战线》1980 年第 1 期

《金瓶梅》的词汇、语汇札记

　　《金瓶梅》中的词汇、语汇是古典文学小说中最为丰富的，也是大家希望看到的，但一般人对它有一种误解，说《金瓶梅》是用山东方言写的。这话既不符合事实，又没有科学分析。《金瓶梅》基本上是用北方官话写的。因为故事产生在山东清河县，所以对话中有些山东方言，但不全是。西门庆与官场人来往，对话用文雅的文言文。只有家中妇女，尤其在骂人时，用些山东话（全书对话全用方言的只有《海上花列传》等，全用苏白，苏州方言。叙事也用普通白话，即北方官话。如果叙事也苏白，就很少人能读了。那只有清末的地方白话报，读者限于本地人，且生命很短。《海上花列传》由于对话全用苏白，所以读者很少，今天连苏州本地人也不愿看了）。而且这些山东话方言词并不多。究竟是否山东清河县方言，或山东东昌府方言（其中有清平县等十县），或河北省广平府方言（其中有清河县）。汉制、清河郡包括今河北省清河县等四县，与山东清平等六县。山东根本没有清河县，只有清平县。而临清县正在二县中，距离相等，三十多公里。不过清河今在河北；清平今在山东，在临清东南。但据《金瓶梅》明说"山东省东平府清河县中有一个旧家子弟西门庆"。又说武松是兖州府阳谷县人，与清河县近在咫尺。可证这清河县实是东昌府清平县。这些考证先不去管它。我们只说所谓山东方言一说太笼统。山东省有一百多个县，方言土话很复杂。（当然所谓方言只指方言词，不指方音，方音当更复杂了。）《金瓶梅》中有方言词并非纯山东话，如"达达"，吴方言中也有。常州人说爹爹（tiatia）宜兴县人说 tata，即达达。可知常州人宜兴人所说都是爹爹的转音。（苏州人叫父亲同常州。)《金瓶梅》有"鸟人",《水浒传》中也有骂人语"鸟",古音读吊。今吴方言称鸟正为吊。北方话"吊儿郎当",吊儿实即鸟儿。指男性生殖器。又如《金瓶梅》"忒不长俊",忒、北方官话作"太",而忒读入声,也是吴方言。又有"倘忽","一答里"(潘金莲说:往后倘忽你两个坐在一答里)也是吴方言。……因此,有人说《金瓶梅》中有吴方言,这因为方言词汇有相同性。(方言音系,个别性强。说同样一句话,由山东省不同县的人说出,在语音上就有些微区别,外省人听不出,但本地人一听就能分别出来。)总之,《金瓶梅》的纯山东方言词汇并不多。而且是否东平府(即东昌府)方言词汇不知道。相声专家侯宝林同志告我:《金瓶梅词话》的方言是河北省东南部接近山东省的方言,此言有道理。今天研究文学小说或写小说不再强调方言词汇。《水浒传》《金瓶梅》时已是如此。今则偶尔用一些以表示地方特色,但也以少用为妙,以免影响普通话。但决没有人再写方言小说了。因此,《金瓶梅》中的方言词,只能交给研究方言史或方言词汇的专业人员去研究了。我们要研究《金瓶梅》的文学语言,在词汇上不搞方言词。而要研究有创造性的文学词,可称炼字、新词,以及有关经济文化等方面的专业词。如明代的货币名,博弈名,妇女首饰服装名,酒食名,……但我在这儿只着重在语言上的文学词汇和各种语汇。(淫秽语中的方言词语不要,骂人语也不要。如:怪狗才,小畜生,贼秃,小猢狲,老咬虫,屁鸟人,老猪狗,老杀才,老娼根,贼秃儿的鬼,囚根子,忘八羔子,……)《说文》:"谚、传言也。"《书经·无逸》:"乃逸乃谚。"传:"俚语曰谚。"《左传·昭公元年》:"谚所谓老将至而耄及之。"可见谚是人民所造。往往是经验之谈,不见于经传。多数是一句,也有两句对仗。它与格言不同。格是法式,《礼记·缁衣》:"言有物而行有格也。"格言往往出于经传可作法式之言。谚语语汇可分谚语(又包古谚和今谚。又分类为农谚、商谚等),成语,比喻语(又分"明比"和"隐喻"。歇后语是隐喻)。今据《金瓶梅词话》摘录于下。

(一)炼字、铸新词(其中有些是方言)

年约六旬以上,身边寸男尺女皆无。

一齐萝圈作了一揖(十兄弟围成一圈)。

还在厨房里雌着（今作泡。这个字用得好）。

歪在床上盹睡了（斜躺）。

不出来走跳（走动）。

凿上两个栗暴（在脑瓜子敲两个栗子）。

你们通不来傍个影儿。（比"打一照面"更生动。）

浓浓的点上两杯茶来（沏上）。

赏他一个耳刮子（打他一个耳光。明是罚而说赏是反语）。

难得这官人坏钞（花钱，破钞）。

正说得入港（话已上道，如船如港）。

一时间设这智量（智力，即聪明人一时懵懂）。

好不四海（慷慨豪爽。出《论语》："四海之内，皆兄弟也"，也是江南方言）。

促忙促急，攒造不出张状来（加强急忙）。

被妇人啐骂在脸上（唾沫又骂。《正字通》："有物无声曰吐，有声无物曰啐"音越。《集韵》："声也，音碎"）。

妇人常与他些浸润，以此熟滑（浸润即好处，甜头）。

把月娘欢喜得没入脚处（手舞脚蹈，脚没放处）。

见月娘错敬他，都气不愤（过奖，错敬，溺爱，狂欢都是一个形式，加状语或定语。气不愤"不"是中缀词，无义）。

得个拙病死了（病不分巧拙，今说拙，指急病，无法医治）。

却也气概些，免受人欺侮（阔气些）。

若有两家告状的……他便两下里打背（即瞒着双方从中取利）。

你若放些松儿与他（即高抬贵手）。

不妨常峙节从背后又影来（像影子似跟来）。

这潘金莲贼留心，暗暗看看他（留心上加贼）。

你们说的知性话，把俺们只雇旱着（晾在一旁、旱着即乾着）吓了个立睁。

"欢喜的满心痒的不知搔处"（这是形容邪气的欢喜）。你敢和我拍手的（赌东道）。

我和你说的话儿，只放在你心里，放烂了才好。

春梅做了科范，取了个秦瓯子流沿边倒上递与他（科范即科罚规则，流沿边今作满满地）。

教他吃寡酒（无菜肴的酒）。

就要腾翘子（即翘尾巴）。

我还有一个看家的（最拿手的本领）。

只三筷两咽就是一碗，两人登时狠了七碗（狠省去吃字，妙）。

这就是我的钧语吩咐（自称钧语，很生动）。

将就脓着些儿吧了（忍耐些用脓着，真妙）。

见西门庆功着脸儿待笑（功当写弓即绷着脸）。

你若与凹上了，没吃的穿的（凹即姘上了）。

如今人也贼了（刁滑）。

奶子慌的三不知。

打你个烂羊头也不算（即打烂）。

平白放出去做什么，与人家喂眼（使人饱眼福）。

打的经济鲫鱼般跳（打女婿陈经济）。

又请小儿科太医，开门阁户乱了一夜（出入人忙乱）。只见小周儿在影壁前探头舒脑的（今作探头探脑）。

往外没脚的跑（有脚而说没脚。形容其快）。

"好小周儿，恁大胆，平白进来把哥哥头剃了去了，剃的恁半落不合的，欺负我的哥哥。还不拿回来，等我打与哥哥出气。"……月娘道："不长俊的小花子儿，剃头耍耍，你也这等哭。剩下这些到明日做剪毛贼。"（这是李瓶儿叫剃头匠小周儿给官哥剃头，才剃了一小半，官哥就惊哭喘不过气。李瓶儿安慰他，哄说几句，很妙。月娘也骂几句，也生动。这种哄小儿语与儿歌童话还不同。真是妙文。太史公马迁写不出，词曲上也少见。）

（二）明比语（即形象化的形容词，用处最大）

单留下这几个嚼倒太山不谢土的（即贪食者）。

一件好事，说说就放出屁来了（没有好话说）。

见了纸虎也吓一交（形容胆怯。一交即跌倒，比"一跳"重）。

十个指头咬着都疼（不偏心）。

女儿外向，怎一头放火，一头放水。

豆芽菜有甚正条捆儿也怎的（轻视她不正经）。

妇人将向西门庆脸边弹个响榧子道（弹他脸取笑他）。

正是分开八块顶梁骨，倾下半桶冰雪来（形容大吃一惊）。

如何远打周折，指山说磨（不直捷，不现实）。

不到后来网巾圈儿打靠后（不要像网巾圈打在后边，不爱他了）。

弄的汉子乌眼鸡一般，见了俺们便不能见。

早吃的那净光玉佛（光光像玉佛）。

西门庆是头上打一下脚底板响的人（光棍特性）。

慌的妆矮子，只跌脚跪在地下。

你这忘八，砍了头是个债桩（恶毒骂人话）。

主人烟熏的佛像，挂在墙上，有恁施主，有恁和尚（是尊主贱奴思想）。

饶你奸似鬼，也吃洗脚水（多奸也会上当）。

囤头儿上不算计，囤底儿下却算计（即丢了西瓜抓住芝麻）。

机儿不快梭儿快（怕漏风声，妇女们传话快）。

往后日子多如柳叶儿哩（柳叶形容日子多）。

把今现现成成做熟了饭的亲事吃人掇了锅儿去了（给人赚了）。

你这回吃了橄榄灰儿，回过味来了。

属扭孤孤儿糖的，你属扭儿也是钱，不扭也是钱（也是歇后语）。

就是那等雷声大雨点小。

正经使着他，死了一般懒待动身。若干猫儿头差事，钻头觅缝干办了（猫儿头差事指有好处的事）。

单管小便宜，随处也掐个尖儿。

只瞒着我一个儿，把我合在缸底下。

又吃纣王水土，又说纣王无道（这是奴才思想）。

谁知这小伙儿绵里之针，肉里之刺。

还要架桥儿说谎。

就像吊在面糊盆内一般，吃那厮局骗了（糊涂受骗）。

你做了老林，怎么还恁木木的（木木是林字，笑人呆木）。

你斑鸠中了弹，也嘴答谷了（不敢出声了）。

你敢笑和尚没丈母。

真是硝子石望着南儿丁儿（指磁针）。

听姊妹在一个跳板上走，不知替你顶了多少瞎缸（瞎缸是冤枉顶缸受罚）。

贼亡八，孽罐子满了。

干净你这个嘴头子就是个走水的槽（嘴留不住话）。

你是石佛寺长老，请着你就张致了（本是石佛不动，但有人来求就灵活了）。

白刀子进去，红刀子出来（流氓活，要动刀吓人）。

你惹他老姜，你还没曾经着辣手。

为驴扭棍不打紧，倒没的伤了紫荆树（牵累旁人）。

只管黄猫黑尾，外合里应，只替人说话。

狐狸打不成倒惹了一屁股臊。

我做兽医二十年，猜不着驴肚里病。

瓶儿罐儿有耳朵。

出笼儿的鹌鹑，也是个惯斗的。

没的王屠，连毛吃猪。你逐日只吃屎哩（少不了主人）。

你砍一枝，损百枝。

你两人合穿着一条裤子也怎的。

谁家灶内无烟。心头一点无明火，些儿触着便生烟。

你是城楼上的雀儿，好耐惊耐怕的虫蚁。

（三）暗喻语（歇后语、这是汉语的创造、外国语中很少。）

提傀儡儿上戏场，——还少一口气儿哩。

雪里埋死尸——自然消将出来。

关王卖豆腐——人硬货不硬。

竹篮儿打水——白费劲。

灯草拐杖——做不得主。

老鼠尾巴生疮儿——有脓也不多。

马蹄刀木杓里切菜——水泄不漏。

马回子拜节——走到的就要（到了就要钱）。

媒人婆迷了路——没的说了。

卖萝卜的跟着盐担子走——好个闲嘈心。

王妈妈卖了磨——推不得了。

云端里老鼠——天生的耗。

羊角葱靠南墙——越发老辣。

踏小板凳儿糊险道神——还盖着一帽头哩。

赤脚伴驴蹄——光光儿的（无钱）。

狗咬尿泡——虚欢喜。

买个母鸡不生蛋——莫不吃了我不成。

像个秋胡戏——（妻）。

王兵马的皂隶——便当你不声响的。

促织不吃癞虾蟆肉——都是一锹土上人。

饿眼见瓜皮——好的歹的揽搭下。

老和尚不撞钟——得不的一声（巴不得一声）。

净厕里砖头——又硬又臭。

茧子包网儿——好有面皮。

左右的皮靴儿——没翻正（不正经）。

小炉匠跟着行香的走（琐碎一浪荡）。

老婆充军——充数儿。

隔墙掠筛箕——还不知仰着合着（不知行不行）。

老妈妈暗着吃干腊肉——是恁一丝儿一丝儿的。

二爹曹州兵备——管的事儿宽。

卖了儿子招女婿——彼此颠倒着做。

媒人婆拾马粪——越发越晒。

坐家的女儿偷皮匠——逢着的就上。

写的字拿逃兵——一身故事儿。

大风刮了瓶儿去——嘴也赶不上。

八十岁妈妈没牙——有那些唇说的。

隔墙掠肝肠——死心塌地。

乡里姐姐嫁郑恩——睁着个眼儿，闭着个眼儿。

险道神撞着个寿星老儿——你也休说长，我也休嫌你短。

鸭儿砮糠——空欢喜。

吹灭灯，挤眼儿——后来的事看不见。

党太尉吃匾食——他也学大。

唐胖子吊在醋缸里——把你撅酸了。

卖瓜子儿开箱打喷嚏——琐碎一大堆。

告化子不见了拐棒儿——受人的气了。

老鸨子死了粉头——没指望了。

春凳折了靠背儿——没的倚了。

兵马司倒了墙——贼走了。

猪八戒走在冷铺中坐着——怎的丑的没对儿。

当家人是个恶水缸——好的也放在心里，歹的也放在心里。

瓮里走风鳖——左右是他家一窝子。

铜盆撞了铁刷帚——（硬碰硬）。

这个女儿也真是荠菜花儿当盆景——（摆摆样子）。

山核桃——差着一槅儿。

他离城四十里见蜜蜂捵屎，出门给懒象拌了一交——原来觑远不觑近。

养虾蟆得水蛊儿病——（好心害了自己）。

冷锅中豆儿爆——（岂有此理）。

（四）谚语

婆儿烧香，当不的老子念佛，各自要尽自的心。

妻大两，黄金日日长，妻大三，黄金积如山（妻比夫大）。

留得一青山在，不怕没柴烧，

世上钱财倘来物，那有长贫久富家。

人老珠黄不值钱。

情人眼里出西施。

远亲不如近邻。

当行厌当行。

小花不结老花儿结。

学到老，不会到老。

逢人不敢高声语，暗卜金钱问远人（金钱卦）。

家无主，屋倒竖。

欲求生快活，便下死工夫。

凤凰无宝处不落。

天有不测风云，人有旦夕祸福。

经目之事，犹恐未真；背后之言，岂能尽信。

为人莫作妇人身，百年苦乐由他人（重男轻女思想）。

十个明星当不的月。

法不行六耳（不传第三人）。

关门家里坐，祸从天上来。

自古苍蝇不钻那没缝的蛋。

自古不怕官，只怕管（反映官压迫人民）。

自古做官不贫，赖债不富（旧时代官几乎都是贪官）。

有儿靠儿，无儿靠婿。

常言大人不责小人过，那个小人没罪过（反映阶级压迫）。

正是有眼不识荆山玉，拿顽石一样看。

拚着一命剐，便把皇帝打。

畜生好度人难度（反映阶级压迫）。

自古物见主，必索取。

借米下得锅，讨米上不得锅。

正是走杀金刚坐杀佛。

养儿不要屙金溺银，只要见景生情（伶俐儿子）。

出头椽儿先枯烂。

各人自扫门前雪，莫管他人瓦上霜。

如今年世只怕睁着眼的金刚，不怕闭着眼儿的佛。

自古养儿人家热腾腾，养女人家冷清清（重男轻女思想）。

自古善良被人欺，慈祥生患害（劝勉作恶，正反映封建社会的混乱）。

常言道打蛇不死，反受其害。

常言恶人自有恶人磨，见了恶人没奈何。

秀才无假漆无真（其实秀才往往文理不通，反映人民重视文人）。

不图打鱼，只图混水。

自古木杓杖儿短，强如手拔刺。

常言人便如此如此，天理未然未然。

常言火到猪头烂，钱到公事办（反映贪污政治）。

要吃饭，休要恶了火头。

常言十日卖不的一担真，一日倒卖三担假（反映社会上真才理没假才得意）。

兵来将挡，水来土挡。

宰相肚里好行船。

树大招风风损树，人为名高名丧身。

常言道乖不过唱的，贼不过银匠，能不过架儿（架儿指当差的）。

拔了萝卜地皮宽。

龙斗虎伤，苦了小獐。

常言道奴才不可逞，小孩不宜哄（压迫奴才，也体罚小孩）。

天下事如牛毛，孔夫子也只识的一腿（说知识无尽）。

兔儿沿山跑，还来归旧窝。

与人方便，自己方便。

官差吏差，来人不差（其实公差如虎狼）。

嗔拳不打笑面（教人常摆笑脸）。

天不着风儿晴不好，人不着谎儿成不的（教人要说谎）。

逢人常说三分话，未可全抛一片心（教人不说真话）。

丑媳妇免不得见公婆。

驴粪球儿外面光，却不知里面受凄惶（装面子的苦）。

既在矮檐下，怎敢不低头（受压迫的呼声）。

无事不登三宝殿。

镟的不圆砍的圆。

人受一口气，佛受一炉香。

船多不碍港，车多不碍路。

有势休要使尽，有话休要说尽。

常言道好人不长寿，祸害一千年（反映作恶者反而得意）。

人人有面，树树有皮。

此处不留人，更有留人处。

十分水深，人不过。

自古人恶礼不恶。

当家三年狗也嫌（当家人得罪人多）。

正是计就月中擒玉兔，谋成日里捉金乌。

一个君子待三十个小人。

乱世不知那个是主子，那个是奴才。

要打没好手，厮骂没好口。

常言道一鸡死，一鸡鸣，新来鸡儿打鸣，忒好听。

唇不离腮，还在一处儿。

常言道牡丹花儿虽好，还要绿叶扶持。

母狗不掉尾，公狗不上身。

画龙画虎难画骨，知人知面不知心。

要好不能勾，要歹登时就。

亲不亲，故乡人；美不美，乡中水。

自古千里长棚没个不散的筵席。

因风吹火，用力不多。

是非终日有，不听自然无。

时来顽铁有光辉，运去黄金无颜色。

不见棺材不下泪。

自古有天理倒没饭吃。

妻儿赵迎春，各自寻投奔。

打人休打脸，骂人休揭短。

宁可卖了悔，休要悔了卖（是投机商人经验）。

信人调，丢了瓢；信人谎，失了网。

正是势败奴欺主，时衰鬼弄人。

男儿无性，寸铁无钢，女儿无性，烂如麻糖。

瞒上不瞒下（旧官僚主义）。

恨小非君子，无毒不丈夫。

家鸡打得团团转，野鸡打得满天飞（说妻比姘头好）。

头醋不酸，到底儿薄。

只许人放火，不许俺们点灯。

（五）新成语(一般的太多，只摘录一些新成语，成语主要指古人所造且寓故事的四言句，新成语也限于四言句，四个字一句的)

"帮闲抹咀"不守本分。

每日来"游魂撞尸"。

不是我"摇席破座"（当中离席而去）。

趋炎的"压脊挨背"。

恃宠生骄，"颠寒作热"。

专一"听篱察壁"。专一"枭风卖雨"，"架谎凿空"。

"慢条斯理"。

我肚子里"撑心拄肝"，要一万个也有（形容所记曲子多）。

"拔树寻根"。

"拿班做势"。"做张做致"，"娇模娇样"。

到明日少不得教人"尝言试语"（又说风言风语）。

你这老货偏有这些"扶枝扯叶"的（牵攀）。

道士有个"轻饶素放"的（不肯轻放）。

众人望外"金命水命"，走投无路。

一席话把婆子说的"屁滚尿流"。

当那忘八在时"轻学重告"（学话告状）。

以上谚语的时代思想性、阶级性最强。封建时代的谚语强烈地反映了封建时代的落后反动思想，如迷信思想，重男轻女思想，尊主贱奴思想，虚伪欺骗思想，都须批判。谚语格言一般都是经验之谈，谚语是民间所造，格言则出于古书，为士大夫地主阶级所引用。但民间谚语多数也反映了统治阶级思想。我们摘录了这些语汇，正是研究明末民间思想的一个方面。（属于民间文学中研究人民思想的一个重要部分，研究社会思想，过去只研究哲学家或某一学派的思想，研究某代的人民思想的很少。所以我这篇文章还是可供参考的。）其中也有一些积极的思想，如"拼得一命剐，便把皇帝打""留得青山在，不怕没柴烧""学到老，不会到老"、"此处不留人，更有留人处"。……这又是反映人民思想的另一个方面。我们必须一分为二，具体分析，完全否定也是不对的。有一些明比语、暗喻语是很生动通俗的，十分可爱。至于炼字铸新词，在语言上都有创造性，值得我们学习。我们也要向古人学习语言，不单在经传子史文集上，还可在小说上。我们所录《金瓶梅》上的许多语言，正是在一般经传子史文集上找不到的。过去有人以为小说都是用白话写的，在语言上没什么可学的，这实是一种误解。这儿只限于词汇语汇，至于修辞描写方面可学习的那就不用说了。

原载《河北大学学报（哲学社会科学版）》1982 年第 1 期

关于语文教学

斯大林语言论给我们语文教学
工作者的启发

自从斯大林同志关于语言论的一文四信被介绍到我国以后，我国的从事语文研究和语文教学工作者立刻展开热烈的学习和讨论。一九五〇年十月廿三日天津市中苏友协分会特别召开了一次座谈会讨论一文四信，情绪非常热烈。在一般的原则上，大家的意见是一致的；但到联系本国语文的实际时，意见即略有分歧。现在我把我在那次会上所发表的感想以及我对一般误解加以辩证的意见略述于下，以供国内语文教学工作者商榷。

一 对斯大林一文四信的一般感觉

首先，我们都会感觉到的，当斯大林同志发表他那辉煌的一文四信时，正是美帝杜鲁门在祈祷上帝扩充军备，煽动侵略战争，预备破坏世界和平，毁灭人类文化的时候。这个对比，是非常鲜明的。我们学习斯大林同志的一文四信时，这点是要首先注意的。

斯大林同志虽不是语言学专家，但他却给我们在语言科学上指出了最正确精微的理论原则和治学精神。他指出了马尔那种唯心的机械的教条的语言学说和马尔弟子们那种军阀式的非科学的治学态度等错误。这给我们说明：不根据客观事实而拘执主观的教条公式去硬套事实，决不会得到真理；不容许自由研究反复讨论，只拿权威的招牌去排斥异己钳制人口，更不会得到真理。这一点也是我们在学习斯大林同志一文四信时所要注意的。

斯大林同志的一文四信主要是对马尔新语言学的批判，但是他批判了马尔的新语言学，并不就是肯定了资产阶级的旧语言学，而是使苏联的新语言学获得了正确的基础与方向。他那些天才的英明的指示，在世界语言学史上开始正式展开了新的一页。这点也是我们在学习一文四信时可以注意的。

二　斯大林一文四信解决了什么问题

斯大林同志在一文四信中给我们究竟解决了些什么问题，那是很多的。主要的是：

1. 语言与思维不可分：无思维也无语言，无语言则思维想独立也是不可能的。

2. 语言无阶级性，它是为社会全民所创造，也是为社会全民而服务。

3. 语言非上层建筑，它不跟着经济基础变动而变动，它与文化不是一事。但它又与生产工具不同；它不能生产财富，所以它是配合着生产工具和政治斗争而贯彻上下各方的交际工具与社会的斗争武器。

4. 语言有渐变而无突变，因为它无阶级性，非上层建筑，因而要提倡"改革"语言，是不必要也是不可能的。

5. 民族语言的标准是基本语法和基本语词。某种方言既被集中为民族统一语后，即不可用方言来破坏统一语，但可尽量用方言来丰富统一语。因而过分强调方言文学是有毛病的；至于阶级习惯语黑语等更不用说了。

6. 语言的亲属关系是需要研究的，因为这对于认识语言发展的规律是有帮助的。但因于亲属关系的研究，研究到母语的问题，这又不等于说是语言起源论中的一元论。因为上帝创造了亚当厄娃的神话是不足信的；而且语言是人类劳动长期创造过程的结果，当原始人类出现在各地，恐怕语言还没被完成。语言一词，按法文即是 Language，由 Langue 和 age 二词构成，意即"舌的成长"；而肺部声带喉头口腔舌又是劳动所创造，这是谁都知道的。

7. 不同民族的语言的杂交融合，在过去只能是一种保存，一种失败被压制同化；除非到社会主义时代，各民族语言才会平等互助地互相融合为既非甲也非乙的一种新的语言。这给我们指出要认清帝国主义那种侵略性语言政策的恶毒，不要给马尔的融合论所麻痹了。

三 怎样和我国语文实际联系起来
——应予纠正的几种误解

学习了斯大林同志的语言论后，我们怎样和我国语文的实际联系起来，解决问题，这是很要紧的。虽然有些从事语文教学工作的同志们对于本国的语文在认识上还有一些误解，是需要纠正的。

1. 对汉语的价值问题

过去在半殖民地的社会中，汉语惨被侵蚀压制，而官僚资产和买办阶级以说洋语为荣，而一般知识分子在观念中存在着这一种错误想法：以为汉语是不如外国语好；甚且受了英美资产阶级语言学家的欺骗，以为汉语是无机的无语法的（苏勒革尔 [Friendrich von schlegel] 的话）。汉语是孤立语，是最幼稚的，进一步是黏合语，再进一步是屈折语，印欧语就是屈折语，那是语言发达程度最高的一种语言……（苏黎琴 [August schleicher] 的话）汉语的主语多半不提，所以思想极含糊混合（吕嘉慈 [I. A. Richards] 的话），于是十分鄙弃自己的语言。这是极错误的。我们要热爱汉语，不单是在感情上，而且在理智上，也有充分值得热爱的理论根据。

甲、全世界有四分之一人口说着汉语，汉语的人数是全世界第一（是瑞典高本汉 [Karlgren] 的话，这也是无可怀疑的事实）。

乙、单从有语言符号时算起，那么汉语已创造了三四千年灿烂丰富的文学巨产，这也是值得热爱的（也是高本汉的话）。

丙、在新中国成立后，我国人民在革命斗争的实践中，在这进步的社会科学的学习中，创造了大批的新语词，又大大丰富了汉语，所以汉语不再是"贫乏"的，而是十分丰富充沛。这也是值得热爱的。

丁、汉语在语言科学上也自具有它本身的优越条件：在"语音"方面，它以元音占优势，又有声调的变化，所以是世界语言中最富音乐性的。在"语法"方面，汉语是有"语序"而无"语式"，有"措辞学"而无"形态学"，最整齐明了。表面好似一块块拼凑起来，却天衣无缝，所以汉语的语法是软性的，有弹性的，内在的。而且极经济，它往往省略主语，但省得极自然而需要，如"下雨了"不必说 Pleut，"有一只狗"不必说 There is a dog。在"语词"方面，又是最表象的。每个语词甚至前置词等都有具体的意义，如"我在床上睡"，"在上"二字和 On 一词性质决不同，前者是表达一个具体的动作或历程，带有动词的性质；后者则仅表示空间的关系。而且语词的组织也比较整齐，多双声叠韵的复音词。这些特点都证明了汉语在语言发展史上的进步性。语言学家耶斯柏森（Otto jeg-perSon）把现代的语言归纳出几条进步性的特点：一是语词的形式比较简短，学习的时间和精力大减；二是语词形式变化简单；三是语词有一定次序，听受者容易了解。最后他说："各种语言虽然进步的迟速不等，而文法简省，形式单纯，实为世界语言共同的倾向。"因此汉语正是最进步的语言之一，无怪英语正在向我们汉语学习，我们怎可不热爱汉语？（本节所论都是采用高本汉、安藤正次、沈步洲、王力、张世禄、高名凯诸人之说，因限于篇幅，不能详引，请参看高本汉《中国语与中国文》，安藤正次《语言学大纲》，沈步洲《语言学概要》，王力《中国语法理论》，张士禄《语言学原理》，高名凯《汉语语法论》等书。）

2. 对汉语的实践问题

语音语法语词是语言的三要素，过去在这三者的实践方面确曾发生了一些偏向。在"语音"方面，过去曾由国音无调，国音杂调，而京音杂调，而京音京调。京音京调即指北京的音（声和韵）和北京的调（阴阳平上去）。当然汉语是中国语的代表语（中国语言除汉语外还有藏语侗台语等），而北方话又是汉语的代表语，而北京话又是北方话的标准语。不说"代表语"，因代表语是有代表最多数之意，而北京话在北方话中并不代表最多数，只是比较发音纯正。但是标准语又有强制性之嫌，把北京话定为标准，强令全国各地人学习它，要一丝不走样，方合标准，这既不合理，也不易办，因为"语同音"比"书同文"要难过十倍。况且定为标准，又有使它孤立起来停止住了之嫌，须知所谓标准京话，也在吸取各地方音的过程中不断地变化着。因此"标准"一词大可斟酌。但是如果像搞拉丁化新文字运动者完全否定有标准者，主张拼写各地方言方音，这又把民族生生的分裂了。斯大林已明确的指出：方言只是语言的分支，是统一的全民族语言的低等形式。因此否定标准语音提倡方音又是更大的偏向。况且没有标准语音，则所谓北方话一词也落了空，不知究竟指北方何省的语音为北方话；而且要想把北方话发展为全民族统一语也没有了基础。不管你说的标准语音说像多少，不管将来的全民族统一语音把现在的标准语音变了多少，可是我们总得有个标准语音。因此我们最好称这种标准音为动的软性的标准音较为合适。从事语文教学工作者对于国语语音和范读问题上应有这个认识。我个人的意见是不是对，当然还需讨论。在"语法"方面，过去往往喜欢学欧化语法（尤其在笔头语上），或者是各地方的特殊语法，这并不是不允许用，但这有个限度：即在不破坏我国的基本语法的条件下，而且是可以辅助改进基本语法时，是允许用的；不然，就是一种偏向。斯大林明确地指示民族语言的标准是基本语法和基本语词。汉语的基本语法，据王了一先生的研究有九条基本规律（见《中国语法讲话》第三章），如果我们把"你吃过饭么"说成"吃过饭你么"，把"有一只白狗"说成"那里有一只狗白的"固然不行；即使是"有飞跃地进步"学西洋的分词形式，"他她它"三词学西洋的阴阳性，都似乎不必。他她它在笔头上有作用，但在口头上一定要念成他她它，太不合汉语的习惯了。至于各地方的特殊语法，如不说"他刚来"而说成苏州话的"俚笃来哉刚刚"；不说"猫比狗小"，而说成广东话的"猫细过狗"，这样既无补于汉语语法，且足以破坏弄乱了汉语的基本语法。至于"批你的评""斗你的争"这些偶一用之的俏皮语，更不用提了。在"语词"方面，首先要认识语词在语言中的地位，语音语法是语言的形式，语词是语言的内容实质；而且语词变得最快。但过去对语词方面也有这样的偏向，就是为了向民众学习，向工农学习，搞成了方言文学，工农语汇。而且以此为批评的标准，即使是当代大作家的作品，因为它里面用了很少的地方语词和工农的语汇就批评为不算大众文学和无产阶级的语言，这是不妥当的。显然这是不认识标准的语词是基本语词，而进步的语词又是科学语词（政治科学和艺术科学）。如果把方言文学认识为大众文学，结果满纸"乜野㗎处"或"俚笃倷格"，那只有广州或苏州一地人能看懂，这成了小众文学了。如果满足于工农的原有语词，而不想用科学语词来予以提高，那就根本失去无产阶级的立场了，因为无产阶级当是进步的阶级。因此，我们在语词方面，一方面要向民众学习向工农学习来丰富我们的语言；一方面须掌握住基本的语词，科学的语词，使我们的语言更趋统一，更加提高。这是必要的。最后我们对于汉语的实践，无论是语音语法语词各方面，要贯彻民族的、大众的（基本语）、科学的（政治科学和艺术科学）的精神。这正是毛主席所指示给我们的方向。

3. 对汉字的阶级性问题

过去一般人对汉字都认为是封建时代统治阶级所用的压迫工具之一，而隶书是奴隶之书，这都说明了汉字是有阶级性的。我也是这样想的。但自从斯大林的一文四信发表后，我对汉字的阶级性就怀疑起来，我认识了汉字也是没有阶级性的。在那次座谈会上，我曾约略说出我的理由，当时引起了一些辩论终而没有得到结论，主席邢公畹（南大教授）先生笑着说：“恐怕这官司要打到莫斯科去。”因为斯大林只论到语言没有提到文字，尤其没有提到这特殊的汉字，所以这个问题是不易解决。现在暂把我所想到的一些意见分述于下，或许是不正确的，还希望国内学人指正。

（1）文字是语言的符号，也是笔头的记录的语言；因此语言既无阶级性，文字也无阶级性。斯大林同志虽没提到文字，但在拼音文字的国家，语言和文字总是相提并论的。

（2）汉字虽不是拼音文字，但决不可因其现象非拼音的，而就否定其文字的本质。汉字毕竟还是文字，与拼音文字具有相同的文字特性，汉字也是语言的符号。

（3）说汉字与拼音文字不同是在于拼音文字与语言是一致的，而汉字与汉语是有距离的。这是不妥当的。文字无论如何总是和语言有距离的，因为文字必受符号的限制，而符号又受时间的限制。因此拼音文字的符号对于语音的记录决比不上国际音标那样准确；而且被记录下来的文字符号又决不会跟着语言的变化而随便变化，文字总是比较更有稳固性和形象性的，因此在英法文中有许多变音的拼法和无音的字母，这就是文字与语言有所不同的地方。这也是文字的特性。因此对汉字与汉语的距离就不必大惊小怪了。

（4）语言文字是无阶级性的，当人们利用这种工具来表达，或宣传自己的阶级性意识而作为文学或艺术品时，这种文学或艺术作品就是阶级的，有阶级性的了。用汉字作的文学当然不用说，用汉字来写的那些有艺术意味的字体，如文人雅士写的碑帖体，凡是不是为服务于社会全民，只是为表现个人的艺术观，而为少数人欣赏的字体，就是有阶级性的（但广告公司所写的美术体字即没有阶级性）。至于当铺药店以及道士符咒上所写的特别字，那就等于阶级的习惯字行会字黑字，那些字也不能被认为是汉字，基本的汉字。

（5）说隶书是奴隶之书，因而证明汉字是有阶级性的，这也是不妥当的。隶书的隶不必是奴隶之意。"说文序"本称"佐书"，段注"左书谓其法便捷，可以佐助篆所不逮"。则隶书实有隶属附隶之意。又郦道元水经注也说："证知隶自出古，非始于秦。"所以隶书字式有出自古文，有出自甲骨金文，都可证明隶书其来已久。又卫恒《四体书势》："秦既用篆，奏事繁多，篆字难成，即令隶人佐书曰隶字。隶书者，篆之捷也。"可知篆隶二体并非代表两个阶级的文字，而是社会全民同时并用的两种——一新一旧一简一繁——的字体，所以奏事用之，民间也用之。所以隶书实是由社会全民长时期所创造的通行于各阶级的简体新字。

（6）根据汉字的发展史，没有看到突变的事实，总是由于现实的要求一种新的字体由于社会全民创造出来，起初是与旧字体并行，后来渐渐代替了旧文字，但旧文字并不被消灭，却还存在，如甲骨文金文篆隶到今天还存在。

因此，汉字并无阶级性，也非上层建筑，也无必要突变。大家如果能够理解这点，然后可以更好地推行新文字，更好地利用旧汉字。

4. 对汉字的改革问题

明确了汉字无阶级性非上层建筑无突变的必要后，对于汉字的改革问题已基本解决了。汉字必变那是肯定的，汉字将来必变为拼音的新文字那也是肯定的。进步性的汉语怎么会配合了较落后的汉字，这是一个矛盾。表意以至表音初期的汉字怎么会维持了这么长的寿命，这也是一个特殊情况。目前的重要问题不在这些，而在如果改用拼音文字，究竟采用哪种字母？硬搬拉丁字母或俄文字母都不行，必须自己创造一套汉语字母，但这又是怎样的呢？这问题给苏联的阿尔辛节夫同志提出来了（文见《人民教育》二卷三期）。又在推行这套新拼音字母的新文字前，对老汉字应怎样改造？推行新文字时，又该怎样和汉字合作？我的主张是用"新形声简字"来改造老汉字，用黎锦熙先生的"新注音汉字"（当然字母和拼法还须商酌）来推行新文字，把它先来统一汉语，改进汉语。等汉语统一了，改进了，拼音新文字自然推行开了。汉字就可退休，和甲骨金文同住养老院以备顾问。我这样的办法，是否合理，还待商榷，至于有些人还以为汉字绝对不可能变为拼音文字，或者以为汉字须立刻变为拼音新文字，那都是不正确的，应予以纠正，这是没有问题的。

四　我们该怎样学习语言

最后，我再提出这一个问题，当然谁都知道，在这方面毛主席早就有明确的指示了，那就是：学习人民的语言，学习外国的语言，学习古人的语言。

但是我们读了斯大林的一文四信后，又给我们在这三句话后加了注脚，那就是学习人民的语言，并不是学些方言土腔，成了"土八股"；学习外国人的语言，并不是只学些欧化语法洋人腔调，成了"洋八股"；学习古人的语言，更不是学些典故词藻，成了"老八股"。这三种八股，也是我们所反对的。

在这三种语言——人民的，外国的，古人的——外，我们更要学习毛主席的语言。我们只须读到他的"反对党八股"就可证明他的语言才是结合了三种语言的精华，而成为一种异常丰富动人的语言。同时，在他的语言中，代表着数万万人民的呼声，积蓄了几千年阶级斗争的力量，包孕了黄河的雄伟气魄，发挥着最进步而精密的科学条理，是极雄深厚，但又极朴素明澈，而富于风趣，是我们语文教学工作者最当学习的。加里宁说斯大林是最懂得俄罗斯语言的，我们应学习他的语言的简练明晰和纯洁。我们也同样可以说：毛主席的语言是现代汉语的典型，他继承了优秀的汉语而加以丰富发扬了。我们要好好学习语言，首先就得学习他的语言。

一九五一年一月廿五于河北师范学院

原载《天津教育》1950 年第 9 期

语法教学问题
——附标点符号用法及特例

去年（一九五〇年）十二月初，我曾下乡到保定、南宫等地各中学去检查师范学院国文系四年级学生在那里实习的情况，一般的反映，是对语法教学的方法感到困难，不知道究竟该怎么办。因为原有老师对语法教学的方法很不一致：有的讲的很精细，把复杂的图解法都给初一、二的学生教授了，但学生多数仍不了解；有的老师对语法根本就不讲，而学生也不注意这些事；有的老师只把课文后附的语法举例照着讲一下，必要时再举些实例对照一下，不搬语法上的许多术语。我根据这样的情况，再分别与各校的国语老师和学生交换意见，回来后再和同人们研究一下，决定了几个原则：我并结合高小（五六年级）和初中一、二年级的教学情况，拟了一个最浅易切实的语法教学法。至于高级的语法教学，就可按照一般语法书进行。现在我分为七个题简述于后。还希望中小学的语文老师们给我指正和补充。

一　我们讲语法当然要以"本国的"为主

这是"民族的"，因此我们讲语法要紧紧地掌握住本民族的语法规律。对于这个，王了一先生曾举出九条规律。

1. 主格先于其动词如"我读书"，不可说"读书我"。

2. 目的格后于其动词如"我喝水",不可说"我水喝"。至于"我把水喝了"是可以的,但须加介词"把"。

3. 领格先于其所领的名词如"人民的教育"不可说"教育(的)人民"。

4. 形容词必先于其所形容的名词如"红旗"不可说"旗红"。

5. 副词必先于其所限制的动词形容词或另一副词如"纷纷地下着雪""他给我一张很大的纸""我最不喜欢他"不可说"下着雪纷纷地""他给我一张大很的纸""我不最喜欢他"。

6. 空间副词短语必置于动词前如"我在家里吃饭"不可说"我吃饭在家里"。

7. 方法副词短语必置于动词前如"他拿笔签字"不可说"他签字拿笔"。

8. 动词用被或给字作为被动态时则主动者必置于动词前如"他给狗咬伤了",不可说"他咬伤给狗"。

9. 附属句必先于主要句如"如果没有你来帮忙,我真不会完成这个任务"。如果上下句一倒,就不像中国话了。

这九条中国语法的规律,是在和外国语法比较中求出来的。如果再精简一下,可归纳为三条:

1. 主语述语宾语的顺序较固定(宾语提在述语动词前是例外)。

2. 所有形容词、附加形容词、副词、副词附加语大都放在被形容的名词被副状的动词前(挂在后面的是例外)。

3. 附属句必先于主要句(后于的是例外)。

二 我们讲语法当然又以"语法"为主

这是大众的。我们所讲的语法又是大众的活语法,不是死语法。这是语法和文法不同的地方。死的文言文的文法讲了对青年学生已没有用;而且实在也讲不清。因为文言文包括许多时代,每一个时代都有分别;尤其它是脱离语言的东西,往往同一时代,这一文章家的文法和那一文章家的文法又有些许不同处,所以"文法"不好讲。

但我所讲的语法又是大众的，而不是小众的。小众的有两种：一种是地狱的，如广东语江南语中的特殊语体法；一种是阶级的，如士大夫阶级的半文言的语体文和半洋化的语体文。前者如周作人一派的语体，后者如徐志摩一派的语体文（翻译文自当别论）。因此，我们所讲的语法当是现代国语语法。这也就是基本的语法。

如果在国语中碰到文言的成语，那就说它是成语，不必再加分析。因为成语，尤其是古成语，往往是不合现代的语法规律的。如果引了一段古文或古诗，那最好就把它译为语体，让学生在词上造句法上作一对照比较，更可明白些。

至于现代非散文的韵文，如快板鼓词等也有很多特别的语法，因为要凑韵和凑每句字数，往往不照普通的语法规律，那又当别论，将来可以由专家另外搞一部歌词句法出来。但极复杂，因为皮黄的鼓词的新诗的句法都不一样。

三　我们讲语法又以完全的语法为主

这是科学的。我们讲语法要注意完全的语法。当然剧本对话中的"半语"（即说了一半下加省略号的话），还有日常语言中的"简语"（如问"你有一双新皮鞋吗？"回答时只说"有"。全语是"我有一双新皮鞋"。又如命令式句"来"，全语是"你过来"。又如惊叹句"火火！"全语是"大家快来救火呀！"）是可以的，因为这些语法在习惯上已通行，而且很经济，我所说的完全语，它的反面是指的"朴质语"。朴质语有它好的方面，就是很天真很自然；坏的方面，是含糊不科学。在小说剧本中，我们往往看到记录着没有文化或文化很低的老农民老大娘说一些朴质语，这些话是仅有"意义成分"，而很少"文法成分"（主要是连介词）。这是语言的落后性（但是生活上的语汇语词他们却很丰富）。现在试把两种语法——朴质的与完全的分列于后，我们比较一下，就可以证明哪种语法是更科学的。

朴质的语法——"你偷过李四家的粮食，偷过张三家的衣服，昨天中午你在我家后门口直张望。今天一早起来，我看见衣柜不知给谁打开了，衣服丢了十来件，这一定是你偷的。不认账也没用；你常常偷东西，人家都知道……"

完全的语法——"你'曾经'偷过李四家的粮食，'又'偷过张三家的衣服，昨天中午你'又'在我家后门口直张望。今天我一早起来一看，'果然'衣柜'也'给打开了，丢了十来件衣服，你'虽然'不承认，'可是'你是一个惯偷，大家都知道；'而且'昨天中午你又在我家后门口探路，'因此'这一定是你偷的。……"

加进了"曾经""又""果然""可是""而且""因此"等词，好像一只只螺丝钉，把一句句话完全拧紧了，一点也不动摇，而且意义更加鲜明。这正是既"明"且"确"的语法作用。

四 我们讲语法又是以造句法为主

一般文法家都承认中国语法是以造句法为主，而词性分析（西洋叫形态学）如什么是名词什么是动词什么是外动词或内动词，由于汉语的特殊现象，所以并不太重要；尤其对小学生或文化程度很低的成年人，往往闹不清。因此，我主张语法的分析要简化。

词性分析可以形容词副词不分，统称为形容词；连词介词也可不分，统称为连词；名词代名词也可合并。那一共有名词、动词、形容词、连词、助词、叹词六种。

造句法当然要注意主语述语宾语补充语和附加语以及单句复句等分析。但为了使低年级的学生容易接受，可以教他们在基本上掌握住三个造句原则。这三个造句原则：一是具备，二是次序，三是连系。

1. 具备这是造句的第一个基本原则。如果一句话的物质连动的要素（指语词）不具备，那根本就不能成句。考验具备的方法，可以用两句问话：一、这是什么或谁呀？二、他是或他有或他干什么呀？（或可再接下去问"他又什么呀？"一直问到不必再问，这句才证明已完全了。）如果造一句话，答不上这两个问话，那就是不成句（省略句是例外）。这两个问话，也正是一切语法的骨干，其他都是添加上去的形容成分连介成分叹助成分。例如：

我家的一只小黑"狗"（这是什么呀？）是洋狗（它是什么呀？）。住在李家庄的"老李"（这是谁呀？）有十二亩地（他有什么呀？）。爸爸（这是谁呀？）回到家来（他干什么呀？）就躺着（他又干什么呀？）。

我（这是谁呀？）昨天看见你（我干什么呀？）——你（这是谁呀？）走进第一球场去（他干什么呀？）踢足球（他又干什么呀？）。

2. 次序。这是造句的第二个基本原则。如果语句的物质要素都具备了，但是不照着中国语法的次序安排，还是不成句的。中国语法的次序规律已在前面讲过了。例如"我喝完这杯茶以后（或我喝完了这杯茶）"这是对的；如果说做"我这杯茶喝完了"，就是不成句了。学生如果这样说了写了，老师就须给他纠正，问他："你干什么呀？"他回答"我喝茶"。"好，你既然这样说，那你也该说'我喝完了这杯茶'。如果要把这杯茶倒上去，也可以，但必须在上面加一个把字：'我把这杯茶喝完了'，这才成句。"如果有倔强的学生不服气地问："为什么不可以倒上去？为什么倒上去还要加个把字？"那么老师可以心平气和地回答他："因为大家这样说了，这样说了大家就懂。不然，大家不说，你一个人说了大家也不懂。语言是最走群众路线的东西，大家这样说了就是对，没有别的理由。如果你创造了一句很好的语法，群众拥护而开用了，就是合法的语法了。语法说穿了就是这么一回事。"

3. 连系。这是造句的第三个基本原则。如果一句中的各词不相连系，也是不会通的。连系又分两种：一种是本身的连系，如"我写字"我和写，写和字都是连系的，中间用不到连介词。一种是连介的连系，如"我用毛笔写字"，又如"我写的字和你写的字很像"，又如"你既然答应了他，你就得给他。"用连介词连系，当然要和句意适合。因此，我们要求一句中词与词的意义要连系；如果是复句，则上句和下句的意义要连系；各名动形副要用的恰当，而连介词也要用的恰当。如：

"我今天望完了一出戏。"这句话只具备，且按次序，但不连系。"望"当改作"看"，这是动词未连系。

"我对于这件事有很多的感动。""感动"当改作"感想"，这是名词未连系。

"他有一件美妙的衣服。""美妙"当改作"美丽",这是形容词未连系。

"他诚恳地吃着饭。""诚恳"当改作"规矩",这是副词未连系。

"一帮工人在火热的太阳下挥着芭蕉大扇不停地修铁路。"挥着芭蕉大扇一句本没毛病,但作为修路这动词的副词附加语就觉不妥当。因不停地修路、就无暇挥扇,当改作"挥着汗珠"。这是副词附加语不连系。

"因为你身体不好,然而不让你去参加劳动。""然而"当作"所以",这是上下的连词不连系。

"因为你身体很好,所以不让你去参加劳动。"这是连词与内容不连系。当改作"虽然你的身体很好,可是不让你去参加劳动。"当然下面还须"因为⋯⋯。"或者改为"因为你身体很好,所以让你去参加劳动。"这是改变内容而迁就连词,是削足适履的事,当然不合适。

"太阳在东方慢慢移到西方。""在"字当改作"从"字,这是介词和"移到西方"不连系。

"小黑和小黄两个人来看我,我就拿出糖果来招待他。小黑不吃糖,小黄爱吃,于是我们吃糖,你看小说。咱们一直玩到晚上。"这是代名词用的不连系。"招待他"当改作"招待他们","你看小说"当改作"小黑看小说","咱们"改作"我们",因为这句话不是对着小黑小黄说的,而是对着读者说的。

具备是语句的物质运动的要素,次序和连系是物质运动的形式。次序是词位方面的,连系是词义方面的。语法通顺的基本原则,不外乎这几个。

五　我们讲语法又须以实例的归纳比较法为主

对中国人讲中国语法和对外国人讲中国语法在方法上当有区别:对中国人讲中国语法,用不到繁琐地引许多语法条例,更用不到另外单独讲一套语法。因为每个中国人都能说中国话,在说话中都自然有一套活语法。我们把这些活语法分析归纳比较一下,就成了抽象的语法书。但语法书终是死的东西,它虽然回过去纠正了一些活人的语病,但作用究竟不大。语法书只是少数专家的研究作品，或是语文教员用来作为答复学生们的一种根据。实在说，谁曾见过一个中国人读熟了中国语法书，才学会了中国话，写通了中国文？这是绝对没有的事。一个中国人既然会说中国话，就自然有语法。而这种语法，不论他有的很朴质，但说出来只要是能懂的，那就是通的。不过有的是通而不顺罢了。因此，我们是先有语言，后有语法；不是先有语法而后有语言。因此，语法是常常要跟着语言变动而变动的。这是我们对语法应有的基本认识。

语言中的语法是怎样学出来的呢？那是从听了许多实例的归纳比较中学成的（至于语言起源时语法生成的过程，那又当别论）。例如儿童学话时，对于语序是不明确的，哭诉"姊姊打我"一句，往往说成"打我姊姊"，或"姊姊我打"；后来听到许多实例，如"爸爸逗你""妈妈骂他""哥哥看着家""逗姊姊抱妹妹"……才确定了"姊姊打我"。如果要加以语法说明，则可说"姊姊是主语，打是述语，我是宾语。主语在先，述语次之，宾语又次之。如果宾语提在述语前，必须加把字。"这又是一个新经验，也是从许多实例中归纳出来的。对于助词吗呢的分别也是如此。如：

王先生在家吗？	不说	王先生在家呢
你没有看见他吗？	不说	你没有看见他呢
我不是在做梦吗？	不说	我不是在做梦呢
难道你不怕犯法吗？	不说	难道你不怕犯法呢
他还能活吗？	不说	他还能活呢
这本书好吗？	不说	这本书好呢
这是什么缘故呢？	不说	这是什么缘故吗
我哪里知道呢？	不说	我哪里知道吗
哪个是你所喜欢的呢？	不说	哪个是你所欢喜的吗
我们该怎样学习呢	不说	我们该怎样学习吗
你干什么不去参加呢？	不说	你干什么不去参加吗
今天来了有多少人呢？	不说	今天来了有多少人吗

在这许多实例中，我们就感觉到吗呢虽然同是用于词句，但有分别。如果要加以语法说明，那么可说"问句中加进了什么怎么怎样哪里多少等疑问副词，就要用呢。"还有如"你去不去呢要不要呢"也用呢但不用什么怎样；又如无疑问意的呢，如"我还有事呢。他正在忙呢。你喜欢呢，就答应他……"那又是另一种经验。又如动词"吃"，因为听到吃饭吃苦吃亏有吃有穿，没听说吃水吃香烟……于是对于吃字的用法也就确定了。因此语法的学习，该是语言实践的结果。我们要纠正语病也须用实例的归纳比较法。因此我们纠正语病，更能帮助解决问题的，不是抽象的语法条例，而是较具体的虚字使用法和词类字典之类。因此，我们单独教学生一套语法，背诵许多语法术语，是不会有什么大的帮助的。

六　语法教学的实施

关于语法教学的理论与原则，已略谈如上。现在再来谈谈语法教学的实施方法，那么可以分为三种。

1. 在平常说话中随时纠正学生的语病。

2. 在造句和作文写话的批改中纠正学生的语病。比较严重的语病须公开讲述。

3. 在读讲课文中遇到较难较好的语法，可以摘出来按式练习。在读讲课文时，结合课文中的词和语句进行系统的语法教学，最好要避免单讲语法之嫌。

至于指导的方法，可以注意下列几点。

1. 指出语病须说明原因。如"你为什么不学习吗?"这句语病是"吗"字用错了，应当改"呢"，因为用了"为什么"。如果去了"为什么"，就可以用"吗"，但是意思不同了。又如"我们要锻炼体操"，语病在"锻炼"，应当改为"练习"，因为"体操"大家都说"练习"，"锻炼"只能说"锻炼身体"。

2. 改正的语例须多举各种实例。如把吗字改成呢，就可接着把呢字的各种用法实例举出来，给学生一个较全面的语法知识。当然有的词就没有这个必要。这可以选择用途较广用法较杂较特殊的做一下。又如"锻炼"

一词，也可同时举出许多不同的用法，如：锻炼身体，锻炼钢铁，锻炼意志，在生活中锻炼……

3. 较难的（较长较复杂较特殊的）语法，须列出句式，或加以图解；且须按式多练习。如"我们非消灭美帝替被害的同胞报仇不可"，句式可写为"……非……不可"。又如"我们非（如果不）打倒美帝就不能解放全人类"，句式可作"……非……，就不能……"。又如"新的世界大战至少在目前不能够认为是不可避免的"这句较曲折，就可图解（但图解不要做的太细了，太细了反会使学生迷糊了）。如：

初学的如果不习惯做图解，那仍可摆句式，可作：

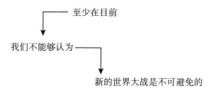

方法是先把形容词附加语副词附加语分开，使语句的中心骨干鲜明突出；再把骨干句包含的两句分开，使骨干句的主从敌友关系分明。这是化繁为简，化长为短，化混为明的最通俗的办法。教法的顺逆，须看每句的情况。至于上列的例句，最好是逆着教；就是先讲下一句，再讲上一句，最后讲上一句的副词附加语。我曾这样实地实验过；那是一九五一年二月十八日在进步日报上登出了斯大林就目前国际形势的谈话，有一位文化程度较差的干部，一看到了这句标题（是第四条即新的世界大战至少在目前不能够认为是不可避免的），心理一着慌，无论怎样也看不懂，我于是给他摆了这样一个句式，使他情绪上变化了三次，思想上由惊疑而终于明确了。我把这句话中的"至少在目前不能够认为"十字先抽出来，那就成了"新的世界大战是不可避免的"。他这样一念，他慌了；我又把"不能够认为"五个字装在上面，并且在上面给加上了被省略了的"我们"二字，再请他念，他照样念了，立刻转忧为喜，他说："我也这样想，世界大战决

起不来的，咱们有毛主席的领导，和苏联老大哥帮忙，我们还愁什么？"
我就向他说："还有一句请你再念一下。"我就把"至少在目前"一句放在
"我们"下，他念了，笑着直点头说："同志，真是一点也不错，我全明
白。我们要加强警惕，好好准备着，是不是？"我对他说："这样，你算对
这句话完全搞通了。"

4. 较好的语法最好用种种不同的语法作比较，如上面所引的例句，我
们可能有下列种种的说法：

至少我们在目前不能认为新的世界大战是不可避免的。

新的世界大战至少在目前是可以认为能够避免的。

我们认为新的世界大战至少在目前是可以避免的。

新的世界大战应当认为至少暂时是不会发生的。

至少在目前我们是不相信会发生新的世界大战的。

新的世界大战至少在目前是不会发生的，我们可以这样说。

至少在目前还没有看到要发生新的世界大战的征兆。

我们并不否认，新的世界大战至少在目前是可以避免的。

对于新的世界大战在目前就要爆发的话，我们是不能赞同的。

新的世界大战至少在目前不是不可能避免的。

上面十种语法大意虽相同，但是轻重的分量，疑信的程度，显隐的作
用各不同。我们能教学生常常做这种练习，对于造句修辞是有极大的帮助
的。当然，语法学和修辞学是有区别的；但在语法教学中是不能分开的。
因此在纠正语病后，我们还须提高一步改进语法教学。

七　我们要改进语法主要还在于思想内容的提高

要使语言的内容正确和充实丰富，必须提高科学的思想性；要使语言
的语法更加明确和谨严，必须提高思想的科学性。没有高度的思想内容，
就不可能要求高度的语法组织，当然没有高度的语法组织，也不可能表达
高度的思想内容。但思想内容是基础，它决定了表达的形式。所以思想内
容是推进语法组织的动力。如果我们要纠正语病，改进语法，提高语言，
如果不从根本上着手，只从语法上语法书上琢磨，是不会有大的收获的，

而且容易发生偏向。我们试看一些政治文化水平不高的人，在他们的语言里，"语法成分"往往是很稀薄的，连介词也不常用；"意义成分"的名动形副也往往用的不合适。这是一个很显著的证明。AH. 叶非菲夫在《列宁斯大林论宣传员的语言》一文中说："宣传员必须有系统地提高和改善自身的语言修养，向列宁和斯大林学习高度说服力，铁的逻辑，明白确切和简练……""布尔什维克党语言的力量和特色，就在于他的深刻的思想内容。""思想必须在脑中加以琢磨精炼，然后才能找到表现此种思想的语句。"这说明了列宁斯大林的语言语法所以明白确切简练合逻辑，就是由于他们的极深刻的思想内容。这种思想内容因其深刻因其在脑中已琢磨精炼，所以选用了最适合的表达语句；而这种语句的语法，也必然是明白确切简练而合逻辑。有人说语法和逻辑不是一回事，是的；但是语法的方向必然是朝着逻辑的。

八　标点符号的用法和特例

标点符号使用法，普通都是附在语法书的后面。真的，标点符号确是语法研究的一部分。标点符号用不好，这是由于对语法的组织不理解；语法上有毛病，标点符号也就不会顺适地用上。它是很重要，但往往不被人重视。现在我扼要地谈一下，以供语文教学者参考。

1. 简史。新式标点符号本是西洋货，民国八年才正式由"教育部"公布了"新式标点符号案"，共分句号（包二式）点号（包二式）分号冒号问号惊叹号引号（包二式）破折号删节号夹注号（包二式）私名号书名号十二种。到民国十九年，"教育部"又公布了"划一教育机关公文格式办法"，后面附有公文标点举例说明，又分顿号逗号支号（即分号）综号（即冒号）句号问号祈使或惊叹号提引号复提引号省略号破折号杂名号（用于专名左旁）书名号（用于书名左旁）括弧（包二式）共十四种。

2. 分类。十四种标点符号，大别为二：点号与标号。点号中又可分为三类：一为基本的点号（句号与逗号），二为辅助的点号（顿号与支号），三为补充的点号（综号问号叹号）。标号中又可分为三类：一为统括的标号（单复提引号与夹注号），二为伸缩的标号（破折号与省略号），三为指名的标号（专名号与书名号）。

3. 教法。可先教简式，后教全式。简式即是指最基本的六种，即句号逗号冒号问号叹号提引号。（民国二十二年为"行政院"曾公布过"公文采用简单办法"，分逗号问号提引号复提引号省略号专名号括弧七种。这是不合适的。）待这六种用熟了，再教其他八种。至于每种的用法各例，可根据新式标点符号案，或普通语法书后，都有详细的举例，我不在这儿重复了。我只预备把我们在标点符号使用的实践中遇到的困难和经验，在这儿谈一谈。那么，我们可以注意"三须"和"三难"。

[三须] 是：

（1）须熟悉每种标点符号的各种用法。这可以把国语文法后面的标点符号使用法多看几遍。

（2）须明白语法的组织。这可以把语法中的造句法搞通了，尤其是各种复句和附加语，不要把句前的附加语用上句号圈断了。

（3）须根据内在的意思。如"今年真好晦气，全无财帛进门。"也可点为"今年真好，晦气全无，财帛进门。"又如"行路人等，不得在此小便。"也可点为"行路人，等不得，在此小便。"又如"反对美帝国主义帮助各国反动派屠杀人民。"如果不问意思，点成了"反对美帝国主义，帮助各国反动派，屠杀人民。"那就出大问题了。

[三难] 是：

（1）长句难标点。有一种长句是思想性极精深的，如毛主席《在延安文艺座谈会上的讲话》中有一段："总起来说人民生活中的文学艺术的原料经过革命作家的加工而形成观念形态上的为人民大众的文学艺术在这种文学艺术中间既有从低级程度的群众文学群众艺术基础上发展起来的为被提高了的群众所需要或首先为群众中的干部所需要的比较高级程度的群众文学群众艺术又有反转来在这种高级程度的群众文学群众艺术指导下的为今日最广大群众所最先需要的比较低级程度的群众文学群众艺术不是所谓低级趣味"这一长句，哪里该用顿号或逗号或分号，不是太容易的。要标点好这一长句，必先完全懂透它的意思。请把这段试一试吧。

还有一种长句是因为附加语太多了，所以不好标点。例如下面的一段："因为津浦路急急地要通车炎热的夏天赤日当空在淮河的两岸有整百个工人跟着几个工程师运着钢铁扛着木材凭着几副大机器把那座被水冲坏的大铁桥整夜不息地加工修造不到一个星期竟修造得完完全全往来的列车安然渡过车中的客商再也想不起冲断时行旅的困苦了。"我们如果把这一段分析一下，那么全句的中心骨干只是"工人修造好铁桥使列车通行，客商都满意"，其余的都是附加上去的血肉。现在再把它分析于下：

因为津浦路急急地要通车——是上半句（修造铁桥）的原因副词附加语

炎热的夏天赤日当空——上半句的时间副词附加语

在淮河的两岸——上半句的地点副词附加语

工人跟着几个工程师运着钢铁扛着木材凭着几副大机器——上半句的方法副词附加语

整夜不息地加工——上半句的性态副词附加语

不到一个星期——上半句的时间副词附加语，因为前面句子太多，所以把它移到述语"修造"后。

竟修造的完完全全——上半句性态副词附加语也移在"修造"这一述语后，如果在前，当作"……凭着几副大机器昼夜不息地不到一个星期把那座被水冲坏的大铁桥完完全全地修造好"。

往来列车安然渡过——是工人修好铁桥的效果句，也可列入上半句，意即"工人修好铁桥列车安然渡过"。

此重复句是极复杂的一例，不仅附加了很多副词附加语和形容词附加语，如"被水冲坏的""有几百个的"；而上下句中还包含了复句，如"因为急于要通车，所以工人们加工修桥"；"因为加工修桥，所以很快就把桥修好"；"因为修的完完全全，所以列车能安然渡过"；"因为列车能安然渡过，所以客商都很高兴"；实际上包含了这些因果复句，但造句时为了简要，就把它们概括为这样两句成一复句："因为工人们不避炎热很快很好地用种种方法把铁路桥修好使列车通行完成了急急通车的任务，所以客商们都表示十分满意。"因此这一长句，只能用逗号直到末后"困苦了"下方可用句号。但因为句太长，不好喘气，可以在"不息地加工修造"下加分号。

（2）省略与难标点。中国语法往往省略主语，这是增加标点困难的一个原因。如《狂人日记》中："我想我同小孩子有什么仇，他也这样。忍不住大声说'你告诉我！'"在"忍"字上省略了"我"字，因此普通很容易误加逗号。又如加里宁《通讯员的写作和修养》："一个通讯员在地方上大家都不知道他，那是没有用的。必须民众知道你们，你们绝不能关在家里。""必须"一句省略了"你们必须使……"，普通也会因此而不敢再"没有用的"下加句号。

（3）不通顺句难标点。学生作业中往往写些不通顺的语句。在口头说还感觉不出怎样，因为他随时把许多话补充反复，一写到纸上，就不能了；或者也有嘴里说的很顺，一写到笔头，他又另学一套，往往出了毛病；有时并不是连介词缺乏，而是连介词滥用，那也是很难标点的。例如下面一段："如果不是我有母亲的话说真的母亲谁没有可是母亲爱我那也是真的因此我决心要去报名军干学校或者去参加志愿军总之这都是我的志向万不可以拿我母亲作为借口所以母亲也拿我没有办法因为我报名是完全出于自觉自愿谁也拦不住我除非组织上不批准那我只有再锻炼身体加强学习将来再申请……"这种语句只有把它改通顺，才可使上明确的标点。

（4）标点特例。除了标点符号使用法上讲述的一般的用法外，我在实际里归纳出一些特例，附录在此，以供参考。当然是不完全的，还希望大家加以补充。

（1）标点须用在行内，占一格，原因是便于印刷。当然须随句加上，不能写完后再加上。

（2）专名号书名号加在左方，是因为加在右方怕和点号连在一起，因为旧式点号都是用在字的右方的。但为了印刷方便，这两种符号没有必要还是不用。

（3）最好要避免把符号用在整个一行的头上，而下面白白的。这是很不好看的。我记得鲁迅先生曾这样说过。

（4）还要注意提引号中末句下的符号，不可写在提引号下。

（5）说话人夹在上下两个提引号中，则不用冒号，而用逗号，如果用在提引号的下面，则用句号。

（6）一句下用夹注号（双引号），则一句下的符号要移到夹注号下。

（7）夹注号中短语不用标点，如果有几句，则上面用逗号或句号，末了一句下不用标点。

（8）末句用省略号，下面就不必加逗号，或句号（或在省略号上或在省略号下）。

（9）还须待考或不能肯定的词句下，可用问号，问号外加圆括弧。

（10）不便写或已忘的私名书词可用×××或□□□。

（11）并列的词或句末后一词不加顿号，末后一句不加逗号，如"桌子上有笔、墨水瓶、纸、书、镜子、台钟等东西"，台钟下不能再加顿号。

（12）为了表示复杂的情绪，可同时并写叹号与问号；也可连用三个叹号，表示加强语气。

（13）提引号中如果引文很长，分作几段，则除首段首句用〈"〉号，末段末句用〈"〉号外；其中间各段均可在首句上加〈"〉号。

（14）除对话中可用省略号表示含蓄或中断外，其他则不可滥用作为偷懒之法。

原载《天津教育》1951 年第 11 期

《文心雕龙·声律篇》诠解

目前已有给《文心雕龙》各篇作注解的，这对初学极有帮助，但对《声律》篇作注解者较少。单作字词的注释不可能讲清内容，且未从语音学方面去分析，因此这篇齐梁声律论的代表作的精义妙论很少人知道。语音是修辞的重要手段之一，讲不透就感到雾里看花，不能识透刘氏的语音理论的精辟处。今试为诠解各段的精义如下。

1. 该文首段提出音律的起源问题。他以为："音律所始"是"本于人声"。美的人声就发展为乐歌，再制乐器来配合歌声。所以乐器是写歌声的，不是歌声去学乐器的。不单歌声有音律，一般语言也有音律，所以说："言语者，文章神明，枢机吐纳、律吕唇吻而已。"黄季刚氏以为文章下当脱二字，应是神明枢机为一句，吐纳律吕为一句①。刘永济说，疑脱管篇二字②。都是想象，没有根据。果如黄氏所说，则唇吻二字下也当脱二字了。其实本不脱字。刘勰在此对言语作了一个全面的解释，除了文章神明（这是思想内容等）外，还有形式上的部分，就是枢机吐纳（这是字句的吐属），律吕唇吻（这是音韵问题）。不单诗歌讲韵律，一般的文章语言都要讲求。这就是刘勰高明之处，这也是齐梁声律论的主张。但刘氏所论显然范围扩大了。

2. 次段进一步把文章语言中所讲的音律跟歌乐声作比较。以为前者是内听，后者是外听，内听比外听难。这是前人都没有提过的，很精辟。所以内听为难的原因，是由于文章中的音律不为人所注意，较隐藏；乐歌中的音律很明显，如分高低、长短、强弱、节拍等。至于文章中四声、平仄、阴阳、五音、清浊等结合每个字的声纽、韵部，却很复杂。读正一个字音，实比唱正一个音符要难。一个音符没有分清声纽、韵部等的必要。当然散文中讲的音律又比诗歌韵文为难，如韩愈说的："气盛、则言之短长与声之高下俱宜。"③声之高下即抑扬顿挫，实包平仄、节奏二事。只是散文的节奏是自由的节奏。这段中头上几句须加注释，如："古之教歌，先揆以法，使疾呼中宫，徐呼中徵。夫商徵响高，宫羽声下；抗喉矫舌之差，攒唇激齿之异；廉肉相准，皎然可分。"他分声为疾徐高下（低），正是四声的分析。宫商徵羽等于平上去入。魏李登《声类》即以五声命字（命字即把字分类，后来隋陆法言《切韵》即把汉字分为平上去入四大类），到齐梁定为平上去入四声。宫羽等是老名称。四声主要是"音长"（疾徐）"音高"（高低）问题。宫是平，商是上，徵是去，羽是入。宫平声疾呼而不会变音（最好说徐呼，但与"徐呼中徵"有区别，所以作"疾呼中宫"）。它在音理上说，与羽入最近。入声稍引长即成平声。又音高较低，所以"宫羽声下"。徵去与商上必徐读，引长读，否则读不出去上声的调值来。去声由高落下，上声由高落而上扬，今北方话及粤语均如此。所以说商徵响高。黄季刚氏又以为此二句有讹，当云"宫商响高，徵羽声下"。不妥，盖未从四声的调值性质上去分析。刘永济则说当作"徵羽响高，宫商声下"，也是私意擅改，未考音理。④而远在齐梁的刘勰已心知其意，已"皎然可分"。确须在语言学史上纪念他。抗喉是喉音，矫舌是舌音，攒唇是唇音，激齿是齿音，这正是声纽分五音：喉，牙，舌，齿，唇的分析。只是把牙音与齿音合并了，或者因限于四个排句，故意未提。至于"廉肉相准"，正是韵部的基本分析。廉是瘦，肉是肥，也就是宽、窄音。在语音学上说，正是韵部中元音的洪细之别。《切韵》的反切下一字即分元音洪细，这个秘密到宋元等韵学家才揭发出来，分韵部元音为四等，即一等，二等，三等，四等。而宋元的四等的意义，又到清江永才给解释出来，说"一等洪大，二等次大，三四皆细，而四尤细"。这个解释又经现代语音学给以证明了，正是高元音，低元音，前元音，后元音等的区别（详见拙著《古汉语概论》第三章第四节论《等韵》中）。如此，刘勰在这数句中，把字音的三方面——声（指声纽，即今说声母，但声纽与声母辅音有别，不可笼统），韵（指韵部。韵、韵部、韵母、元音等名称当加区别，不全相同），调（即四声），都作扼要的分析了。

3. 接下去再进一步分析了声，韵，调（这是全文最精彩的一段）说："凡声有飞沈，响有双叠，双声隔字而每舛，叠韵杂（当作离）句而必暌。沈则响发而断，飞则声飏不还。并辘轳交往，逆鳞相比……将欲解结，务在刚断：左碍而寻右，末滞而讨前。"按声有飞沈，即声调有平仄，后来的平仄即本于此。平仄之名，是唐开始的。⑤但平仄之实际运用，齐梁已明确。平仄是四声的简化。平仄即抑扬律，初称飞沈。响有双叠，即音分双声叠韵，也即声与韵。双声是同声纽，迭韵是同韵部。四声八病的基本原理也在乎此。八病中前四病：平头，上尾，蜂腰，鹤膝，是声调平仄问题，后四病中大韵、小韵是叠韵问题，正纽、旁纽是双声问题。韵文的音律，无非是把这字音的三方面作美的和谐的组织安排。要错综搭配，不可重复单调，要像辘轳，像逆鳞。双声除双声词可连用，否则分开用即有损音律美。叠韵词也可连用。关于双声的二病最不易懂，尤其是正纽。《诗人玉屑》《文镜秘府论》《金针诗格》《唐音癸签》等都没有说清，到刘师培《中古文学史》才说清。原来正纽是二句中有同声符的双声字，如"家、嫁"分在二句中，即犯正纽病。八病中虽分声、韵、调三方面，但实际上双声二病并不重要。齐梁"音律论"在韵文中主要是韵与调二者，尤其是调。因韵明显，而调隐藏。"三百篇"已知押韵，而平仄四声却到齐梁才由自发的进为自觉的运用。所以八病中前四病都是声调，再特别从积极方面提出要注意四声，就成为"四声八病"。而四声实又简分为二声，即平仄，称飞沈，又称浮声、切响。⑥刘永济氏误会飞沈即阴阳清浊，且说四声之中，平声有阴阳。不知隋《切韵》四声均有清浊。《声律》篇中明说："飞则声飏不还，沈则响发而断。"正是平仄调值的描写。八病的规则是死的，基本规律是平仄和谐，不和谐就成了"文吃病"，等于说不正字音，即成"口吃病"。治病的办法在"刚断"。刚断即不要舍不得把美词割爱变换，不让它"以辞害声"。这正是"声律论"的主张。当然刘勰并没有强调到"宁声毋意"。实在不好变换的还有一个补救办法，即"左碍而寻右，末滞而讨前"。这正是唐宋诗人拗救一法所本。如果掌握了声律，就可自由变化。拗救正分本句救，即一句中上下字相救；对句救，即二句中相对字互救（拗救法，详见王力《汉语诗律学》，这儿不谈了）。

4. 刘勰接着再进一步说平仄比押韵难，且阐明"和"与"韵"的相反相成的辩证的道理。他说："是以声画妍蚩，寄在吟咏。吟咏滋味，流于字句。气力穷于和、韵。异音相从谓之'和'，同声相应谓之'韵'。韵气一定，故余声易遣；和体抑扬，故遗响难契。属笔易巧，选和至难；缀文难精，而作韵甚易。"这段理论很精辟。韵是同声相应，和是异音相从，也就是说"韵"是相同的和谐律，"和"是相反的和谐律。"韵"在句末，"和"在句中。"韵"即押韵，"和"即平仄。平仄要求相反对立。平仄相对，又分本句对立与二句对立。本句对立即平平仄仄，二句对立即上句用平平仄仄下句用仄仄平平。二字为一节奏，所以二字同平或同仄。诗中还有许多巧妙处，不及细谈。用韵有定，指用韵处及押韵字，所以"余声易遣"。至于和体是平仄抑扬，所以是难于安排得很合适。一般说无韵之文（笔）容易做，但它也要讲究平仄，所以极难。有韵之文（文）是难做的，但押韵这件事却并不难。刘氏只提出"和"（平仄），未明提"节奏"，但在"选和"之中，已具有节奏的道理。如五言句是三节奏，又分二式：○○-○-○○，与○○-○○-○。如果再按平仄就有更多的变化，如第一式可分：平平仄平平，或平平平仄仄，或仄仄仄平平，或仄仄平仄仄……。刘勰已知道这些，只因"纤意曲变，非可缕言"，所以只"振其大纲"，说明大意而已。

5. 刘勰为了证明"选和"比"押韵"难，又用乐器来作比较。他说："若夫宫商大和，譬诸吹篪，翻回取韵，颇似调瑟。瑟资移柱，故有时而乖贰；篪含定管，故无往而不壹。陈思、潘岳，吹篪之调也；陆机、左思，瑟柱之和也。概举而推，可以类见。"他把吹篪来比"取韵"，调瑟来比"选和"。前文说的"韵气一定"，等于"篪含定管"，因为篪器高低各管是固定的，所以无往不壹，是容易的。瑟的长短多弦的柱，其松紧是须临时调整的，调不好，就会"有时而乖贰"，是较难的。所以篪只有定管，瑟则有定弦还须调弦。因此，这段可能有错简，当改正为"翻回取韵，譬诸吹篪，宫商大和，颇似调瑟"。宫商是平上，等于平仄。至于陈思、潘岳比作篪，陆机、左思比作瑟，又是另一个意思，决不是说前两人的诗只讲"押韵"，不懂"选和"，后两人则是相反。而是说前两人用的正声，后两人有方音。正是下文的："士衡多楚，……失黄钟之正响。"但下一段恰恰是有问题的。我认为刘勰在这方面的认识是不正确的。他说："又诗人综韵，率多清切；楚辞辞楚，故讹韵实繁。及张华论韵，谓士衡多楚，文赋亦称知楚不易，可谓衔灵均之声余，失黄钟之正响也。"（"声余"疑或作"余声"与"正响"对。）刘勰误会《楚辞》非正响，又多讹韵，只有《诗经》才是正声雅音。其实《楚辞》用韵与《诗经》用韵全同，清古音学家已证明此事。又《诗经·国风》中用了不少"兮"字。十五"国风"中共用了二百四十六个"兮"字，《伐檀》三章就用了十八个"兮"字。因此在用韵用虚词上已不足为说明南北文学区别的根据。这说明那时通语区已扩大到江汉楚地（详见我《汉语史纲要》一稿中）。刘勰这种看法也正说明那时北朝燕语已行开，且势力很大，他们把江左吴语，江右楚语看作方言，而南朝人也以为这样，渐渐地忘了南朝人说的中州话本是古洛语，是与上古以秦晋洛语为中心的通语同一系统，而吴语楚语也是上古这种通语的一个分支。这个事实，到燕语崛起成为全国通语后就几乎被人们忘了，因此对《楚辞》，对《切韵》，造成了许多误解。这些误解长期在文学史语音史中泛滥。今天必须澄清（亦详见拙著《汉语史纲要》）。当然我们不能怪刘勰，也不因此而贬低了"声律"篇的价值。

6. 最后一段，刘勰强调声律的重要性，他说："凡切韵之动，势若转圜，讹音之作，甚于枘方。免乎枘方，则无大过矣。练才洞鉴，剖字钻响，识疏阔略，随音所遇，若长风之过籁，南郭之吹竽耳。古之佩玉，左宫右徵，以节其步，声不失序。音以律文，其可忘哉！"切韵非指陆法言《切韵》。切韵与讹音对举，可知切韵是指正确的韵。如果运用好，则势若转圜，和畅无碍；如果作出讹音，就等于纳方枘于圆凿，格格不入。因此，练才洞鉴之人，必能剖字，研究其声韵；至于识疏阔略之人，盲目地随音所遇，不知掌握，必然如长风过籁，发生许多杂音；东郭吹竽，不谐宫商，为识者所笑。佩玉叮当以节步趋，这说明端正的走道，还要按节奏，才使声不失序，因此，音有律文的作用。但我们要给他补充几句，音以律文不是唯一的，语法也可律文。又音的律文有二：一是正音法的，不要有讹音，这是消极的；一是谐音法的，即押韵选和，这是积极的，使音律更和谐有美感。

在《声律》篇外，刘勰还在《章句》篇末有一段论转韵，也很精到。他说："若乃改韵从调，所以节文辞气。贾谊、枚乘，两韵辄易；刘歆、桓谭，百句不迁，亦各有其志也。昔魏武论赋，嫌于积韵，而善于资代。陆云亦称四言转句，以四句为佳。观彼制韵，志同枚贾。然两韵辄易，则声韵微躁；百句不迁，则唇吻告劳。妙才激扬，虽触思利贞；易若折之中和，应保无咎。"刘勰以为改韵从调，今说换韵转韵，包换同平仄声的韵部和变平仄声的韵部二法。作用是可以节文辞气，免于单调；同时可免于唇吻告劳，因为百句一个韵，朗读时总是用同一种口腔形式不加变化，确会引起疲劳。所以既不要百句不迁，也反对两韵辄易，这又太零碎了。两个韵字仅仅组成一个韵组，即一个起韵字，一个押韵字、同时又是收韵字。好似围棋只成一个孤眼，太孤单了。当然唐近体诗绝句可以只用两个韵字，这是例外。因此，一般在古体诗篇幅较长的诗篇中，在转韵上要采取折中办法。尽管古人有些妙才激扬，往往触思利贞。利贞指乾卦，乾指单爻，即用单调的押韵法，即百句不迁，或二韵四句就换。刘勰这个转韵原则还是正确的。至于究竟怎样才可转韵转得好，此中大有妙用，可作专题讨论，我不准备在此多说了。⑦

总之，刘勰《声律》篇很精到。它分析了文学语言中声律的重要性，又分析字音的声、韵、调三方面，但在应用上主要是韵与调。调即四声，简化为飞沈，即平仄（又称浮声、切响，清、浊）尤为重要。平仄安排称为"选和"，它的用途最广。用韵只在句末一个字上，且不一定句句用，往往是间句用；而平仄却用在每句每个字上，而且它与节奏密切配合。平仄除基本的规律外，还有一种活用的补救法，即唐宋诗人的拗救法。又在押韵中提出了洪细音的区别（廉、肉）。那时一般只知开合，很少提到洪细。到陆法言《切韵》在反切下字中才都分出来……这些都是该文的精到之处，往往为人所忽略了。一般文学史论到齐梁时的声律论时，总是引沈约、陆厥等的言论，我以为当以此文为"声律论"总结性代表作。又一提到齐梁声律论，总是引钟嵘《诗品》上的几句话来简单化的否定了，以为全是人为的主观的毫无道理的语言桎梏。这由于未从语音学原理上去加以深究，就很难得到平稳的正确的结论。今天必须把这个公案翻过来，才可使人重视接受古典文学上这份宝贵遗产。

注释：

①见《文心雕龙·札记》。

②见《文心雕龙·校释》。

③见韩愈《答李翊书》。

④见《文心雕龙札记》与《文心雕龙校释》二书。

⑤可参考周法高《论平仄》，载台北中研院史语研究所集刊十三本。

⑥见沈约《宋书·谢灵运传论》。

⑦我曾草有《文心雕龙修辞学》《诗词曲律概述》二文，都提到此事（二文有油印本）。

原载《天津师院学报》1979 年第 1 期

学习古代汉语必须重视古音韵

　　我国从殷商甲骨文起到清末（公元前 1410～公元 1911），共三千多年的文字记录，都用文言文。为了进行各种科学研究，继承古代文化遗产，追溯历史发展，不得不翻阅古代文献，但古代文字典籍古老艰深，尤其是秦以上的古书，等于西方的希腊罗马文献（今天英美各国有些文科大学还设希腊文拉丁文课。据说马克思、恩格斯两位在中学毕业时已精通希腊文拉丁文）。因此，大家开始注意学习古代汉语。新中国成立后，大学文科也都设有古代汉语专业课。

　　古代汉语在语言体式上可分几个时期：（1）商、西周（甲骨卜辞、铜器铭辞，最古老，实是当时的口语体）。（2）东周春秋战国，诸子百家虽有方言，但在面上渐趋接近。（3）秦汉：秦力求统一"书同文"，也搞"文同言"，形成了文言文，即统一了书面语，李斯的文章今天还容易读。司马迁的《史记》更平易浅达。他力求删改古字古词。它是标准的文言文，统一了书面语，一直到清末。（4）魏晋南北朝：盛行骈体文。（5）唐宋后，恢复了诸子百家的散体文，实际以龙门笔法（《史记》）为标准，称古文、古文辞（与古文字分开）。现代汉语是新汉语。它前有老白话，指唐语录、宋平话、元杂剧、明清小说，还有清末各地土白话，如《海上花列传》用苏州方言，以及方言报、方言圣经等。到"五四"后，吸取外国新词汇，欧化语法，新式标点和外国文体等，可称新汉语。

　　学习古代汉语有两种方法：一种是旧方法，旧私塾所用的。靠死背苦练，不讲文法、逻辑和文字学、音韵学、训诂学等。因此，苦读十多年，还写不通文章。一种是新方法，主要是学现代汉语，至于学古代汉语，是选讲历代代表作品，并系统地讲理论，比过去高明得多，时间也缩短了。但缺点是所读篇目太少，背诵得太少，还不练写；讲解又嫌简单，只串讲大意，至于理论知识也嫌不足，如讲文字学未弄通假借，讲训诂不讲音训，讲音韵不通《广韵》、等韵，讲文法也不讲虚字音变。这几方面尤其是古音学最是根本。它比较难学，一般都怕学，但必须学好。它如理科中的数学，有许多学科都与它有关。不单物理、化学，以及天文学、地理学、机械学、工程学……都离不了它。数学学不好，其他科学的水平就上不去。因此，教古代汉语多年的老教师的经验谈，是：不学好古音学，古代汉语就不算真正过了关。

例如教学古代汉语，讲文法比较容易，讲虚字更容易，因为文言虚字不过四五百个（《助字辨略》最多，有 573 字。《古书虚字集释》559 字，《词诠》536 字），常用的只有四五十字（文法的句型包括各种规律，究有多少，也说不清。我曾分析全部《论语》才搞清楚了，共 1118 个句型，见我《〈论语〉文法分析》一文）。只把每字的各种用法平面铺开，材料虽多，并不能说明它们的内在的发展规律。原来虚字几乎都是假借字，几个字用法相通，或者一个字可转变为几种用法，都是声韵的关系。例如"夫"，旧说发语词，今天当说上古轻唇读重唇，因此，"夫"即"彼"，是同声假借。"彼"，上古在歌韵，读 a，"夫战、勇气也。"等于今"那个战争之事全靠勇气啊"，今仍有发语词"这个""那个"等。"悲夫"即"可悲吧"。夫，即句末语气助词"吧"、"罢"。又，"也"上古同"乎"。《论语》："子张问十世可知也。"注："也作乎。""也"常作疑问语气助词，如"何也?"因"也"，上古音同"乎"。"兮"在甲骨文与乎字形近，实一字歧出。因此，《诗经》、《楚辞》中的"兮"都读"乎"（啊），不读"希"。又如"而"，连词，又作代词"尔"（你）用，（尔初作爾、儞，后简写作尔、你），因上古"而"读"你"，所谓娘日归泥。

训诂也与古音有关。训诂是西汉经生博士解释先秦群经古籍的词义的注释。把这些搜集汇编在一起，叫《尔雅》。如开头一条："初、哉、首、基、肇、祖、元、胎、俶、落、权舆、始也。"从晋郭璞注到清代郝兰皋《尔雅义疏》，还有不少问题未解决。"初"从衣从刀，义是用刀裁衣，会意字。因为裁衣是制衣的初步，所以训为始，是其引申义。他如：哉、首、基、祖、元、胎，都是引申义。肇、俶、落、权舆是假借。权舆又作灌蔏，是方言假借字，不能认为权是权衡，舆是车舆，引申为始。

古文字学也不能只研究字形，考其初形、本义，还要讲假借。当然要识假借字，必须先考明其初文、初义、本义。如"为"，《说文》据小篆形，说像母猴形，引申为"作为"，因母猴能摹仿人。但甲骨文"为"字像手牵象服役。甲骨文中多象字，可见殷都河南安阳地区那时气候很热，多象，引申为"作为"。"为"上古在歌韵 a。《庄子》："奚以之九万里而南为?""为"假借为语气助词"乎"。西周毛公鼎金文近五百字，是铭辞中最长的，但有三分之一多是假借字，不可照初文初义讲。

还有先秦韵文押韵字，今天读来好似不押韵，其实是古音本押韵，如《诗经》："求之不得，寤寐思服，悠哉悠哉，辗转反侧。"服，上古读 bi，属之韵，得读 ti，侧读 tsi。《离骚》："帝高阳之苗裔兮，朕皇考曰伯庸，摄提贞于孟陬兮，惟庚寅吾以降。"降当读洪。《孟子》："瀿水者，洪水也。"如此"降"才与"庸"字押。

先秦书最易读的是《论语》，但是它也有不少假借字。如"阳货欲见孔子，归孔子豚。孔子时其亡也，而往拜之"。货是虎字假借。朱注"阳货名虎"，不对。见读现，使动用法，使孔子来见。归是馈、餽、遗等字假借。时是伺字假借。亡是无字假借，不讲死亡逃亡。此外，还有一般常用的假借字，不会误会的，如欲、其、也、而、之等。

还有齐梁的声律论、四声八病，不学古音韵也讲不清。还有唐近体诗的平仄声，尤其入声，也弄不清。还有查《康熙字典》见到《广韵》反切，也读不正，虽然切出而并非正音。

古词义一般以为不成问题，因为古今编了很多字典，从《说文解字》起直到《康熙字典》《中华大字典》《辞源》《辞海》，可供查用，但并不全解决问题。因为古书中有不少专门语汇，如天文、历法、律吕、冠服、宫室、车马、职官……单查词典还不行，还须学些古代文化知识。王力先生所编《古代汉语》中有古代文化知识，很好。就是补这缺点，但还不全面。我曾扩充为二十四题：天文、历法、乐律、冠服、饮食、宫室、车马、兵器、货币、田赋、科举、职官、舆地、礼仪、礼器、姓氏、避讳、释道、书画、卜筮、博弈、古玉、音译词、度量衡等。这些专门语汇常在古典文学作品中遇到。没有这些基本知识，就会讲错。查字典也不行。如《古诗十九首》："南箕北有斗，牵牛不负扼。"连用三个星名。一般总讲错，说斗是北斗星，不对；牵牛是牵牛星，这是对的，其实斗与箕正在黄道上分南北，与北斗星不是一回事。北斗星不在黄道上而在人马座。北斗七星在大熊座。牵牛星又名河鼓，与织女星隔银河相望，在天鹅座。在黄道上，又有牛星与女星相并，都在摩羯座。又如《诗经·鄘风·定之方中》："定之方中，作于楚宫。"注：定，星名。因此虽不会误会定为安定、为额、为丘、为锄……但说不清下一句。原来定星是二十八宿之一，每年十月才走到中天。古人无日历，看到定星当头，就知是十月秋收已过，有人力物力来建造宫室或修葺房舍，所以下句说"作于楚宫"。因此，它又叫营室星。又如《左传》："登轼而望之。"一般把轼说作车前横板，其实古车制，车前并无横板，尤其是兵车。又车上无座位，都立着，与今坐着两手放在横板上不同。又《史记》："书同文，车同轨。"这个轨一般讲车轨道，不知轨指车轴长短。同轨是规定车的大小一样，以便在驰道上行驶。又《离骚》："跪敷衽以陈辞兮。"一般笼统说衽是衣袍边，或衣襟。这由于不懂古冠服制，所以乱说。当说裳的两侧处，跪下磕头先拉开左右衽。至于"披发左衽"，这衽指衣襟。上衣下裳，这裳又不是裙。裳在衣内，裳短衣长。……这些知识称古文化知识，也可说杂知识。可知读古书讲解古代汉语不单是文字、词汇、声韵、文法等问题。而词义也不单是引申义、假借义，而还有不少古专门词汇，最易误解乱讲。当然有些词不易讲，甚至有些外来音译词，过去也没说清。如《春秋经·哀公十四年》"西狩获麟"。《说文》、《左传》杜注、《广雅》、唐孔颖达正义都没说清。直到《辞源》才据日本文献得到真解。原来就是长颈鹿，产于非洲，名giraff，正是麒麟二字音译所本。麟上古是闭口韵收 m，以 m 对译 f。因此，讲释古代汉语对词义须特别加以查考。如《左传·曹刿论战》，初中语文课本上也选了，在大学古代汉语选注上也有，但注释有不少是错误的。传授错误知识，太不应该。

有人说，对古代文学作品的阅读有两种态度：一种是欣赏，一种是研究。要研究就须在古代汉语上提高要求，要求在古文字、古音韵、古文法修辞、古词古义等方面都要深入研究。至于欣赏就简单了，只须串讲大意就行了。其实也不然。因为有些欣赏必须先讲通懂透才能欣赏好。如《诗经》、《楚辞》的古韵不清楚，读起来不叶韵，欣赏就未免有缺陷。又如《木兰辞》不知"唧唧"是什么音（古音读札札），就会误会为叹息声。汉乐府《东门行》头上四句点不好句，也会误会。又杜牧《山行》："停车坐爱枫林晚。"不识坐是虚词"因为"，讲作动词坐，就索然无味了。又《赤壁》："东风不与周郎便，铜雀春深锁二乔。"不懂上下句意，不知东风前隐"如果"一连词，又不知二乔是双关词，那么这二句的妙处全不能欣赏了。又如李商隐《夜雨寄北》，李白《下江陵》都是唐人绝唱，如果不懂言外之意，也就不能欣赏二诗的妙处。所以语言上不懂透就不能欣赏。

最后，我再讲讲古音韵。怎样学古音韵，并不神秘，容易学。步骤是先学发音学，把元音表、辅音表的音标学会了，再读古音学概论，可读王力《汉语音韵学》古音部分，《广韵》部分，略知梗概。再读《广韵》、宋等韵图，最后学上古音书。

下面我再提出古音韵学上三十个问题，都不是一般的常识问题，供大家思考解答。当然其中有些目前还不可能解决。大部分还是可以解答的。

一、上古诗经楚辞代表南北方音，何以韵字音系相同？

二、上古入声字与阴声字押，不与阳声字通押，是否入声无 p、t、k 尾，与今吴方言近？上古阳声又有 m、n、ŋ 三个鼻音尾，与今粤方言同。是否今吴粤二种方言本是太古汉语分出的？

三、有人（高本汉）提出汉语古代（太古）有浊辅音尾 bdgl 如藏语，是否可信？我们今天有必要作全面的汉藏语系的比较研究，证明汉藏语同源关系。

四、清古音学家把入声或配阴，或配阳，或配阴阳，究该怎样？

五、清人江永、戴震由考古、审音而通变，讲异平同入，阴阳对转，声韵互变，是否可取？

六、章太炎《成均图》究当如何评价？

七、黄侃从《广韵》中分出古韵二十八部、古纽十九，究当如何评价？

八、从上古二十三部或二十八部到中古《广韵》分二〇六部；从《广韵》到元《中原音韵》又分十九部，何以前则大增，后则大减，是否到近古，汉语语音大衰退？

九、上古韵缺乏复元音，如宵 au，幽 ou，本是单元音，如今吴方言，不知究该如何？

十、研究上古音系方法与材料都须注意：韵字、形声字、声训、异文、中外译音、方音……其优劣轻重究如何？

十一、古敛今侈或古侈今敛，究如何？

十二、上古音系统可分，韵值难拟，阴声字最难拟。如之、支、脂三部究如何？宵、幽、侯、鱼、歌等韵究如何读？

十三、上古韵有些现象无法解释，如歌部为何无入声，至祭无平上，支冬无上声，……

十四、上古声调是否有四声，或无去声，或无入声，为何定出四声，今方言中还很纷歧。

十五、汉语是否有复辅音？

十六、上古一字是否只一音？一字数音数义是否魏晋后才有？

十七、训诂中有声训，极重要。清王念孙倡音同、音近、音转。名称纷歧，有假借、读若、读为（读如、读曰）、易字、借字、破字、改读、通借、……科学的分析究当如何？

十八、上古声组自钱大昕首先提出后，接着有章太炎、黄侃、曾运乾等，所谓上古无喻、群、邪、日以及知组、照组、非组是否可靠？今人已有异议。

十九、三十六字母究竟根据南方音或北方音？是否一浊承二清？日母究读什么？见三、照三、知组究如何区别？

二十、《切韵》《广韵》究竟是代表什么音系的韵书？它产生的原因和编写的方法究如何？

二十一、《切韵》《广韵》与上古韵的关系和异同究如何？

二十二、高本汉给《广韵》韵部拟音是否可靠？马伯乐所拟出入很大。

二十三、中古《广韵》的四声调值究如何？

二十四、《广韵》的反切条例很复杂，又有又音又切，究该如何分析？

二十五、等韵揭出洪细音，究指什么？据声或据韵？

二十六、等韵图是《广韵》的钥匙，要特别重视，能否骂为破碎之学？它的作用究如何？

二十七、等韵图的重韵组问题最复杂。它有韵摄、韵部、韵类外，还分韵等，这是韵值不同。究当怎样？

二十八、等韵门法该不该破？怎样破？

二十九、古音学旧的尊章黄，新的采高本汉。今天当对高本汉的古音学全部著作作一总结定其是非，有否必要？他对汉语古音研究确有贡献，但也不可迷信，还须批判地学习。

三十、一九六三年杭州大学姜亮夫先生要编《经籍音纂》，搜集古来全部直音、读若、反切、声训……极为需要。但考订体例如何办好？

以上所提三十题，不能概括完善，聊供参考，藉以求教。

一九八○年六月

原载《天津师院学报》1980 年第 5 期

名文评注:《左传·曹刿论战》

【题解】　曹刿是鲁国时的一个"士"。在春秋时代，士是统治阶级最基层的，分文士与武士，士上面是大夫，卿，相。当时是鲁庄公十年，公元前684年。齐桓公伐鲁是报鲁国曾拥立其兄公子纠的仇恨。这是前二年的事：齐襄公死了，诸公子争立，鲁国人保送公子纠到齐，不料公子小白（齐桓公名）早一步由莒国人保送到齐，结果鲁国人被打败了，公子纠也被杀了。今齐桓公兴兵来攻，众寡悬殊，鲁人很危急。曹刿激于义愤，给庄公划策。庄公也不嫌他低下，采纳了他的话，果然得到大胜利。

【作者】　《左传》是书名，也叫《春秋左氏传》，是春秋时左丘明所写。左丘明是双姓，此人见《论语》，是孔子弟子或说友人。《春秋》原是鲁史的名称，等于鲁国历年大事记，据说经过孔子修删。因《春秋》的文字太简要，需要详注其事，所以左丘明作注，称《左氏传》。还有公羊高所写的称《公羊传》，穀梁赤写的称《穀梁传》，合称"春秋经三传"。经是经典，是后人加上的尊称。后来连《左传》都称经了。

【结构分段】　本文是记叙文，又是叙战争的记叙文，是记叙文中最复杂不易写的。全文共分四段：

第一段至"乃入见"，叙齐师伐我，鲁公迎战，曹刿入见。

第二段至"公与之乘"，叙曹刿与鲁公对话，摸清准备情况，有迎战取胜的基础。

第三段至"遂逐齐师"，鲁战胜了。

第四段至文末"故逐之"，叙追奔逐北。

【字句注释】

十年 指鲁庄公十年。因《春秋》是鲁史，自以鲁公为纪年。但当时诸侯还尊周室，奉周正朔，故《春秋》经文还写："十年春，王正月，公败齐师于长勺。"王正月指周庄王十三年正月，既奉周正朔故说王正月。长勺鲁地名，今何地不可考。

春 孔颖达《左传正义》："春不出征。"所以按周历，春当是夏历的十一月，正是秋收后。夏正建寅，商正建丑，周正建子，秦正建亥。

伐我 因是鲁史，所以我即指鲁。伐当读犯，平声，侵犯我。如果读入声是讨伐，"吊民伐罪"，就自认有罪了。《公羊传》何休解诂："伐人为客，读伐，长言之（同犯）；见伐者为主，读伐，短言之。"《孟子》："征者，上伐下也。"

将 不是时间词，是能愿动词，同要、欲。

曹刿 《说文》："刿、外伤也。从刀岁声。"《礼记·聘礼》："君子比德于玉，廉而不刿，义也。"又《左传正义》："《史记》作'曹沫'，亦云鲁人。"沫、刿二字古音不同不可通借，可能是传闻有异。

请见 《释文》："见，贤遍反。"见是使动，即请求使我入见。《论语·阳货》："阳货欲见孔子"，即"要使孔子来见"。与下文"乃入见"之"见"不同。"入见"即走进拜见，自动用法。

肉食者 即食肉之人。杜预注："贱人不得食肉。""位为大夫乃得食肉。"

又何间焉 杜注"间，犹与也。""与"即参与，动词，不是连词。间是间厕，动词，当读去声，与"中间"（名词，平声）之"间"不同。

衣食所安 即我所生活享受之衣食，虽较优裕不敢自专，必以分人。

小惠未徧（遍） 小恩小惠指明分人，是分给左右之人，人民未受益，故弗从也。

弗 "弗敢专也"，"民弗从也"，二弗字后，动词无宾语，故语气较肯定。《公羊传》何休解诂："弗者，不之深也。"弗不二字用法有别。但古音义基本无别，是否定副词。用"不"，一般后有宾语，应作"不敢专之"，"民不相从"，或"民不从君"。

牺牲玉帛 "正义":"四者皆祭神之物。牲谓三牲,牛羊豕也。牺者,牲之纯色也。"牲是去毛的牛羊豕。牺是不去毛的,当然要选纯一毛色的,牛黄,羊白,豕黑,不可用杂色的。

弗敢加也,必以信 杜注:"祝辞不敢以小为大,以恶为美。""信"即按当时礼法,该用多少祭品,抱诚实态度,不敢在祝辞中夸以媚神。

未孚 杜注:"孚、大信也。"按孚是溥(普)的通借字。溥重唇,孚轻唇,上古也读重唇。"小信未孚",正与上文"小惠未徧(遍)"对照。徧,溥双声,后成"普遍"义。

小大之狱 小指私法、民法上的民间私人争讼。大指公法、刑法上的杀伤盗劫。由小到大,所以说"小大",不说"大小"。

虽不能察必以情 杜注:"察,审也,必尽己情。"意即虽不能很明察,但我必尽我力,本我真情以断狱。今人注"必以情"为必按事实办事,也可通。但还不如杜注深刻。因为自己不愿尽力本我真情,就不可能按讼事实情办。当时人民对他们要求也不高,只希望能在断狱上有几分真情,为人民办些事,就能得到人民的拥护。把三次问答连起来,小惠民弗从,小信神弗福,正是对下民、对天神,只有在断狱上有几分真情,为人民办事,这才是忠,忠于自己的职位。断好大狱,就是大忠(忠从中从心),心中想为人民办些好事,不只是小惠小信了;也不只一方满意,而是民神共许了。小大之狱等于治国之法,国君能公正执法,就能治国。两千多年前,在鲁国统治阶级的君臣对话中已提到国法的重要性了。

一战 一是副词,不是数词,不可作一次二次讲。"一"是表肯定地可决战。

请从 《释文》:"从,才用反。"去声,随从,《说文》本作从,"随行也",不是听从。

公与之乘 后人注释分为二义:一是据《释文》共乘一车,"乘"读平声,一是另给一车相随,"乘"读去声,声母也不同。都可通。但据车乘制度,一乘四马,上立三甲士,中执辔驭马,左执弓,右执矛。庄公主击鼓,三甲士后,不可能再容曹刿挤在一车上,因古车乘尺寸不大。

公将鼓之　　鼓本义是动词，豈是鼓，象形，加支。《说文》"击鼓也，从支豈，豈亦声，读若属。"

败绩　　《左传》庄公十一年："凡师敌未陈曰败某师，皆陈曰战，大崩曰败绩。"

驰之　　驰本是自动词，今作他动词，义即驰逐。

下视其辙　　杜注："视车迹也。"如果是诈逃，车辙必同一方向，很有秩序。如果真败，必四散奔逃，车辙必乱。一说下车，一说俯视，盖未下车。后说较好。因兵车高，四围有墙，不易上下。且无时间从容上下车。又齐兵已逃出战场，两方车辙很杂乱，无法辨认。而所要看的是齐车乘逃出战场的车辙，下车反看不清。

登轼而望之　　视望二字都是看，但义有别。视是近视，注视，俯视；望是遥望、仰望、左右望。轼是车前横木，可登以瞭望，所以苏轼字子瞻（瞻望）。弟苏辙，字子由，车轮所由之迹。此处须参看《正义》引《考工记》兵车之制。还要说明春秋时车乘战列阵法，车乘制。

夫战，勇气也　　夫，古音同"彼"，即今"那个"。悲夫，即"可悲吧"。勇气即理直气壮，所以兵出无名，不义之师，士气不振。《孙子兵法》："三军可夺气，将军可夺心。"

旗靡　　视其辙乱，望其旗靡。读时在"视""望"后当稍加顿，不可连读。但语法上是主谓结构，或说兼语式。靡，《说文》："披靡也。"《广韵》"偃也"，即倒伏。

【评论】

（一）在思想内容方面

1. 这次战役是以小胜大；以少胜强；以正义胜不义的典型例子。庄公九年，为了护送公子纠回齐即位，在齐乾时（地名，在乐安界时水旁）给齐桓公打败了，并把公子纠杀了。齐胜了，还来报仇，且侵入鲁境，是不义的侵略战争，鲁是防卫战。

2. 鲁庄公能得民心。统治阶级对得民心这个道理早就发现了。在《尚书》上记着商代初的皇帝太甲就说："天听自我民听，天视自我民视。"

《春秋左传》桓公六年楚武王侵随，也是以大侵小，随侯很骄傲应战，季梁劝阻他，说的话的意思与曹刿相同。随侯采纳了，以致楚不敢伐他了。今节录于下：

> 季梁止之曰：……臣闻小之能敌大也，小道大淫。所谓道，忠于民而信于神也。上思利民，忠也；祝史正辞，信也。今民馁而君逞欲，祝史矫举以祭，臣不知其可也。公曰：吾牲牷肥腯，粢盛丰备，何则不信？对曰：夫民，神之主也，是以圣王先成民而后致力于神，故奉牲以告曰：博硕肥腯，谓民力之普存也。……故务其三时，修其五教，亲其九族，以致其禋祀，于是乎民和而神降之福，故动则有成。……君姑修政而亲兄弟之国，庶免于难。随侯惧而修政，楚不敢伐。

到战国时，孟子就更直接地说："得天下有道，得其民，斯得天下矣。"要得民必须得民心，但在阶级社会剥削阶级不可能做到真正得民心。

3. 鲁在战术上用诈谋。《春秋经》："公败齐师于长勺。"《左氏传》"凡师敌未陈曰败某师。"实际上齐师与鲁师在长勺都已列阵，而经文还说"败齐师"，这是因为鲁师以诈术取胜。齐人三鼓而不应，齐兵士气松弛，兵心疑异。鲁师忽然鼓而乘之以取胜，等于未等齐师列阵而攻之。《春秋经》就有贬义，斥其谲而不义，虽胜不荣。杜注："齐人虽成列，鲁以权诈稽之，列成而不得用，故以未阵为文。"正义说："孙子兵书曰，誓稽之使失其先后，谓稽留彼敌，不时与战，使先后失其次第。鲁以曹刿之语权谋谲诈以稽留之，列成而不得用，与未阵相似，故以未阵为文。"这本是不合道义的，应该是同时击鼓，一方先鼓，一方应鼓。但孟子说"春秋无义战"。贾谊《过秦论》"夫兼并者高诈力，安定者贵顺权"。

这也无可厚非。因为战争是对敌人，可以用诈术。当然剥削阶级所讲的也只是假仁假义，假忠假义，只是诈术的另一形式而已。《孙子兵法》："三军可夺气，……善用兵者避其锐气，击其惰归，此治气者也。以治待乱，以静待哗，此治心者也。以近待远，以逸待劳，以饱待饥，此治力者也。"曹刿正是运用了这种战略战术。

此文又可与《左传·子鱼论战》对照读。宋襄公自诩仁义之师，不听子鱼的话，一败涂地，是教条主义的典型。

（二）在语言方面

1. 战役大事而用短篇小结构，这是高度的提炼法，删汰了许多枝叶，只 225 字。

2. 又不是单纯的消极的缩简，以致只剩一些骨骸，毫无血肉，它仍有血肉风神。它安排了两次对话，一次用三个问答，一次用一个问答，对话最可传神。

3. 炼句，力去无用的虚字，如下视前省"于是"或"乃"。登轼前省"又"。还省实字如一鼓作气，再（鼓）而（气）衰，三（鼓）而（气）竭。

原载《天津师范大学学报（社会科学版）》1980 年第 6 期

关于语言教学和语言研究问题的通信

原编者按：天津师范学院教授朱星同志给郑州大学教授张静同志的信，以及张静同志的复信，谈论了高等学校中文系科现代汉语课的教学内容以及有关语法教学、语法研究和文学语言问题。这些问题都是语言学界一直关注的，值得认真讨论。二位同志的意见有相同之点，也有不完全一致的。征得作者同意，现予以发表，欢迎争鸣。

朱星教授致张静教授的信

张静同志：

您好！

顷承惠赐尊著新作《文学的语言》一书，拜读之下，甚为钦佩，此书与您去年出版之《语言的学习和运用》一书正是双璧。可证您在语言哲学上已建立了一个新体系。我是同意的。我也曾写一稿名《文学语言发展史略》，已在印刷中。是运动前写成，本是给文研所出版的《中国文学史》作一补充。因为我看到该书大讲文学而少讲语言。不知文学本是以语言为媒介的艺术。没有语言，何有文学？写文学史而不讲语言，就不是完全无缺的文学史。当时我曾交何其芳同志评阅，他很同意。而语言又分语言形式体系与语言的文学艺术。前者指文字语音词汇语法等，古代称之为小学。因为是一般入学文化中最起码之事，是小学中的课程。（作为语言科学研究，当然是例外。）一九五八年教育部曾印发《汉语课本》共四本（？），从文字、语音、词汇到语法修辞，试用了两三年而作罢，大家甚为惊讶：既一再强调这些语文知识的重要性，今既编出课本在全国初中试教，何以虎头蛇尾，以失败而告终？后来也没有作一交兑说明真实原因。我一九七九年写《汉语语法学的若干问题》一书（河北人民出版社印行）曾专章谈此事，但我也没有下结论。现在大学开设《现代汉语》课，讲文字、语音、语法、词汇等，其实就是初中汉语课本的扩大提高。全国有三套：一套是上海复旦大学胡裕树同志主编的，一套是河南郑州大学张静同志主编的，一套是甘肃兰州大学黄伯荣同志和廖序东同志主编的，都各有特点，为全国各大学文科所采用。但我一九七九年在昆明会上曾公开说过，这些现代汉语课本，数年之后，学生程度提高了，要求在高中都学了。到大学就可讲提高课，讲汉语发展史，中外语法比较研究，或《马氏文通》研究等。一九七八年，北京市曾译印马克思恩格斯中学毕业时评语，用以鼓励高中毕业生努力学习。评语中说马恩二人中学毕业时已精通拉丁文，希腊文也学的不错。还学好了其他几种外语。说马克思博士论文就是用拉丁文写的（其实他们的拉丁文，等于我们的文言文）。因此他们升到大学，再没有学现代语的必要，应当在初中就学好了（所以一九五八年左右的汉语课本还是正确的、必要的）。应当在初中毕业写语体文就该文法无误，文理通顺，还颇有修辞；至于错别字更不用说了。这说明我国的学生语文水平太落后了。吕叔湘先生也曾为此惊叹（他收到学生一封信错别字很多，语法不通，毛病太多了）。这说明目前还要强调语文教学（在小学中学，在大学今天还要提，但事实上不应该，因为到大学连祖国的基本语文还没有解决，会引起外人耻笑。专搞语法的专家应该深思）。

但我们所讲的语文，实指字音字形语法词汇，旧称小学的课程，是语言的形式体系，是初级的语言，决不是高级的语言。高级的语言是文学语言，不是语言形式。现在张静同志提出来了。我也曾这样提过。我一九六一年在大学讲汉语史，就在末章写了"汉语的文学语言"。有人见了还很反对，认为语言研究只能研究其形式体系（这是一般的现象）。研究文学语言只能由文学家或在文学史中去研究，但搞文学的由于不懂语言的形式体系，因此也讲不好文学语言。而毛主席教我们"要下苦工夫学习语言"，不全是指语言的形式体系，还是或更是指的语言的文学艺术。《反对党八股》中所提出的教条，都是指这些，甚至还指思想内容、写作态度，并没有提语音语法。语音语法也是重要的，但决不是会说正确的普通话北京音，语法上没有错，"我吃饭"，不说"我饭吃"，就是已尽语言之能事了。其实中国人都先会说汉语，就合汉语语法。与外国人学习汉语的情况不同。而且古今许多文豪都没有学过语法，不能说在《马氏文通》中国第一部科学的文法出版之前的所有文章都文法不通。相反，我在震旦大学遇到一位教国文的徐神父，精通拉丁文、法文等，又深钻《马氏文通》，但他写一封信都写不通顺，因为他脑中有拉丁文、文通等外国的、古人的文法在作怪，独独不信自己从小就学好的活汉语。真是可笑！还有欧洲最早的语法书始于公元前五十年左右特拉克斯（Dionycices Thrax）的《希腊语法》，但他前三百年的亚里士多德大哲所写的著作被人奉为楷模，可见语言在先，语法书在后。语言中自有语法。因此搞语法研究的、写语法书的过于强调：不学语法书就写不好文章（"语法"与"语法书"这两个词不同义），这是不对的。毛主席也只说："要学点语法修辞与逻辑。"这语法即指语法书，逻辑也是指逻辑学一类书。可见要学好语文，不能全学语法书。修辞学就比语法书高。如《语法修辞讲话》讲语法还讲修辞，就是此意。而最要紧的倒是逻辑思维。如果逻辑思维不通，虽然把语法规律条条都背熟了，还写不通文章。这是一般常识，尽人皆知。主要在平日的说话训练中，还要多读典范的文章，加以思考观察，才可使逻辑思维训练完善。过去因为过分强调语法的重要性，而所编语法书又分许多派别，甚至还宣传美国的纯形式主义的结构主义，造成混乱局面，如此而想加速提高语文教学水平，以及学生的语文水平，等于南辕而北辙。因此，今日要纠偏，要根据毛主席"学点"的精神，主要要打基础，打基本工，多读典范文章，多练写作，多练有条理结构的有文学艺术的演讲谈话的语言，多读政治思想的哲学书、历史书，还有历史记叙体、文学描写体等文章，这样才可真正提高学生的语文水平。单纯分析语言的形式系统，等于解剖一个死尸，虽然分析很细，终非一个活人的全貌。我们要分析一个活人的全貌，又如考试语文，如果分开语法填空，词汇填空，错别字改正填空，……终不如出题写一篇文章，更可看到学生的语文水平。

足下写了不少语法书，都有独到创见，久为全国所称道。一九八〇年出版的《语言的学习和运用》一书，独开生面，始标新途，已转到文学的语言的实践的方向。语言的实践（又称语言的作业，属于"言语"（Parole），不是"语言"Langue），"言语"是基本，在言语中才可提出语音语法等形式规律。但单讲语言的形式系统如语音语法文字词汇的规律，不能体现文学的语言。修辞学才是文学语言的一部分。到您今年一九八一年出版的《文学的语言》，您在语言科学上的革命旗帜才突出鲜明。我可以说：张静同志语言科学研究的道路是正确的，是我同意的。对我国目前急需提高学生的语文水平，正是一个好的实验。我前年曾提出要写《汉语语义学》（提纲发表在山东大学的《文史哲》上）也是我试走的又一方面的新途。我将努力写出来，作为语言科学界试闯新途的另一方面军。而语法方面也有人在试图突破，究竟如何突破，我们对张志公同志寄以很大希望。张志公同志曾亲对我说过，"语法要突破"。今天我在读到您的新著《文学的语言》，有些感想，特写此信与您商榷。希望您抽暇答复我。事关语法界或语言学界一个大问题，我不能再缄默，希望能引起讨论，对全国学生语文程度的提高很有关系。目前有些学报已提出许多新问题需要讨论，如思维与语言同时产生问题，普通话以北方话为基础方言问题，词义是否有阶级性问题（北大石安石同志提出词义也无阶级性，否则语言无阶级性一语要动摇，其实词义本分一般的表层的，作为全民交际所用；至于某些词的特殊义实质义即有阶级性）等，专此候教，顺请著安！

弟朱星

一九八一年九月十三日

张静教授复朱星教授的信

尊敬的朱星先生：

惠书拜读。愧谢先生的关怀和鼓励。一位古稀老人对现代语言的应用问题如此挂怀，更是令人至为钦佩。您在信中提出的几个问题都有现实意义，都值得语言工作者认真研究讨论。"卑之无甚高论"，仅就有关语言教学、语言研究的几个问题，浅述个人管见。不当之处，望不吝赐教。

（一）关于"现代汉语"的教学内容问题

"现代汉语"是高等学校中文系科的一门基础课。所谓"基础"，我理解应"基"于两个方面：一是作为工具课，进一步提高学生听说读写的能力，特别是要求学生运用全民共同语把话说通，把文章写通。没有这种能力，或者这种能力不强，学习其他学科都会失掉坚实的基础。对一个学生来说，没有这种基础，一生都要吃苦头的。二是作为语言研究的入门课，为进一步研究汉语，以及为进一步研究语言学打好基础。汉语是汉族学生的母语，在母语的感性知识基础上，系统地教给学生一些有关现代汉语的理论知识，不仅可以进一步提高学生听说读写的能力，而且也是从事语言研究工作的必备条件。

前一种基础，正像您信中所说，本该在中学阶段就打好，但目前我们国家的中学语文课还不能全部承担这个任务。我总觉得现在的中学语文课还同几十年前一样，选百十篇文章，有文学作品，也有非文学作品，有白话的，也有文言的，再加点不系统的知识短文。我念中学时是这样，我的老师念中学时也是这样。几十年如一日，没有多大变化。别的课程一周不学就跟不上，可，语文课半年不举照样考及格。这样的语文课虽然也能提高学生的听说读写能力，但效果不理想，少慢差费，学生的语文水平同学习年限不成正比。说有些中学毕业生连封信也写不好，错别字很多，用词不当，语法不通等，这并不是夸张，而是事实。到了高等学校中文系科，只好通过"现代汉语"补打中学没有打好的基础。如果将来中学语文课能够解决学生在运用语言中存在的主要问题，到了高等学校，就可以集中精力讲授提高课或专题课，如文字学、语备学、词汇学、语法学、修辞学，以及您所说的汉语发展史、中外语法比较或《马氏文通》研究等。

后一种基础，也是"现代汉语"课的中心任务。这种任务只能在高校阶段完成。由于专业化的要求，高校中文系科不仅要求学生具有一般的听说读写的实际能力，而且要求这种听说读写的能力必须有坚实的理论知识作指导。从这个意义上说，目前在高等学校中文系科的"现代汉语"课里系统地讲授文字、语音、词汇、语法、修辞是很有必要的，将来的提高课文字学、语音学、词汇学、语法学、修辞学也都是在这个基础上"提高"的。

"现代汉语"课二十多年来是有成绩的，但也存在着严重的缺陷。我们应该认真总结经验教训。从目前我国高校学生的实际状况出发，为了兼顾两种基础，对非语言专业的学生来说，我一向主张建立一套语音、词汇、语法、修辞、逻辑以及文学欣赏相结合的，以准确、鲜明、生动、精练为主线的综合运用的教学体系。我觉得过去的和现在的结构形式分析或静态描写的方法，过于强调语言各要素的系统性，即您所说的语言形式体系，忽视语言运用的实际，容易走上空谈体系，从"理论"到"理论"的歧途。这种教学体系对非语言专业的学生，对从事文字工作的人员并不是最好的办法。而综合运用的体系，强调语言表情达意的实效，并适当讲述有关的理论知识，可以克服理论脱离实际的缺陷。我编写的《语言的学习和运用》就是这种想法的初步尝试，而且是作为一种读物面向社会的，只涉及词汇、语法、修辞和一部分逻辑问题，没讲文字，也很少谈到语音，理论知识更不系统，因此还谈不上什么体系。至多可以说那是一本以实用为主的语法修辞书。到我们编写《新编现代汉语》时就采取了"联系"和"并重"的办法——理论知识密切联系语言运用的实际，讲理论知识的篇幅和讲实际运用的篇幅各占一半。为了照顾二十多年来"现代汉语"五大块的教学习惯，我们没有采用全面综合的办法，只是把修辞、逻辑、文学欣赏的有关问题结合到语法、词汇、语音三要素里去。这样做，也有不同的反映：有的教师认为基本上解决了理论联系实际的问题，学生，尤其是师范院校和业余院校的学生，觉得学了管用，有的认为属于语言运用的问题不必多讲，这类问题虽然学问不深，但教师不好驾驭，不如单纯讲授理论知识顺手。哪种意见合理，经过一段试验之后，我们再讨论修订。望您多提宝贵意见。

（二）关于语法教学问题

您说目前我国学生的语文水平不高，还要强调语文教学，我完全同意这种看法。中学生如此，大学生也不例外。语文水平不高的主要表现是不少学生不能运用语言文字通顺流畅地表情达意，不是用词不当，就是语句不通，不是层次不清，就是结构混乱，至于错别字更是难免。语文水平不高，的确不能全由语法负责，除了逻辑思维能力的训练，语言的各个部分，如文字、语音、词汇、特别是修辞（包括篇章结构）都有责任。但必须承认语法是语文的一个重要方面，为了通顺畅达地用词造句，不仅中学生要系统地学点语法，大学生也需要补课。今年7月在哈尔滨语法和语法教学讨论会上印发的吕叔湘先生的《怎样跟中学生讲语法》里，有一段话，我认为讲得很中肯。他说："要不要跟中学生讲语法？很多人，包括一部分中学教师，不赞成跟中学生讲语法。理由：一、没用；二、接受不了。语法无用论在一部分知识分子当中是相当流行的。他们说，自古以来中国读书人不讲'文法'，可是出了很多能文之士。反之，现在很多人学了语法，可是文章写不好，包括语法学家本人在内。这个话，听起来似乎也有几分道理，但是有很大的片面性，逻辑上有问题。正如同有些人说，有人不讲卫生也不生病，有人讲卫生，要生病照样生病。事实怎么样呢？事实是，讲卫生的人总比不讲卫生的少生病。文章的好坏，语法只是其中一个因素，还要多读范文，讲究作文法，讲究逻辑思维。可是就拿语法这一件事情来说，学过语法的人比起没学过语法的人来，文字通顺的比例也总要大些。古时候不讲语法，出了不少文人学士，一点不错，可是同时也出了数不清的不通的读书人，不过他们写的东西都没有传下来，大家都忘了就是了。人们的各种技能很多是靠经验得来的，是不知不觉学会的。可是如果能够把经验总结出来，懂得其中的道理，把不自觉的变成自觉的，不但知其当然，并且知其所以然，他的技能就会得到巩固和提高。这个原则也适用于语言文字，语言文字的运用也是一种技能。"

"中国学校里讲语法，虽然也有了几十年的历史，但一直是只有部分学校、部分教师讲，也往往讲得不很得法，效果不明显。大规模的试验只有过一次，就是五十年代中期把中学语文课分成汉语和文学两部分，编成两套课本，汉语课本里边有语法。这样的分科教学只试行了两年就停止了，又恢复了综合性的语文课，一直到现在。现在的语文课本里也编进去一点语法知识，但只是蜻蜓点水似的点一点，起不了多大作用。分科教学那段的经验没有总结过，一般的印象是没有取得很大的成绩，有人就说是失败了。可是我这几年里边接触到好些比较年轻的教师，他们是五十年代当学生的时候经过这一分科教学的阶段的，他们很怀念那两年的语文课，说是从里边学到了系统的语法知识，对于他们现在的教学很有用，这也证明语法无用论是站不住脚的。"

至于学生能不能接受的问题，那就要看讲什么样的语法和怎么讲语法了，这都跟语法书有关。过去我们所讲的语法（语法书）条条框框太多，术语太多，而且脱离学生的实际，即使可以接受，也是用处不大。

中学生和大学非语言专业的学生学点语法主要是为了应用，他们所学的语法（包括语法书）应该是规范语法。除了简明扼要地教他们一些必要的语法知识，如什么是一个词，词分多少类，什么是一个词组，词组的结构类型，什么是一个句子，句子的种类等，应该着重讲授各种语法单位的用法，各种句式的选择。举例来说，鲁迅在《阿Q正传》里写阿Q和小D扭打，各自用一只手抓住对方的辫子，又各自用一只手护住自己的辫根，相持约半点钟之久。看热闹的人对这场"龙虎斗"所持的态度各不相同。怎么不同？鲁迅是用语气词"了"来区别的：有的说"好了，好了!"有的说"好，好!"用"了"字的大概是看过瘾了，不想再看了，因而带有劝解语气，不用"了"字的是还想继续看下去，因而用"赞扬"的语气进行煽动。一个"了"字，用在这样一个具体的语言环境中，无须多费笔墨，就把阿Q所处的典型环境中的世态人情跃然纸上，读起来，如见其人，如闻其声。如果在语法课里能够多用具体的语例说明语气词"了"的各种用法，总比大讲"了"字究竟是不独立的词素还是独立的词，究竟是结构助词还是语气助词更有用处，也更易于接受。讲句子也是这样，比如"台上坐着主席团"，"台上"是主语还是状语，语法学家们争论几十年了，谁也没说服谁。这种争论是有必要的，但那是专家们的事，作为学校教学语法可以不管或少管，主要应该讲明这种句式表达什么样的语义，跟"主席团坐在台上"、"主席团在台上坐着"、"台上有主席团"、"台上有主席团坐着"相比，有什么细微的语义差别，在什么情况下用这种句式，在什么情况下用那种句式。

讲规范语法，还应该采取对比的办法，从运用语言的实例中选取典型的不规范的例证，如报纸上常常见到的"最好水平"之类说法，分类排队，归纳总结出一套反面规律（为什么会出现不规范现象）。像结构不完整、搭配不得当、词序不合理、词语关系不明确等，都是常见的不规范的句子。不规范的句子让学生凭感性知识改正过来比较容易，但让他说说为什么不规范，这种现象是怎么产生的，就不那么简单了，还需要学习一些必要的理论知识，学生才能既知其当然，又知其所以然。在多年的教学实践中，我体会最深的是，学生在日常谈话和写作中绝大多数句子都是合乎规范的，只有少数是病句。唯其少，教师从正面讲十个例句，也不如从反面讲一个例句更能引起学生的注意。这是最能结合实际的一部分，不能不讲，也不能少讲，这一点从吕叔湘、朱德熙先生的《语法修辞讲话》的社会效果也可以得到证明。给中学生和非语言专业的大学生讲语法，或者说要想建立一套精要、好懂、有用的教学语法体系，不能不考虑这两个方面的内容。如果真能这样讲点语法，我想不会有人说"没用"，学生也不会"接受不了"。不知先生意下如何？

（三）关于语法研究问题

汉语语法的研究，在我国发轫很早。两千多年前的春秋战国时代就有人研究过汉语的词类和词序问题。在汉代，训诂家们也非常注意虚词的解释。到了唐代，对于虚词的研究有了进一步的发展。到了宋代，张炎的《词源》又把"字"明确地分为"实字"和"虚字"两大类（《马氏文通》里的"实字"和"虚字"就是从这儿承继过来的）。到了清代，不仅出现了大量的研究虚词的专著，如袁仁林的《虚字说》、刘淇的《助字辨略》、王引之的《经传释词》，都对汉语虚词作了较系统的研究，而且在朱骏声的《说文通训定声》、俞樾的《古书疑义举例》等著作里还提出了"动字""静字"等实词的分类（这也是《马氏文通》里"动字""静字"等术语的滥觞）。

这些有关汉语语法的研究，历史虽然是漫长的，内容虽然也是丰富多样的，而且其中有过许多有价值的东西，但是，由于他们研究的对象、目的、范围和方法的限制，未能使这种研究成为有系统的汉语语法学。换言之，他们研究语法不是为了语法本身，而是把它作为文献学研究的一种手段，是为了了解古代文学遗产、典籍文献和风俗习惯；同时，这种研究的范围是非常狭窄的，不是研究全部语法问题，而是局限于训诂学的范围之内，研究一些零零碎碎仅仅同语法有关的问题。只能说，这种研究是科学的汉语语法学的酝酿阶段，或者说是"前科学"阶段。我国第一部系统地研究汉语语法的著作《马氏文通》，只是1898年才出版的，如果可以把《马氏文通》看作汉语语法学著作的鼻祖，汉语语法学也不过八九十年的历史，比起印度班尼尼（panin，纪元前四世纪）、希腊亚里士多德（纪元前三世纪）以及罗马瓦郎（varro，纪元前一世纪）的语法著作来，实在是太年轻了。可以说汉语语法学还是一门新兴的、发展中的科学。对这门科学过去我们研究的不是多，而是太少了。虽然在三十年代后期、五十年代中期开展过有关语法问题的大辩论，但应该承认，直到现在，我们还没有建立起完善的科学和教学语法体系来。最近几年来有关汉语语法体系问题的讨论就是佐证。为了推动汉语语法的研究，为了使汉语语法学日益繁荣兴旺，我们应该充分发扬学术民主，热情支持并积极参加这种讨论。

语法体系，一般的理解，是指人们对客观存在的语法现象解说的系统。由于各语法学者对语法现象持有不同的认识，采用了不同的研究方法，得出了不同的结论，必然要形成不同的语法体系。这种关于语法体系的讨论，一般都有两种目的：一是语法研究本身的目的——建立科学地解释汉语语法现象的基本理论和对于汉语语法现象的具体描写；一是为学校教学语法制定出一个简明扼要、易教易学的"共同纲领"。目前，在我们国家"科学语法"（专家语法）和"教学语法"（学校语法）尚未明确分开的情况下，关于语法体系的讨论目的往往也混杂在一起，很难划出明细的界限。一个发展中的学科出现这种现象也是很自然的。在哈尔滨召开的语法和语法教学讨论会，就是想把科学语法和教学语法分开，通过讨论建立一套适合中学教学用的语法体系，但由于科学语法众说纷纭，教学语法也就不得安宁。对于如何建立教学语法体系，大家的意见仍然异常分歧，可以说，没有任何一个问题大家认识是完全一致的，包括要不要把词分为实词和虚词，要不要取消词的附类和合成谓语问题。但大家都有一个共同的愿望——尽早结束中学语法教学中的混乱局面。最后还是寄希望于人民教育出版社张志公等几位同志，希望他们经过较深入的研究，在广泛征求语法学者和中学教师意见的基础上，整理出一套精要、好懂、有用的教学语法体系来。至于科学语法，还可以而且需要百家争鸣，继续深入地、长期地讨论下去。

汉语语法要研究的课题太多了，大至语法学的方法论，小至一个字的性质和用法，光是没有定论的就有一二百个。在争鸣过程中，不管是传统语法学的，还是结构主义语法学的成果，只要有道理，适用于汉语语法的，都应该吸收，而不应该加以排斥。我认为传统语法学派和结构主义语法学派都为语法研究做出了贡献，而且都取得了值得珍视的成果。只是由于方法论的限制——一个强调意义，一个强调形式，他们钻进了一头牛的两个牛角尖，因而都未能达到语法研究的预期目的。后来的语法学者发现了他们的弊病，许多人都想另辟新航线，企图在意义和形式兼顾的道路上把语法研究推向新生。但由于立足点各有所偏，都没有完全跳出传统语法学或结构主义语法学的窠臼，于是又形成了数量不等的传统语法学新派和结构主义语法学新派。这两种新派虽然出发点和归宿点各不相同，但都程度不同地，或明或暗地强调意义和形式兼顾的原则，因而使得两个各执一端的学派向一起靠拢了一大步，只是他们所说的意义和形式并不完全是语法意义和语法形式。比如传统语法学新派（在中国可以拿《暂拟汉语教学语法系统简述》为代表）所理解的"意义"是词汇意义、逻辑意义和语法意义的混合物，因而他们所理解的"形式"也必然不全是语法形式，它虽然把语法研究推进到了新的阶段，但也没有圆满地解决语法分析中的关键性问题。结构主义语法学新派（在中国还没有代表人物和代表作，在西方可以拿美国乔姆斯基［N. Chomsky］的转换生成语法学作代表）所说的"深层结构"（deepstructure）主要也是逻辑意义，同他们所说的"表层结构"（Surtacestrcture）不能构成一个统一体中的两个矛盾方面，必然要割裂意义和形式。他们虽然提出了许多新的见解，但未必会开辟出语法研究的阳关大道。多年来，我总认为语法是语法意义和语法形式的矛盾统一体，只有取各派之所长，避各派之所短，把传统语法学的一部分意义分析法和结构主义语法学的一部分形式分析法纳入语法意义和语法形式相结合的方法论总原则，并从这个总原则出发，归纳出一整套具体的特殊方法，才能使语法研究走上独立自主的、平坦开阔的语法道路，才能建立起符合汉语实际的语法体系来。至于这个原则和一个一个的特殊方法如何运用到具体的语法分析中去，当然还需要广大语法学者群策群力，进行深入细致的研究。

（四）关于文学的语言问题

"文学语言"有两个含义：一是广义的，指全民共同语的书面加工形式，包括文学作品和非文学作品；一是狭义，专指文学作品的语言。这里所说的"文学语言"是指后一种。为了不致引起歧义，在"文学"和"语言"之间加了个"的"字，叫"文学的语言"。

我完全同意您的意见，"高级的语言是文学语言，不是语言形式"。因为文学是语言的艺术，文学的语言是艺术的语言，好的文学作品，它的语言都是准确、鲜明、生动、精练的典范，那是作家经过美的追求，用心血浇灌出来的艺术之花。多多学习这样的语言，对于提高学生的表达能力，毫无疑义，是大有好处的，或者说是一条必由之路。1978年在苏州召开的"批判'两个估计'，商讨语言学科发展规划座谈会"上，我在大会发言中曾建议加强文学语言的研究（见《中国语文》1978年2期）。我国高等学校中文系，全称是"中国语言文学系"，"语言"和"文学"是作为两类课程开设的。虽然这两类课程关系极为密切，但讲语言的课程着重讲述语言的发展规律和结构规律，即使从文学作品中选取一些范例，也是为说明语言形式规律服务的，并不是系统地分析文学语言的特点；讲文学的课程着重讲述文学的原理、文学发展史和作品分析，对语言只是作为文学的一种形式加以概括论述，也不是系统地、具体地分析文学语言的特点。这样，"文学的语言"就成了"边缘学科"，谁都管，谁都不多管。50年代中期中学里把语言课和文学课截然分开，没有取得明显的成效，后来又合起来，大大削弱甚至取消了有关语言的内容。我觉得要是把"文学"和"语言"既分开，又有机地结合起来，对于提高学生的语文水平，效果会更好一些。中学应该这样做，大学也应该这样做。1976年到1979年，我曾试开过这样一门专题课，效果还好。我写的《文学的语言》，就是根据一部分专题课的讲稿整理而成的。因限于篇幅和读者对象，只是就文学语言的共同特点，以准确贴切、鲜明犀利、生动活泼、精练含蓄、节奏明快为主线，粗略地归纳、概括了一般文学作品对于语言的基本要求和几种常见的运用语言的艺术技巧。虽然也有一点理论概述，但更多的是具体语言材料的分析，或者说还没完全跳出一般修辞学中与"规范修辞"（消极修辞）相对而言的"艺术修辞"（积极修辞）的范围，只是比一般修辞书更多地考虑到文学分析问题，而且内容比较单薄，远远谈不上什么"体系"。因为文学的语言所涉及的内容非常广泛，比如，可以对有关文学语言的理论进行详细论述，也可以对具体的作品做详细的语言分析，还可以按照风格学的要求分析比较各种文学样式的语言特点和作家运用语言的个人特点等，而这些内容都需要有更多的人做深入的专题研究。我写这本小书，只是抛砖头引玉块，希望语言学界有更多的人重视这一边缘科学的研究。只有语言工作者同心协力，才能建立起一门学科的科学体系来。您的《文学语言发展史略》，是一个很有意义的选题。关于这个问题的系统的研究，在我国还是一张白纸，热切盼望它能早日问世，为祖国的语言科学填补空白。

您是语言学界的前辈，学识渊博，治学有方。您的许多专著在国内影响很大。从您的著述中我学到了许多知识和方法。希望您在语言的应用理论方面写出更多更好的著作。

上述肤浅之见，难免主观片面，望多所匡教。

敬祝

身体健康！

后学张静

1981 年 12 月 4 日

原载《郑州大学学报（哲学社会科学版）》1982 年第 1 期

建立读书学

朱　星　常林炎

一　读书学的任务

生也有涯，知也无涯，欲以有涯之生究无涯之知，这就需要有个较好的方法。一个人以有限的时光要阅读浩如烟海的书籍，并不是件易事。这就需要究门径、讲方法、求效果。今天是科学的时代，事事得讲科学，读书亦不能例外。这就是我们所以要建立一门读书学的基本理由。把它当作一门专门的学问来研究，把它列为大学的必修课，是完全必要的。

"只有用人类创造的全部知识财富丰富自己的头脑，才能成为共产主义者"。几千年来记载人类知识财富的书籍，其数量已够可观，况且随着时代的发展，社会的进步，总结与反映人类生活斗争知识财富的书籍，自然愈来愈多、愈复杂，至于无止境。但，人不能作书的奴隶，不能只是望着书的海洋而兴叹，必须根据自己的需要，有选择、有鉴别地去阅读。怎样选择？怎样鉴别？就是一门学问！也正是读书学研究的一大任务。

"在科学上面是没有平坦的大路可走的，只有那在崎岖的小路的攀登上不畏劳苦的人，才有希望到达光辉的顶点"（马克思语）。"谁怕用功夫，谁就无法找到真理"（列宁语）。这是永远颠扑不破的真理。在读书做学问上，不可能有不劳而获的事。所以读书学首先肯定读书者的理想、志向、毅力和勤奋刻苦精神。但同时也提倡科学的攻读方法，反对不讲方法的笨读书，傻读书，死读书。我们要完成一件任务，必须先解决完成任务的方法问题。毛泽东同志曾恰当地打比方说："我们的任务是过河，但是没有桥或没有船就不能过。不解决桥或船的问题，过河就是一句空话。不解决方法问题，任务也只是瞎说一顿。"这里虽然不只是指读书，但用于读书也是适合的。有个好的读书方法则事半功倍，否则就事倍功半。科学的时代，人们的一切有目的的行为，必然要追求其效果，争分夺秒，以最经济的时间换取最理想的收益。值得注意的是：有些朋友在宣传读书须下苦功的正确主张的同时，又把它片面化，绝对化了。把下苦功与讲方法对立起来，好像是读书就不应讲方法，越笨越好，越傻越足以显示有根底，见功夫，一个劲地讲悬梁、刺股、偷光、囊萤、映雪的故事，但对古人好的读书方法却很少总结推广。"铁杵磨绣针，功到自然成"的故事，自然是励人扎实用功的好故事。但今天来看，如果能在磨针的工具、方法上再想想办法，改进一下，不是可以成功得更快些么？读书学提倡的正是把苦干与巧干结合起来的精神。

本来，下苦功与讲方法两者并行不悖，相辅相成。所以对片面地强调"读书无法""读书无窍门""读书无捷径"的说法，也应采取分析的态度。这些观点，在励人勤奋苦读的意义上说，是对的；但不能以此排斥对读书方法的探求。不下功夫，想投机取巧，专门去找窍门，寻捷径，自然是极端错误的，但是，在建立了正确的攻读态度的基础上，也必须承认读书是有法的，而且读书必须讲方法。任何建设性的事物，既有少慢差费，就有多快好省；读书亦然。相对地说，读书并不是绝对的没有窍门。这个窍门，就是科学的攻读方法。读书既有弯路，相对而言，亦有捷径；所谓"捷径"，即科学的途径。读书尽量避免少走弯路，寻求科学的途径，正是读书学的一大任务。

勤奋，对谁来说，都只是个"为不为"的问题，并不是"能不能"的问题。方法就不是"为与不为"的问题，而是"能与不能"的问题，必须经过揣摩学习，才能变"不能"为"能"。即是封建社会、资本主义社会的求名谋位之徒，出于并不崇高的目的，也会产生勤奋的行为。"不下苦中苦，焉能人上人"的观念，也会促成一个人的苦学。例如，苏秦"读书欲睡，引锥自刺其股，血流至足"的苦读，其动力出于"人生世上，势力富贵，盖可忽乎哉"的人生观。所以离开了崇高目的的勤奋，并不是什么难能可贵的事。回顾我们今天的宣传工作，似有重勤奋、轻方法的倾向。有不少访问记、报告之类或学人们介绍自己的成材经验时，都很少总结推广其成功的读书经验方法。他们既已获得高度的成就，必然有一套走向成功的方法。这才是后学们所需要的。其实在我们丰富的文化典籍中有不少值得评介推广的读书经验。革命导师、古今学者已为我们创造了不少可贵的读书方法和经验，亟需我们加以总结整理和推广。例如，当今著名学者钱锺书先生以读书多、学识精深渊博而著称于世，他就是在天才加勤奋的同时，还掌握了一套科学的读书方法。他的读书经验、方法就是很值得研究总结的。总结古今中外学者的读书经验方法，这又是读书学的一项重要任务。

活到老，学到老，自然也是要读书到老的。大学的学习生活，在一个人的读书史上是宝贵最堪珍惜的阶段。但仅仅四、五年的时光，读的书是有限的。所以上大学，应该说：不是光读书来了，而是学读书来了。首先要学会读书，获得读书的本领，取得读书的法门，循序升堂入室。这就要广增基本知识，掌握读书的基本技能，为一生学习上进打好基础，决不可入宝山而空回。当然，得在游泳中学会游泳，读书中学会读书。要积累比较丰富的知识，根据自己的专业需要，知道必读哪些书，涉猎哪些书，哪种本子好，哪种本子陋，怎样利用丛书，类书，怎样使用其他工具书，有了什么问题要请教什么书。学习总是在不断产生疑问和解决疑问中前进的。所以有了问题，不怕不知道，就怕不知其寻求解答途径，不知到何处去查，怎样查法。例如，今天的一些文章中常出现一些古诗摘句："山雨欲来风满楼"，"病树前头万木春"之类，有的同学想知道它的出处，而《佩文韵府》就在那里摆着，可是却感到"老虎吃天，无处下爪"。近期有家报纸上对"男女授受不亲"发生了争论，《孟子引得》、《十三经索引》都在眼前，但，就是不会查，干瞪眼没有招！其实，这类技术一学就会，但不学就不会。你如果有一定的类书知识，那就方便多了。想知道"指南车"的由来，就去查《壮堂书钞》的《车部》；想知道造纸的故事，就去查《艺文类聚·杂文部》的《纸》；想查唐宋以至明嘉靖时的典故、辞藻，就可以利用《渊鉴类函》；想要从《太平御览》里查找资料，还可利用《太平御览引得》……当你掌握了一把打开知识宝库的钥匙之后，就会收到"一窍通后百窍通"之效。对一个正在成才道路上摸索的青年来说，他可以少走多少的弯路啊！读书学就是要教人们会读书，会利用各类的书。

读书学重视方法，但不能把方法看作是纯技能问题。掌握科学的方法，总是和正确的思想方法相联系着。读书学和教育学、心理学都相与联系。

二 读书学的基本内容

（一）读书与理想、意志、勤奋、思想修养。

（二）书的历史（简史）、书的知识。

（三）要籍目录、读法、版本知识。

（四）工具书使用方法。

（五）读书方法探求：古今学者读书经验、方法总结评介。其他方法（凡阅读、思考、记忆、札记、制作卡片、积累资料等等）总结交流。

（六）现代化科学技术在读书与图书上应用的知识。

（七）其他。

以上诸项内容，偏重于实用，只就目前可先作为大学的一门课程而言。若作为一门学科来研究，当然，不能以此为限，更需要基础理论的建设。

三 应先在高校文科开设读书学

读书学可先作为一门大学课，设在文科低年级，给予学生以读书的门径，为进而自学深造打下基础。本课程应以传授基本知识，培养基本技能为主，是一门指导实用的课程，不只是空对空地纸上谈兵，要重视实物教学，在组织参观、见习上投出更多的力量；必要时，还可把课堂搬到图书馆或书库中去。

要使学生会读书，就得先让他们见到书（大量的、多样的、今本、古本、普通本、善本……），熟悉书。不仅只听教师讲讲，还要自己看看；

不仅看看封面（那也是好的），还要翻翻内容；既动脑又动手。这样所得的是活知识。讲版本、目录，不见实物，等于浪费。我们有个深刻的教训：在讲《水浒传》时，也曾空口无凭地介绍过几种本子的特点，当时好像都明白。可是事后全然秋风过耳，甚至有人连繁本、简本也分辨不清。如果当时拿出两种本子让他们看看，或许不用多讲便可自通。所以讲丛书，就在丛书架前讲；讲类书，就在类书架前讲。"开卷有益"，在这里，那可一点也不假。讲工具书使用方法，更必须得动手。空口无凭，不见实物，本门课程便设如不设。

参观、见习，会有很大好处。今天全国主要城市，都有较像样的图书馆，认真地参观藏书室、善本馆、阅览室，可令人开眼界，广见闻，增知识，扩胸襟。除知识上的收获之外，还可得到思想上的启示：我们的祖先为我们创造了如此灿烂辉煌的文化业绩，如此丰富多彩的文化典籍！会增进青年人的民族自豪感。当我们站在闪耀着人类智慧与劳动光芒的书山面前时，会感到自己的阅读太有限了，会使读了几本书就觉得有学问了，飘飘然起来的朋友们谦虚起来，也会激发他产生"入宝山不能空回"的渴望。

什么样条件的教师，才能完成本门课程的教学任务？善于把书的知识宝库的钥匙交给学生的人最好。专家想来一时不会那么多，我们认为具有一般文化知识基础的中青年教师都能胜任，但必须是实干家；教这门课，要准备吃苦受累，要跑路，要勤进书库，多进图书馆，要接触实际，要带学生参观见习。有的课得到书库去备，不是在明窗净几的书斋里写好讲稿就行。按能者为师的原则，参观期间，必要的课，亦可就地请有经验的图书馆管理人员讲授。任此门课程虽然辛苦，但容易收效，容易出成绩。劳苦带来的是功高，何乐而不为！

四　读书学与读书指导

建立读书学是件嘉惠学子的好事，已故著名语言学家黎锦熙先生早倡于数十年之前，只是不曾提出"读书学"这个名称，而称之为"读书指导"（以目录学为主，但有别于其他高校开设的目录学）。了解黎先生的人都知道他本人就是一位非常讲求读书方法的学者，他之所以在学术上获得那样高的成就，是和他科学的治学方法分不开的。他身体力行，在他主持的老师大国文系开设了一门"读书指导"课，此课设在低年级。他当时已是部聘教授，著名学者，但仍亲任此课（后来叶鼎彝先生亦任此课）。课中虽亦讲授要籍目录知识，但和一般的目录学不同，注意指导学生取得读书的法门，重视实用。一个从中学刚到高等学府的青年，难免有"一部二十四史，不知从何读起"之难，"读书指导"适其所需，既长知识、开眼界，又得其读书门径。

今天，我们所谈的读书学，作为高校的一门课程，和黎锦熙先生当年开倡的"读书指导"具有同一的用意，但读书学的任务却远比"读书指导"为广。读书学包括了"读书指导"，"读书指导"且不能独立为学。在我国，目录学遗产十分丰富，总结学者们长期研究的结果，自然也有必要。但目录学也只能是读书学所包括的内容之一，它远不能代替读书学。读书学先可作为高校的一门课程来普及，同时也可作为一门专门学问作提高一步的研究。系统地研究、阐述读书学的基础理论，揭示它对人类攀登文化科学顶峰的指导意义和开启文化知识宝库的钥匙作用，就是非常必要的。

如果说"书籍是人类进步的阶梯"的话，读书学就是指导正确攀登这一阶梯的科学。不论从今天的时代、社会的需要看，还是从历史的发展趋势看，或是从已有的读书经验、理论的积累看，读书学独立为学，已是势所必然。只是我们在这篇短短的小文里，阐述得还很不充分，很不全面。例如，我们只谈了作为一门课程，应先在高校文科开设，然后推广。但读书学并非只限文科，它包括文、理、工、农、医等百科之学。它也没有时间、地域的限制，从古到今，由中及外，凡有读书者，就有读书学。我们相信这门学科，将大有作为，前途无量。它关系着极为广大的人们的进步。和读书学发生关系的人，本来就很多，而且将会越来越多。

我们的意见不全面，不充分，这是肯定的，错误和缺点亦在所难免。深盼读者同志们、各界专家同志们指教补正，以期在集思广益地建设下，使这门新的学科渐臻完善，裨益于人类文化与社会主义精神文明的建设。这就是我们所至诚期待的！

原载《北京师范大学学报》1984 年第 6 期

其他考证类

《马氏文通》的作者究竟是谁

一九七八年是《马氏文通》出版（1898）八十周年，有人已写文纪念。因为今天一提到《马氏文通》都知道它是中国第一部正式的语法书（实是文言文法书），但它是模仿拉丁文法的，胡适《国语文法概况》和刘复《中国文法通论》都这样说过。但文通作者曾对我说："不学拉丁文法，就编不出这部文通来。恐怕至今还在虚字研究中摸索。"因此，今天再批评他摹仿拉丁文法就没有多大意义了。甚至民国初年后编写文言文法语体文法的，一面批评《马氏文通》，一面自己又在摹仿英文文法，甚至日本人的支那文典，后来还有人从俄文文法里摹仿一二条的。其实这都不妨，这是参考，是借鉴，毛泽东同志早就说过。这是允许的，也是必要的。我们自己没有，外国人有，我们就可以学。学其所长，弃其所短；取其精华，弃其糟粕；且可化为我们的，有何不可。汉末的反切，唐三十六字母，都是从印度和尚那里学来的。近代的发音学，也是从欧洲学来的。

但一般人只知《马氏文通》是马建忠所作。马建忠是李鸿章的外文秘书。不知实际作者原来是马建忠的大哥马相伯。今天知道马建忠的人已很少，知道马相伯的人更少了。我由于从小在教会学校读书，民国二十一年，我在上海一所美国神父办的中学（Consaga College）中国学生班教国文。因此，有机会去找马相伯，那时他已九十二岁，住在土山湾一幢小楼中，名乐善堂。一九三五年我从上海到天津工商学院教书，我去辞行。他还给我写一介绍信，叫我拜辅仁大学校长陈垣先生为师，教我向他请教学历史。我不想学历史，还要研究语体文法。陈先生就将我介绍给黎锦熙先生。（陈垣先生是马相伯的拜门弟子，还有梁启超、蔡元培也是。）马相伯是江苏丹徒（镇江）人，兄弟三位，他是行大，马建忠是行三，老二早卒。马相伯本是神父，曾任上海震旦大学中国人校长，后与法国校长龃龉，愤而还俗，娶妻陆氏，未生育。因李鸿章推荐，出使日本作参赞。也曾作一次短期的京师大学堂总监。又创办复旦大学及大同大学。民国元年，孙中山先生就任临时大总统，曾邀先生任教育总长。先生不愿就，推荐蔡元培。（前数年曾晤梁漱溟老先生，谈到马相伯。他证明实有此事。梁先生那时只二十岁左右，曾在南京随群众在台下参观就职典礼。见台上有一个老者，那时马相伯是六十一岁，穿红缎子马褂，据说就是马相伯。）马相伯妻死后，又回到教会。不再许他进教堂行弥撒祭礼，独居土山湾乐善堂译书。因他除精通拉丁文、法文外，还懂希腊文、德文、西班牙文等。一九三五年，我从上海到天津教书，行前去辞行，他已九十六岁，还能讲一小时话，有说有笑，神志清健。我那时只二十四岁，可作他重孙辈。老人很寂寞喜欢同青年人闲聊。他仍自诩能活一百二十岁。我到北方后不久，即一·二八事变，先生曾与苏州章太炎先生连名通电，要求出兵抗战，所以今天还肯定他是爱国的。后撤离上海到桂林，整天坐在竹舆（轿）中，穿山越岭，劳累困顿，就死在桂林，时年整一百岁。但有一点要说明：马相伯老人每次给我谈《马氏文通》，要说我三弟的文通如何如何，不直说是他写的。但言语间露出是他写的。他说："我是采用拉丁文法，尽量就中文特点，避免摹仿之迹。"他是神父出家人，不愿出名，且兄弟友爱，所以写马建忠之名。以上是我简单地对"文通"作者作一介绍，可作编写汉语语言学史时的参考资料，也算一个文坛掌故。

原载《社会科学战线》1980 年第 3 期

秦始皇沙丘疑案

　　沙丘事件本来就是疑案。赵高就私下对胡亥说："沙丘之谋，诸公子及大臣皆疑焉。"（《史记·李斯传》）赵高、胡亥与李斯三人阴谋立胡亥为太子，矫诏杀扶苏，这确是该疑的。《史记·始皇本纪》记载说："七月丙寅，始皇崩于沙丘平台。"又《李斯传》和《蒙恬传》载，始皇病重时，赵高和胡亥、李斯三人的活动很神秘鬼祟，由此我就怀疑除了篡立胡亥矫杀扶苏外，一定还有什么不可告人的问题。此案存于我心中数十年，遍读各书，也未见有人提出怀疑的。然而，我以为这是古史上的一件疑案。

　　我认为秦始皇死因不明。使我引起怀疑的有下列几点原因。

　　1. 始皇死时年只五十岁，并未衰老，且身体素健壮。荆轲刺他时他能摔脱袖子绕柱逃跑荆轲追不上他。史记也未记他有什么暗病宿疾。

　　2. 第五次出巡是始皇三十七年十月，到三十八年七月，在山东德州平原津而得病。可能跋涉山川劳累了。七月正是酷暑，得了什么病，《史记》虽未记，但知他在邢州（今邢台）平乡县沙丘宫（行宫）平台（在高台的寝室）中养病时，还能从容口授立遗诏，叫长子扶苏到咸阳会葬。可见他脑子还很清楚，决非急病。

　　3. 沙丘宫四面荒凉，宫室空旷深邃。（《史记·赵世家》记赵君主父偃就是被围饿死在沙丘宫的。）始皇随行者虽然很多，住满了宫殿，但他的寝宫只有少数宦官侍候。发生政变，还是很容易的。

　　4. 始皇家庭臣下矛盾本来很尖锐，而当他出巡，经年在外就会出问题。今他又在外得了大病，更会出问题。

5. 一般大病不一定都要死亡。

我推测始皇系死于赵高之手，理由如下。

1. 赵高与蒙恬、蒙毅兄弟有仇怨。蒙毅曾判过赵高死刑，始皇赦免了他。蒙氏兄弟一文一武，为秦始皇所信任，也为太子扶苏所倚重。蒙恬领三十万大军防匈奴，扶苏是监军。他们都轻视一个宦官赵高。赵高不得不结交始皇爱子胡亥以便伺机反攻。

2. 《李斯传》记赵高自己供说："高受诏教习胡亥。"但《蒙恬传》上说："秦王闻高强力，通于狱法，举以为中车府令（等于侍卫长）。高即私事公子胡亥，喻之决狱。"秦始皇有二十多个儿子，最喜欢第十八子胡亥。赵高私事胡亥，就是阴谋。

3. 秦始皇五次出巡，赵高都跟在身旁。到第五次，胡亥要求也去，始皇同意了。这也是赵高的主意和阴谋。赵高经常借机在始皇前夸胡亥有大才，显然为将来立他为太子制造舆论。那时扶苏还未决定为太子，还称公子扶苏。

4. 始皇无意定胡亥为太子，可到德州得了重病，赵高就起了坏心。当始皇写遗诏令扶苏回咸阳会葬，显然是要他继承帝位。无疑，赵高必然想到这事有关自己生死的斗争，于是他下定决心要杀始皇。那时最可怕的政敌蒙毅已被派出，"还祷山川，未反"（这可能也是赵高的阴谋）。赵高建议叫他回来求神治病。那时还未回来，始皇身边只剩丞相李斯一人，但李斯私心很重，可以控制，不足怕；而随侍在病人身旁的小宦官都是赵高的死党。因此，在僻静空旷的沙丘宫里，正是下毒手的好机会。

5. 秦始皇令丞相李斯写玺书，赵高参与其事。但玺书在赵高手里，"未授使者"。他为什么压住不快发，可知他是故意的。《资治通鉴》记他对李斯说，"上赐长子书及符玺，皆在胡亥所。"这可能是赵高的推脱，他先要说服胡亥。《李斯传》载，胡亥先也不肯，说的话很合情理。这是可信的。赵高就摆出老师身份宣传他一套弑逆理论，说："臣闻汤武弑其主，天下称义焉，不为不忠；卫君弑其父，而卫国载其德，孔子著之，不为不孝。夫大行不顾小谨，盛德不辞小让……。"这等于赵高的口供状，可能那时他已杀了始皇，所以他大言无忌。又记："书及玺皆在赵高所"，赵高就留下所赐扶苏玺书。但赵高不能压得太久，因为万一始皇清醒过来，问李斯玺书发出没有，如果说还没有发，这还了得！但如始皇弥留不死，李斯又没有被说服而去报告始皇，赵高是必死无疑。因此赵高在说服李斯前，必须先把始皇杀了。始皇死了，就不怕李斯不就范。李斯果然是庸俗懦弱、自私透顶之人。他先也不答应，来回几次（至少要一二天），最后他流涕叹息屈服了。他对赵高毫无戒心。可能赵高善谀，也把他迷住了。他为了保位，怕蒙氏兄弟排挤；又以为胡亥、赵高感己德，这样可以终身专权为相。《蒙恬传》上明记着："高雅得幸于胡亥，欲立之。又怨蒙毅法治之，而不为己也，因有贼心。乃与丞相李斯、少子胡亥阴谋，立胡亥为太子。"又《李斯传》记赵高对胡亥说，"夫沙丘之谋，诸公子及大臣皆疑焉"。一般人只疑始皇死在外地，立胡亥为太子，杀公子扶苏是赵高、李斯、胡亥三人的阴谋，而没有进一步想到秦始皇是病中被赵高杀死的。《史记》上明记着"棺载辒凉车中，故幸宦者参乘。……独子胡亥、赵高，及所幸宦者五六人知上死"。历代宦官当政，有不少皇帝都是不明不白地死在宦官手中。

如果始皇病了，同意立胡亥为太子；或者不写遗诏，始皇还可能死不了。如果蒙毅不走开，或者丞相是韩非，也不会发生这次政变。或者扶苏听了蒙恬的话，不奉诏，领了三十万大军到咸阳会葬，秦就不会速亡。始皇骄傲透顶，一意孤行，把阶级矛盾对立发展到爆炸点；对赵高的阴谋活动，又一点没有警惕性，造成速亡，把全国人民再一次推入八年战火之中。因此从个人条件说，他在这件事上并不是英明的。速亡的过失他却要负责。贾谊《过秦论》分上中下三篇，把秦始皇、胡亥、王子婴等父、子、孙，各打一百板不公道。王子婴不负责，他英明果断地先杀了赵高，比始皇杀嫪毐、吕不韦高明的多。胡亥该打三百板，李斯要打二百板。赵高是罪魁祸首，该杀。

以上所谈各点，我自信确有些道理，但要我拿出人证物证，则没有。历史上只留下蛛丝马迹，又事隔二千多年，也无法搜查了。因此，这只能成一历史疑案。如果当初扶苏、蒙恬带三十万军队攻进咸阳，秦始皇的尸体早已腐烂了，无法检查他究竟是怎样死的，所以物证已毁。但人证还在。李斯这个变节叛徒只有畏罪自杀，但还可审问五六个亲近的小宦官，一问即知真相。也可能为了灭口，这几个小宦官也给赵高杀了。这件阴谋无法掩盖，所以赵高也供认诸公子大臣甚至天下人皆疑。但都想不到是赵高下的毒手。这连李斯都不会知道。历史上常有这样的事：现象很可疑，而由于阴谋极端隐秘而不露一点痕迹。不说二千年前，就说近在数十年前1908年的光绪皇帝比慈禧太后先三天死了，那时光绪只三十九岁。据史载慈禧太后卧病时，光绪于（光绪三十四年）十月初十辰时还率百官步行来贺太后万寿，身体无病，十九日就传出光绪死了。慈禧听到有人谗言光绪闻慈禧病重，面有喜色，"慈禧怒曰：我不能先尔而死"，这事很明显。但历史并未明载派谁去杀的，又怎样死的？历代皇帝死于非命的太多了。今天史学者都须追究揭发，可作批判封建帝王的好资料。秦始皇从德州得病走到河北省平乡沙丘宫一百几十公里，走了十多天，可知并非急病。当然也可能立了遗诏就死了，这就不必怀疑了；也可能弥留不死，赵高要压住遗诏又压不长，于是狗急跳墙，下了毒手。无论如何，我提出这是一宗复杂的疑案，汇合《史记》三篇传细读之，就不能不深疑其事，这是会得大家同意的。

原载《中国社会科学院研究生院学报》1986年第1期

附　录

春蚕到死丝方尽

——朱星先生及其学术成就简介

董树人

　　朱星先生是我国当代著名语言学家。他于1911年2月生于江苏宜兴，幼年是不幸的，很早就失去了父亲，过着孤苦的生活。十岁时，他不得不进入天主教学校读书，学拉丁文和法文。后来，又先后在上海震旦大学、无锡国学专修馆学习。二十二岁时，经人介绍去上海胶州路一个美国教会所办的学校——公撒格公学（Consaga College）教国文。这时他得以有机会去土山湾乐善堂问教于马相伯老人，向他请教文法学。1935年，马相伯介绍他到法国教会所办的天津工商学院女子文学系任教，并介绍他拜北京辅仁大学陈垣先生为师，从此他又成了著名学者陈垣先生的拜门弟子。1946年，他到北洋大学任教。1949年1月天津解放后，他到河北天津师范学院中文系任教，任语言学教授。曾先后任中文系副主任、院副教务长、副院长、党委常委，兼天津市语文学会副理事长，天津市科联社会科学部副主任委员等职。朱星先生1950年加入中国共产党。1957年，河北天津师范学院与河北北京师范学院部分科系合并，他遂到河北北京师范学院中文系任教。1979年，调中国大百科出版社工作。后要求重返教育战线，于1980年12月调天津师范学院中文系任教。他是中国语言学会、中国音韵研究会理事，中国训诂学研究会常务理事，中国修辞学会华北分会顾问，天津市学术委员会常委、语言文学组组长。

朱星先生一生勤奋好学，刻苦攻读，博览群书。他的兴趣十分广泛，中国的经、史、子、集，诗、词、歌、赋；西方的古典哲学、逻辑学、艺术论等，都曾涉猎。新中国成立前，他曾有多部著作问世，并曾有《星元诗集》出版（1939）。

他在语言学的研究方面，范围也十分广泛，涉及古今汉语语法、词汇、修辞、文字、音韵、训诂以及普通语言学、语言学史，乃至通俗语文教育等各个方面。他一生勤于写作，著述甚丰。

在古代汉语方面，他著有《古代汉语概论》（1959）。这是他在大学开设古代汉语课的讲义。全书共分六章，除绪论外，分别讲了文字、音韵、词汇、文法修辞和文体诸问题，各章在安排上都有内在的联系。本书是中学语文教师及大学文科学生的参考书，内容、材料都很丰富。二、三、四、五各章之后分别附有 540 部首表、上古音韵韵部表、假借字表、虚字用法表，为读者提供了大量资料。每章后还有大量复习题和部分练习题以及应读的主要参考书目，这对读者也很有好处。1980 年，出版了由他主编的《古代汉语》。该书分上下两册，上册为文选部分，下册为知识部分。文选部分以中、短篇散文为主，主要是先秦两汉作品，共 52 篇。内容有哲理的、历史的、文艺的各种类型。各篇分说明、正文、注释三部分。说明部分主要是介绍作者、所出文集，以及思想内容、艺术成就、在文学史上的地位等。注释部分主要是解释字义，有时也略作句解。简明扼要，而且注重从语言角度注释，是该书的明显特色。知识部分（下册），主要介绍古代汉语语音、文字、词汇、语法方面的基本知识，将上册文选部分的语言现象加以归纳，使之条理化。在文选部分没有涉及的阅读古书必备的基本常识，也作了适当介绍。该书是为高等师范院校编写的教材，也适宜作中学语文教师的参考书，一般干部也可以用来作进修课本。

在现代汉语语法方面，1979 年他出版了《汉语语法学的若干问题》。该书是为纪念《马氏文通》出版 80 周年而写的，凝聚了他多年的教学经验和研究所得。全书分 24 个小题目，讲了语法的基本知识和历史知识，还涉及一些理论问题。书中对语法学的历史、现状作了全面交代，介绍了不同派、不同家的不同观点，也提出了自己的看法。该书篇幅虽然不长，内容却很丰富，涉及《马氏文通》出版 80 年以来汉语语法研究中的许多问题，很值得汉语语法研究者、教学者一读。该书也可以认为是有关现代汉语语法研究史的著作。

在汉语史的研究方面，他于 1961 年曾写出 25 万字的书稿交到出版社（书稿在"文化大革命"中佚失）。此稿提出，《中原音韵》不能与《广韵》音系拉成一线作直线的历史说明。因为它们代表不同的音系。他认为，《切韵》一系韵书代表以古洛语为中心的古北方通语的语音系统（在西北方言基础上发展起来），不是"兼包古今南北方言之音"。《中原音韵》代表在燕方言（周朝建燕国，形成燕方言）基础上经过南北朝、唐宋逐渐发展起来的大都话。从而提出现代汉语普通话来源于古燕方言的论断。他认为，这个问题很重要，值得语言学界展开讨论。对于这个问题，他在以后的其他专著及论文中，如在 1962 年的《汉语通语的历史发展》、1965 年的《普通话小史》、1979 年的《汉语普通话的来历》以及 1982 年的《汉语古音研究的过程和方向》等文中，都曾论及，并且阐发得逐步深入。

朱星先生在训诂学方面的著作《周易经文考释》（又名《周易解放》），早于 1949 年问世。这是作者多年研究《周易》的重要成果。书中广引各种资料及时贤卓见，用古文字学为考订工具，对《周易》的每字每句，一一进行考释。每字先求其古形，从《说文》小篆而上溯钟鼎甲骨，以求形体分合的变化，进而再求它的古音古义。该书在文字的考释方面，于字义颇多发明，使《周易》的不少混沌难解之处，得到了豁然的说明，因此友人赠书名为《周易解放》（意思是《周易》深奥难懂，经他一释，可以懂了，犹如把《周易》解放了一样）。该书在古史学和古文字学的研究方面，很有贡献。历史学家、古文字学家郭沫若先生赞之为"新颖可喜"，历史学家吴晗先生亦认为，此书"以现代观点说《易》，一扫数千年来牵强附会之论"（均见该书序）。

在普通语言学方面，1957 年他出版了《语言学概论》。该书是根据教育部所颁布的师范学院中文系语言学概论课程的教学计划说明，为中学语文教师和师范院校中文系学生编写的。它主要参考契科巴瓦的《语言学概论》。该书只讲普通语言学的基本问题，不作太专门问题的探讨。讲解简明通俗，紧密结合汉语实际，每章后并有大量复习思考题，可以作为中学语文教师及师院中文系学生语言学入门的参考书，是当时国内三本较好的语言学概论之一。

朱星先生还很注意通俗读物的编写工作。1956 年，他出版了《怎样学习普通话》。该书是为区、县以上干部和具有小学文化程度的战士、工人和一般社会青年编写的，也可作为中小学语文教师的参考书。全书分为四章：什么叫普通话，为什么要学习普通话，学习普通话难不难，怎样学习普通话的北京语音。其中以第四章为重点，清楚、透彻地解说了标准北京语音的"窍门"、发音部位和方法，怎样练习拼音，怎样寻找本地方音和普通话标准音的差异的对应规律等等。文字深入浅出，很适合初等文化程度的工农干部阅读。1951 年，他还曾出版了《识字教学的基本知识》。这是他新中国成立初期在天津工作期间，根据天津市工人业余学校语文教师提出的一些问题写成的。书中共收有 14 篇文章，前 8 篇是关于识字教学的，后 6 篇是关于语文教学的，都是关于语文教学的基本常识。前后出了四版，对新中国成立初期在工农中普及文化教育起了一定作用。1955 年，他出版了《新文体概论》。全书共分六章，第一章绪论，说明研究新文体的必要，研究新文体的方法，新文体的特质，以及新文体的分类。第二章以下，分别讨论了诗歌体、小说体、戏剧体、散文体等，说明各文体的起源、发展和特征，并重点分析了诗歌的音乐性，小说的描写方法，话剧的形式等。该书是在文体知识方面，侧重从语言角度为从事阅读和习作文艺作品的青年和中小学语文教师编写的。

最近几年，朱星先生在语言学研究方面，又不断开拓新的领域，像关于汉语语义学的研究，注释学、新训诂学的研究，如何提高中学语文教学水平的研究，等等，都是属于这方面的工作。1980 年，他专门撰文，倡导开展关于汉语语义学的研究。他在《试谈汉语语义学》一文中指出，语义学是语言学中的一门新兴的学科，开展语义学的研究非常重要，并指出了汉语语义学的内容（包括字义、词义、句意、段意、篇意等方面）。文章最后指出开展语义学的研究要作哪些工作。在理论建设上，作者提出了 18 个需要探讨的方面。此文已引起了部分语言工作者的兴趣。著名语言学家郭绍虞先生说："我认为朱星同志提出语义学的问题非常及时，这是使中国语言文字之学走上科学化而又民族化的第一步。"（见《语义学与文学》，

《学术月刊》一九八二年第二期）他在汉语语义研究的实践方面，也颇有成就。1979 年，他写了《词义分析与教学》，在此基础上，又增写成《汉语词义简析》一书，于 1980 年出版。该书共分五章：第一章词义原理，介绍词与义的关系；词义系统；词义的组织；词义研究的对象等。第二章词义分析，分 36 个小题目，具体分析汉语的各种词义，如：语法义、修辞义；单义与多义；本义初义与引申义；主义次义；常用义与不常用义；今义与古义；同义近义与异义、对义；成语义；方言义以及译词词义分析等。第三章词义的变化，介绍词义变化的原因、趋向、社会性及规律等。第四章词义教学，介绍词义教学的原则，词义的解释法以及传统教学法。第五章古代训诂注释和外国语义学简介，主要介绍训诂基础知识。总之，该书共列出了 50 多个小题目，对词义问题从各个角度进行了论述，是目前词义分析最细最详之作，也是他关于汉语语义学的一部专门著作。朱星先生对现代汉语应用问题也十分关心。1982 年，他曾先后与郑州大学张静教授，北京师范学院张寿康教授发表通信文章，探讨提高中学语文教学水平的问题。他认为，要学好语文，不能全学语法书，不能只重视语言形式，要加强学生逻辑思维能力的训练，要使学生多读各种文体、各种类型的典范文章，多练习写作。分析一个句子，不能用纯语法规律来分析，还须借助于逻辑思维、词汇学、语义学、修辞学。专讲语法结构形式规律不能提高语文教学水平。他认为，在语文教学中，提文章学实比单提语法学更好，因为文章学从词到章就包括语法、修辞、文体等。他还认为，写语法书要能以简驭繁，利于学习，尤其是汉语，基本的条条规律并不多，不能以繁驭繁。以古稀之年，这样关心中学语文教学问题，其精神是可嘉的，中学语文教育应该充分吸取我国传统语文教育的经验的意见也是十分可取的。

朱星先生像全国多数老知识分子一样，在十年动乱中，受到了残酷的迫害：自己被关进了"牛棚"，老伴被迫害致死，精心收藏的书籍被毁了几千册，积累了数十年的有关语言研究的大量资料、读书笔记也散失殆尽。对于一个语言学者来说，还有比这更难于忍受的吗？但是，他首先想到自己是具有三十多年党龄的党员，应该朝前看。他说："我个人的损失算不得什么，受害严重的是我们的国家和民族。我们要想国家之所想，急国家之所急，竭尽全力来弥补国家的损失。"因此在粉碎"四人帮"以后，他精神抖擞，干劲倍增，发奋工作和著述。他平均每年写出 30 万字左右的论文和著作。除了已经出版的《汉语语法学的若干问题》《汉语词义简析》《〈金瓶梅〉考证》《古代文化知识》和将要出版的《中国文学语言发展史略》以外，他还写有《注释研究和作法》《中国语言学史》《古汉语概论续编》《中外语法比较》《古代汉语音韵学入门》等书稿，已经着手写或计划写的还有《汉语难句简释》《古代外语文法比较》《汉语语义学》等。他还译有法国汉学家马伯乐的代表作《唐代长安方言考》（译名为《切韵研究》）。1982 年 4 月 12 日他在病中给笔者的信中曾说："今日回思过去，在教会中走了二十年歪路，空译写了数本宣传教义之书和一百多篇文章。愿再乞十年命，让我再编写些有用的学术文章。"为祖国文化建设出力的决心跃然纸上，真是"老骥伏枥，志在千里"！呜呼，惜哉！先生壮志凌云，恨病魔无情，过早地夺去了先生的生命，使先生多部著作不能终篇，先生的写作计划不能全部实现，这不能不说是我国语言学界的一大损失。先生为教育、为学术科学奋斗的精神永存！

原载《天津师大学报》1983 年第 1 期

愧乏史才为立传

——纪念朱星先生逝世十周年

涂宗涛

驹光易逝，转眼之间，朱星先生逝世已经十周年了。早在 1971 年 4 月 25 日朱先生自宣化河北师院写给我和李行健同志的信中，就提出："我的一生极平庸，因涂子知我，不妨相告一二，将来我老死后，可为我立传，一笑！"就在这封信中，他自述了自己的小传，可见他是望我为他辞世后立传的。他逝世已经十年了，我却缺乏史才为他立传，真是愧对他生前的重托。朱先生学识渊博，已出版的著作达数百万字，他不仅是著名的语言学家，幼年时即精于书法；23 岁时出版《战国纵横家研究》《中国文学史通论》；28 岁出版《星元诗集》；39 岁出版《周易解放》；新中国成立后出版了《识字教学的基本知识》《新文体概论》《怎样学习普通话》《语言学概论》《古汉语概论》《河北方言概述》（主编）《汉语普通话小史》《汉语语法学的若干问题》《古代汉语》（主编）《中外语法比较》《汉语词义简析》《中国文学语言发展史略》《〈金瓶梅〉考证》《古代文化基本知识》等专著及论文多篇，还不包括他逝世后在港台出版的遗著在内；朱先生精通拉丁文、法文，掌握了英、德、日等外语，曾翻译法国马伯乐著《唐代长安方言考》（待刊），也译过外国诗歌。对这样一位学识渊博，学贯中西，有多方面成就的学者，要为他立传，以我的谫陋，确是力不能胜的。为了使具有才、学、识的史学家能完成《朱星传》的编写任务，特在朱先生逝世十周年之际，将他在前述信中自述的小传，摘出公开发表，这是第一手资料，以供立传者采纳。因是私人来往信函，信笔写来，其中难免有脱字，特将我增添的脱字和补充的内容，一律放在（　）内，以资识别，附此说明。

下面就是朱星先生在信中自述的小传：

　　我是江苏宜兴人，1911.2.15 辛亥年生于该县大浦镇太湖边。父是中医（我的出身是自由职业者），无力培养，十岁就叫我投靠天主教，准备做洋和尚，在修道院预备班读拉丁文、法文《圣经》以及中学课程。我曾从本乡储南强读书，储是秀才，清古文家储欣（同人）之后，曾作南通县长，拜在张謇门下。我九岁在上海参加鲁湘豫赈灾会，卖字得千余元助赈，在上海《新闻报》有广告。时住盛宣怀家，与其孙盛玉华相论，又识金坛探花冯煦（亦住盛家），他教我作对联，还做了南京、上海大寺名僧的皈依弟子。此皆储氏所引导。储氏是宜兴风景区的建设者，日伪时避（居）农村当老农，新中国成立后任省政协委员，时已九十多，实奇人也。我受其影响不小。我十一岁参加江苏物品展览会得二等奖（写八个三尺大字），识张状元（謇），受其奖励。十五岁，不想出家，因能写文章及写三尺榜，称"七龄童书"，得唐文治蔚芝先生（南洋大学创办人，清翰林，曾做礼部尚书，世称唐尚书）赏识，招入他在无锡办的书院式的"无锡国学专修馆"，后（在）教（育）部立案为"国学专门学校"，（该校）供食宿，是无锡资本家（资助）办的，曾和比我高二年的唐兰同学（故宫博物院副院长，古文字学家）。当时唐先生虽留辫子，但其子媳四五人均游美，经济学家唐庆增即其子。唐先生是有名的经学家，有《茹经堂文集》数十本及说经之书十余种，均私人木板印行（以此之故，平时应酬文章较多），我十七岁就给唐校长代笔写社会应酬文章。十九岁毕业后，就在天主教中学校教书，一直教到1945年。因与洋人接近，又学了英语、德语。1934年，在上海从马相伯老人学《马氏文通》（此老曾与章太炎二人联名通电抗日），那时我在美国天主教神父办的"公撒格公学"教国文，对外名字叫金科中学。1935年到天津工商学院任教，教课之余，又帮洋神父译教义书。1933年，海门区天主教主教朱季球（他是马相伯之甥）再劝我出家当洋僧，送我到上海震旦大学法文班，准备一年，出国去罗马梵蒂冈神学院，后我因不愿做洋僧，就借故闹，和法国舍监神父打架，未到一年又回海门中学教书。1934年，在上海出版二书：《战国纵横家研究》《中国文学史通论》。1935年马相伯把我介绍给辅仁大学校长陈垣先生，拜他为师（1939年在天津出版了《星元诗集》）。1945年我与工商学院院长刘迺仁决裂，脱离教会。因同事介绍认识北洋大学数学系教授徐海（与陈立夫在北洋大学矿冶系为同班同学），由徐介绍给北洋大学工学院院长李书田（水利学家），我就进了北洋大学。1947年秋，我得工商学校学生之助（他们都先后转学到北大、燕大、清华等校），得读毛主席著作多种，思想开始转变。北洋大学地下党组织反迁校运动，我即与张国藩在一起开教授会（支持学生），并组织学习（1948年完成《周易经文考释》一书，翌年出版。四十年代后期，还发表过独幕剧《五四》《决斗》剧本）。新中国成立后，大学发展党员，我头一批入党（1950.6.1批准），并先后任河北天津师院中文系主任、历史系主任，副院长等职。1956年工资改革，定为三级教授。父亲早死，长兄迁家至苏州城内，故我又与顾颉刚、叶圣陶等认同乡。今兄及弟妹均在苏州，因此将来退休也想回苏州。乱写至此，不知所云，六十年往事，所见所闻所经不胜书，我如《文心雕龙》作者刘勰，长期寄食僧舍，助抄经卷，但我写不出《文心雕龙》这部世界名著，奈何，只能付之一叹！现精力已衰，只想把《现代语言学史》写出（过去的已写出初稿四十万字，亦交黎老审阅），即如春蚕丝尽，与故人永别矣。教书四十年，只遗下劣稿数十万字，环顾无人可托，（故）以此相累，可瞑目矣。

原载《天津师大学报》1992年第6期

图书在版编目（CIP）数据

朱星文集 / 朱星著；尹凯编. -- 北京：社会科学
文献出版社，2020.1
（燕赵学脉文库）
ISBN 978-7-5201-2319-8

Ⅰ.①朱… Ⅱ.①朱… ②尹… Ⅲ.①汉语-语言学
-文集②《金瓶梅》-文学研究-文集③语文教学-教学
研究-文集 Ⅳ.①H1-53②I207.419-53③H19-53

中国版本图书馆 CIP 数据核字（2018）第 037923 号

·燕赵学脉文库·

朱星文集

著　者/朱　星
编　者/尹　凯

出 版 人/谢寿光
组稿编辑/宋月华　李建廷
责任编辑/周志宽

出　　版/社会科学文献出版社·人文分社(010)59367215
　　　　　地址：北京市北三环中路甲 29 号院华龙大厦　邮编：100029
　　　　　网址：www.ssap.com.cn
发　　行/市场营销中心(010)59367081　59367083
印　　装/三河市尚艺印装有限公司

规　　格/开　本：787mm×1092mm　1/16
　　　　　印　张：22.5　字　数：350 千字
版　　次/2020 年 1 月第 1 版　2020 年 1 月第 1 次印刷
书　　号/ISBN 978-7-5201-2319-8
定　　价/168.00 元

本书如有印装质量问题，请与读者服务中心(010-59367028)联系